KB263093

한일관계 2천년
보이는 역사, 보이지 않는 역사

근세

한일관계 2천년
보이는 역사, 보이지 않는 역사 - 근세 -

초판1쇄 인쇄 • 2006년 5월 15일
초판1쇄 발행 • 2006년 5월 22일

편   자 • 한일관계사학회
펴 낸 이 • 한정희
펴 낸 곳 • 경인문화사

편   집 • 신학태 권성순 장호희 김소라 김경주
영   업 • 이화표
관   리 • 하재일 박인선

주   소 • 서울시 마포구 마포동 324-3
전   화 • 02)718-4831～2
팩   스 • 02)703-9711
등   록 • 제10-18호(1973.11.8)

이 메 일 • kyunginp@chol.com
홈페이지 • 한국학서적.kr / www.kyunginp.co.kr

ISBN • 89-499-0398-9 04910
          89-499-0396-2 04910(세트)

값 • 16,000원

한일관계 2천년

보이는 역사, 보이지 않는 역사

근세

한일관계사학회 편

景仁文化社

　역사적으로 한일관계를 되돌아보면 대립과 갈등, 경계와 긴장, 침략과 저항, 멸시와 증오, 분노와 원한과 같은 용어들이 먼저 떠오른다. 한일관계를 '가깝고도 먼나라'로 보는 인식은 이러한 기억들이 잠재되어 있기 때문이다. 우호와 선린의 시대로 인식하고 있는 고대의 백제와 일본, 조선통신사가 왕래하던 조선과 에도 막부의 관계도 그 이면에는 인식의 굴절과 왜곡이 있었던 게 사실이다.

　역사인식의 문제야말로 현대를 사는 양국민의 갈등을 부추기는 주범이며 미래지향적 한일관계를 추구해 나가는 데 장애물이다. 평화와 공존을 지향해야 할 21세기 글로벌시대에도 편협한 역사인식은 끊임없는 갈등과 충돌을 불러일으키고 있다.

　대립하는 역사인식, 그 원인은 어디에 있는가. 가장 큰 요인은 지배계층의 정치적 이해관계, 자국의 국가적 이익과 맞물려 상대를 배려하지 않는 자기중심적 역사관에 기인한다. 2천년의 역사적 흐름 속에서 한국민의 대일 인식은 한국문화의 일본 전파와 전수에 대한 시혜적 의식, 상대적으로 전통시대의 일본을 미개와 야만으로 보는 문화적 우월감이 내재되어 있다. 그럼에도 불구하고 한국민에게는 침략과 지배라는 고통의 역사에 대한 기억과 경험이 계승되어 증오와 원한의 念을 품게 되었다.

이에 대해 일본 측은 자국의 침략의 역사를 정당한 행위로서 지배층을 규제하고, 한국에 대한 우월감, 멸시감으로 전개된다. 게다가 침략을 자국의 영광이라 하고 지배는 상대국의 발전에 토대가 되었음을 강조하는 인식이다. 자국의 입장에서의 은혜가 오히려 원한을 사는 부정적, 대립적 역사인식이 병립한다는 것이다.

이러한 역사인식을 타파하자는 것이 본서가 추구하는 도달점이다. 포용과 이해, 관용과 용서, 반성과 위로, 화해와 협력을 위한 노력이 필요하다. 한일관계가 악화되어가는 현상은 양국 서로에게 도움이 되지 않으며 평화와 공존의 공동체를 지향해야 할 21세기의 국제사회에서는 타파돼야 할 일이다.

한일관계사학회에서는 작금의 양국관계의 파행적 모습을 우려하면서 올바른 역사인식을 함양하는 데 도움이 되고자 한일 양국이 함께 걸어 온 2천년의 역사를 정리해 보기로 하였다. 고대부터 현대에 이르기까지 쟁점이 되고 있는 사안, 교류의 실태를 알려주는 주제 98개를 선정해서 3권으로 편집하였다. 현재 벌어지고 있는 산적한 한일간의 문제는 역사적 산물이다. 역사적 이해를 깊게 하는 일이야말로 문제의 소재가 어디에 있는지 그 역사적 연원은 무엇인지를 확인할 수 있다고 본다.

여기에 참여한 필진은 해당 분야의 전문가로서 학계의 일선에서 활약하고 있는 54명의 연구자들로 구성되어 있다. 관계사의 서술에서 나타날 수 있는 주관과 감정을 배제하고 객관성, 공정성을 유지하려고 노력하였다. 이를 위해 시대별, 주제별로 몇 차례의 윤독회를 가져 사실관계의 정확성에 만전을 기울였다.

우리는 우리 역사 나아가 한일관계에 대해 얼마나 알고 정확한
지식을 갖고 있는지 또 자기성찰은 필요하지 않은지 되돌아볼 수
있는 기회가 되었으면 한다. 끝으로 집필에 참여해 주신 선생님들
과 출판을 흔쾌히 수락해 주신 경인문화사 관계자 여러분께 감사
드린다.

2006년 5월
한일관계사학회 회장 **연민수**

Contents

5부　조일 외교와 통신사

고중세 목차

3부　한일교류와 인물

근현대 목차

3부 역사인식 진실인가, 왜곡인가

4부 끝나지 않은 한일 쟁점

1부
임진왜란 승전인가, 패전인가

임진왜란, 승전인가 패전인가

박 재 광(전쟁기념관)

○ 임진왜란은 침략전쟁이다

한일합병조약韓日合併條約이 조인되던 날 밤에 그 주역을 맡았던 데라우치寺內正毅 통감은 축배를 들며 "가토家藤淸正와 고니시小西行長가 세상에 살아 있다면 오늘밤 떠오르는 저 달을 어떻게 보았을꼬"라고 즉흥시를 읊었다고 한다. 이에 곁에 있던 이토오 히로부미伊藤博文의 한 심복이 받아 "도요토미 히데요시豊臣秀吉를 땅 속에서 깨워 보이리라, 고려산 높이 오르는 일본 국기를"라고 읊었다고 한다. 이 시에서 우리는 침략을 앞둔 일본인의 본심이 자연스럽게 표출되고 있음을 발견할 수 있다.

예로부터 일본은 한반도를 차지하려는 의지가 대단히 집요하였는데, 임진왜란壬辰倭亂은 그 대표적인 예라 할 수 있다. 이 전쟁은 400여 년 전에 벌어졌지만 오늘날까지도 계속 이어지고 있는지도 모른다.

임진왜란은 일본이 계획적이고 불법적으로 침략하여 벌어진 전쟁이다. 우리나라로 보아서는 외세의 침략에 항거한 단순 국지적局地的인 전쟁이지만, 이 전쟁의 당사자인 조선과 일본뿐만 아니라 명나라 등 동아시아 삼국이 모든 국력을 동원하여 벌였던 전쟁이기에 국제전쟁의 성격을 지닌다. 이 전쟁은 동아시아 삼국이 승자·패자라 할 것 없이 모두 많은 피해를 입었고, 이후 변화를 겪게 되었다. 일본은 도요토미 정권이 붕괴하고 도쿠가와德川 막부가 집권하였으며, 명나라도 전쟁 후유증으로 점차 쇠진衰盡하여 여진女眞 세력에게 대륙 패권 장악의 빌미를 제공하였다. 특히 조선은 전쟁이 한반도에서 7년 동안이나 지속되었기 때문에 국토가 황폐화되고, 인적 자원이 손상되는 막대한 피해를 입었다. 이에 조선은 정치·사회·경제·문화 전반에 걸쳐 많은 변화를 겪게 되었다.

◦ 임진왜란은 왜 일어났는가?

지금까지 임진왜란에 대한 연구가 많이 진행되었다. 그러나 도요토미 히데요시가 왜 무모한 전쟁을 강행했는지, 목적이 무엇이었는지 등 임진왜란의 원인에 대한 근본적인 문제에 대해서는 명쾌하게 설명하기 어려운 측면이 있다.

도요토미 히데요시의 단순한 공명심과 과대망상증, 정복욕 등으로 설명하는 견해가 있는가 하면, 히데요시가 오다 노부나가織田信長의 의도를 계승하였다, 일본이 명과 감합무역勘合貿易을 하고자 하였는데 조선이 중개를 거절했기 때문에 혹은 명으로 가는 길을 빌려주지 않았기 때문에 침략했다, 장남 츠루마츠鶴松의 죽음으로 인하여 벌였다, 국내 평정과 국내 통일 과정에서 발생한 제 대명大名과 무사들의 잉여 무력을 외부로 전환하여 불만을 해소하려고 벌였다는 등 여러 가지가 있다.

히데요시가 공명심이 강하고 과대망상적인 성격이었다는 점은 지금까지 공통적으로 인정하고 있는 사실이다. 그러나 이 점만을 조선 침략의 원인으로 볼 수는 없다. 이미 오다 노부나가도 포르투갈 선교사 루이스 프로이스(Luis Frois)에게 조선과 중국에 대한 침략 구상을 언급한 바 있고, 무엇보다 수많은 다이묘大名들이 침략 전쟁에 호응했다. 따라서 히데요시의 개인적인 성격만으로 설명해서는 안 된다. 또한 감합무역의 재개는 전쟁이 한계에 봉착하고 명과 화평 교섭이 진행되는 가운데 등장했던 요구이다. 히데요시가 일본과 명의 무역 재개를 희망하고 있었으며, 명을 정복하고자 했던 이유가 교역권의 지배와 관련된 것임은 틀림없지만 외교 교섭을 통해서가 아니라 굳이 전쟁을 일으킨 직접적인 목적이라고는 생각할 수 없다.

1591년 3월, 일본이 대마도의 소오宗義智를 통해 조선에 전달했던 요구는 '가도입명假道入明', 즉 '명으로 가려고 하니 길을 빌려달라'는 것이었다. 그런데 히데요시의 원래 요구는 '정명향도征明嚮導', 즉 '명을 정벌하려고 하니 길을 안내하라'는 것이었다. 이 요구가 받아들여지지 않을 것을 예측한 소오가 문구를 몰래 바꾸어 요구했던 것이다. 조선뿐만 아니라 중국마저 정벌하려는 것이 히데요시의 구상이었고, 화평 교섭에서도 마지막까지 고집했던 것은 조선 남부의 영토 할양이었다. 결국 도요토미 히데요시의 최대 목적은 영토 획득에 있었다고 보아야 할 것이다.

당시 일본의 센고쿠戰國 다이묘는 새로운 전쟁에 대비해 늘 군사동원체제를 갖춤으로써 가신을 통제해왔다. 그리고 전쟁에서 새로 획득한 영토를 가신에게 나눠주고, 부하들 역시 그러한 은상을 겨냥해 주군에게 충성하는 데 최선을 다했다. 히데요시도 이와 같은 센고쿠 다이묘로서 전국통일을 목표로 삼았다. 그러나 전국을 통일하자 이러한 메커니즘이 기능을 상실하게 되었고, 따라서 새로운 영토 정복 전쟁을 통해 메커니즘의 부활을 도모했는데, 바로 임진왜란이라는 침략 전쟁으로 나타났던 것이다.

○ 전쟁은 어떻게 전개되었는가?

일본은 1592년 4월 14일에 15만여 명을 9군으로 편성하여 조선을 침략하였다. 당시 도요토미는 중앙집권적인 군사체계를 확립하고 전투부대를 재편하여 전쟁 직전에 이미 1천여 척의 전선과 1인당 30리터씩의 군량을 확보하는 등 총 33만의 병력을 동원할 수 있는 만반의 준비태세를 갖추고 있었다.

이에 반해 조선은 1591년에 돌아온 통신사의 각기 다른 보고에 대하여 논란을 벌이고 있었으며, 전쟁 준비도 되어 있지 않은 상태였다. 수군의 경우 488척의 전선과 약 5만의 병력을 보유하고 있었으나 실전 경험이 전혀 없었으며, 육군은 명부상으로만 존재하거나 무력한 대역인代役人만으로 편성되어 있었다. 결국 간헐적인 왜구 진압과 소규모의 여진족 침입에 대응하기 위해 운영해온 군사체계를 그대로 방치하는 상태였던 것이다.

이러한 상태에서 조선은 일본과의 초기 전투에서 효과적으로 대응하기가 어려웠다. 4월 14일 고니시 유키나가小西行長가 이끄는 제1군에게 부산성을 함락당한 이후 조선군은 연패를 거듭하였고, 급기야 전쟁이 발발한지 채 1개월도 안되는 5월 2일, 한성이 함락되었다. 이후 일본군 무장들은 팔도를 분할하여 각도를 점령하고자 하였는데, 고니시는 6월 13일에 평양을 점령하였고, 함경도를 맡은 가토 기요마사加藤淸正은 함경도를 유린하고, 두만강을 넘어선 지역까지 진격하였다. 이 과정에서 조선의 두 왕자도 일본군에게 포로로 잡히게 되었다. 이렇게 전황이 일본 측에 유리하게 전개되자 히데요시는 명나라 정복 구상을 밝힘과 동시에 스스로 조선으로 건너올 의사를 표명하는 등 조선은 절체절명의 위기에 처하기에 이르렀다.

그러면 조선군이 초기 육전에서 연패를 당한 이유는 무엇이었을까? 결론을 먼저 말하자면 군제, 군수, 무기, 전술, 관방(지형지물), 정보 등에서 일본군에 비하여 열세에 있었기 때문이었다.

당시 조선의 국가 방어체제라 할 수 있는 제승방략制勝方略은 일본군의 기습적인 침략에 적절히 대응하지 못하였고, 조선군의 무기체계는 일본군에 비해 열세였으며, 특히 화기는 일본군의 조총에 비해서 성능이 낮은 수준이었다. 또 조선군은 그나마 각 군영에 비축되어 있던 화기마저 제대로 활용하지 못하였다. 당시 일본군의 조총은 병사들이 사용하기에 간편하였고 명중률도 기존 화기에 비해 우수하여 전투에서 활용도가 높았다. 특히 일본군은 원거리 무기인 총과 접전용 무기인 창을 적절히 배합 운용하여 그 전술적 효과를 극대화하기 위한 보병전술을 구사하였는데, 이에 반해 조선군은 적절한 대응 방안이 없었고, 장수들도 이러한 전술에 대한 인식이 부족하였던 것이다.

그 단적인 예를 든다면 신립申砬을 들 수 있다. 전쟁 직전인 1592년 4월 1일 유성룡柳成龍과 신립이 일본군에 대한 방비책을 논하는 과정에서 신립은 "비록 조총이 있지만은 어찌 쏠 때마다 다 맞을 수가 있습니까?"라고 하여 조총의 성능과 효용성에 대해 단순하고 낮게 평가하고 있음을 볼 수 있다. 실제 신립은 여진족을 토벌할 때에 화기를 사용하여 많은 효과를 거두었다. 그럼에도 불구하고 조총의 효용성에 대해 단순하게 판단하고 있으며, 화기를 이용한 보병의 집단전술에 대한 인식도 없었던 것 같다.

당시 일본군의 전술을 살펴보면 적과의 대치상태에서 먼저 조총수鳥銃手가 사격을 하고, 재장전을 위해 2선으로 물러나면, 뒤에 있던 궁수弓手가 조총수의 장전 시간을 확보하기 위해 화살을 쏘고, 그 후 장전을 한 조총수가 재차 사격을 하여 적의 전열이 흐트러뜨린 후, 창수槍手가 후방에 있던 기사騎士 등과 함께 돌격하여 백병전을 벌이는 형태의 전형적인 화기를 이용한 집단전술을 구사하고 있었다.

그러나 당시 조선의 최고의 명장이라고 평가받던 신립이 일본군의 이러한 전술을 전혀 이해하지 못하고 있었다는 사실로 미루어 4월 29일, 충주 탄금대에서의 전투에서 패배하는 것이 어쩌면 당연하였을지도 모른다.

특히 당시 신립은 조령의 험난한 지형 대신에 충주의 넓은 들판에서 적을 상대하려 하였다. 평야전투에서는 화기를 이용한 집단전술을 구사하는 일본군에 비해 기병전술을 구사하는 조선군이 절대적으로 불리한 형세였는 데도 무리하게 강행하였던 것이다. 물론 신립이 충주를 선택한 나름대로의 이유도 있었으나, 잘못된 정세와 지형 판단으로 조선군은 뼈아픈 패배를 당하였던 것이다. 이 전투로 말미암아 조선군의 초기 방어선은 여지없이 무너졌으며, 전 국토를 유린당하는 수모를 겪었던 것이다.

그러나 조선군은 민·관·군이 합세하여 점차 전열을 재정비하고 이 위기를 극복하기 위해 노력하였다.

먼저, 그해 6월 이후부터 의병과 승군이 전국적으로 일어났다. 전국 각지에서 일어난 의병들은 주어진 조건을 바탕으로 서서히 반격에 나섰으며, 특히 10월 진주성 싸움에서의 승리를 계기로 관군과 의병들의 사기는 전세를 역전시키기에 충분할 정도로 회복되었다.

또 조선 수군은 5월 4일 옥포해전을 시작으로 사천·한산도 등지에서 연속적으로 승리하였다. 조선 수군은 거북선·판옥선 등 우수한 함선을 가지고 있었고, 함선에 장착된 천자총통·지자총통·별황자총통 등의 화포는 일본군이 지닌 화기에 비해 월등히 앞서는 화력을 구사하였기 때문에 승리할 수 있었다. 또 이순신·원균 등 제 장수의 탁월한 지휘 능력은 승리의 견인차 역할을 하였다. 이렇듯 해전에서의 연승은 수세적인 전황을 극복하는 데 큰 힘이 되었다.

한편, 조선의 지원 요청을 받은 명나라는 7월, 5천여 명의 군대를 편성하여 압록강을 건너 고니시가 버티고 있는 평양성을 공격했지만 실패하였다. 이후 연말에 이르러 4만여 군대를 다시 편성하여 조선으로 들어왔다. 명군은 1593년 1월 평양성을 공격해 고니시 군을 한성으로 철퇴시켰다. 그러나 명군은 이어지는 벽제관 전투에서 일본군에 대패하였고, 명나라 장수 이여송李如松은 간신히 살아남아 평양으로 퇴각한 뒤 전의를 상실하였다. 그 후 명은 조선 정부의 반대에도 불구하고 화평 노선을 추구하였다.

이 과정에서도 조선군과 의병들의 활약을 계속되어 권율權慄이 행주산성에서 일본군을 크게 대파하는 전과를 거두었고, 이는 한성 수복을 앞당기는 계기가 되었다. 또 조선은 조총과 신전술의 개발이 일본군에 대응하는 최상의 방법임을 깨닫고 일본·명나라로부터 선진 화기를 받아들여 개발하는 데 진력하였다. 그 결과 1593년 3월에는 조총을 개발하는 데 성공하였고, 이를 중앙과 지방의 각 병영에 보내 제조토록 하였으며, 불랑기·호준포·삼안총 등의 화기도 개발토록 하였다.

그리고 전투에 필요한 포수를 양성하고 이를 운용하기 위해 훈련도감訓練都監을 신설하였다. 중국의 척계광戚繼光의 『기효신서紀效新書』를 도입하여 일본군의 전술에 대응하기 위한 새로운 전술을 개발하려 하였으며, 이를 효과적으로 운영하기 위해 훈련도감을 신설하였던 것이다.

이런 노력의 결과 전세가 조선 측에 유리해지자 일본은 명에게 화의를 요청하였고, 일본군은 경상도 남해안 부근으로 후퇴하였다. 그 후 몇 년 동안의 소강상태 끝에 전세를 가다듬은 일본군은 1597년 정월에 재차 북진을 하였는데, 이것이 정유재란丁酉再亂이다. 그러나 9월 5일에 직산에서 조명 연합군에 의해 북진이 저지되었고, 9월 16일 명량대첩을 시작으로 이순신의 맹활약이 다시 시작되자 일본군은 재차 후퇴하여 남해안에 머무르다가 히데요시가 병으로 죽자 곧 철군하였다. 이로써 7년간의 임진왜란도 막을 내렸고, 일본의 조선 침략은 실패로 끝이 났다.

종래에는 조선이 일방적으로 당하기만 하다가 히데요시가 죽자 일본군이 자진해서 물러간 것으로 이해하는 경우가 많았다. 그러나 단지 히데요시가 죽었기 때문에 일본군이 물러간 것은 아니었다. 조선 침략이 성공할 수 있었다면 일본군은 결코 물러갈 리가 없었을 것이다.

∘ 승전인가 패전인가?

7년간에 걸친 임진왜란에서 일본은 끝내 그들의 목적을 달성하지 못하고 철수하였다. 그렇다면 과연 우리는 승리한 것인가?

1970년대까지만 해도 임진왜란 하면 우리 측이 패한 전쟁으로 생각해 왔다. 이는 식민사관에서 비롯된 것으로 비록 침략이었을망정 자신들이 예로부터 우리보다 강한 존재였음을 과시함으로써 한말 이후 식민지 지배를 정당화하려는 발상에서 비롯되었던 것이다. 이후 일본에서의 연구는 대체로 이를 좇아 조선 측의 초기 전비戰備상태의 미비와 대패만을 크게 부각시켰다.

한편, 우리나라에서도 임진왜란을 전체적이고 유기적으로 규명하지 못한 채 저들과 같이 전쟁 초기에서 나타난 우리 측의 패전만을 주로 문제 삼아 왔을 뿐 그 이외 기간에 있었던 우리 측 저항과 선전, 일본 측의 고전 내지 패전 등은 등한시하는 실수를 범하였다. 특히 이순신, 곽재우 등 많은 명장과 의사들을 드러내고 숭앙하고자 하는 전공사관戰功史觀은 이를 부추기기까지 하였던 것이다.

1980년대에 들어와 이에 대한 반성과 함께 승전론이 대두되었고, 일부 일본 연구자들도 이에 동조하는 경향을 보이고 있다. 임진왜란이 벌어진 전체 기간 80개월 중에서 조선의 패배가 많았던 기간은 개전 초기의 몇 개월과 정유재란 초기의 몇 개월뿐이었고 나머지 기간에는 조선이 일방적으로 패퇴하지만은 않았다는 논리이다. 아울러 일본에서도 사학계의 주류는 아닐지라도 자신들의 패전을 입증하는 사료들을 많이 공개하고, 연구도 진행되었다.

그렇다고 임진왜란이 승전이라고 말할 수는 없을 것 같다. 승전도 패전도 아닌 '극복克服한 국난國難'으로 이해해야 할 것이다. 막을 수도 있었던 전쟁에서 조선은 인적, 경제적 손실 등 막대한 희생을 치렀다는 점, 국가적으로 입은 극심한 피해를 무고한 백성들이 대부분 부담해야 했다는 점 등이 이 전쟁을 승전이라고 말하기를 머뭇거리게 하는 이유들이다.

또 수많은 문화재들이 소실되거나 일본으로 유출되었고, 조선의 도공, 세공인, 농부, 한의사 등 많은 포로들이 잡혀 가서 전쟁 복구에 혹사당하였으며, 많은 수는 포르투갈과 일본 상인들에 의해 세계 각지로 팔려 나갔다. 그 숫자는 10만여 명에 달하였다고 하는데 임진왜란을 노예전쟁이라고 평가할 만큼 많은 숫자이다.

1983년 영국 런던의 크리스티 경매장에서 루벤스라는 화가의 작품 '한복을 입은 남자'가 팔리면서 주목을 받았다. 세로 38.2㎝, 가로 24.6㎝의 화폭에 묘사된 그 남자는 조선 초기 남자의 외출복을 입고 말총으로 만든 망건을 쓰고 있었다. 이 사람은 안토니오 코레아로, 전북 남원에서 태어나 임진왜란 때 일본에 포로로 끌려 갔다가 중국, 인도를 거쳐 한국인 최초로 유럽을 밟은 파란만장한 삶이 간직하고 있었던 것이다.

이후 임진왜란 4백주년이 되던 해에 국내에서는 문화체육부를 주축으로 하여 안토니오 코레아 찾기 운동을 벌어졌고, 그 성과로 이탈리아 남부 알비라는 마을에 '코레아'라는 성을 사용하는 그의 후예들이 20여 명이 살고 있는 것도 밝혀지게 되었다.

또 이탈리아 피렌체의 고서적상에서 안토니오 코레아가 실존했음을 밝혀주는 프란체스코 카알레티의 『항해지(ragionamenti)』가 발견되기도 하였다. 이탈리아의 상인이었던 카알레티가 저술한 이 책은 임진왜란 직후인 1597년 6월부터 1599년 12월까지 일본 나가사키, 마카오를 항해하던 도중 생긴 일을 다큐멘터리 형식으로 메모한 것으로, 이 책에는 안토니오 코레아가 이탈리아에 정착하기까지의 갖가지 우여곡절이 쓰여 있다. 원고는 1606년에 작성되었지만 책은 그의 죽은 후인 1701년에야 발간되었고 현재 세계에 10권 정도만 남아있다고 한다.

이 책에는 안토니오 코레아와 관련하여 다음과 같은 내용이 적혀 있다.

> 코레아란 나라는 모두 9개 주로 나뉘어 있으며, 일본군은 그 나라로부터 엄청나게 많은 수의 남녀를 잡아다 헐값에 노예로 팔았는데 나도 다섯 사람을 산 후 인도 고아까지 데리고 가서 자유인으로 풀어줬다. (중략) 그중 한 사람을 플로렌스까지 데려왔는데 지금은 안토니오라는 이름으로 로마에 살고 있다.

이 책에 의하면 당시 카알레티는 임진왜란이 한창 진행 중일 때에 일본의 나가사키에 도착하였다고 한다. 그곳에서 그는 일본인들이 조선에서 붙잡아다가 파는 소년·소녀 5명을 12스쿠디의 싼값으로 샀으며, 이들에게 세례를 베풀고 인도 고아에 데려가 자유인으로 풀어 주었다. 단, 그 중에 똘똘한 한 아이만을 이탈리아에 데려왔는데 안토니오 코레아란 이름으로 지금 로마에 살고 있다 했다.

또한 이탈리아로 돌아가던 카알레티와 안토니오가 탄 배는 대서양에서 네덜란드 해적선의 의해 침몰 당한다. 네덜란드인들은 구명보트로 옮겨 태우면서 값이 나가는 것을 가지고 있지 않으면 바다로 밀어 익사시키거나 베어 죽였다. 그때 꾀가 많았던 안토니오는 십자가에 매달린 예수상과 카알레티의 초상화가 든 구리목걸이를 목에 걸어 구제 받았다고 한다. 은목걸이인줄 알고 구해 놓고 보니 구리목걸이요, 다른 하나는 칼빈 교도들이 좋아하지 않는 십자가상이었던 것이다. 이후 카알레티는 자신의 목숨을 살린 목걸이를 가보로 간직하고 있다고도 하였다.

그 후에 망망대해의 무인도에 버려지는 등 등 갖은 고초를 겪은 끝에 아랫도리만 가린 차림으로 피렌체에 상륙하였다. 그리고 안토니오는 카알레티의 아버지 이름을 물려받고 고국의 국명인 코레아로 성씨를 만들고 살았는데, 지금 남부 알비시에서 번창한 집성촌을 이루고 있는 살고 있는 사람들이 그 후손이다<카알레티, 『RAGIONAMENTI』, 1701>.

◦ '임진왜란'이란 명칭은 타당한가?

임진왜란은 동아시아의 질서를 뒤흔들어 놓은 국제전쟁이며, 전쟁 후 삼국의 정치질서는 대단한 변화를 겪게 되었는데, 과연 임진왜란에 대한 명칭은 타당한 것인가?

우리나라의 경우에는 '임진왜란'이 주류를 이루고 있는데, 임진왜란이란 명칭은 일본이 침략한 사실을 도덕적으로 평가하는 의미가 들어 있다고 할 수 있다. 지금도 이런 도덕적 평가가 들어가 있는 용어를 쓸 것인가에 대하여 다시 한 번 생각해봐야 한다.

북한의 경우에는 '임진조국전쟁'이라는 용어를 사용하고 있으나 이는 학문적 용어에 조국이란 말이 들어가 있어 객관적이지 못한다. 또 일본에서는 '분로쿠게이죠노에키文祿慶長の役'를 주로 쓰는데, '조선 정벌' 내지는 '조선 출병'이란 표현도 써서 비판의 대상이 되기도 하였다. 1995년 일본의 시가현滋賀縣에서 발행한 『정세요람町勢要覽』에서 그 고장 출신인 가모 우지사토蒲生氏鄕를 소개하면서 '1592년 조선 정벌 종군'이라고 표현하였던 것이다. 이에 시가현의 한인 단체들은 이 책이 조선 침략을 미화하고 역사를 왜곡했다고 강력 반발하였고, 시가현은 잘못을 인정하고 표현을 시정하였다. 이후 일본에서는 '정벌征伐'이라는 용어는 자제하고, 주로 '조선 침략', '조선 출병'이라는 표현을 사용하고 있다. 중국의 경우에는 '임진왜화壬辰倭禍', '만력동정萬曆東征'이라고 표현하였다.

　따라서 이제는 우리도 국가 간에 벌어진 국제전쟁이란 인식 하에서 이에 대한 명칭을 재검토하여 객관적인 용어를 찾았으면 한다.

∘ 교훈 및 과제

　임진왜란은 결코 승리한 전쟁이 아니다. 문 열어 놓고 잠을 자다가 도둑을 맞았을 때, 근원적인 잘못은 도둑에게 있지만 문을 열어 놓고 잔 사람에도 잘못은 있다는 것이다. 분명 일본의 침략 전쟁이고, 명분 없는 전쟁이었다고 할지라도 조선은 전쟁의 성격과 규모를 정확히 예측치 못하였고, 늦게나마 위기를 인식한 후에도 적절히 대응할 수 있는 정도의 군비상태가 아니었다. 따라서 적어도 피할 수 있었던 전쟁에서 엄청난 피해를 당하였던 것이다. 따라서 이에 대한 책임은 일본뿐만 아니라 조선의 위정자爲政者들에게도 있다는 사실을 인식하여야 한다. 물론 패배주의나 징비사관懲毖史觀 등처럼 너무 과장하여서도 안 되고 폄하하여서도 안 된다. 따라서 우리는 일본의 침략을 막아낸 당시 우리 민족의 역량을 높게 평가해야 하겠지만 최선의 길이 무엇이었는가는 다시 한 번 생각해봐야 할 것이다.

이제 임진왜란에 대한 군사사 혹은 전쟁사적인 측면에서 종합적인 연구가 이루어져야 하는데, 이 때 다음과 같은 몇 가지의 유념해야 할 점이 있다.

첫 번째로 임진왜란을 동아시아 삼국이 벌인 국제전쟁으로 인식하는 자세가 필요하다. 전쟁을 조선과 일본의 전쟁으로 국한해서는 안 되며, 단순한 민족적 승패를 떠나 국내외의 제반 문제와 상호 연결하여 파악하고, 더 나아가 국제관계라는 그 시대의 구체적인 조건과 연결시켜 파악해 보려는 시도가 이루어져야 한다. 임진왜란은 과거 한때의 전쟁이었다는 지나간 역사 사실로 이해되어야 한다. 전쟁사에서 전쟁의 승패라는 판단에 너무 집착할 까닭이 없다. 승리와 패배라는 단정보다 전투 상황과 전과라는 객관적 서술이 필요하고 당시의 여러가지 상황과 연결되는 역사적 연결고리를 이해하는 방향으로 연구가 진전되어야 한다.

두 번째는 임진왜란의 전개 과정에 대한 종합적이고 객관적인 인식이 필요하다는 점이다. 전쟁 자료는 그 원래의 성격상 국부적, 또는 일면적인 기술일 가능성이 농후하기 때문에 철저한 사료 비판을 통한 연구가 이루어져야 한다. 개별 전투 상황에 대한 연구를 문헌 실증적으로 연구하는 단계도 극복하여야 할 것이다. 종래의 의병 연구에서 종종 인물·지역별 연구를 바탕으로 한 과장과 문중·향토사학적 성격이 강조됨으로써 의병의 구성이나 활동, 당시 상황 등이 객관적으로 서술되지 않았다. 일방적인 자료만에 의존함으로써 편벽된 서술을 하게 될 위험성이 농후하였던 것이다. 따라서 이를 객관화함으로써 의병의 실질적인 활동과 전략적 의의를 밝히고 아울러 전란 중 민중들의 동태와 신분변화, 전란 후 사회의 변화상과 정치적 영향 등이 새롭게 규명되어야 한다. 나아가 임진왜란은 당쟁 등의 정쟁과 지리적 결정론, 지정

학적 이론 등에서 자유롭게 벗어나 사건을 종합적으로 이해하고 객관적으로 파악하려는 인식이 필요하다.

세 번째로 임진왜란은 동아시아 삼국 외에도 포르투갈·류큐琉球 및 동남아 등 외국인들의 참전 사실이 어느 정도 드러나고 있기 때문에 이들 외국인들의 참전 사실 여부와 의미 등이 분명하게 규명되어야 한다. 이와 관련하여 각국에는 많은 자료들이 산재해 있으나, 이들 자료는 각국의 이해관계에 따라 기록되어 있을 가능성을 높기 때문에 이에 대한 면밀한 검토가 필요하다. 따라서 이들 자료의 상호 객관성을 확보하기 위해서 한국과 일본·중국 측의 자료가 전면 공개·정리되어야 하며, 이를 다각적인 측면에서 분석하려는 노력이 선행되어야 할 것이다.

마지막으로 임진왜란은 현재까지도 한일 간에 역사인식의 차이에 의해 대립되고 있는 대표적인 사례 중의 하나이다. 한일 양국의 선린우호의 차원에서 임진왜란을 보는 시각을 어떻게 가지는 것이 바람직한가에 대한 논의가 진행될 필요가 있다. 역사를 바라보는 데 자국의 국민의식을 강화하려는 민족주의적 국가주의적 관점에서 과감히 탈피하여, 평화주의를 지향하는 세계사적인 역사관을 바탕으로 한 거시적 관점에서 진지하게 논의할 필요가 있는 것이다.

---------------------------------- 참고문헌 ----------------------------------

금태준,『임진왜란과 조선문화의 동점』, 한국연구원, 서울, 1977.
김문길,『임진왜란은 문화전쟁이다』, 혜안, 1995.
김재근,『거북선의 신화』, 정우사, 1978.
박철,『세스페데스』, 서강대학교출판부, 1987.
사명당기념사업회,『사명당 유정』, 지식산업사, 2000.
서인한,『임진왜란사』, 전사편찬위원회, 1987.
양은용,『임진왜란과 불교의승군』, 경서원, 1993.
이석린,『임란의병장 조헌 연구』, 신구문화사, 1993.
이은상 역,『난중일기』, 이충무공문헌편찬위원회, 1977.
이채연,『임진왜란 포로실기 연구』, 박이정, 1995.
이형석,『임진전란사』 상.중.하, 신현실사, 1974.
조성도,『제승당과 이충무공』, 예문사, 1986.
조성도,『충무공 이순신』, 동원사, 1976.
조원래,『임란의병장 김천일연구』, 학문사, 1982.
최관,『일본과 임진왜란』, 고려대학교 출판부, 2003.
최영희 외,『새롭게 다시 보는 임진왜란』, 진주박물관, 1999.
최영희,『임진왜란』, 세종대왕기념사업회, 1974.
한국역사연구회,『한국역사 속의 전쟁』, 청년사, 1997.
한명기,『임진왜란과 한중관계』, 역사비평사, 1999.

일본에 표류한 조선인은 어떻게 돌아왔나

이 훈(국사편찬위원회)

◦ 왜 표류가 문제가 되는가?

한국에서 가장 가까운 일본 대마도의 해변가 바위 틈새에는 한국 쪽에서 떠내려 온 라면봉지나 콜라병 등 각종 쓰레기들이 뒹굴고 있다. 표류물 가운데는 한국인으로 확인되는 시체도 있는데, 1년에 한두 구는 발견된다. 이러한 쓰레기의 표류는 야마구치현山口縣이나 돗토리현鳥取縣 등 일본해 연안 지역에서도 곧잘 있는 일이다.

해류나 바람만 잘 이용한다면 동해를 사이에 두고 마주하는 한반도와 일본열도의 주민들이 바다를 이용하여 서로 오가는 것이 그다지 어렵지 않았을 것이라는 것을 짐작케 한다.

한반도와 일본열도에는 아마도 국가라는 것이 생기기 이전부터 연안의 포구에서 조업 활동을 하거나, 또는 다른 목적으로 두 곳을 왕래하는 사람이 있었을 것으로 생각된다. 이들 중에는 태풍이나 돌풍 또는 해류 등에 휘말려 실종되거나 표류 끝에 목표 지점을 벗어나 낯선 곳에 표착漂着한 사람들이 있었을 것이며, 항해가 시작되면서 해난海難사고의 역사도 같이 시작되었다고 보아도 좋을 것이다.

실제로 개항 이전의 조선과 일본 간에는 이렇게 양국 사이의 해역에서 표류하다가 상대국에 표착한 사람들이 많았다. 임진왜란 이후부터 19세기 말 양국 관계가 파탄에 이르기까지 273년(1599~1872) 동안 발생한 표류민의 숫자를 보면, 조선인으로 일본에 표착한 사람이 거의 1만 명에 가까웠으며, 건수로 따지면 967건이나 되었다. 이에 비해 조선에 표착했다가 일본으로 송환된 숫자는 이것의 9분의 1 정도인 1,050명으로 114건에 불과했으나 결코 적은 숫자는 아니다.

표착 사고를 당한 사람들은 대개 어부나 상인과 같은 민간인으로, 일본에 표착한 조선인들은 신분적으로 양인이나 노비가 많았다. 또 해난사고를 당한 해역을 보면 그들의 출신지 근처 연해인 경우도 있었으나, 출신지와 전혀 연고가 없는 멀리 떨어진 해역에서 사고를 당하기도 하였다.

이러한 사실은 '표착'이라는 사고가 조선의 민간인들이 광범위하게 항해 활동을 하는 과정에서 돌출적으로 발생한 사건이었을지도 모르며, 또 어쩌면 사고라는 형태이기는 하지만 의외로 민간인들의 왕래와 접촉의 기회가 될 수 있었을 것이라고 생각한다.

◦ 표류에 관한 다섯 가지 의문

최근 이러한 이유에서 '표착'사고를 둘러싸고 다음의 다섯 가지에 관심이 모아지고 있다.

첫째, 외교사절 이외에는 항해가 금지되어 있던 개항 이전에 왜 양국민이 왜 그렇게 먼 곳까지 가서 사고를 당해야 했는가이다. 즉, 부득이한 기상 조건 때문에 본의 아니게 일어난 단순한 해난 사고였는가, 아니면 처음부터 어떤 의도를 가지고 원거리 항해를 하던 중에 일어난 사고였는가이다. 어디에 비중을 두느냐에 따라 민간 수준에서 이루어지고 있었던 해상 활동의 정도를 풀 수 있는 실마리가 될 수 있다.

둘째, 송환에 드는 비용을 누가 부담했는가라는 문제이다. 양국에 표착한 조선인과 일본인은 일단 표착 사고로 인정되면 어느 경우에도 자신들이 귀국 비용을 마련하는 일은 없었다. 양국 정부의 송환 방침에 따라 무상無償으로 송환되었는데, 이는 개항 이전의 조선과 일본의 통교관계를 아는 데 중요한 문제가 되고 있다.

셋째, 양국의 표류민들을 누가 어떤 방법으로 데리고 왔는가라는 절차의 문제이다. 양국의 표류민들은 조선 정부나 도쿠가와德川 막부가 직접 송환하는 대신 대마도 사자가 데리고 왔는데, 이것 역시 조선과 일본 사이에서 대마도가 외교적으로 어떤 위치에 있었는가를 아는 실마리가 되고 있다.

넷째, 표류는 목숨을 잃을 수도 있는 사고이지만 익사를 면해 어딘가에 표착하여 구조되기만 한다면, 다른 민족이나 문화를 경험할 수 있는 유일한 수단이며 창구이기도 했다. 따라서 표착 사고는 민간인들이 접촉을 통해 서로를 인식하게 되는 유일한 계기로 주목을 받고 있다.

그리고 마지막으로 표착사고를 통한 양국민의 만남을 접촉으로 볼 것인지, 또는 교류로 볼 것인지의 문제이다. 개항 이전의 조선과 일본에서 양국민이 서로 접촉할 수 있는 기회란 통교·무역에 관련된 사람에 한정되었다. 예를 들면 도쿠가와 막부에 새 장군이 서게 되면 조선은 이를 축하하기 위해 약 500명 규모로 통신사를 파견했는데, 사실 이는 몇 십 년에 한 번 있을까 말까 한 일이었다. 그럼에도 불구하고 통신사의 일본 방문은 한일간 교류의 상징처럼 여겨지고 있다. 이에 비해 표착사고는 연중 10번 가깝게 발생하여 수시로 양국민의 접촉과 송환이 있었다. 때문에 표착사고에 대한 의미 부여가 새로운 문제로 대두되고 있는 것이다.

이와 같이 표류·표착사고는 통신사로 상징되는 조선과 일본 정부 간의 통교에서는 보이지 않던, 또는 그동안 전혀 주목을 받지 못했던 조일관계의 여러 면들을 밝힐 수 있기 때문에 최근 관심이 높아지고 있다.

∘ 표류를 통해서 본 한일관계와 민간 접촉

그러면 위의 문제를 간단하나마 하나하나 짚어 보기로 하자.

첫째, 표류·표착 사고가 발생하게 되는 원인은 무엇일까? 우선은 바람이나 해류가 직접적인 원인이었다. 조선인들은 필요한 어종을 찾거나 물건을 사고 팔기 위해, 또는 조세를 납부하기 위해, 또 드물게는 관광을 위해 배를 탔다가 사고를 당했다. 주로 경상도와 전라도 사람들이 사고를 당했으며, 강원도 주민들도 적지 않

왔다. 이들 조선인들은 연중 표착사고를 당했으나, 대개는 태풍이
부는 계절인 9월부터 증가하기 시작하여, 10·11·12·1월의 넉달
사이에 집중적으로 발생하고 있어 전체 사고의 3분의 2가 겨울에
집중되어 있다.

　겨울의 사고는 대개 서풍으로 표현되어 있는데, 겨울에 동해상
에 불어닥치는 북북서풍을 말하는 것이었다. 해난사고가 상습적
으로 일어나던 곳은 경상도 장기長鬐 근처의 해역을 비롯하여, 기
장·동래 해역으로, 이곳에서 북북서풍이 불 때 동쪽으로 급하게
흐르는 대마해류를 타게 되면, 대략 대마도의 북부나, 나가토長門,
또는 기타큐슈北九州에 표착하였다. 그리고 전라도 해역에서 표류
를 당하면 대마도 남부와 고토五島, 그리고 미나미큐슈南九州에 걸
쳐 걸쳐 표착하는 경향이 있었다.

　일본인으로 조선에 표착한 사람들도 직접적인 표류 원인은 마
찬가지였다. 일본인 표류민 가운데는 조선과 가까운 만큼 대마도
사람들이 전체 표류민의 3분의 1을 차지하여 가장 많았으며, 일본
해(동해) 연안 포구의 주민을 비롯하여 사츠마薩摩, 류큐 사람까지
도 표착해 왔다. 대마도 사람들은 주로 경상도와 전라도 해안에
걸쳐 표착했는데, 왜관 업무와 관련해 짐을 싣고 부산으로 오던
배가 많은 사고를 당했다.

　일본 혼슈本州의 북쪽 끝 츠가루津輕에서 나가토에 이르는 일본
해 연안 주민들은 강원도와 경상도에 걸쳐서 표착하였는데, 장
기·경주·울산이 표착 다발지역이었다. 그리고 셋슈攝州·하리
마幡摩·오사카大坂·비젠備前 주민들도 강원도에서 경상도에 걸쳐
표착하였다. 사츠마 선박은 김해에서 시작하여 전라도(제주·진
도·영암 등)와 충청도에 걸쳐 표착하였다. 대마도 이외의 지역에
서 표착한 경우는 1,000석 이상의 쌀을 실은 미곡선이 많은 사고

를 당했으며, 계절적으로 쌀의 수확 및 연공미의 수취가 끝나는 11~12월에 사고가 많았다. 조선과 일본인들의 표착 사고가 이렇게 겨울에 집중되어 있을 뿐 아니라, 또 특정 지역 사람들이 대개 특정 지역에 표착하는 경향을 보이고 있는 것은 표류의 원인이 직접적으로는 바람이나 해류에 있었기 때문이었다.

다음으로 민간인들의 해상 활동 범위와 사고가 일어날 수 있는 확률은 어느 정도였을까? 조선인 표류민의 경우, 그들의 출신지와 사고를 당한 지점이 반드시 일치하지는 않았다는 것이 해상 활동의 범위를 짐작하는 데 도움이 된다.

예를 들면 해난 사고가 빈발했던 장기 근처의 해역은 경상도 주민은 물론 전라도 주민들 까지도 많은 사고를 당했다. 장기 근처의 영일만 일대(영덕·영해)는 청어의 명산지로 전라도 어부들이 경상도 어장까지 청어를 구하러 왔다가 사고를 당한 경우가 많았다. 영덕·영해는 청어뿐 아니라 대구·문어 등의 산지로 19세기에 들어오면 염전까지 생겨 이곳에서 소금에 절인 염장어물(소금에 절인 생선이나 젓갈)을 내륙지방에까지 갖다 팔 정도로 커다란 상권이 형성되어 있었다. 조선은 주자가례에 입각한 제사가 보급됨에 따라 양반에서 서민에 이르기까지 제수용품에 대한 수요가 높았다. 당시 인기가 높았던 제수용품은 장기 보존이 가능한 건어물과 염장 어물이었다. 전라도 사람으로 경상도 근처에서 해난 사고를 당한 사람은 필요한 어종이나 상권을 찾아 원양 항해를 나섰다가 사고를 당했다고 볼 수 있다.

이밖에도 전라도나 경상도 사람들은 목재나 전복 등의 어종을 찾아 동해의 울릉도 해역까지 왕래하기도 하였다. 전라도 사람들은 낡은 배를 타고 울릉도에 들어가 그곳에서 장기 체류하면서 울릉도의 목재로 배를 만든 후 그 배로 다시 자신의 고향으로 돌아가기도 하였다. 경상도 주민도 울릉도 인삼을 채취하기 위해 동해를 수없이 항해하였다. 의외로 조선인들의 해상활동 범위는 넓었으며, 표착사고란 수많은 해상활동 중에 아주 돌출적으로 발생한 빙산의 일각과도 같은 것이었다고 추측된다.

그런데 흥미로운 것은 표류나 표착이 해난사고임에는 틀림없으나, 처음부터 어떤 목적을 가지고 표류했을 것이라는 의심이 드는 부분도 있다. 일본으로 표류했다가 조선으로 송환된 사람들을 보면, 일부 실종되거나 익사자도 발생했으나 승선 인원이 거의 모두 살아서 송환되는 경우가 훨씬 많아 생존율이 높은 편이었다. 뿐만 아니라 어선이라고 하면서도 표류민 가운데는 여성이나 어린이까지 타고 있기도 했던 점, 노비나 양인이 많았던 점으로 보아 단순히 사고라기보다 도망이나 장사, 또는 후대를 받기 위한 것 등 처음부터 어떤 목적을 가지고 항해하다가 표류했던 것이 아닐까라는 생각이 들기도 한다. 일본에 표착한 조선인들은 살해당하거나 바다로 내쫓기는 일은 드물었으며, 대부분은 일본 측으로부터 후대를 받았기 때문에 이를 노리고 의도적으로 일본에 접근한 경우도 아주 없지는 않았다. 조선 정부가 일본에 표착한 조선인들을 '고표故漂'로 인식하고 있었던 것도 고의로 표류해 갔다는 심증이 있었기 때문이었다. 만약 그렇다면 표착 사고를 당한 지점은 원래 목표로 삼았던 지점이나 그 근방일 가능성이 높다고 볼 수 있다.

둘째, 조선과 일본의 양국민이 상호 무상으로 송환되었다는 것은 어떤 의미가 있을까? 조선이나 일본의 표류민들은 대부분 신분이 높은 사람들이 아니었다. 조선의 표류민들 가운데는 관리가 표착한 예외도 있기는 하지만 양인이나 노비가 많았다. 일본인 표류민도 왜관 관계로 조선에 오는 경우를 제외하고는 어민이나 상인이 많았다. 이 때문에 표류민에 대해서는 '아랫것'들이라고 천하게 여기는 경향이 있었으나, 양국 모두 이들을 송환하는 것이 평화를 유지할 수 있는 수단이라고 이해하고 있었기 때문에 송환에 드는 모든 비용은 무상이었으며 정중하게 취급하였다.

1868년 일본의 메이지明治 정권 수립을 계기로 조선과 일본의 수교가 교착상태에 빠졌을 때에도, 메이지 정부는 조선인 표류민의 송환만큼은 구막부시대 조선과의 교린관계(선린우호)를 존중하여 무상으로 송환하였다. 표류민 송환만이 조선과의 교착상태를 푸는 수단이라고 믿었기 때문이다. 그러나 1876년 강화도 수호조규 성립 이후가 되면 사정이 완전히 달라진다. 일본이 근대 국제법을 적용해 표류민의 송환 비용을 상대국에 청구할 것을 요구함으로써, 조선인 표류민들은 자신들의 힘으로 귀국을 준비해야 했다. 경제적 능력이 없는 경우에는 자신들이 타고 왔던 배나 적재물을 팔아서 귀국 비용을 마련해야만 했다. 메이지 정부에 들어왔다고 해서 조선인이 일본에 표착하는 사고가 줄어든 것은 아니었을 것이므로 근대에 들어와서는 표류민의 대우나 취급이 아주 열악해졌다고 할 수 있다. 무상 송환은 개항開港 이전의 조선과 일본의 교린관계에서나 가능한 일이었다.

셋째, 조선인과 일본인 표류민의 송환에 왜 대마도가 깊이 관련되어 있었을까? 개항 이전의 조선과 일본은 정부 차원에서 통교관계를 맺고 있었다고 해도 직접 통교하지는 않았다. 조선은 조선 초 이래 대마도를 일본과의 교섭창구로 여기고 있었으며, 일본 역시 도쿠가와 막부에 외교를 담당하는 기구가 없었기 때문에 대마도를 대조선 통교의 창구로 삼는 대신 조선과의 무역 이윤을 독점하도록 허락하였다. 이에 통신사 초빙을 위한 교섭을 비롯하여, 부산의 왜관을 중심으로 매일 부딪히는 문제들이 대마도를 통해서 교섭이 이루어졌다. 양국의 표류민을 송환하는 일 역시 예외가 아니었으며, 조선으로부터는 막부를 대신해서 조선인을 송환해 오는 것으로 취급되어 접대와 예물을 받았다. 즉, 대마도는 조선 과 일본의 간접통교체제 하에서 표류민의 송환을 대행함으로 해서 많은 기득권을 누릴 수 있었는데, 대마도의 표류민 송환은 바로 이 시기 통교체제의 특징을 반영하는 것이었다.

넷째, 표착 사고와 인식의 문제는 표착의 빈도수와 표착 지역, 그리고 송환 비용 부담 문제와 관련이 깊다. 바람이나 해류의 영향 때문에 상습적으로 해난 사고가 잘 일어나는 해역과 표착이 빈번한 지역이 있는가 하면, 그렇지 않은 곳도 있었다. 그 결과 같은 표착이라고 해도 지역에 따라서 상대방에 대한 취급이 다를 수 있었다.

예를 들면, 조선인들이 가장 많이 표착한 대마도의 경우 273년 동안 경상도 사람이 226회, 전라도 사람이 약 100회 정도 표착하였다. 대마도에 이어 조선인의 표착이 많았던 곳은 나가토로 경상도 사람만 약 200회 정도 표착하였다. 그리고 고토五島 히젠肥前도 조선인의 표착이 많은 지역이었는데, 주로 전라도 사람이 많았으며 190회 정도였다.

도쿠가와 막부는 조선인들을 표착지에서 구조한 다음에는 막부의 직할도시인 나가사키長崎로 이송할 것을 의무화하였다. 표착지에서는 표류민들의 구조나 이송이 막부에 대한 의무役인 만큼, 이를 중요하게 생각했다. 그러나 이러한 일을 수행하는 데 드는 비용은 일차적으로는 표착지 주민이 몫이었다. 따라서 표착 사고가 잦은 곳에서는 조선인을 죽이거나 바다로 내쫓기까지는 하지 않았으나, 표착지 주민들은 자신들이 부담한 비용을 그곳의 영주로부터 보상받지 못할 경우 조선인을 귀찮은 존재로 여겼다. 이러한 곳에서는 조선인에 대해 호감을 갖기가 어려웠다. 조선인이 표착하면 비용을 줄이기 위해 비교적 지체하지 않고 나가사키로 이송해버렸으므로 접촉 기간도 짧았다. 자연히 의사소통도 원활하지 못했을 것으로 생각된다. 그래서 조선인들이 일본 측의 홀대를 이유로 표착지 주민과 몸싸움을 하여 마찰을 빚기도 하였다.

그러나 어쩌다 몇 년만에 조선인이 표착하는 곳에서는 이들을 호기심과 호감으로 대하는 경향이 있었다. 특히 주민들이 부담한 비용을 표착지의 영주로부터 보상받을 수 있었던 이와미石見 등에서는 비교적 여유를 가지고 조선인을 구제하였다. 조선인을 곧바로 나가사키로 이송하지 않았기 때문에 비교적 장기간에 걸친 관찰과 의사소통이 가능하였으며, 조선인 표류민들을 부담으로 여기지도 않았기 때문에 마찰도 적었다. 이와 같이 양국민이 서로 이해하고 오해하는 데서도 지역 차가 상당히 있었음을 알 수 있는데, 이는 일본에서 중앙정권인 막부 주도의 송환체제가 획일적으로 정비되지 않았기 때문이었다. 이 문제는 지금까지 상대방에 대한 이해 및 인식의 문제가 주로 통신사 파견시 지식인 계층의 눈을 통해 이루어진 것에 비해 민간인 차원에서의 상호인식 문제를 살필 수 있을 뿐 아니라, 일본 내의 지역 차까지도 알 수 있기 때문에 중요하다고 할 수 있겠다.

마지막으로 표류·표착을 통한 양국민의 만남을 접촉으로 볼 것인지, 또는 교류로 볼 것인지의 문제이다. 이 문제는 민간 교류의 정도를 밝힐 수 있는 가장 중요한 문제라고 하겠다. 앞서 표류·표착 사고는 양국민의 광범위한 해상 활동을 배경으로 우발적으로 일어난 사고일 가능성이 크다고 추측하였다. 그러나 이러한 해상 활동이 곧바로 양국민의 교류를 의미하는 것은 아니다. 현재 양국민의 표착 횟수와 표류민의 숫자 등 수량적인 것은 밝혀졌지만, 그 내용에 대해서는 더 검토해야 할 여지가 있기 때문이다.

예를 들면 대부분의 표류는 일회적인 것에 그치고 있는데, 조선인의 표착이 빈번했던 대마도나 나가토의 경우에도 동일 인물이 단기간에 여러 번에 걸쳐 표착한 사례는 아직 확인되지 않고 있다. 따라서 조선인들이 과연 의도적으로 표류를 선택했을까 하는 물음에 대해 아직까지는 '그렇다'라고 단정하기 어려울 뿐만 아니라, 표류민들과 표착지 주민의 접촉 내용도 어느 수준의 것이었는지 충분히 밝혀졌다고는 볼 수 없기 때문이다.

◦ 사례 연구를 통해 민간 차원의 교류 밝혀야

이러한 의문을 풀기 위해서는 무엇보다 어느 한 지역에서 표류·표착이 얼마나 지속적으로 발생하는지 빈도수와 지속성 여부를 검토하는 것이 필요하며, 동일 인물이 단기간에 여러 번에 걸쳐 동일 지역 내지는 인접 지역에 표착한 경우가 없는지 사례 연구가 축적되어야 할 것으로 본다. 이러한 사례 연구가 축적되었을 때에야 비로소 민간 차원에서의 교류 실태가 분명하게 밝혀질 것으로 보인다. 표류민·표착 문제는 그동안 국가 간의 교류에 대한 관심만으로는 한계가 있었던 양국관계의 실태를 다양한 측면에서 살펴볼 수 있는 보고라고 할 수 있다.

참고문헌

이훈,『조선후기 표류민과 한일관계』, 국학자료원, 2000.
이훈,「조선후기 대마도의 표류민 송환과 대마도」『국사관논총』 26, 1991.
이훈,「조선후기 일본인의 조선 표착과 송환」『한일관계사연구』3, 1995.
池內敏,『近世日本と朝鮮漂流民』日本 臨川書店, 1998.
池內敏,「近世朝鮮人漂着年表」(1599~1872), 1996.
木部和昭,「近世期における朝鮮漂流民と民衆－長門・石見地域の比較を中心に－」『山口縣史硏究』4, 1996.

왜성은 어떻게 축조되었나

유 재 춘(강원대학교)

○ 일본의 조선 침략과 왜성倭城 구축

왜성이란 간단히 말하면 '왜군倭軍이 축조한 성城'이다. 그러나 시기적으로 16세기 말, 즉 임진왜란과 정유재란시에 왜군에 의해 축조된 성곽을 말한다. 이 왜성들은 말할 것도 없이 왜군이 남해 안 일대 혹은 그 외 지역을 점거하고 그들의 근거지를 확보하거나 왜군 진영 내의 상호 연락 등을 위해 축조한 것이다. 이러한 왜성에 대해 예전에는 대개 정유재란 이후 남해안 일대에 건설된 왜성이 거론되었으나 보다 넓은 의미에서 왜성이라고 하는 것은 16세기 말 일본의 침략 당시 일군에 의해 조선 내에서 만들어졌던 모든 방어시설물을 칭한다고 하여야 할 것이다. 따라서 왜성은 임진왜란 당시 일군이 조선 내륙에 만들었던 것과 정유재란을 전후하여 남해안 일대에 축조된 것으로 대별할 수 있다.

임란 당시 일본군은 조선 주둔이 장기화되면서 방어시설의 구축은 필수불가결한 사안이 되었다. 방어시설의 구축은 병참선의 보호에 긴요한 문제였을 뿐만 아니라 한성을 점령하고 평양·함경도 방면으로 진주하면서 보다 안전한 주둔에 대비하기 위해서도 매우 필요한 일이었다. 특히 조선이 전열을 가다듬어 반격의 채비를 갖추어가고 명나라 군사도 가세함에 따라 일본군이 느끼는 전투에 대한 부담은 한층 심화되었고, 이제 일본군도 개활지에서의 전투나 공성攻城보다는 방어적인 농성전투에 대비하지 않으면 안 되었다.

이와 같은 것은 도요토미 히데요시豊臣秀吉가 조선에 진주한 일본군에게 내린 지시에서도 분명히 확인되고 있다. 1592년 5월 히데요시는 일본군이 조선의 수도 한성을 함락시켰다는 소식을 전해 듣고 조속한 시기에 직접 조선으로 건너와 일본군을 지휘하고자 하였다. 이에 조선에 건너온 여러 장수들에게 부산~한성에 이르는 노정에 히데요시의 숙박소 건설을 지시하였다.

또한 6월에는 명나라 국경까지, 이른바 병참선 유지를 위한 성(일본식 용어로 つなぎの城)의 구축을 지시하게 된다. 요시미吉見元賴의 『조선도해일기朝鮮渡海日記』를 보면 당시 히데요시의 지시에 의해 조선에 구축된 일본군의 축성에 대해 알 수 있다.

이에서 보면 각 지역별로 일본군 무장이 주둔하고 있던 곳에는 어떠한 형태든 방어시설을 갖추고 있었던 것을 알 수 있다. '신성新城'이라고 표기된 곳은 일본군이 새로 성곽을 축조하는 것을 말하는 것이며, 그 이외의 지역은 우리나라의 성곽을 이용하였을 것이다. 오오타太田는 그의 논문에서 신성 이외의 지역은 조선의 읍성을 이용한 것이라고 추정하였다. 그러나 여기에 제시된 지역 가운데는 당시 읍성이 설비되어 있지 않았던 지역도 있기 때문에 반드시 읍성을 이용하였다고는 할 수 없다. 이 경우 아마 그 지역내에 있는 고성을 이용하거나 적절한 장소에 임시적으로 성을 만들고 주둔하였을 것이다. 특히 일본군은 상주·고성固城·경주·평양 등지에서 조선의 읍성을 이용하였다.

그러나 일본의 성곽 구조는 조선의 성곽과 전혀 달랐고, 따라서 일본군이 조선의 읍성을 그대로 활용할 수는 없었다. 이는 조정趙靖의 문집인 『검간집黔澗集』에 기록되어 있는 다음과 같은 내용에서 잘 알 수 있다.

> 신문숙申文叔, 한숙형韓叔瑩과 더불어 함께 성 내로 들어갔다. 적왜賊倭가 머무는 곳을 둘러본 즉, 성중에 토옥을 짓고, 왕산 위에는 2층 고각高閣을 세웠으며 기와를 쌓아 터를 구축하고 흙으로 성을 만들었다. 성 위에는 또 기둥을 세워 나무를 묶고 흙을 발라 벽을 만들었으며, 벽에 구멍을 뚫어 총포를 쏘기에 편하게 하였는데 그 제도가 극히 교묘하였다. 밖으로부터 이를 부수려고 도모하는 자는 그곳에 발도 들여놓을 수 없는 형세이다.

이 기록은 임진왜란 당시 경상북도 상주 사람 조정이 당시의 견문을 적은 것으로 상주성에 주둔한 일본군이 왕산王山(현재 상주시 서성동)을 중심으로 성 내에 토옥, 고각 등의 시설을 짓고, 토성을 만든 다음 그 위에 목책을 세우고 흙을 발라 벽을 구축하고 총안을 만들어 방어시설을 구축하였던 것을 알 수 있다.

또한 상주의 읍지邑誌인 『상산지商山誌』에, "성 밖에 예전에는 해자가 없었는데, 임진왜란 당시 일병日兵이 들어와 웅거한 것이 14개월이나 되면서 성 주변에 호壕를 파서 넓이가 10척쯤 되었다. 또 석성 밖 서남면에 토성을 쌓았는데 아직 그 터가 남아 있다"라고 하는 데서도 그러한 상황을 잘 알 수 있다. 『상산지』의 내용은 상주읍성에 대한 기록 중에 나오는 것으로, 이를 조정의 『검간집』 내용과 상호 맞추어 보면 일본군이 상주성 내에 주둔하면서 성

밖에 새로 해자를 팠다는 것을 알 수 있다. 당시 일군은 상주읍성 성벽과 새로 판 해자로 1차 방어선을 구축하고, 그 안에 왕산을 중심으로 토성을 쌓아 방어시설을 구축하였다는 것을 알 수 있다. 왕산 위에 2층 고각을 세웠다고 하는 것으로 보아 이곳에 주장主將이 유숙하는 시설(일본 성곽에서 말하는 천수각天守閣 형태의 것으로 추정)을 만들고 그 주변에 토성을 쌓아 곡륜曲輪을 만들고 목책 토벽을 세웠을 것으로 추정된다.

　이렇게 조선 성곽을 이용하면서도 시설의 보강이나 새로운 성곽을 축조하였던 것은 말할 것도 없이 당시 조선과 일본의 성곽 축조 방식의 차이 때문이다. 주로 구심성이 강한 복곽성을 축조하여 사용하던 일본군에게 구심성이 없는 단곽의 조선 읍성을 그대로 이용할 수는 없었던 것이다. 특히 곡륜으로 이루어진 복곽성의 형태를 갖추기 위해서 일본군은 불가피하게 새로운 시설을 구축하여야 했다. 또한 우리나라의 성곽은 대개 호가 발달하지 않았지만 일본 성곽의 경우는 평지성일 경우 반드시 호를 시설하기 때문에 상주읍성을 이용하면서 성 밖에 즉각 호를 팠던 것이다.

　또한 임란시 왜군의 방어시설 구축에 대해서는, 조선왕조실록을 보면 "황주黃州와 봉산의 적은 왜 제거하지 않는가?"라는 선조의 질문에 대해 이항복이 "황주와 봉산의 적이 전에는 들에까지 나다녔기 때문에 쉽게 잡았었으나 지금은 굴窟을 파고 살면서 담장 위에 목책을 세우는가 하면 담장 안에는 함정을 팠으며, 담 밖에는 해자壕子를 돌려파서 군사가 돌입할 수가 없습니다"라고 대답한 말에서 일본군의 임시적 성곽의 형상을 짐작할 수 있다. 여기서 굴을 팠다거나 함정을 팠다고 하는 것은 아마 일본의 성곽에서 보이는 굴절堀切, 횡굴橫堀, 수굴竪堀, 무굴畝堀 등의 시설을 의미하는 것으로 보인다.

∘ 왜성 유적의 변화

임란 당시 일본군이 축조하였던 왜성 유적은 대개 경상남도 해안에 위치하고 있는 것이 알려져 있으나 앞서 언급한 바와 같이 그러한 유적은 대개 정유재란을 전후하여 축조된 것이고, 임진왜란 초기에 내륙에 침입한 일본군에 의해 축조된 각종 방어시설물도 궁극적으로는 왜성의 범주에 포함되어야 할 것이다. 이러한 일본군이 내륙지역에 축성한 성곽, 또는 진소陣所 유적으로 알려져 있는 곳은 몇 개소에 불과하며, 그 구체적인 형태도 조선왕조실록 기록이나 『조선성지실측도朝鮮城址實測圖』에 몇몇 읍성을 이용한 사례와 구상丘上에 축조한 풍덕천진豊德川陣(현재 경기도 용인시 구성면 보정리)을 비롯한 백련봉진白蓮峰陣, 남산진소南山陣所에 대한 기록이 실려 있어 그 실태를 개략적으로 파악할 수 있을 뿐이다. 그리고 최근 임란 당시 철원군 김화지역에 주둔한 일본군이 사용했던 것으로 파악된 성산성이 있을 뿐이다. 철원군 김화에 소재하는 성산성은 이미 삼국시대에 축조되어 조선시대에까지 사용된 우리나라 산성인데, 임진왜란 당시 김화지역에 일군이 체류하면서 이 산성을 이용하였다. 그간 이 산성에 대해서는 '가등산성加藤山城'이라는 명칭과 함께 일본군이 축성하였다는 설이 전해왔는데, 이는 이 산성의 전략적 중요성, 또 현재 산성에 남아 있는 굴절, 호구, 곡륜 등 일본식 성곽 축조 방식의 흔적을 볼 때, 임란 당시 일군이 이 산성을 이용하여 성을 구축하였던 것으로 보인다. 물론 이 시설들은 현재 남아 있는 형태로 보더라도 매우 급박한 상황에서 만든 것이기 때문에 상당히 조악한 수준이었을 것으로 생각된다.

현재 남해안 일대에 소재하는 것으로 알려진 왜성은 30여 개소에 달하고 있다. 왜성은 대체로 강이나 바다에 인접한 구릉, 또는 야산을 이용하여 축조하되 일본, 혹은 왜군간의 연락관계의 유지를 위해 선박 출입이 용이한 장소를 택하였다. 물론 내륙지역의 경우는 그렇지 않은 사례도 있었지만 이는 그 축조 목적이 기본적으로 다른 데서 비롯된 것이다.

왜성은 현재 확인된 것이 부산진성을 비롯하여 서생포성·가덕성·웅천성·영등포성 등 32개소에 달한다. 이 가운데 1592년~1593년 사이에 축조된 것이 부산성·부산지성·임랑포성·기장성·구포성·죽도왜성·가덕성·가덕지성·서생포성 등 19개 성이고, 정유재란 때인 1597년에 축조된 것이 견내량왜성·울산성·양산성·마산성·고성성·사천성·남해성·순천성 등 8개 성이다. 그리고 마사성(김해시 생림면), 농소성(김해시 주촌면), 호포성(양산시 동면), 율포산성, 탑포산성 등 5개 성은 그 시기가 명확치 않다.

종래의 연구·조사된 왜성의 수에 대해서는 각기 다른 의견을 표시해왔다. 지난 1961년 발간된 『경남의 왜성지倭城趾』에서는 18개소를 지목하였으며, 『경상남도지慶尙南道誌』를 인용한 『한국 성곽韓國城郭의 연구研究』에서는 29개소를 사례로 들고 있다. 또한 최근에 발간된 『전근대한일관계사』에서는 30개소를 들고 있는데, 필자는 『문화유적총람』에 기록되어 있는 거제시의 율포산성과 탑포산성을 추가하여 32개소로 파악하였다. 이렇게 왜성의 수에 대한 파악도 아직 정확히 이루어지지 못하고 있는 것은 부산대 한일문화연구소에서 조사한 이후 이에 대한 집중적인 학술조사가 거의 이루어지지 못한 데 가장 큰 원인이 있다.

〈표〉 왜성 유적 일람

명칭	시기	축성자	소재지	비고
부산성	1592년	毛利輝元 외	부산시 동구 좌천동	부산진성
부산지성	1593년	毛利秀元	부산시 동구 범일동	자성대 왜성
임랑포성	1593년	毛利吉成 외	부산시 기장군 장안읍	
기장성	1593년	黑田長政	부산시 기장군 기장읍	죽성리 왜성
구포성	1593년	小早川隆景 외	부산시 북구 덕천동	감통성
죽도성	1593년	鍋島直茂 외	부산시 강서구 가락동	
가덕성	1592년	毛利輝元	부산시 강서구 성북동	
가덕지성	1593년		부산시 강서구 눌차동	
서생포성	1593년	加藤淸正	울산시 울주구 서생면	
마사성	시기불명	鍋島直茂 외	김해시 생림면 마사리	外城은 토성
농소성	1593년?	鍋島直茂 외	김해시 주촌면 농소리	신답성
안골포성	1593년	脇坂安治 외	진해시 웅동	일본수군기지 웅천안골리성
웅천성	1592년	小西行長	진해시 웅천동	제2 수군기지
웅천지성	1593년	宗義智	진해시 웅천동	감포산성
웅천지성	1593년	松浦鎭信 외	진해시 웅천동	소산성
영등포성	1592년	島津義弘 외	거제시 장목면 구영리	
송진포성	1593년	福島正則 외	거제시 장목면 송진포리	
장문포성	1593년	蜂須賀家政 외	거제시 장목면 장목리	
견내량왜성	1597년	宗家(?)	거제시 사등면 덕호리	광리왜성
율포산성	시기불명		거제시 동부면 율포리	
탑포산성	시기불명		거제시 남부면 탑포리	
울산성	1597년	淺野幸長 외	울산시 중구 학성동	울산학성
양산성	1597년	黑田長政	양산시 물금읍 물금리	물금증산성
마산성	1597년	鍋島直茂 외	마산시 합포구 산호동	용마산성
고성성	1597년	吉川廣家 외	고성군 고성읍	
사천성	1597년	毛利吉成 외	사천시 선진리	사천 선진리성
남해성	1597년	脇坂安治	남해군 남해읍 선소리	천남대왜성
순천성	1597년	宇喜多秀家 외	승주군 해룡면 신성리	
호포성	시기불명	불명	양산시 동면 가산리	호포리성
동래성	1593년	吉川廣家 외	부산시 동래구 칠산동	소멸
추목성	1593년	毛利輝元	부산시 영도구 청학동(?)	소멸
박문구성	1593년	毛利輝元	부산시 중구 중앙동(?)	소멸

◦ 왜성의 축조 방식

왜성의 축조 방식은 대개 일본 본토에서 행해진 축성법과 다를 바가 없다. 다만 이미 16세기 말 일본에서는 오다 노부나가·도요토미 히데요시로 이어지는 일련의 일본 통일 과정에서 산성이 점차 평지성으로 이행하는 과정에 있었던 반면, 조선 침략시에 축조된 왜성은 거의 대부분이 산성 형태를 취하고 있었다는 점이 다를 뿐이다. 이는 군사적 긴장이 팽대한 전시상황에서 축조된 것이기 때문에 방어상 유리한 산성을 축조한 것은 당연한 일일 것이다.

남해안 일대에 있는 30여 개의 왜성은 각기 그 모양을 달리하고 있고, 또 정조精粗의 차이도 있지만 축조하는 방식에 있어서는 앞서 언급한 바와 같이 일본의 성곽 축조 양식을 그대로 구현한 것이기 때문에 대체로 공통된 방법을 사용하고 있다.

우선 산성의 입지는 강과 바다에 인접한 독립된 구릉, 혹은 야산을 택하고 있는데, 이러한 양상은 일본에 있는 산성에서도 마찬가지이다. 물론 왜군이 선박을 통해 침략했기 때문에 보급이나 연락 관계는 배를 이용하는 것이 가장 효과적이었고, 또 경우에 따라서는 배가 아니고서는 보급·연락이 불가능한 경우도 있었을 것이다. 더욱이 왜군 입장에서는 일본에 있는 후방 기지와의 관계나 퇴각을 고려할 때 손쉽게 배를 이용할 수 있는 조건이야말로 가장 중요한 요소 가운데 하나였을 것이다. 또 대부분 독립된 구릉이나 야산을 이용하는 방식은 일본의 병법서에 기록되어 있는 '음산양산설陰山陽山說'에서도 잘 나타나듯이 산성 옆에 비등하거나 높은 고지가 있는 곳은 피하였다. 왜성 가운데 해변지대에 위치하고 있는 것은 서생포왜성을 비롯한 기장왜성·부산왜성·안

골포왜성·웅천왜성·마산왜성·가덕왜성 등이고, 하천변에 위치하고 있는 왜성은 구포왜성·죽도왜성 등이다.

둘째로 성곽의 구조, 즉 곽郭의 배치 문제이다. 일본의 산성이 대체로 복잡한 구조를 가지고 있듯이 왜성 역시 마찬가지로 주곽부를 중심으로 지형을 이용하여 다중의 곽과 곡륜 배치 등 복잡한 구조를 가지고 있다. 곽의 배치는 지형에 따라 다양한 형태를 하고 있지만 구조적 원리를 간략화한다면 흔히 말하는 윤곽식·제곽식·와곽식·연곽식 등으로 나눌 수 있으나 실제로는 그 변형인 경우가 많다.

셋째는 출입구와 공격 편의를 위한 곡륜의 설비 문제이다. 출입구를 통상 일본에서는 호구虎口라고 칭하는데, 그 모양은 다양하지만 기능은 하나같이 출입구를 통과하는 적에게 집중적으로 타격을 가하는 구조로 되어 있다. 우리나라의 경우는 옹성甕城이나 적대敵臺에 의해 주로 출입구인 성문이 보호되는 것과 비교가 된다. 그리고 곡륜에 여러 모양의 각도를 주어 성벽으로 오르는 적을 원근·좌우 등 다양한 위치에서 궁시 등으로 공격할 수 있도록 하였는데 이것이 바로 횡시橫矢이다. 이런 직선과 각角으로 이루어진 곡륜 형태는 일본 성곽의 독특한 점 가운데 하나이며, 우리나라의 경우 성벽이 직선으로 이루어지는 경우는 일본과 비교하여 상대적으로 많지 않고 직선으로 이루어지는 경우는 횡시처럼 곡륜에 각도를 주는 방식보다 성벽에 치성을 설치하는 방식을 사용하였다.

넷째는 석축과 토루이다. 일본의 경우 축성에 석축 방식을 도입한 것은 중세 이후로 볼 때는 전국시대 후반기이다. 물론 고대에는 조선식 산성과 같은 석축성이 있지만 중세 이후로는 거의 석축이 사용되지 않았다. 석재 확보나 기술적인 문제 등도 있겠지만

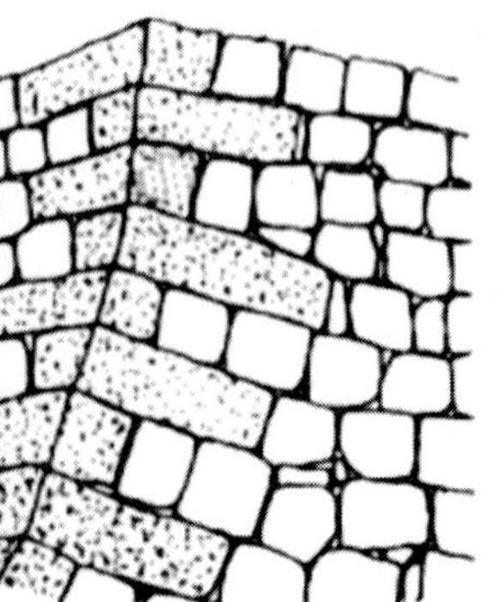

△ 왜성의 석축 방식 사례

성의 내구성이나 방어력 증강의 필요성과 밀접한 관계가 있을 것이다. 왜성에서도 그대로 나타나는 바이지만 일본 성곽은 석축에 직선을 중시하는 경향이 현저하다. 따라서 곡륜이 꺾이는 모서리 부분이 매끄럽게 처리되면서 전체적으로 상하석축선이 곡사선曲斜線 형태를 하고 있다. 또한 통상적으로 자연석을 난적하고 그 틈을 잔돌로 빈틈없이 메우는 방식이 주로 사용되었다.

또한 토루의 경우는 중세 이래 산성에 가장 많이 사용되는 시설 가운데 하나이다. 곡륜 위에 시설하고 그위에 다시 목책이나 판벽을 설치하여 방어하는 경우가 종종 있었다.

다섯째는 호壕이다. 「호」는 「호濠」와 마찬가지로 해자를 가리키는 말인데, 일본에서는 주로 「굴堀」이라는 말을 사용한다. 굴은 보통 건호乾壕를 말하기 때문에 호에 물을 끌어들인 것을 특별히 「수굴水堀」이라고 칭하기도 한다. 아무튼 일본의 성곽은 이 굴이 유난히 발달한 것이 하나의 특징이다. 특히 전국시대의 산성을 보면 횡굴橫堀, 무굴畝堀, 수굴竪堀 등 다양한 굴의 설치가 발달하였다. 왜성의 경우도 마찬가지로 성 아래에 이러한 호가 시공되었고, 지금도 그 흔적이 남아 있다.

한편, 임진왜란 당시의 전투 장면을 중국의 화가가 그린『정왜기공도권征倭紀功圖卷』을 보면 왜성의 모습을 보다 구체적으로 볼 수 있다. 왜성을 공격하는 장면을 보면, 석축 위에는 곡륜 가장자리를 따라 담장塀이 둘러쳐지고 담장에 뚫린 총안銃眼으로 공성군을 사격하는 모습이 있고, 담장 밖으로는 목책이 이중으로 세워져 있다. 또한 성 내에는 기와 건물로 보이는 시창矢倉이 보이고, 그

△ 『정왜기공도권征倭紀功圖卷』에 보이는 왜성

외에 숙사宿舍가 그려져 있으며, 담장 안 쪽에는 여러 곳에 방패 구실을 하였을 것으로 보이는 판벽이 세워져 있다. 그리고 해전을 그린 그림을 보면, 바닷가에 목책이 세워져 있고 곳곳에 판벽을 가설하여 이곳에 몸을 은폐하고 공격하는 장면을 볼 수 있는데, 목책과 판벽을 세운 곳은 아마 일본식 성곽에 나타나는 총구總構 의 일부가 아닌가 생각된다.

가토오 기요마사加藤淸正가 축조한 서생포왜성의 경우는 왜성의 전형적인 한 사례이다. 서생포왜성은 울주군 서생면 서생리의 연변에 서쪽으로 돌출한 산에 축조하였다. 전체적인 형태는 일본 전국시대에 축조하였던 일본에 소재하는 산성과 다를 바가 없다. 산상에서부터 바다에 접한 부분까지 내려오면서 석축을 하고 석축 외부에는 일부 구간을 제외하고는 모두 상당히 깊은 공굴을 팠다. 또한 산상의 능선 부분은 굴절을 만들어 방어를 강화하고 그밖에 주변에 횡굴과 수굴을 만들었던 것으로 보인다. 산상의 주곽부로 통하는 출입구는 산상을 바라보면서 중복부 좌측에 위치하고 있는데, 이 출입구를 거쳐 산상의 주곽부로 가기 위해서는 다시 좌측 끝부분의 출입구를 통과하도록 설계되어 있다. 이 주곽부의 출입구는 측면에 만들어진 소곡륜小曲輪에서 진입하는 적을 공격하

△ 서생포왜성

는 방식으로 만들어졌는데 대개 도요토미 계통 다이묘大名들의 성에서 보여지는 양식으로 알려져 있다. 산상의 주곽부에는 초석이 남아 있어서 건물이 있었던 것을 알 수 있으며, 주곽부 상단의 출입구를 통과하면 천수각天守閣 터로 보이는 흔적이 남아 있다.

울산왜성은 도산島山(해발 50m) 정상을 주곽(혼마루本丸)으로 삼고 그 북쪽이 니노마루二之丸, 북서쪽에 산노마루三之丸를 만들었는데, 굳이 그 형식을 따진다면 연곽식連郭式이라고 하겠으나 배치 자체는 혼마루本丸쪽으로 치우쳐 있다. 그리고 주변에는 목책과 총구銃構가 설비되어 있었다. 울산왜성의 축조 상황은 당시 축성에 대한 기록인 「울산지어성출래사목록蔚山之御城出來仕目錄」을 통해 비교적 상세히 알 수 있다.

이상에서 왜성의 축조 방식에 대해 간략히 살펴보았거니와 공통적으로 석축을 사용하고 있는 점이나 기타 성내에 여러 항구적 시설을 하였던 것에서 볼 때 왜성은 단순히 전투를 위한 임시의 성이 아니고 남해안 일대 지역에서 항구적인 근거지를 만들어 주변지역만이라도 잠정적으로 영토화하려는 의지를 나타낸 것이라 할 수 있다.

또한 왜성의 경우 이른바 총구가 발달한 것을 알 수 있는데, 이는 물론 일본에 있는 성에서도 나타나는 바이지만 특별히 왜성의 경우는 왜군의 입장에서는 적지에 축조한 성이기 때문에 성의 완전 고립을 최대한 방지하는 데 노력을 기울이게 되고 그것이 총구를 현저히 발달시킨 요인이라고 생각된다. 이는 결국 항港을 성城으로 끌어들인 것에서도 알 수 있듯이 보급로나 연락, 혹은 퇴각 모두가 배에 의존하고 있는 이상 항구의 확보는 그야말로 왜군의 최대 생명선이라고 할 수 있다. 왜성이 물가를 택한 것은 바로 왜성을 항구적인 군사적 방어 거점으로 삼으면서 항구의 확보에 큰 비중을 두고 있었기 때문이라고 하겠다. 이는 육로를 통한 침략과 해로를 이용한 침략의 근본적인 차이이기도 하다.

그리고 방어시설에 있어서 석축을 많이 사용하고 있으면서도 굴을 많이 설비하고 있는 것이 특징적이다. 오다-도요토미 계통(일본사에서 말하는 직풍계織豊系의 다이묘大名들은 공굴·수굴보다 석축 성벽만을 가지고 수비한다는 생각을 가지고 있었기 때문에 일본 국내에서도 공굴을 설비하지 않고 성벽만 시설한 성곽도 다수 축조하고 있다고 알려져 있다. 그러나 왜성은 석축을 하였으면서도 공굴이나 수굴로 2중 3중의 방어선을 만드는 경우도 있는데, 이는 그만큼 왜성 축조자들이 군사적 방어력 제고에 많은 주의를 기우렸다는 것을 알 수 있다.

왜성은 일본의 입장에서 보더라도 침략지인 조선에 축조된 매우 특수한 사례에 속하는 성곽이다. 그러나 왜성은 외견상으로나 축조수법, 혹은 시설에 있어서 당시 일본의 성곽과 크게 다를 바가 없으며, 유사한 성곽의 사례를 다수 찾아 볼 수 있다. 다만 위에서 언급한 바와 같이 침략지라고 하는 특수한 상황으로 말미암아 방어기능 강화에 더욱 주의를 기울이고, 거의 모두 정박지의 확보를 위해 총구 시설 같은 것을 적극 활용하고 있다는 것 등 소소한 차이점이 있을 뿐이다.

왜성은 물론 일본 성곽사 측면에서 보다 의미가 있다. 특히 성곽편년에 있어서 그 축성 연대가 확실하고 후대에 개수되지 않았기 때문에 당시기 일본의 축성법을 그 어느 곳에서보다 명확히 알 수 있는 장점이 있다. 이는 같은 시기 일본 국내에서 축조되었던 성곽은 후대에 계속 사용됨으로써 거듭 개·보수가 이루어지게 되고 그에 따라 창축 시기의 축성법을 명확히 가려내는 것이 어렵다는 점과 비교하여 볼 때 매우 중요한 점이다. 또한 왜성은 일본 국내에서 축조하였던 성곽과 대체로 흡사한 것은 사실이지만 침략지라고 하는 특수상황은 여러 가지 변화를 불가피하게 하였다.

한편, 왜성의 축성법은 잠정적으로 우리나라에도 영향을 주었을 것으로 생각된다. 구체적으로 어떤 영향을 받았는가 하는 문제는 또한 연구과제가 되겠지만 서애 유성룡柳成龍의「산성설山城說」에 나타나는 견해에는 왜성내지는 일본 성곽에 대한 나름대로의 평가가 반영되어 있는 것이며, 또 황섬黃暹이『식암집息庵集』에서 왜성의 축성법에 대해 진실로 천하의 교묘한 제도라고 긍정적 평가를 하고 있는 것으로 볼 때, 당시 일본의 축성법은 제한적이라 할지라도 우리나라에 영향을 주었을 것이다.

--- 참고문헌 ---

『懲毖錄』(柳成龍), 『息庵集』(黃暹), 『黔澗集』(趙靖).

동아대 박물관편, 『蔚山倭城·兵營城址』, 1986.

釜山大 韓日文化研究所, 『慶南의 倭城趾』, 1961.

城郭談話會, 『倭城の研究』 創刊號~第5號, 1997~2002.

孫永植, 『韓國城郭의 研究』, 문화공보부 문화재관리국, 1987.

순천대학박물관·순천시, 『順天 劍丹山城과 倭城』, 1997.

심봉근, 「倭城」『考古學による日本歷史』6 戰爭, 雄山閣, 2000.

심봉근, 『韓國南海沿岸城址의 考古學的 研究』, 學研文化社, 1995.

倭城址研究會, 「倭城に探る近世の城郭史」『日本の歷史』21 中世 Ⅱ
　　　　-10 城, 朝日新聞社, 1986.

유재춘, 『近世 韓日城郭의 比較研究』, 국학자료원, 1999.

유재춘, 「임진왜란시 일본군의 조선 성곽 이용에 대하여-철원 성산성
　　　　사례를 중심으로-」『조선시대사학보』 24호, 조선시대사학회,
　　　　2003.

유재춘, 『韓國 中世築城史 研究』, 경인문화사, 2003.

이동주, 「김해 죽도왜성」『한국성곽학보』, 한국성곽연구회, 2005.

이영·김동철·이근우, 『전근대한일관계사』, 한국방송대학출판부, 1999.

천득염 외, 「순천왜성에 관한 연구」『호남문화연구』 28, 전남대 호남문화
　　　　연구소, 2001.

小和田哲男 監修, 『日本の名城·古城』, 主婦と生活社, 1992.

太田秀春, 「文祿·慶長の役における日本軍の築城觀の變遷について
　　　　-朝鮮邑城の利用から倭城築城への過程を中心に-」『朝鮮學
　　　　報』 181집, 朝鮮學會, 2001.

룡은 당시의 참상을 "모화관에서부터 백골이 무더기로 쌓여 있고, 성 안에는 죽어 넘어져 있는 사람과 말이 이루 수를 셀 수 없어 냄새와 더러움이 길에 가득하여 사람이 가까이 갈 수가 없었다"라고 적고 있다. 도성에서의 인명살상은 전국적으로 볼 때 빙산의 일각에 불과하였다. 당시 일본군을 따라 조선에 왔던 승려 게이넨慶年은 당시의 참상을 일기로 기록하였는데 "산 사람은 금속 줄과 대나무 통으로 목을 묶어서 끌어간다"고 묘사하고 있다. 그들의 시각에서 표현된 기록이므로 그 정도가 심했으면 심했지 덜하지는 않았을 것이다.

일본군들은 인명살상 뿐 아니라 인면수심人面獸心의 행위도 서슴치 않았다. 일본군이 용산강을 건너 이태원 쪽으로 상륙하여 일본군의 진지를 구축하였다. 당시 이곳에는 여승女僧들이

△ 동궐도

모여 있던 운종사雲鍾寺라는 절이 있었다. 그런데 이곳에 주둔한 일본군들이 여승을 무차별하게 겁탈하여 많은 여승이 아이를 잉

태하게 되었다. 이들 중 더러는 자살을 택한 사람도 있고, 몰래 숨어서 아이를 낳은 사람도 있어 전쟁이 끝난 이후 사회적 문제가 되기도 했던 곳이다. 그리하여 본래 배나무가 많고 조선시대 역원驛院이 있었기 때문에 이태원梨泰院이라 불리던 것이 일본군의 아이를 가졌다는 의미의 이태원異胎院이라고 속되게 불리기도 했다고 한다.

이와 같은 인명살상으로 1593년 5월 한성이 수복된 후의 기록을 보면 전쟁이 발발하기 전 10만에 이르던 서울의 인구가 불과 3만8,901명에 불과하였다. 이것은 단지 서울의 인구만을 비교한 숫자이므로 전국적인 피해를 감안할 때 얼마나 많은 사람이 죽었는가를 짐작하고도 남음이 있다.

○ 수많은 문화유산 건물이 파괴되었다

파죽지세로 도성을 향해 진군한 일본군은 한강을 건너 아무런 저항을 받지 않고 동대문을 통해 도성을 점령하였다. 도성을 수호하겠다던 조선의 관리들은 백성을 버리고 선조와 함께 개성으로 발길을 옮긴 상태였고, 이에 격분한 백성들은 왕이 없는 궁궐을 모두 불살라 버렸다. 당시의 상황을 신경의 『재조번방지』에서는 다음과 같이 기록하고 있다.

임진년 4월 30일, 돈의문敦義門을 나와 사현沙峴에 이르자 동이 텄다. 뒤돌아 성을 바라보니 검은 연기가 하늘로 뭉게뭉게 피어오르고 있었다. 난민들은 먼저 공사노비의 문서와 장부가 있는 장예원掌隸院과 형조를 불태우고 또 내탕고 안까지 뛰어 들어가서는 비단을 약탈하고 경복궁 창덕궁 창경궁을 하나도 빠짐없이 불태워버렸다.

결국 한성을 지키지 못하고 도성과 백성을 버리고 밤에 도주한 선조의 행위에 불만을 품은 백성들이 궁궐과 관아 건물을 닥치는 대로 소각했음을 보여주고 있다. 그런데 이 건물들의 소각이 조선의 백성에 의해 저질러졌다고 해서 일본이 자유로워질 수는 없다. 일본의 침략이 없었다면 선조가 궁궐을 버리고 몽진할 이유도 없거니와 백성들이 도성을 불사르는 일도 더더욱 없었을 것이니 그 원인은 결국 일본의 조선 침략에서 찾아야 할 것이다.

도성 건물 이외에 한성에 건립되었던 각종 관공서 건물과 성균관 등도 모두 일본군에 의해 훼손되었다. 『쇄미록鎖尾錄』의 기록에 의하면 성균관 건물 가운데 대성전·명륜당·존경각·식당·정록청 등이 완전 소실되었고, 대성전 앞에 있었던 비도 세 동강으로 잘려 나뒹굴고 있었다고 묘사하고 있다. 또한 문소전文昭殿과 연은전延恩殿 등을 비롯하여 200년 문물이 모두 없어졌다고 통분하고 있다. 나아가 도성을 탈환한 후 도성의 민가 피해

△ 종묘 공신전

△ 종묘 정전

상황을 보고한 유성룡은 전체의 4분의 1 혹은 5분의 1 정도의 민가만이 남아있고 나머지는 모두 소진되었다고 하여 도성의 대다수 건물들이 모두 사라졌음을 암시하고 있다.

당시 도성 내에서 소실된 여러 건물들 가운데 대표적으로 종묘를 들 수 있다. 서울특별시 종로구 종로4가 나즈막한 산 끝머리에 자리하고 있는 종묘는 조선시대 역대 왕과 왕비, 그리고 추존왕과 왕비의 신주神主를 봉안한 국가 사당으로서 우리나라 사적 제125호이며 세계문화유산으로 지정된 곳이다.

종묘는 유교를 통치이념으로 삼았던 나라에서 대부분 갖추고 있던 건물로서 조선시대에도 국가 제례의 으뜸으로 중요시된 곳이다. 종묘란 본래 정전正殿을 말하며, 조선을 건국한 태조 이성계의 신위神位가 제일 첫 번째에 있기 때문에 태묘太廟라고도 한다.

종묘제도는 중국의 주周나라 이전부터 있었던 동아시아의 제례로서 『예기禮記』에 기록되어 있다. 우리나라의 종묘제도 역사는 삼국시대부터 계속되었다. 조선시대의 종묘는 주례를 기본으로 하고 있지만 제례를 거행하는 과정이나 신위를 모시는 형태 및 건물의 구조 등에 있어서는 중국의 그것과 전혀 다르다.

조선시대에는 역대 왕과 왕후가 죽은 후에 그 신주를 일단 종묘에 봉안하였다. 그리하여 종묘의 건물을 처음 지을 때는 7간으로 하여 5실에 각각 신주를 모셨다. 기본적으로 5묘제를 택하면서 태조의 신주를 제외하고는 4대조를 봉안하였다. 그 후 왕위가 계속 이어져 나가면서 점차 신주를 모실 건물이 부족하게 되자 정전 옆에 영녕전을 짓고 이곳에 4대조가 지나면 신주를 옮기도록 하는 조천祧遷이 이루어졌다. 그러나 비록 4대조라 하더라도 치적이 큰 왕은 만세불후萬世不朽·조공숭덕祖功崇德의 근본이념에 따라 영녕전으로 옮기지 않고 그대로 정전에 모셨다. 예를 들면 태조를 비롯하여 태종·세종·세조 등 치적이 많은 왕들은 그대로 정전에 모셔져 있고, 반대로 재위 기간이 짧거나 치적이 적은 왕들인 정종·문종·단종·예종 등은 영녕전으로 신위를 옮겨 모셨던 것이다. 그 순서는 왼쪽부터 오른쪽으로 차례대로 신실이 이어져 가고 있다.

이와 같이 국가의 상징적인 건물이 임진왜란 때 모두 불탔다. 즉, 선조 25년 5월 3일 한성에 입성한 왜장 우키다 히데이에宇喜多秀家는 휘하 장병 1만 명을 종묘의 넓은 경역을 진영으로 삼아 머물도록 하였다. 당시 일본군은 이 종묘 건물이 조선 왕의 신주를 봉안하던 곳이라는 사실을 잘 알고 있었다. 그런데 이상하게도 이곳에 주둔한 일본군이 날마다 밤이면 피를 토하며 쓰러져 죽었다. 이러한 참혹한 괴변이 계속 일어나자 군사들은 악몽에 시달리게 되었고, 우키다는 두려운 마음에 정전과 영녕전을 불 지르고 지금의 조선호텔 자리에 있던 남별궁南別宮으로 진영을 옮겼다. 아마도 조선인들 사이에 종묘의 신령이 나타나 일본군들을 죽인 것이라는 운명론적 유언비어에 의한 결과이겠지만 결과론적으로 종묘를 불사르고 훼손한 것은 일본군이었다. 전쟁이 끝난 후 궁궐과 종묘 등의 건물을 신축하기 위해 쏟은 공로와 재정적 부담 등을 돈으로 환산하면 엄청난 양이 될 것이다. 이러한 모든 것들이 전쟁으로 인한 피해로부터 발생한 것임을 간과해서는 안 된다.

임진왜란 당시 승려로서 일본군을 따라 조선에 왔던 게이넨이 자신의 일기에서 "민가를 방화하여 연기가 피어올랐고 수많은 곡식과 재보財寶가 소실되니 안타깝다"라고 묘사한 것이나, "들도 산

△ 인정전

도 성도 모두 불태우고 사람을 쳐 죽인다"라는 기록에서 일본군의 파괴상을 단적으로 살펴볼 수 있다.

◦죽은 사람의 무덤까지 파헤친 일본인들

도성을 장악한 일본군들은 한강 남쪽에 자리잡고 있던 선릉宣陵과 정릉靖陵의 무덤을 파헤치고 도굴하는 만행을 서슴없이 저질렀다. 선릉은 조선 왕조 9대 성종과 그 계비 정현왕후貞顯王后 윤씨의 능이며, 정릉은 제11대 중종의 능이다. 능이 훼손되었다는 보고를 받은 선조는 비밀리에 사람을 파견하여 현지조사를 벌였다. 당시 왕릉 파괴의 진상을 규명하기 위해 유성룡柳成龍은 자신의 군관에게 군사를 거느리고 밤에 가서 그 실상을 살피고 오도록 지시하였다. 유성룡이 올린 장계를 보면 다음과 같이 그 파괴상이 기록되어있다.

정릉에 들어가 보니 수도隧道를 파헤친 곳의 깊이가 포백척布帛尺으로 15척쯤 되고 넓이는 7척이었습니다. 이홍국 등이 구덩이 속에 들어갔으나 밤이므로 어두워 자세히 볼 수는 없고 손으로 더듬어 보았더니, 수의襚衣는 관棺 밖에 옮겨져 있는 것 같았으며, 파낸 광중壙中에는 딴 물건은 없었고, 수도 안에는 기와 조각과 돌이 쌓여 있었으며 능 근처에 조각 조각난 의복이 있었는데 썩어서 손을 대면 부서지는 것을 하나 하나 주워서 독음犢흄에 묻어 둠으로써 뒷날의 고증에 참고하게 하였다고 합니다. 또 선릉을 봉심하니 대왕의 능은 수도의 깊이가 7척, 넓이 5척 쯤 파헤쳐져 있었고, 구덩이 안에는 별로 딴 물건은 없었으나 축회 밖에 설치하였던 얇은 판자들은 거의 타버리고 두어 조각만 남아 있었다고 합니다. 왕후의 능은 수도의 깊이가 6척 쯤이고 넓이는 4척 쯤으로 파헤쳐져 있었고, 판자 조각은 역시 타버렸으나 회격灰隔

은 그대로 있었습니다. 두 분 능의 관은 침범당하지 않았다고 합니다.

위의 기록을 보건대 정릉은 완전히 파헤쳐져 부장품은 물론 시신까지도 훼손되었음을 보여주고 있고, 선릉은 부장품만이 도굴되었고 관의 회가 그대로 남아 있는 것으로 보아 시신은 훼손되지 않은 것으로 보았다. 이것은 밤에 살펴본 형상이었기 때문에 도성을 수복하고 난 이후 능을 살펴본 것과는 달랐다. 당시의 유교국가 체제 하에서 선대 왕의 묘소가 이와 같이 파헤쳐지고 도굴당했다는 사실은 조선의 정계는 물론 백성들을 경악하게 만들었다.

선조는 도성으로 돌아 온 후 파헤쳐진 두 능을 봉심奉審하였는데 선릉은 시신이 없고 재와 타다 남은 뼈만 있었으며, 정릉은 시신이 그대로 있었지만 중종의 시신인지 여부를 알아낼 수 없었다. 선릉 또한 남아 있는 재와 뼈가 성종의 것인지 여부는 알아낼 수 없었다. 당시 중종의 시신을 살펴 본 사람들은 "얼굴의 살은 녹아 없어지고 털과 살이 빠져 떨어졌으며, 콧대도 깨어졌고, 두 눈도 모두 빠졌고, 입술도 없었다"라고 기록하고 있는 것으로 보아 차마 눈뜨고 볼 수 없는 상황이었음을 짐작하게 한다. 이와 같은 일본군의 만행에 대하여 성혼成渾이 "흉악한 왜적의 행동을 보면 보화를 찾으려고 하는 병졸의 계책이 아니고 왜적의 장수들이 우리나라를 깊이 원수로 삼으려는 행위라고 생각한다"라고 말한 기록이 『연려실기술』에 전하고 있다. 결국 일본군 고위층의 참여하에 조직적으로 훼손되었음을 알 수 있으며, 이러한 만행은 종전 후 일본과의 통교 재개에서 걸림돌로 작용하였다. 이 외에도 강릉康陵이 반쯤 파헤쳐져 있었으며 순회세자順懷世子와 덕빈德嬪 윤씨는 미처 장사지내지 못한 채 왜란이 일어나 시체의 행방을 찾지도 못하였다.

후일 명성황후를 살해한 일본의 추악한 만행과 견주어 보면 시기가 앞섰다고 해서 그리 놀랄 일도 아닌 듯 싶다.

◦ 조선의 선진 문물을 유괴하였다

임진왜란을 일명 문화전쟁이라고도 한다. 이것은 임진왜란을 계기로 일본이 조선에서 약탈해 간 각종 서적과 도자기, 불교문화 예술품 등이 전쟁 후 일본의 문화 발전에 지대한 공헌을 하게 되었기 때문이다. 전쟁에 참여한 일본의 장군들은 학승學僧을 대동하고 다니면서 관공서 뿐 아니라 개인이 소장하고 있던 각종 유교 서적을 닥치는 대로 약탈해 가거나 불태워 버렸다. 어느 특정한 지역을 선정하고 약탈한 것이 아니었기 때문에 조선의 수도였던 한성에서의 약탈이 비교적 심하였다. 한성은 요즘과 같이 조선시대 때도 정치·경제·문화의 중심지로서 많은 관료와 학자들이 집중적으로 거주하고 있었기 때문에 상대적으로 많은 약탈이 이루어졌을 것은 명약관화한 일이다.

임진왜란 당시 일본이 약탈하여 가지고 간 전적이 정확하게 어느 정도였는가는 단정하기 어렵다. 그러나 지금 우리가 알 수 있는 것으로는 내각문고內閣文庫 225부 5,946권 2,966책, 궁내성도서관宮內省圖書館 76부 2,583권 943책, 봉좌문고蓬左文庫 137부 2,543권 1,320책, 존경각문고尊經閣文庫 157부 1,902권 1,072책과 그 외에 족리학교문고足利學校文庫의 11부 95책, 메이지 초년에 사라져 버린 봉좌문고본蓬左文庫本 4부 312책, 수호창고관水戶彰考館 잔존본 12부

200여 책, 도쿠가와 이에야스德川家康이 후시미학교伏見學校에 기증하였다는 200부와 그 외에 자세히 알려져 있지 않은 것을 합친다면 넉넉히 1,000부 1만여 책이 될 것이다.

◦ 사찰의 문화재도 모두 약탈하였다

오늘날 우리가 명산대천을 찾아가면 대부분 고찰이 남아 있다. 예부터 사찰은 속세를 떠나 깨달음을 구하고자 하는 중생들이 거처하는 곳이었다. 불교 문화가 뿌리깊게 자리 잡고 있는 우리 역사 속에서 사찰은 친근한 문화유산이기도 하다. 이러한 유서 깊은 고찰을 찾아 안내판을 살펴보면 대부분 그 역사가 깊고, 임진왜란 때 사찰이 불탔다는 기록을 쉽게 접할 수 있다. 얼마나 많은 우리의 전통 사찰 문화유산이 임진왜란으로 피해를 입었는지 단적으로 보여주고 있는 현상이다. 일본인들의 사찰 파괴는 단지 건물의 소각에만 있는 것이 아니고 사찰 안에 있는 범종이나 불상을 비롯하여 부처님의 설법과 고행을 벽에 그린 탱화도 오려갔다. 뿐만 아니라 불교 관련 경전 역시 일본에서는 최고의 전리품으로 각광을 받던 것이었다. 이러한 문화재 파괴는 단순하게 건물을 불사른 것으로 끝나는 것이 아니다. 적어도 수백 년, 아니 천 년 이상의 역사를 간직하고 있으면서 우리 조상들의 애환이 절절히 묻어 있는 귀중한 자산이자 역사의 산 증거이기도 한 것이다. 더욱이 전쟁이 끝난 후 수많은 민중들이 어려운 삶 속에서도 문화재 복구를 위한 뼈를 깎는 몸부림이 있었다는 사실도 인지해야 할 것이다. 이러한 유무형의 가치를 생각한다면 임진왜란으로 인한 파괴는 감히 그

가격을 산정할 수 없을 정도의 엄청난 약탈이었다는 점을 인식할
필요가 있다.

또한 동아시아에서 그 솜씨를 인정받았던 도자기 약탈에도 심
혈을 기울였다. 그들은 생산된 물품의 약탈에 만족하지 않고 아예
도자기공을 일본으로 납치해 간 수가 부지기수였다. 당시에 약탈
해 간 도자기가 현재 일본의 문화재로 지정되어 있고, 나아가 오
늘날 일본에서 명망을 유지하고 있는 도예공들은 대부분 임진왜
란 당시에 일본으로 끌려가 돌아오지 못한 도공의 후손들임을 생
각할 때 일본에 끼친 문화적 영향이 지대하였음을 알 수 있다.

결국 장기간에 걸친 임진왜란은 조선과 일본의 전쟁 승패를 떠
나서 양국 모두에게 엄청난 인적·물적 피해를 안겨 주었다. 이로
인해 조선은 전쟁 피해 복구를 위한 많은 재정 소모와 함께 국가
발전에 엄청난 지장을 초래하였다. 찬란했던 문화유산의 파괴는
또 다른 생산을 위한 고통을 동반하였고, 그 실질적인 피해는 모
두가 백성의 몫이었다.

과거와 현재 모두 전쟁으로 인한 인적·물적 피해는 그 상상을
초월한다. 오늘날의 이라크전쟁이나 1960년대의 월남전, 우리 민
족에게 상처를 안겨 준 한국전쟁 등은 그 상흔이 현재까지도 계
속 진행형으로 남아 있다는 것을 볼 때 임진왜란의 상흔이 어느
정도 심각했을까 상상이 가능할 것이다. 이에 전쟁은 어느 국가에
서도 일어나지 말아야 될 요소임에는 틀림없으나 자국의 이익을
위한 충돌이 발생한다면 앞으로도 인류사회에서 전쟁의 발발 가
능성은 많다고 할 것이다.

--- 참고문헌 ---

이긍익, 『연려실기술』
이상배, 「조선후기 서울의 변화상」『조선시대 서울 역사의 변천』, 서울특
　　　별시사편찬위원회, 2006.
이상배, 「한국의 세계문화유산」『한국문화사』, 동사, 2001.
이숭녕, 「임진왜란과 민간피살에 대하여」『역사학보』 17·18합집, 1960.
이장희, 「임진왜란과 서울」,『서울육백년사』 2권, 서울특별시사편찬위원
　　　회, 1978.
이현종, 「임진왜란과 서울」『향토서울』 18호, 1963.
이홍직, 「임진란과 고전유실」『조선고문화논고』, 1954.

히데요시는 왜 전쟁을 일으켰을까

김 문 자(상명대학교 인문과학연구소)

◦ 사전에 준비 없었던 7년 전쟁인가?

1592년 도요토미 히데요시(이하 히데요시)가 조선에서 일으킨 '임진·정유재란'은 7년 동안 조선과 일본·명 군사 등 70만 명 이상이 참여한 국제전쟁이었으며, 동아시아 삼국에 수많은 인명 피해와 국토의 황폐화를 초래한 전대미문前代未聞의 침략 전쟁이었다. 16세기 동북아시아에 엄청난 파장을 일으킨 히데요시는 왜 이러한 전쟁을 일으켰던 것일까?

이 물음에 대한 명쾌한 답은 지금까지도 나오지 않고 있고, 여러 가지 가설만 무성하다. 그 원인에 대하여 오랜 동안 일본 측에서는 '명 정복의 야망에 불탄 히데요시가 조선에게 일본에 입공入貢할 것과 '정명향도征明嚮導' 또는 '가도입명假道入明'을 요구하였으나 조선 측이 이를 거부하였다'고 하고 전쟁 발발의 원인을 조선 측에 전가하고 있다. 여기에 히데요시가 영토 확장과 명나라와 무역재개를 위해서 전쟁을 일으켰다는 견해도 끊임없이 주장되어왔다.

이에 대해 한국 측의 연구자들 사이에는 임진왜란이 '명분 없는 전쟁'이었다는 데는 이의가 없으나 '히데요시의 개인적인 명예욕과 공명심·영웅심에 의한 것', '국내 평정과 통일 과정에서 발생한 다이묘들과 무사들의 남아도는 무력을 외부로 전환하여 불만을 해소하려고 했던 점' 등을 들면서 히데요시 정권이 국내의 모순을 해외로 돌려 정권의 안정을 기도하였다는 설이 한국사 교과서를 중심으로 일반적으로 인식되어져 왔다.

과연 히데요시는 국가의 사활을 건 국제전쟁을 일으키면서 사전에 준비를 하지 않았을까? 히데요시의 '망상'이라는 표현만으로 7년간의 엄청난 전쟁의 비극을 설명할 수 있을까? 민첩하고 교활하며 잔인한 사람으로 당시 평가받고 있었던 히데요시가 무계획적으로 전쟁을 준비했을 것이라고는 생각되지 않는다.

◦ 전쟁 발발의 원인을 둘러싸고

지금까지 임진왜란이 일어난 배경에 대해서 한국과 일본 측에서는 전전戰前부터 1990년대에 이르기까지 여러 학설이 있지만 대체적으로 다음과 같이 정리할 수 있다.

①히데요시의 공명심, 또는 명예욕, 정복욕, 전제적인 성격 때문이라는 개인적인 입장에서 보는 견해 ②경제적인 측면이 강조되어 명과의 무역 재개를 위해서라는 견해勘合貿易復活說 ③국내를 통일하는 과정에서 발생한 다이묘들의 불만을 해소시키고 영토를 확장하기 위한 것이었다는 견해 ④도요토미 정권이 집권적인 권

력 편성을 필요로 했고 '일본형 화이질서'의 실현 수단으로서 전쟁을 일으켰다는 견해 ⑤소위 '도요토미평화령豊臣平和令'이라 하여 각 개별 영주들에게 소우부지레惣無事令(개별 영주의 사적인 전투나 교전을 금지하는 영)를 통해 전국을 통일하였던 방법과 동일하게 조선 측이 자신의 명을 위반하자 '정벌'한 것이라고 보는 견해 ⑥ 일본 국내의 통일이 완성되자 지금까지 해왔던 정책이 그 효과를 보지 못하므로 새롭게 일반인의 민심을 끌어들이기 위한 선전宣傳 전략의 일환으로서 조선 침략이 계획된 것이라는 견해 등이다.

이중에서 ④, ⑤, ⑥을 중심으로 살펴보자. 우선 ④는 지금까지 히데요시의 조선 침략 원인을 국내적인 요인에서만 찾았던 것과 달리 대외적인 정세에 의해서 국내의 상황과 관련시켜 그 원인을 밝히려 했던 점에서 널리 수용되어 왔고, 최근까지도 이 견해를 받아들이는 경향이 있다. 즉, 일본의 중세 국가는 명과 종속 관계에 있었으며, 일본의 전국 동란은 동아시아에서 명 제국을 중심으로 하는 국가 체계 해체의 일부를 이루었는데, 히데요시 정권은 국외의 권위를 빌리지 않고 자기 힘으로 전국 통일을 달성하였고, 명의 책봉체제 하에 있던 일본 중세 국가를 해체시켰다는 것이다. 그러면서 명 제국에 대항해서 자주 독립의식에 기초한 '일본형 화이華夷 의식'을 재생 강화시켰고, 이러한 자신감이 동아시아에 대처하지 못하는 명 제국을 정복하려는 것으로 일본을 몰고 갔다는 것이다. 결국, 일본은 군사력이 고도로 집중되어 있었던 전국 동란 시기를 거치면서 무력을 바탕으로 일종의 자신감을 갖게 되었으며, 이것이 당시 동아시아 국제 사회에서 일본의 자기의식을 불러일으키게 된 것이라는 주장이다.

⑤의 논리는 히데요시의 전국 정복 과정을 무력 폭력에 의한 군사 정복 과정이 아니라 평화 논리에 의해서 이루어졌다는 새로

운 시각을 담고 있다. 즉, 히데요시 정권의 군사적 강압성과 권력의 전제적인 성격만을 강조하는 것은 타당하지 않으며, 오히려 군사적인 집중과 전쟁 수행체제가 전국통합이라는 평화에 이르는 수단이었다는 것이다. 그러나 '도요토미평화령豊臣平和令'은 국내의 다이묘들을 상대로 한 최후통첩으로서 전달된 것이었으며, 압도적인 무력과 천황의 권위를 근거로 하여 항복할 것인지 교전할 것인지 선택의 여지가 없는 강압적인 것이었다. 또한 조선의 경우에는 천황의 권위가 그대로 통용되기 어려우며, 조선에서 자행한 일본군의 약탈과 방화 폭력행위만을 보더라도 '도요토미평화령豊臣平和令'의 논리는 타당하지 못하다.

⑥은 90년대에 들어와서 제기된 견해로 히데요시의 전쟁 및 정책의 특징은 독특한 선전宣傳방식에 있다고 보고, 특히 그는 세론世論을 자기 편으로 만들고 귀족과 무사가 아닌 일반 민중을 자기 기반으로 삼기 위해서 끊임없는 이벤트와 선전 공략을 해왔다고 한다. 따라서 히데요시의 정명征明과 조선 침략은 일본 전국이 통일되자 지금까지 해왔던 정책이 그 효과를 보지 못하므로 새롭게 일반인의 민심을 끌어들이기 위한 선전 전략으로서 조선 침략이 계획된 것이라는 논의였다. 이 견해에서는 현대적인 감각으로 말하면 '여론'을 의식하면서 이벤트로써 대내외적인 정복사업을 일으켰다고 보는 견해이다. 그러나 당시의 민중들을 지금의 일반인들과 동일한 선상에서 볼 수 있는가 하는 문제점과 이들의 정치 의식 수준 등을 고려한다면 너무 현대적인 감각으로 그 배경을 살펴본 것은 아닌가 하는 등의 문제가 지적될 수 있다.

그러나 여기서 ⑤, ⑥의 견해는 많은 문제점이 있는 주장임에도 불구하고 히데요시의 조선 침략 원인에 대해 일본 측에서 얼마나 다양하고 세분화된 연구가 지속되고 있는가를 보여주었다는 점에서 상당히 고무적이라 하겠다.

한편, 이상의 여러 가지 원인설을 살펴본 결과 공통적인 요소로 제기할 수 있는 것은 전쟁이 시작되고 난 후에 조선과 일본, 일본과 명 사이에서 논의되었던 강화교섭 내용을 가지고 전쟁 배경을 찾으려는 경향이 있다는 것이다. 이는 중요한 문제점이며 동시에 그러한 이유 때문에 전쟁 발발에 관한 여러 가지 설이 난무하게 된 것이라 하겠다. 적어도 발발 원인을 살펴볼 때에는 히데요시가 전쟁 의사를 처음 내비친 시기에서 발발하기 직전까지의 사정을 보다 중점적으로 살펴보는 것이 타당하다고 하겠다. 따라서 전쟁이 발발하기 7년 전인 1585년으로 소급해서 이 문제의 실마리를 찾아보고자 한다.

○ '가라이리唐入り'와 '고려진高麗陣'선언

히데요시가 살아 있었던 당시의 기록이나 문서에는 이 전쟁을 '당입唐入り' 또는 '고려진高麗陣'이라 하였다. 여기서 '당唐'은 중국인 명나라를 상징적으로 불렀던 일반 대명사로서 중국인을 당인唐人이라 하였고, 조선인의 경우에도 당인이라 칭하기도 했다. 따라서 '당입'은 명을 정복한다는 '정명征明=대륙정복大陸征服'을 의미하는 것이며 '고려진高麗陣'은 조선 침략을 의미한다. 흔히 히데요시의 1차 침략이 명 정복에 있었고, 2차 침략이 조선의 전라도 지역을 목표로 했다고 하는 점에서 '당입'과 '고려진高麗陣'은 이를 상징적으로 나타낸 표현이라 할 수 있겠다. 이러한 표현이 에도 막부江戶幕府(1603~1868) 시기에 들어가면 '정한征韓'과 '조선 정벌朝

鮮征伐’이라 불리워졌고 근대에 와서는 조선을 식민지화할 대상으로 생각하여 이 명칭이 이전보다 의식적으로 더 많이 사용되었다.

히데요시가 명을 정복하겠다는 의도를 처음으로 나타낸 것은 1585년 9월이다. 이보다 앞서 7월에 관백關白으로 취임한 히데요시는 자신의 심복 부장部將인 히도츠야나기 스에야스一柳末安에게 자신을 따르는 후다이 대명譜代大名의 동요를 막고 가신단을 결속시켜 당시의 지배체제를 공고히 하기 위해 ‘당입’을 구상하고 있다고 전하였다. 이후 히데요시는 일본 국내의 중국中國과 사국四國 지방을 평정한 후 1586년 4월, 시마즈씨島津氏가 지배하고 있는 큐슈지역 정복에 나선다. 이때 그는 정복에 앞서서 이 지역에 거주하면서 이미 자신에게 복속하고 있었던 모리 테루모토毛利輝元에게 군인과 성곽·병량미 등을 준비할 것을 명한다. 동시에 이때 그 유명한 ‘고려어도해高麗御渡海’의 준비를 명하고 있다. 즉, 이 시기부터 히데요시는 본격적인 큐슈 정복과 함께 조선 침략을 앞으로 반드시 실행할 현실 문제로 화제를 만들었던 것이다. 이로 인해 히데요시의 ‘당입’과 ‘고려어도해’는 비로소 세상에 널리 알려지기 시작했다.

같은 해 8월에 히데요시는 “당국唐國까지 정벌하려는데 시마즈島津가 배반을 했기 때문에 이 기회에 엄히 처벌을 하려 한다”고 하면서 명 정복에 앞서서 큐슈九州를 정복하게 된 것이 오히려 다행스러운 일이라는 이유를 들어 자신에게 복속하지 않았던 다이묘들을 제거하는 데 ‘당입’과 ‘고려어도해’를 이용하고 있는 것을 알 수 있다.

1587년 5월에 히데요시는 큐슈九州를 완전히 정복하여 시마즈의 항복을 받는다. 이후 하코자키箱崎에서 여러 대명을 모집해서 큐슈지역에 대한 영토 분할을 행하였고, 이곳에 히데요시의 대규모적인 직할지藏入地를 설치하였다. 명을 치기에 앞서서 큐슈를 전진기지로 삼으면서 그 준비를 구체화하려는 전초 작업이었던 것이다. 또한 대명 무역항大明貿易港으로서 고대부터 번영해 왔던 하카다博多를 직할지로 삼고 도시 전체의 부흥을 추진하면서 이곳도 조선 침략의 병참기지로 삼으려 했다.

이후 큐슈에서 귀경한 히데요시는 다음해 7월에 여러 대명을 상대로 '도수령刀狩令', 즉 무기 몰수 명령을 내린다. 이는 '제국백성諸國百姓'의 도刀 · 협차脇差 · 추鎚 · 철포鐵砲 등의 무기 소유를 금지하여서 백성들의 무장 해제와 농민봉기一揆를 방지하고 연공 징수 등 지배 안정을 꾀하기 위해 만들어 낸 것이다. 이로 인해 많은 무기가 몰수되었고 백성들을 농경에 전념시켜 연공을 확보할 수 있는 신분으로 고정시켰다. 무사에게는 급지給地 등을 주어서 군역을 부담하는 신분으로 농민과 명확하게 구분함으로써 신분 편성의 기본적인 구조를 만들었다. 이러한 조치는 조선 침략에 동원할 무사들을 확보하기 위한 준비작업이었음은 말할 것도 없다.

그런데 여기서 주목되는 것은 무기 몰수 명령을 내린 배경이다. 1588년 히데요시가 큐슈지역을 정복하고 귀경歸京한 직후, 히고肥後(지금의 큐슈 구아모토九州熊本)지역에서 사사마사나리佐々成政는 히데요시의 엄격한 토지조사檢地에 반대하는 봉기를 일으켰다. 다시 말하면 히데요시가 큐슈 정복을 한 지 얼마 되지도 않은 상황에서 반란이 일어났던 것이다. 따라서 이러한 일이 다시 발생하지 않도록 강력한 방법을 마련하지 않으면 안 되었다. 이것이 '무기 몰수刀狩령'을 내린 배경이었던 것이다.

결국 지금의 시각으로 봐서는 큐슈지방을 평정하고 반석과 같은 기반을 갖고서 정명征明에 임했을 것 같은 히데요시의 정권은 의외로 국내 사정이 불안정하였으며, 모반과 봉기 상태도 전혀 배제할 수 없는 상황이었음을 알 수 있다. 따라서 히데요시는 전국을 통일하였음에도 불구하고 초기에는 자신의 가신단을 결속시키면서, 또 다른 한편으로는 7년간의 준비과정을 통해서 국가적인 군역을 동원하면서 자신의 기반을 공고히 하지 않으면 안 되었던 것이다.

한편, 히데요시는 1591년부터는 구체적인 침략 준비를 위한 국내체제 정비를 서둘렀다. 따라서 첫 번째로 행한 것이 각 대명의 지행고知行高를 확정하고 거기에 따라서 각 대명에 대한 군역 동원 체제를 정비하는 것이었다. 그러기 위해서 우선 토지의 생산량을 쌀의 생산량石高(고쿠다카)으로 나타내고, 연공은 이 고쿠다카에 의해서 미납米納을 원칙으로 했다. 이와 동시에 마을마다 토지장부檢地帳를 작성해서 토지의 직접 소유자를 등록하고 이들을 연공과 노역의 부담자로 정하였다. 이로 인해 병농분리의 기초가 정해지고 군역 동원 체제를 원활하게 하였다. 즉, 대명들이 거주하는 각 지역에 토지조사를 하여總國地檢, 그 결과에 근거해서 지행知行이 확정되면 히데요시가 인정하는 주인장朱印狀이 전달되고 이 숫자를 근거로 해서 서국대명西國大名(큐슈지역)은 백석百石에 각각 4명의 군인이 선출되는 것이었다.

두 번째로는 같은 해 8월에 신분 통제령을 내려 농민이 상인이 된다거나, 무사가 상인·농민이 되는 것을 금지하였다. 즉, 농민들이 논밭을 버리고 상인이 되는 것을 막음으로써 병량 확보를 목적으로 하였던 것이다. 이 령은 기본적으로 에도시대의 사농공상 신분제도의 기초를 만드는 결과가 되었지만, 히데요시가 조선 침략을 앞두고 하급무사들의 동원인수를 확보하기 위한 임시입법臨時立法의 성격이 강했다.

이상의 두 가지 정책을 통해서 당시 히데요시의 정권의 실체에 대해서 다시 한 번 생각해 볼 필요가 있다. 즉, 그는 전국의 여러 대명 가운데서 최고 권력자가 되기는 하였으나 중요한 대명들은 어떤 면에서 히데요시와 동격이거나 그 이상의 존재여서 자신들의 영토와 가신단 군사력을 확실하게 장악하고 있었다. 모리毛利·우에스기上杉처럼 몇 대에 걸쳐서 영국지배領國支配를 견고히 했던 자가 있는가 하면, 이에야스家康처럼 선조 대대로 이어온 보대譜代의 강력한 집단력을 가진 가신단을 보호하는 자들도 있었다. 그러나 이런 자들의 토지와 인민에 대해서 히데요시는 결코 직접적으로 지휘권을 행사할 수 없었다. 따라서 농업생산과 병원兵員을 동원하려면 특별한 명목이 필요했던 것이다. 다시 말해서 거대한 규모의 군사행동에 의해서만이 전국 대명들이 가진 군사력을 동원할 수 있었던 것이다. 그의 정명과 조선 침략을 일으킨 배경에는 이런 대외 전쟁이라는 군사적인 상황을 이용해서 자신의 독자적인 힘을 발휘하여 정권을 보다 강고하게 할 수 있었다는 점이다.

한편, 히데요시의 '당입'선언과 '고려어도해'의 명령이 세상에 알려지기 시작할 무렵 이러한 움직임과 관련해서 당시 야소회耶蘇會 선교사였던 프로이스가 인도에 있는 지방관 발리야도에게 보낸 서한은 주목할 만하다. 이 서한에서는 "히데요시가 일본 전국을 정복해서 지금의 지위에 달했는데, 지방國도 금은金銀도 다 소유하고 있고 그 밖에 다른 것들은 아무 것도 바라지 않는다. 다만 죽은 후에 자신의 이름과 권위의 평판을 남기고 싶어서 조선 및 중국을 정복하기 위해서 도항할 결심을 했다"라는 내용이 있다. 이에 따르면 이 당시 선교사들은 히데요시의 명 정복을 '자기의 이름과 권위의 평판을 남기기 위한 것'으로 파악하고 있음을 알 수 있다.

또한 프로이스는 『일본사』에서 "관백秀吉은 자신의 명성을 확대하고 지위를 고양하기 위해서 교활하게도 천황内裏의 여러 일을 원조해 주는 방침을 세워 수입을 주고 많은 물품도 헌상하고 그들을 위해서 청결한 궁전도 재건하도록 명했다"라고 적고 있고, "히데요시는 자신의 조카인 히데츠구秀次에게 천하를 양보하고 강대한 군사를 이끌고 중국シナ을 무력으로 정벌하고 이 기회에 목숨을 걸고 명예롭게 뛰어난 企圖를 시도한 일본 사상 최초의 군주로서 자신의 이름을 후세에 영원히 남기기 위해서 결의했다"라고 하였다. 프로이스가 기독교 금지령과 관련해서 히데요시에 대해서 긍정적인 시각으로 보지 않은 면도 적지 않으나 히데요시의 명 정복 의도가 그의 명예심과 권위를 높이기 위한 것이라고 일관되게 기록하고 있다. 당시 전쟁 발발 직전의 일본 사정을 선교사라는 입장에서 객관적으로 적고 있다는 점에서는 흥미를 끄는 대목이다.

여기에 더불어 히데요시가 1590년 조선통신사에게 내밀었던 국서도 주목할 만 하다. 즉, "내가 대명大明에 들어가는 날 사졸士卒을 거느리고 군영軍營에 임한다면 더욱 인맹隣盟을 다스릴 것이로다. 내가 원하는 것은 다른 것이 아니라 오직 다만 가명佳名을 삼국에 떨치고자 함에 있도다"라고 한 부분이다. 이것은 프로이스의 경우와는 달리 히데요시가 직접적으로 "자신의 명예와 공명심으로 인해서 삼국에 이름을 날리고자 한다"라고 하여 침략 동기를 표현했다는 점에서 주목할 만 하다.

다시 말해서 히데요시는 군역 동원을 통해서 자신의 기반을 공고히 하려 했던 본래의 목적이 어느 정도 달성되자 무력에 의한 자신감을 가지고 명까지 정복하여 자신의 공명심, 명예욕 등을 높이려 했던 것이다. 즉, 자신의 신분적인 한계를 극복하고, 전국시대를 거치면서 철포와 유럽의 군사력을 적극적으로 받아들여서 자신들이 '궁전弓剪이 강한 나라=무위武威의 나라'라는 자신감으로 명나라까지 정벌할 수 있다고 보았던 것이다. 이러한 사실을 통해볼 때 히데요시는 자신의 '공명심'과 '권위'를 높이기 위해서 이 전쟁을 일으킨 것이라고 생각된다.

이처럼 히데요시의 의도를 파악한 여러 대명들은 봉토를 몰수당하지 않기 위해서 불만을 품으면서도 전쟁에 참여하였고, 이미 히데요시의 명령없이 개별 영주가 사적인 전투나 교전을 금지하는 것總無事令에 의해서 타 지역의 영토를 확보할 수 없음을 확실하게 인식하고 있었기 때문에 '당입'이라는 명목 하에 새로운 영토를 받을 수 있다는 기대감과 강제에 의해서 참가하지 않을 수 없었던 것이다. 기요마사淸正의 경우처럼 명에 20여 개 국의 영토를 약속 받고서 적극적으로 명 정복에 나선 자들도 있었으나 이 전쟁이 성공할 것이라고 믿었던 대명은 소수에 그쳤다.

결국, 임진왜란을 일으킨 직접적인 원인은 전쟁이라는 군사적인 긴장조건 속에서 군역동원을 통해 자신의 기반을 공고히 하려 했던 것이 핵심이다. 그 이면에는 전국동란 시기를 거치면서 무력으로 일본 국내를 장악한 히데요시가 일본의 '무위武威', 구체적으로는 자신의 무력과 위력을 과시하면서 자신이 갖고 있는 신분적인 한계성을 극복하고 자신의 공명심과 명예욕을 높이려 했던 점이 조선 침략을 일으킨 원인遠因으로 작용하였다고 본다.

이와 함께, 국내 정복이 아니라 명과 조선을 포함한 대외 전쟁이라는 측면에서 천황의 권위를 이용하는 데에 한계가 있기 때문에 '일륜日輪의 자子' '신국사상'을 결부시켜 침략 논리의 정당성을 만들어갔던 것이다. 이는 몽골의 침입을 받은 가마쿠라 막부鎌倉幕府가 대외 전쟁이라는 위기상황 속에서 외교권을 장악하고, 군사적인 긴장 속에서 가마쿠라 막부의 무력과 위세에 대한 자각·주장이 고양된 것과 유사한 패턴이다. 단, 히데요시의 경우에는 '일류의 자'의 논리가 포함되었고 신국사상의 신비적이고 독선적인 자국우월감이 노골화 되어서 이국異國정벌이라는 침략주의가 생겨난 것이다.

○ '가도입명' 요구와 '영토확장설'에 대해서

일반적으로 히데요시가 명을 정복하려는 과정에서 조선 측이 일본에 복속을 하지 않았기 때문에 전쟁이 일어났다고 하는 관점, 즉 히데요시의 '정명향도征明嚮導'와 '가도입명假導入明' 요구에 대해서 살펴보도록 한다.

조선통신사가 1590년에 내일來日하자 히데요시는 적어도 조선이 자신에게 복속하였다고 판단하였다. 따라서 통설처럼 조선이 복속을 거부하였기 때문에 조선 침략을 일으켰다고 하는 견해는 타당하지 못하다. 또한, 이미 조선은 자신에게 복속하였으므로 자신의 요구를 실행해야 할 의무가 있는 것이고, 따라서 다음 목표인 정명을 하는 데 있어서 조선 국왕은 선봉先鋒·도 안내道案內를 해야 하는 것이 당연한 것이라고 생각했던 것이다. 그렇기 때문에 '정명향도'를 요구하는 서장書狀을 통신사에게 내밀었던 것이며 그 안에 정명의 목적을 '지현가명어삼국이이只顯佳名於三國而已'라고 적을 수 있었던 것이다. 당연히 이 서장에 대해서 조선의 통신사들은 반발하였고 그 다음해에 귀국해 버렸다.

이와 같은 일련의 과정을 살펴보면 히데요시로서는 조선은 이미 일본에 복속한 상태였으므로 '가도입명'을 요구할 필요가 없었고 일관되게 '정명향도'를 요구한 것이다.

 '가도입명' 요구는 조선과 명의 관계를 상세하게 알고 있었던 대마도 측이 관철되기 어려운 문제라고 생각하여 전쟁이 임박해 온 시기에 바꾼 내용이며 이는 다시 '조공로알선朝貢路斡旋' 이라는 완곡한 표현으로 전쟁 중에 계속해서 요구했던 것이다. 이에 대해 조선은 일관되게 명국은 군부의 나라라는 대의명분을 내세워서 강경한 태도로 거절했던 것이다. 따라서 히데요시는 '가도입명'을 요구한 적이 없으며 따라서 조선 침략의 원인을 '가도입명'으로 보는 것은 타당하지 않다.

 또한 영토 확장과 관련해서, 이 부분도 전쟁이 진행되면서 조선 국왕의 도주, 예상외로 빠른 한성 함락 등으로 자신감에 차 있었 던 히데요시가 여기에 초점을 두면서 영토 확장을 노렸던 것이다. 무역 문제 또는 봉공 문제 역시 전쟁 중에 타협하는 과정에서 주 장한 것으로 이것을 전쟁 발발의 원인으로 보기에는 적합하지 않 다고 본다. 따라서 결론적으로 히데요시가 전쟁을 일으킨 배경을 정리 해보면 전쟁이라는 명목으로 집권적인 권력의 편성 → 무위 武威를 바탕으로 한 히데요시 자신의 공명심과 명예욕 → 영토 확 장 → 무역 확대라는 목적이 전황戰況과 맞물리면서 변화되었던 것이라 생각된다.

---------------------------------- 참고문헌 ----------------------------------

김문자, 「임진왜란에 대한 일본의 시각변천」『역사비평』46, 역사비평사, 1999.

김문자, 「전쟁과 평화의 근세 한일 관계-임진왜란과 통신사-」『기억의 전쟁』, 이화여자대학교 출판부, 2003.

남기학, 「중세 일본의 외교와 전쟁-몽골의 일본침략을 소재로-」『동양사학연구』80, 2002.

박재광, 「임진왜란 연구의 현황과 과제」『임진왜란과 한일관계』5, 경인문화사, 2005.

한우근, 「임진란 원인에 관한 검토-풍신수길의 전쟁 도발 원인에 대하여」『역사학보』1, 1952.

岩澤愿彦, 「秀吉の唐入りに關する文書」『日本歷史』163호, 1962년. 후에『豊臣政權硏究』戰國大名論集 18, 吉川弘文館, 1983년에 실림.

松田毅一・川崎桃太譯,『フロイス 日本史 2』豊臣秀吉篇Ⅱ, 중앙공론사, 1977.

藤木久志,『豊臣平和令と戰國社會』, 東京大學出版會, 1985.

上垣外憲一,『空虛なる出兵』, 福田書店, 1989.

北島万次, 「豊臣政權の朝鮮侵略に關する學說史的檢討」『豊臣政權の對外認識と朝鮮侵略』校倉書房, 1990.

北島万次,『豊臣秀吉の朝鮮侵略』 日本歷史學會編輯, 日本歷史叢書 52, 吉川弘文館, 1995.

山室恭子,『黃金太閤』, 中央新書, 1992.

村井章介,『중세왜인전』, 岩波書店, 1993.

池享, 「莊園の消滅と太閤檢地」『講座日本莊園史4莊園の解體』, 吉川弘文館, 1999.

池享, 「天下統一と朝鮮侵略」『日本の時代史 13天下統一と朝鮮侵略 』, 吉川弘文館, 2003.

히데요시는 일본 국왕 임명을 진짜로 거부했는가

김 문 자(상명대학교 인문과학연구소)

◦ 수수께끼 투성이의 일명 강화교섭 日明講和交涉

7년 동안의 임진왜란기를 전쟁사적인 측면에서 시기 구분을 하면 ①전쟁 발발로부터 다음 해 2월까지 초전初戰이 있었던 시기(1592.4~1593.2) ②일명 강화회담이 시작되어 소강상태가 계속되다가 정유재란이 발발하기 직전까지의 시기(1593.3~1597.2) ③전쟁이 재발한 후 다음해 일본군이 철수하는 시기(1597.3~1598.11)로 구분할 수 있다. 7년이라는 장기전이 지속되었음에도 불구하고 실제 전투기간은 1년 6개월(18개월; 임진왜란 초기 11개월과 정유재란기 7개월) 정도였고, 나머지 5년 1개월은 사실상의 '휴전' 상태에서 일본과 조선, 일본과 명 사이에서 강화교섭, 즉 외교전外交戰이 오랫동안 지속된 점을 알 수 있다.

그렇다면 왜 이렇게 장기간 동안 강화교섭이 진행되었으며, 강화교섭 기간에 논의되었던 내용은 무엇이며, 강화교섭에 대한 조선과 명·일본 등 각국의 입장은 어떠하였을까? 또한 강화교섭이 장기간 동안 지속되음에도 불구하고, 이 교섭이 결렬되어 히데요시가 다시 정유재란을 일으킨 배경은 무엇인지 등등 여러 가지 의문점이 생긴다.

일명 강화교섭과 관련해서 가장 잘 알려진 각본으로는 '명을 정복하려 했던 히데요시가 조선에게 '가도입명假導入明'을 요구하였는데 조선이 이를 거부하자 우선 조선을 정복하기 위해 16만 명의 대군을 동원하였다. 그러나 명군의 참전, 조선의병과 이순신의 활동으로 인해 전세가 악화되자 일본은 명과 강화교섭을 맺고 조선의 영토 중 일부를 할양받으려고 했는데, 자신의 요구가 전혀 관철되지 않았고, 명이 보낸 국서에 '히데요시秀吉를 일본 국왕日本國王으로 임명한다'는 문구가 발각되어 히데요시는 이에 분노하고 명이 보낸 그 국서를 찢고, 그 즉시 다시 조선을 침략했다'는 것이다.

과연 그러했을까? 여기서 주목할 것은 우선 히데요시는 '가도입명假導入明'이라는 요구에 관여하지 않았고, 히데요시가 명으로부터 받은 일본 국왕 임명장인 고명誥命은 현재 오사카 시립박물관에 전해오고 있으며, 궁내청 서릉부書陵部에 소장된 칙유勅諭도 그대로 남아 있다는 점이다. 무엇인가 이 부분에 대해서 석연치 않은 느낌과 의도적으로 사실을 은폐하려는 흔적이 엿보인다.

○ 심유경沈維敬과 고니시 유키나가小西行長의 만남

1592년 7월 명은 평양에서 패전하자 대국으로서의 위신이 크게 손상당하였다. 그러자 외교적인 교섭을 통해서 일본군의 북진을 최대한으로 지연시킨 뒤, 대대적으로 군사를 동원하여 일본군을 격멸한다는 방침아래 자칭 일본통이었던 유격장군遊擊將軍 심유경沈維敬을 일본 진영으로 파견하였다. 이것이 일명 강화교섭의 첫 시작이었다.

이 교섭에서 유키나가는 '가도입명'요구 중에서 '입명入明'이란 명과의 전쟁이 아니라 명에게 '조공封貢'을 하기 위한 것이었다고 변명한다. 이에 대해 심유경은 히데요시를 일본 국왕으로 책봉하고 일본의 조공을 받아들일 수 있도록 본국에 조정하기 위하여 50일간 잠정적인 휴전협정을 맺자고 제의하였다. 이는 대대적인 조선 원군朝鮮援軍을 파병하기 위한 지연작전이었다. 유키나가의 입장에서도 의병들의 활동이 격렬해지고 병량과 병원兵員이 부족한 상태에서 더 이상 공격할 수 없었던 상황이었으므로 명의 제의를 받아 들였던 것이다. 여기서 처음으로 "히데요시를 일본국왕으로 책봉한다"는 이야기가 나왔다. 이후 심유경은 다시 유키나가를 만나 다음해(1593년) 1월 15일까지 휴전기간을 연장하였다. 대신 그는 명이 봉공을 허락해주는 조건으로 일본군의 한강 이남 철수를 요구하였고, 이에 일본 측은 책봉사를 일본에 파견해줄 것을 청하였던 것이다.

이처럼 회담 초기부터 조공 문제를 둘러싼 히데요시의 일본 국왕 임명설이 논의되었음을 알 수 있다.

◦ 본격적인 일명 강화교섭의 시작과
일본군의 한성 철수

명에서는 1593년 1월에 평양성을 수복하였으나, 2월 벽제관에서 일본에게 대패하자 일본과 강화교섭을 재개하면서 조선에서의 전쟁을 조속히 종결지으려는 논의가 공식적으로 제기되었다.

한편, 일본군도 벽제관 전투에서 명에게 승리는 했으나 행주산성에서 조선에 패한 후에는 대륙의 한기寒氣, 병량 부족, 조선군·의병들의 저항 등에 의해서 군의 전의는 점차로 상실되었고, 군내에서의 염전厭戰 분위기와 철수원망撤收願望도 충만하였다. 출병시 1만 1천 명이었던 유키나가의 병원수兵員數는 6천여 명으로 감소하였고, 가토 기요마사加藤淸正의 경우에도 1만 명이었던 수가 5490명으로 격감하였다. 전반적인 일본 병사의 소모율은 약 40%에 가까웠다. 따라서 조선의 이러한 사정을 보고받은 히데요시도 유키나가의 제의를 받아들여 강화교섭에 응하지 않을 수 없었던 것이다.

결국 벽제관 전투의 패배를 계기로 명은 공식적으로 일본 측과 교섭을 재개한다는 방침을 세우고 시종 강화회담을 주도하면서 일본 측의 한성 철수를 요구하였다. 이에 대해 일본은 "명군이 강화사를 보내면 억류 중인 조선의 두 왕자를 송환할 것이며 자신들은 4월 8일부로 한성에서 철수한다"라고 회답하였다. 이후 명군 사령관이었던 송응창은 부하인 사용재謝用梓와 서일관徐一貫을 강화사講和使로 위장시켜 일본 진영에 보냈고, 일본 측도 4월 18일에 한성에서 철수하여 경상도 해안지역으로 남하하였던 것이다. 이로써 일본군의 한성 점령은 1년만에 끝났다.

여기서 명은 일본군이 한성에서 물러서자 조선이 거의 회복된 것으로 생각하였고, 일본군이 재침하지 못하도록 일본 측의 요구를 적당히 들어주면서 히데요시의 항복 문서를 받아내려고 하였다. 일본 측도 병량 결핍과 군수물자의 부족으로 더 이상 한성지역을 고수하기 힘들자 한성 철수를 미끼로 삼아서 히데요시의 승인 하에 무사히 조선의 남부지역까지 공격다운 공격도 받지 않고 후퇴할 수 있었던 것이다. 이것으로서 약 4년간 일본과 명 양국을 왕래하면서 논의되었던 일명 강화교섭이 본격적으로 전개되었던 것이다.

◦ 나고야名護屋로 건너간 명 강화사

명 황제의 사자使者로 위장한 사용재 등의 강화사는 5월 15일 큐슈지역의 나고야에 도착하였다. 이들을 명의 정식 사절로 생각한 히데요시는 6월에 이들을 접견하고 그 유명한 7개의 강화조건을 제시하였다. 우선 명측을 상대로 ①명황녀明皇女와 일본 천황의 혼인, ②일명 무역의 재개(일명 감합무역), ③일본과 명의 대관大官들이 서로 우호를 서약하는 문서를 교환할 것 등을 제시하였다.

한편, 조선 측에는 ④조선의 4도를 조선국왕에게 줄 것, ⑤포로가 된 두 왕자와 대신을 송환할 것, ⑥조선 왕자와 대신을 다시 일본으로 보낼 것, ⑦조선의 대관들은 영원히 일본에 항복을 서약할 것 등을 제시하였다. 이러한 요구 조건에 대해서 명 강화사는 거부하였지만 미츠나리三成가 이것은 히데요시의 강력한 요구 조건이라는 위협에 일단 수용하고 7월에 부산에 도착하여 심유경과 의논하였다. 이 7개 조건 중에서 가장 문제가 된 것은 ①②③조항이다. 즉, 유키나가는 ①에 대해서는 심유경과 의논하여 명 정부에 알리지 않기로 하고, 결국 황녀皇女를 대신해서 명나라의 미소녀美少女로 대신할 생각까지도 했다. 그러나 나중에는 이 계획을 바꾸어서 황녀가 일본에 오는 도중에 사망한 것으로 하고 그 대신 명마名馬 300필을 준비해서 이 문제를 해결하려고까지 계획하였다. 심유경이 비밀리에 군마를 준비했던 점이나 복건순안어사福建巡按御使였던 유방예劉芳譽에게 이 사실이 발각되어 맹렬한 비난을 받았던 점에서도 이를 증명해준다. ②와 관련해서는 명이 번속국에 대해서는 조공무역을 허락하였고, 일본이 명의 번속국이 되면 조공무역이 성립되어 일명 간에 무역 재개가 이루어질 수 있다고 파악하였다. 이점에 대해서 심유경도 협조적이었기 때문에 별 무리가 없었다. 다만, 이것이 성사되기 위한 전제조건으로서 히데요시의 사죄문(항복문)이 필요했던 것이다. ③과 관련해서는 한국 측과 일본 측 사이에서 해석이 상반되고 있는데, 전자는 히데요시가 명에게 조선의 4도를 할양해줄 것을 요구했다고 보는 반면, 후자는 이미 히데요시는 조선의 전토全土를 일본이 정복하였다고 생각했기 때문에 오히려 북쪽의 4도道를 조선에게 돌려주고 나머지 남쪽지역의 4도道는 자신이 차지하려 했다는 해석이 있다.

이 가운데 심유경과 유키나가는 무엇보다 ②조건이 성립될 수 있도록 전력을 다했던 것이다.

◦ 1년 8개월간의 책봉사

강화사로 갔던 사용재와 서일관은 히데요시의 7개 조건을 본국에 전하지 못하고 오히려 '히데요시는 자신을 일본 국왕으로 임명하여 무역을 부활시켜 줄 것을 요구한다'라는 허위 보고를 하였다. 이에 명 황제는 강화의 전제조건으로서 히데요시의 항복문을 요구하였고, 명의 강화사 파견에 대한 답례사 겸 가짜 항복문을 가지고 유키나가의 심복이었던 나이토 조안內藤如安=小西飛이 북경北京을 향하였다.

1594년 12월에 북경에 도착한 나이토 조안은 신종神宗을 알현하였고, 명의 병부상兵部尙書였던 석성石星과 만났지만 히데요시의 7개 조건 따위는 언급도 하지 않았다. 일본의 요구사항에 대해서 명 정부 내에서 병부를 중심으로 하는 강화론자들과 예부를 중심으로 하는 전수론자戰守論者들 사이에 격론이 있었다. 책봉만 이루어지면 일본군이 완전히 철수할 것으로 믿었던 석성은 명 내부의 재정 사정과 일본을 책봉체제 속으로 편입시키면 외국 문제는 쉽게 해결할 수 있다는 안일한 생각으로 조정 내부의 논란을 일소시켰고, 책봉사를 파견하기로 결정하였다. 이때 책봉사를 파견하기 전에 명은 일본에 강화조건으로서 3가지三事를 요구하였다.

첫째로 일본은 조선에서 한 명의 군사도 남김없이 철수할 것, 둘째로 히데요시를 일본 국왕으로 임명은 하지만 별도로 공시貢市는 개설하지 않음, 셋째로 조선과 수호修好함과 동시에 명국의 번속국이 됨으로써 서로 함부로 침략하지 않을 것 등을 요구하였다. 이후 같은 달 30일에 이종성李宗成과 양방형楊方亨을 책봉정冊封正·부사副使로 임명하고 관복·금인·고명誥命(임명장·조유詔諭·유서諭書) 등을 마련하여 일본에 파견하였다.

여기서 주목할 점은, 명의 경우에는 일본군의 전원 철병을 전제조건으로 책봉사를 파견하려 했던 점이다. 이미 '영파寧波의 난'을 경험했던 명은, 무역은 일본을 증장增長시키고 결국은 명 상인층의 세력을 증대시키는 결과를 낳을 것이라는 판단 하에 공시貢市 개시開市는 인정하지 않았던 것이다.

한편, 일본의 입장에서 볼 때 책봉은 인정되었다 하더라도 자신들이 그토록 요구했던 일명 무역이 허락되지 않았음에도 불구하고 왜 이 제안을 받아들인 것일까? 이에 대해 유키나가는 자신의 일본 진영에 인질로 잡혀 왔던 명나라의 담종인을 통해서 책봉이 성립되면 명 측이 사례를 할 것이며, 일본과 명이 서로 왕래를 하다보면 명국이 서서히 공시를 허락할 것이므로 급하게 요구할 이유가 없다는 정보를 접하였다.

이후 일본이 명 측의 강화조건을 수락한다는 것이 전제가 되어 책봉사는 1595년 1월 요양을 출발해서 조선을 향하였던 것이다. 그러나 양국 간에 '선철병先撤兵 후강화後講和'를 주장하는 명 측과 '선강화先講和 후철병後撤兵'을 주장하는 일본 측의 신경전은 거의 10개월이나 지속되었다. 결국 유키나가의 집요하면서도 교묘한 술책으로 일본군은 완전히 철수하지 않은 상태에서 책봉사를 부산의 일본 진영까지 끌어들이는 데 성공하였다.

한편, 책봉사가 도착한 사실을 알리기 위해 유키나가는 일본에 건너가서 1595년 5월에 히데요시를 만난다. 여기서 지금까지 별로 주목하지 않았던 흥미로운 사실이 있다. 즉, 이때 히데요시는 1년 전 사용재 등 강화사에게 제시했던 요구 조건과 다른 새로운 3가지 조건을 제시하였다. 다시 말해서 (1)조선 왕자를 자신의 거처로 보내면 조선 8도 전체가 아니라 남부 4도만 일본이 소유한다. (2) 유키나가의 진영이었던 웅천熊川까지 조선 왕자가 오면 일본 진영의 3분의 2를 소각시키고 일본군을 철수한다. (3)자신은 명이 요구한대로 조선을 사면하는 대신 명 칙사(책사)의 파견과 무역재개를 바란다 등의 내용이다.

특히 여기서 주목할 것은 일본군의 부분 철수를 인정한 것과, 히데요시는 자신을 일본 국왕으로 책봉하려는 명 측의 의도를 분명히 알고 있었다는 점이다. 즉, 그는 명 책사가 일본에 올 때 '예의禮儀로서 조서詔書'를 갖고 올 것과 앞으로 명과 일본이 무역을 할 경우에는 '금인'을 갖고서 그 증거로 삼자고 한 점이다. 당시 중국은 주변 국가와 책봉관계를 맺을 경우 이를 직접적으로 표현하는 수단으로서 중국 황제로부터 피 책봉국의 통치자에게 인수印綬를 수여하였다. 그리고 인수印綬는 책봉을 알리는 책서冊書·금인金印·자수刺綬를 주는 것이 관례였다. 히데요시의 주변에는 무로마치室町시대부터 외교를 담당해 온 오선승五禪僧이 있었기 때문에 이러한 외교적인 관례에 대해서 당연히 숙지하고 있었다고 보여진다. 따라서 히데요시가 이때 제시한 3가지 요구조건을 통해서 그는 사전에 자신이 일본 국왕으로 임명될 사실을 알고 있었다고 단언할 수 있다.

결국 히데요시의 승낙을 받고 다시 조선으로 돌아온 유키나가는 부산지역에 있는 일본 진영의 3분의 2를 태우고 일본군을 철수시켰다. 그러나 명 책봉사의 입장에서는 일본군이 전부 철수한 것이 아니었으므로 끝까지 일본에 건너가는 것을 거부하였다.

바로 이때 책봉정사였던 이종성이 1595년 4월에 일본 진영에서 도망가는 사건이 일어나 책봉사의 도일渡日은 갈수록 지연되었고 그 파장은 컸다.

결국 이러한 우여곡절을 겪고나서 책봉정사에 부사였던 양방형이, 부사에는 심유경이 임명되어 정사 도망 사건 이후 4개월 여 만에 일본의 오사카大坂에 도착하였던 것이다. 실로 책봉사가 명 본국을 떠나 1년 8개월이라는 시간을 소비한 후 일본에 도착할 수 있었던 것이다.

◦ 일명 강화교섭의 결렬

히데요시는 심유경을 인견引見함과 동시에 본격적인 명 사절의 도착을 맞이하기 위해 무사武士행렬을 준비하도록 명하였다. 그러나 다음 달 윤 7월 13일부터 14일에 걸쳐 지진이 일어나자 무사 행렬은 취소되고, 후시미성伏見城도 무너져 버렸다. 이후 일본 국내는 혼란스러운 상황이었다. 결국 1596년 8월 책봉사와 심유경, 그리고 조선의 통신사는 사카이堺의 숙소에 도착하였다. 명의 책봉사가 도착하자 히데요시는 지진으로 인해 일정보다 늦어졌지만 이들을 오사카 성에서 맞이하였던 것이다.

그런데 여기서 주목할 만한 일은 이들 명 책봉사와 조선 통신사와 관련된 행렬이다. 즉, 300여 명이나 되는 조선 사행에 관한 일본 측의 기록은 그다지 많지 않으나 그 중에서 『가고시마현사료鹿兒島縣史料』의 「의홍공경보중義弘公卿譜中」에 의하면 "히데요시는 명 책봉 정·부사 및 조선의 통신 정·부사가 사카이에 도착하였다는 소식을 듣고 기뻐하면서 이 지역을 경비할 것을 명하고 있다. 또한 명 책봉사가 후시미성伏見城(오사카성의 착각)에 도착하자 길거리의 단속을 명하였다. 그러나 엄중한 경비에도 불구하고 이 지역 사람들이 모여 들어 히데요시를 책봉하기 위해 도착한 사절을 보려고 거리에 사람이 넘쳤으며, 히데요시의 위덕威德이 넓고 충만하였다"라고 적고 있다. 책봉사들도 단정하게 관현악기를 불면서 후시미에 도착하였다고 적혀 있다.

또한 이 당시의 상황을 프로이스도 전하고 있다. 즉, 그는 한 신부가 오사카에서 보낸 서신을 근거로 히데요시와 회견하기 위해서 오사카성으로 가고 있는 명사 일행의 퍼레이드를 보고하였다. 이

행렬 가운데 악대와 깃발들이 조화를 이루면서 "'명제明帝가 히데요시를 일본 국왕으로 임명하기 위한 내용을 쓴 커다란 판자'를 높이 들고 가고 있는 것을 보았다"고 하였다. 위의 두 내용에서 공통점은 많은 사람들이 책봉사와 조선 통신사의 행렬을 관람하러 나왔으며, 이 사절들의 파견 목적이 히데요시를 일본 국왕으로 책봉하기 위해서였다는 사실이 공공연하게 알려져 있었던 것이다. 다시 말해서 '히데요시를 일본 국왕으로 임명한 사실을 히데요시는 알지 못했다'고 하는 것은 철저하게 사실이 아니었던 것이다.

드디어 9월 1일 오오사카 성에서 일본의 여러 대명들이 참례參禮한 가운데 심유경과 명 책봉사는 히데요시를 대면하였다. 이때 히데요시는 국서와 관복·금인을 받았고, 책봉의식은 무사히 행해졌다. 여러 대명들에게도 '일본 국왕의 신하'로 임명한다는 명의 임명장과 관복이 전해졌고 히데요시의 일본 국왕 책봉은 천하가 다 아는 사실이 되었다.

이와 같은 사실에도 불구하고 히데요시가 자신을 책봉한다는 문구文句가 폭로되자 강화교섭이 결렬되었다고 하는 유명한 이야기는 언제부터 나왔던 것일까?

이는 에도시대의 유학자儒學者·병학자兵學者들이 반세기가 지난 시기에 날조해서 이 사실을 만들어 냈고, 여기다가 라이산요우賴山陽(1780~1832)는 히데요시가 일본 국왕 임명에 격노해서 국서를 찢었다고까지 주장하였다. 그러나 그 국서는 지금도 서능부書陵部에 소장되어 있다. 이와 같은 주장이 생긴 배경은 무로마치 막부시기의 아시카가 요시미츠足利義滿가 명황제의 책봉을 받고서 일본 국왕이 되어 명 황제와 군신관계를 맺는 형식을 취함으로써 정치적인 권위를 높였을 뿐만 아니라 명과 무역을 행하여 많은 이익을 취했던 시기로 거슬러 올라간다.

그러나 이러한 외교 형태에 대해서 강력한 비판이 있었고, 그가 죽고 난 다음에는 명과의 외교를 단절해 버렸다(후에 국교가 부활됨). 이러한 사실과 관련 지어서 당시 에도시대 유학자들은 히데요시의 국왕 칭호 자체가 중국 황제의 신하에 해당되는 것인 만큼 그 칭호를 사용하면 굴욕적이라는 의식과 천황의 신하여야 할 히데요시가 명나라 황제에게 신종臣從하였다는 점에서 대의명분을 중시했던 당시의 유학자들 사이에 비판이 되었고, 나아가 이러한 사실을 은폐 날조하면서 그 사실 자체를 부정하려는 과정에서 생겨난 일이라고 생각된다. 그 이후 근대에 들어와서는 히데요시의 조선 침략은 일본의 국위선양이라는 위업으로 일관되게 찬양되었으므로 이러한 왜곡된 사실이 정설처럼 주입되었고 받아들여졌던 것이다.

그렇다면 히데요시가 강화교섭을 결렬시키고 다시금 조선을 침략한 이유는 어디에 있었을까? 이는 명 신종이 히데요시에게 보낸 칙유勅諭 가운데 3가지 요구조건 중에 "현재 부산에 있는 일본군을 한 사람도 남김없이 철수하라"고 한 것에서 찾을 수 있다. 물론 삼사의 내용을 히데요시는 책봉의식 때에도 알고 있었으나 이후 명에게 보낼 답서를 작성하기 위해 외교문서 담당자였던 선승禪僧들을 책봉사의 숙소로 보냈을 때, 심유경까지도 책봉의례가 끝났으므로 일본군이 조선에서 완전히 철수할 것을 요구하였던 것이다. 히데요시의 생각은 명의 책봉정사를 일본에 오게 해서 정치적으로 선전하면서 자신의 위세를 높이고, 동시에 무역을 통해서 나름대로의 이익을 챙기려 했다. 그러므로 철수하지 않은 나머지 3분의 1의 군사를 주둔시켜 놓고, 조선의 남부지역에 장기 주둔할 계획이었던 것이다. 그러나 이러한 요구가 받아들여지지 않자, 명 측의 요구에 상당히 격노하고 지금까지 진행해 왔던 강화

교섭을 파기한 것이다. 다시 말해서 '일본군 전원 철수=영토문제=통교불가'가 결정적인 교섭결렬의 이유인 것이다.

히데요시의 입장에서는 국가의 모든 인원을 동원해서 장기간 동안 진행시켜온 전쟁에서 그나마 조선에 주둔하고 있는 병력을 철수시키라는 명의 요구는 이 전쟁이 무의미한 결과를 초래하는 것은 물론이고 자신의 정권마저 유지하기 힘든 상황으로 치닫게 되는 결과를 가져다준다고 본 것이다. 특히 책봉사가 도착하기 전에 오사카 주변에서 일어난 지진을 비롯한 천재天災가 계속되고 사람들은 병혁兵革을 싫어하고 히데요시를 증오하고 있다는 풍문이 나돌았다. 7, 8월에는 토우土雨와 석우石雨·모우毛雨 등의 해괴한 일이 일어나고 있었음에도 불구하고 히데요시는 천재를 두려워하지 않고 전쟁을 그만두지 않기 때문에 앞으로 망할 것이라는 소문도 무성하였다.

이러한 사태를 히데요시가 모를리 없었으며, 오히려 이러한 위기 상황을 벗어나기 위해서 극약처방을 하지 않을 수 없었던 것이다. 예를 들어서 히데요시는 문록文祿이라는 연호를 경장慶長으로 개원改元하였는데, 국내외의 정치적인 변화나 위기 상황이 발생할 경우 정치적으로 쇄신한다는 목적으로 연호를 바꾸는 경우가 있었다.

또한 일본에 다녀온 통신사들이 전한 글에 의하면, 히데요시가 자신의 후계자로서 주목받고 있었던 조카 관백 히데츠구關白秀次를 처단하고 난 이후에 "온 나라 대 소인이 모두 나를 죽이려는 것을 알고 있으니 가만히 앉아서 화를 당하기보다 차라리 위세를 마음껏 부리다 죽겠다"라고 한 점을 보고하고 있다. 예수회의 일본인 선교사 등 26인을 처단한 것도 바로 정유재란이 발발하기 직전의 일이었다. 이처럼 그는 자신의 명령을 따르지 않는 자에 한해서는 철저하게 보복하였고, 전부 살해하는 공포정치로 치닫고 있었다.

　이러한 정황을 살펴보건대 히데요시가 4년 동안 진행되던 강화 교섭을 파기한 것은 자신을 일본 국왕으로 임명된 것을 알고 이를 거부하기 위해서 그런 것이 아니라 일본군을 조선지역에서 전부 철수하라는 요구를 받아들일 수 없었기 때문이었던 것이다. 이는 영토 문제와 밀접하게 관련된 것임과 동시에 조선 남부지역에 주둔하고 있는 군사를 전부 철수하면, 그나마 무역을 통해서 경제적인 이익을 얻으려 했던 목적마저 이룰 수 없는 것이 된다. 그러나 무엇보다 중요한 것은 지금까지 총동원해서 감행해왔던 침략 전쟁이 수포로 돌아가고, 국내의 정세마저 불안한 가운데 자신의 정권을 유지하기 위해 또 다른 돌파구로서 재침략을 감행하였다는 점이다. 이때는 조선을 공격 대상으로 삼았기 때문에 전쟁 발발의 원인을 조선으로 돌리지 않을 수 없는 것이다. 따라서 조선 왕자가 일본에 오지 않을 것을 알면서도 조선왕자가 내일來日하지 않았다거나, 조선통신사 늦게 도착했다거나, 신분이 낮은 관리들이 왔다거나 하는 명분을 내세워서 전쟁을 다시 개시하였던 것이다.

---------- 참고문헌 ----------

김문자, 「慶長元年の日明和議交涉破綻に關する一考察」『인간문화연
　　　구연보』 18, 1994.

김문자, 「임진왜란기 일·명 강화교섭의 파탄에 관한 一考察－사명당
　　　(松雲大師)·加藤淸正간의 회담을 중심으로」『정신문화연구』
　　　100호, 2005.

김문자, 「이벤트로서의 朝鮮通信使－豊臣政權期에 파견된 통신사를 중
　　　심으로－」『일본역사연구』 22집, 2005.

오만·장원철 옮김, 『프로이스의 『일본사』를 통해 다시 보는 임진왜란과
　　　도요토미 히데요시』, 국립진주박물관, 2003.

北島万次, 『朝鮮日々記·高麗日記－秀吉の朝鮮侵略とその歷史的告
　　　發－』, そしえて, 1982 ; 『豊臣秀吉の朝鮮侵略』, 日本歷史學
　　　會編輯, 日本歷史叢書52, 吉川弘文館, 1995.

佐島顯子, 「虛實錯綜した講和交涉」(歷史群像シリーズ35, 『文祿·慶
　　　長の役』, 學研, 1993.

山室恭子, 『黃金太閤』, 中央新書, 1994.

上垣外憲一, 『「鎖國」の比較文明論－東アジアからの視点』講談社選
　　　書メチエ, 1994.

왜 조선인의 코를 잘라 갔는가

이 재 범(경기대학교)

○ 이총이란?

이총은 문자 그대로 '귀무덤'이다. 이총이란 이름은 임진·정유 왜란때 일본인이 잘라 간 조선인의 귀를 매장하였기 때문에 그런 이름이 붙은 것이다. 현재 이총은 일본 여러 곳에 있으나, 임진왜란과 관련된 대표적인 것은 교토 히가시구東區 큐조九條에 있는 도요토미 히데요시의 신사인 도요쿠니 신사豊國神社가 있는 곳에 축조되어 있다. 이곳에는 고분 모양의 조형물이 있고, 그 위로는 5층탑이 조성되어 있다. 이것이 이총과 '이총수영공양비耳塚修營供養碑'이다. 이 비는 높이 3m, 폭 1.2m, 두께 40cm의 석조물인데, 건립 연대는 1898년 3월 20일이며, 건립위원장은 임진왜란 때 조선 침공 선봉장 가운데 한사람이었던 구로다 나가마사黑田長政의 10대손 구로다 나가나리黑田長成였다.

○ 이총은 왜 만들었나

이총은 왜 만들었을까? 일본인들은 그 이유를 일본인의 자비심에서 비롯되었다고 한다. 일본인 가운데는 일본민족이 선천적으로 자비심 많은 민족이라고 믿는 사람들이 많다고 한다. 그래서 일본인들은 어쩔 수 없이 전쟁을 치르긴 하지만, 전후에는 비록 적이었지만 그들의 영혼을 반드시 위무한다고 한다. 이총의 건립 배경도 이와 같다는 것이 일본인들의 주장이다. 그들은 왜란이 끝났으므로 자신들에게 의하여 죽은 조선인들의 영혼을 위로하기 위하여 이총을 건립하고 이 곳에 잘라온 조선인의 귀를 위령 차원에서 묻었다는 것이다. 실제로 교토 이총의 안내문에는 "이 무덤(이총)은 … 도요토미의 가신과 무장이 고래古來의 전공정신으로 머리 대신에 조선 국민 남녀의 귀와 코를 잘라 소금에 절여 일본에 가지고 와서 도요토미의 명에 따라 이곳에 묻고 공양을 드렸는데 이것이 귀무덤이다"라고 하여 이총 축조가 자신들의 자비심의 발로에서 비롯되었다는 점을 강조하고 있다.

그러나 이총 축조의 진짜 목적은 일본인의 주장과 다르다. 그 실제는 정벌 야욕에 불타 조선을 불법으로 침략하여 무자비한 침략을 감행하여 이들을 학살한 도

△ 가부키의 주인공 이름을 적은 석주

요토미 히데요시를 칭송하고, 조선 침략에 참가한 장수들 자신의 전과를 확인하기 위해서였다.

◦ 이총에는 무엇이 있나?

이총은 문자 그대로 귀무덤이므로 그 안에는 귀만 있어야 할 것이지만 실제로는 그렇지 않다. 정유재란 때 왜군의 포로가 되었다가 돌아 왔던 강항姜沆(1567~1618)은 당시의 사정을 기록한 『간양록看羊錄』에서 "관백關白(도요토미 히데요시)은 왜장들에게 머리 대신 코를 베어 오게 하였으므로 왜군들은 우리나라 사람을 만나기만 하면 죽이고 그 코를 베어 소금에 담아서 보냈다"라고 기록하고 있다. 그러니까 당시 일본인들은 귀와 함께 코도 베어 갔던 것이다. 이 코도 이총에 귀와 함께 매장되었을 것임은 말할 나위도 없다.

이러한 사정으로 말미암아 이총의 매장물에 대해서는 자못 의견이 부분하다. 호시노 히사시星野恒는 이총에는 코만 묻혀 있다고 주장한다. 하야시 라잔林羅山은 이총에는 본디 코만 매장했는데, 에도 막부 시대에 조선통신사朝鮮通信

△ 도요쿠니 신사(도요토미 히데요시의 신사)

使들의 숙소가 이총과 가까운 곳이었기 때문에 그들에게 혐오감을 덜 주기 위해서 코보다 귀가 나을 것 같아 이총으로 바꾸어 불렀다고 한다. 한편, 금병동琴秉桐은 교토의 귀무덤에는 귀와 함께 코도 매장되어 있다는 견해를 피력하며, 일본군은 임진왜란 때는 주로 귀를 잘랐고, 정유재란 때는 주로 코를 잘라 갔는데 모두 이곳에 묻었다는 견해를 보이고 있다.

그러면 이처럼 일본인들이 귀나 코를 잘라 간 이유는 무엇이었을까. 그 목적은 전과 확인에 있었다. 일본은 처음 전과 확인을 위하여 목을 잘라 갔으나, 목은 무겁고 부피도 커서 귀로 바꾸었다고 한다. 그러나 귀는 두 개여서 양쪽 귀를 모두 잘라와 전과를 두 배로 늘리는 사례가 발생하자 히데요시는 이를 방지할 목적으로 하나 밖에 없는 코를 베어 오라는 히데요시의 명령에 의한 것이었다. 그 밖에도 전쟁의 잔인성을 보여주기 위해서였다는 견해도 있다.

그리고 이렇게 귀 베기에서 코 베기로 전환된 시기는 대체로 정유재란 무렵이었다고 한다. 가토 기요마사加藤淸正의 가신이었던 야마모토 야스마사山本安政는 그의 일기에서 "임진년에 주로 귀를 자르다가 조선인의 코를 자르기 시작한 것은 정유재란때였다"라고 하고 있으며, 도도 다카토라藤堂高虎의 가신 나가노 기타우에몬長野喜多右衛門도 "조선인의 코를 자르기 시작한 것은 게이초慶長(1596~1615)년간이었다"라 하고 있다.

정유재란 때는 일본군이 초전부터 고전하였기 때문에 도요토미가 보다 확실한 전과 확대를 위하여 귀 베기에서 코 베기로 바꾸었던 것이라고 추정해볼 수 있다. 그리하여 당시 조선인들은 일본군을 보면 귀와 코를 감싸며 '이·비'라고 하면서 도피하였는데, 이 '이·비'가 뒷날 '애비'로 바뀌어 공포의 상징으로 인식되어

내려올 정도였다.

그러나 그것은 어떻든 정유재란 때부터는 귀대신 코를 잘라 갔으며, 이들도 이총에 함께 매장되었을 것이므로 교토의 이총에는 귀만 있는 것이 아니라 코도 함께 있게 된 것이다. 엄밀히 말하면 교토의 이총은 이·비총이라고 불러야 마땅한 것이다.

◦ 귀와 코는 얼마나 잘라서 어떻게 가져갔나?

이 당시에 잘려서 일본에 보내진 조선인의 귀와 코의 수는 대체 얼마나 되었을까. 그 숫자에 대해서는 굉장히 많을 것으로 추정은 하지만 구체적인 통계가 나와 있지 않아서 확실한 것은 알 수 없는 실정이다.

오카와치 히데모도大河內秀元는 근거는 불분명하지만 '일본의 군사 16만이 토벌에 나서 조선인의 목 18만538두 명나라 사람의 목 29만014두 합계 21만4,752두를 교토 헤이안성平安城 동쪽의 대불전 부근의 무덤에 석탑을 세우고 묻었다.'고 하였다(『조선이야기朝鮮物語』).

그리고 호시노는 코만 12만이 매장되어 있다고 추정하고 있다. 한편, 금병동은 적어도 10만 이상이었을 것으로 추정하는 경우도 있다. 이러한 여러 사람들의 주장을 종합해 볼 때 적어도 10만 이상의 조선인의 목·귀·코가 이총에 묻혀 있을 것으로 추정해도 무리라고 할 수는 없을 것이다.

○ 누구의 귀와 코를 어떻게 가져갔나

전쟁이란 국가와 국가 간의 충돌이지만, 엄밀히 말하자면 국가를 대표하는 군과 군의 전쟁이라야 마땅하다. 그러므로 일본에 보내어진 귀와 코의 주인공은 조선 군인들의 것이거나 민간인의 것이라 하더라도 저항하는 현장에서 처단된 사람들의 것이라야 마땅하다.

그러나 실제는 이와 달랐다. 다음의 기록은 1597년 6월 24일에 있었던 남원성전투에서 의료진으로 참가하였던 일본의 게이넨慶念이 저술한 『조선일일기朝鮮日日記』의 기록 가운데 "남원성을 함락하고 성과 온 산천을 불태우니 사람들이 죽어 타는 냄새가 온 동네에 가득했다. 우리(일본) 병사들은 그래도 분이 풀리지 않아 큰 칼을 가지고 죽은 자의 코를 베어 대바구니에 담으니 …"라고 하여 일본인 스스로 일본군의 잔학한 살육 현장을 묘사하고 있다. 일본군인들 중 일부는 금줄을 끊고 들어와 출산 후 초이레도 되지 않은 갓난아기와 엄마의 코도 베어갔다고 한다. 일본군은 군과 민간인을 구분하지 않았고, 남녀노소 할 것 없이 누구의 것이라도 베어 갔던 것이다.

특히 가토 기요마사 휘하의 무장이었던 기무라木村又藏의 『목촌 우장각서木村又藏覺書』에는 가토가 일본인 병사 1인에게 조선인의 코 3개씩을 베어 오도록 할당하였다고 한다. 가토 기요마사군은 정유재란 때 1만 명이 출병하였으므로 1인이 3개씩이면 3만 명분이 된다.

그러면 이때 잘라온 귀와 코는 어떻게 일본에 가져갔을까. 오카와치는 『조선이야기』에서 남원성전투(1597, 경장 2) 결과를 각 영주별로 상세히 기록하면서, 일본군들이 장수는 목을 자르고 그 밖의 사람들은 코를 잘라 염석회塩石灰에 절여 항아리에 넣어서 일본으로 보냈다고 기록하고 있다.

소금에 절여 부패방지가 된 머리·코·귀를 나무통에 넣어 지휘소인 큐슈 나고야 성으로 보내면, 나고야 성에서 다시 도요토미가 살고 있는 후시미 성으로 보내어 확인 후 매장되었다고 한다.

이에 관한 좀 더 상세한 내용은 『호천기戶川記』에 있다. 여기에 따르면 목을 소금에 절여 일본으로 보냈다고 전하는데, 이를 근거로 코·귀도 마찬가지로 그랬을 것으로 추정한다. 이 절여진 코·귀들은 통桶이나 단지樽를 이용하여 운송되었을 것이며, 항아리를 이용한 경우도 있었던 것 같다.

이 항아리에 몇 개씩 넣어 보냈는지에 대한 기록은 많지 않다. 『원친기元親記』에는 6,006인 분의 코를 1단지에 1,000개씩 6단지에 넣어 보냈다는 것과 시마츠島津가에서 벤 3만8,000여 인 분을 큰 단지 10개에 넣어 일본에 보냈다고 한다. 후자의 경우, 단지 하나에 3,800개나 넣은 셈이 된다.

○ 일본인들의 이총에 대한 생각

일본인들의 이총에 대한 생각은 어떤 것일까. 침략국이었던 일본에서는 과연 이총을 자신들이 저지른 범죄 행위의 하나로 인식하여 후회하고 있는 것일까. 아니면 전승의 기념으로 이를 민족적 영광으로 이해하고 있는 것일까. 이 부분이야말로 양국 간의 첨예하게 대립되고 있는 민족적인 감정과 직결되는 부분이다.

먼저 이총을 처음 건립한 도요토미 히데요시의 생각은 어떠했을까. 도요토미 자신은 이총 건립의 목적을 전쟁으로 죽은 사람들의 영혼을 위무한다고 말하고 있지만, 진정한 목적은 자신의 위엄을 세우고 전승을 축하하고 자신의 공로를 후대에 영원히 남기기 위한 것이었다.

이러한 도요토미의 의도는 그 후 일본인들에게 그대로 계승되었다. 1898년 도요토미가 죽은지 300년 되는 해에 거행된 '풍공 300년제豊公三百年祭'에 이총은 개수되고 있다. 이 무렵 일본은 청일 전쟁 이후 조선에서 점차 다른 열강들을 제치고 유리한 고지를 점령해가고 있었다. 일본은 이총을 개수하면서 일본 국민들에게 조선 침략에 대한 의미를 재인식시키고 있는 것이다.

한편으로는 가부키歌舞伎를 통한 대대적 대국민 홍보를 실시하였다. 그것은 이총 주위를 둘러싸고 있는 석책을 보면 알 수 있다. 여기에는 많은 사람들의 이름이 새겨져 있는데, 이들은 모두 유명한 가부키 배우들 이름이다. 메이지시대에 일본에서는 도요토미와 관련 있는 '태합기의 귀무덤太閤記の耳塚'이라는 주제가 가부키의 주제 중 자주 상연되는 것 가운데 하나였는데, 이 극의 주연 배우들은 공연 전과 후에 도요쿠니 신사와 이총에 참배하고, 공연 후에는 이 돌기둥에 이름을 새기는 것이 하나의 전통이었다고 한다.

이러한 사실은 이총이 일본인의 주장처럼 죽은 조선인을 위한 것이 아니라 도요토미 히데요시의 조선 정벌(임진왜란)의 영광을 되새겨 보자는 의도에서 축조되고 보존되어 왔다는 사실을 새삼 확인케 하는 근거가 된다. 더욱이 메이지 시대에 하필 이총을 주제로 한 가부키가 유행했다는 것은 이 무렵 일본의 정서 속에 흐르는 정한론征韓論과 무관하다고 할 수 만은 없다. 이처럼 이총은 일본인들의 조선에 대한 우위의 상징물로써, 그리고 필요하다면 조선 침략에 요구되는 국민 동원 수단의 이념적 도구로 이용되어 왔던 것이다.

　이렇게 조선 침략과 관련된 이총은 큐슈의 카시라香椎에도 있다. 이 이총은 이른바 진구황후神功皇后의 임나일본부任那日本府설과 관련이 있다. 이곳에 있는 이총은 진구황후가 한반도를 점령하고 죽은 사람들의 영혼을 위무하기 위하여 가져온 귀를 묻었다는 곳이다. 이처럼 이총은 한반도 침략과 불가분의 관계를 가지며 이용되어 왔던 것이다.

△ 이총 전경

◦ **이총에 대한 세계인의 생각**

이러한 잔혹의 상징인 이총에 대하여 당사자인 일본인들과 달리 제삼국의 인식은 어떠했는가를 알아 둘 필요가 있다. 여기서는 미국인의 이총에 대한 사례만을 살펴보도록 하자.

1920년 경 미국의 육군장관이었던 윌리엄 크로티아의 부인인 메리 크로티아는 조선 및 일본, 중국 등지를 여행하던 중, 교토에 있는 이총을 보고 나서 그 소감을 적어 당시의 조선총독인 사이토 마코토齋藤實에게 편지로 보낸 적이 있었다.

크로티아의 부인은 이 편지에서 자신은 이총이 의미하는 잔학성에 충격을 받아 이를 철거해 줄 것을 사이토 총독에게 요망하고 있다. 사이토 총독은 이에 대하여 이총은 고래로부터 일본인 전쟁 관습의 하나로서 자신이 죽인 상대방을 전쟁이 끝난 후 위로하기 위하여 하는 행사라고 변명하면서 크로티아 부인을 설득하고 있다.

사이토의 생각은 비단 개인뿐만이 아닌 일본인 공통의 의식이다. 일본 수필가인 오카베 이스코岡部伊都子는 「다카노산 기슭에 있는 공양비高野山奧の院供養碑」라는 글에서 이총과 그 공양비는 '일본인의 박애'와 '히데요시의 인자함'을 나타내는 것이라고 예찬하고 있다. 크로티아 부인도 마침내는 이러한 일본인의 전통적인 생각에 동조하게 된다.

이처럼 제3자의 인식은 비록 인도적인 처지에서 부당하다고 느끼면서도 자신과의 이해관계가 결부되지 않으면 편한 쪽으로 바뀌고 마는 것이다.

∘ 이총의 교훈

　이총의 잔학성 운운은 떠나서라도 어떻든 여기에 묻힌 것은 조선인의 것이라는 사실이다. 그것도 일본을 점령하려다가 죽은 사람들의 것이 아니라, 우리 땅을 침략하여 여기서 직접 잘라 간 것이라는 점이 더 중요한 의미를 갖는다. 이러한 참상은 왜 빚어진 것일까. 두말할 것도 없이 국력이 모자랐기 때문이다.

　잘 아는 바와 같이 임진왜란은 초전부터 아군은 일본군에게 박살이 나서 싸움다운 싸움 한번 제대로 해보지 못하고 참패를 당하였다. 이런 참패를 두고 어떤 이들은 결과적으로 일본이 우리 땅에서 물러갔으므로 임진왜란은 승리한 전쟁이라고 주장하기도 한다. 졌다기보다 이겼다는 것이 기분 좋은 것임에는 분명하지만, 그렇다고 하여 그 엄청난 피해가 줄어들지는 않을 것이다. 전쟁의 승패를 규명하는 것도 중요하지만, 그보다 그런 일이 없도록 대비하는 것이 더욱 절실하다.

참고문헌

김홍규, 『秀吉・耳塚四百年－豊臣政權の朝鮮侵略と朝鮮人民の戰い』, 웅산각출판, 1998.
금병동, 『耳塚－秀吉の鼻斬り・耳斬りをめぐって』, 이월사, 1978.
한일관계사연구논집편찬위원회, 『임진왜란과 한일관계』, 경인문화사, 2005.
北島万次, 『豊臣秀吉の朝鮮侵略』, 吉川弘文館, 서기 7年.

귀화 왜인 김충선의 사연

이 재 범(경기대학교)

◦ 김충선은 누구인가?

한국정신문화연구원에서 발간한 『한국 민족문화 대백과 사전』
에 수록된 김충선은 다음과 같은 인물이다.

김충선金忠善 1571(선조 4)~? 임진왜란 때 귀화한 일본인. 본명은
사야가沙也加. 본관은 김해. 자는 선지善之, 호는 모하당慕夏堂. 1592년
임진왜란 때 가토加藤淸正 휘하의 좌선봉장으로 침입하였다가 경상좌
병사 박진朴晉에게 귀순하였다. 그 뒤 경주·울산 등지에서 전공을 세
워 첨지의 직함을 받았으며, 정유재란 때는 손시로孫時老 등 항복한 왜
장과 함께 의령전투에 참가하여 많은 공을 세웠다. 이러한 전공을 가
상히 여긴 조정으로부터 가선대부를 제수 받고, 이어서 도원수 권율權
慄, 어사 한준겸韓浚謙 등의 주청으로 성명을 하사 받았으며 자헌대부
에 승품되었다. 뒤에 야인들의 침입으로 변경이 소란하자 종군을 자원
하여 10여 년 동안 방수防戍에 봉직하였으며, 1613년(광해군 5) 정헌대
부가 되었다. 1624년(인조 2) 이괄의 난 때 그 부장 서아지徐牙之를 잡
아 죽인 공으로 사패지賜牌地를 받았으나 사양하고 수어청의 둔전으로

사용하도록 하였다. 1636년 병자호란 때는 스스로 광주廣州의 쌍령雙嶺에 나아가 싸워 큰 전과를 올렸다. 1643년 외괴권관外怪權管으로 국경 수비를 맡고 있던 중 청나라 칙사의 항의로 해직되어 대구의 녹리鹿里로 돌아왔다. 목사 장춘점張春點의 딸과 혼인하여 살면서 가훈·향약 등을 마련하여 향리교화에 힘썼다. 저서로는 1798년(정조 22)에 간행된 『모하당집』 3권이 전한다.

위의 설명에 따르면 김충선은 임진왜란 때의 왜장 가토 기요마사加藤清正 휘하 장수의 한 사람으로 조선을 침략하였다가, 조선에 귀화한 항왜降倭의 한 사람으로 조선인이 된 뒤에는 조선에 충성을 다하다가 죽은 인물이다. 그런데 왜 이러한 김충선이 한일관계사의 쟁점의 하나로 부각되어야 할까?

○ 김충선, 왜 문제인가?

김충선이 문제가 된 것은 18세기 말 김충선의 자손들은 자신들의 시조인 김충선을 현창하기 위하여 그에 관한 기록과 연보를 모아 『모하당문집慕夏堂文集』으로 정리·간행한 이후부터이다. 그가 항복한 왜장 가운데 한 사람이라는 것이 『모하당문집』에 의하여 전하기 때문이다. 이에 따르면, 김충선은 본래 사야가沙也加라는 이름의 일본인인데, 1592년 4월에 가토 기요마사加藤清正의 선봉장으로서 조선을 침공하였다가 조선이 예의가 바르고 풍속이 훌륭한 것을 보고, 그의 부하들을 거느리고 조선에 투항하였다고 한다. 그는 계속되는 왜란에서 공로를 세워 조선 왕조로부터 관직을 받고, 김해김씨를 사성 받고, 그 뒤 왜군이 패퇴하여 일본으로 돌아간 뒤에도 조선에 남아 벼슬을 하면서 모하당이라는 호도 하사 받았다고 한다. 그 뒤, 여진의 침구를 막아내기도 하였고, 이괄 李适의 난과 호란 때에도 공을 세웠다고 한다. 즉, 김충선은 일본인으로 태어나 훌륭한 조선인으로 일생을 마감한 실존 인물이라는 것을 그의 문집을 통해서도 확인할 수 있다.

그리고 그 후손들 또한 조선 땅에서 조선인으로 계속 생활하면서 점차 번성해져서 문집 발간 등 현창사업을 통하여 시조인 김충선 추모사업을 활발히 벌이고 있다. 그가 시조가 되어 이루어 놓은 가문 또한 우리나라의 그 어느 가문과 다를 바 없는 그런 집안인 것이다.

그런데 이렇게 이 땅에서는 전혀 문제가 없는 김충선과 그의 가문 및 문집이 근대 일본에서는 큰 시비를 불러일으켰을까? 1910년 일본의 조선 병탄 의지가 최고조에 달했던 무렵, 일군의 일본 학자들은 김충선이라는 인물의 실존 여부와 그의 「모하당문집」에 대하여 의문을 제기하였다. 의문 제기의 동기는 그들의 황국신민으로서의 애국심이었다. 특히 그 가운데서도 시데하라 히로시幣原坦, 나이토 도라지로內藤虎次郎, 아오야기 츠나타로靑柳綱太郎 등의 역사가들이 가장 적극성을 띠고 이 문제에 접근하였다. 이들이 문제시 한 대상은 서로 달랐으나, 공통점은 모두가 김충선과 그에 관한 사실이 조작되었다는 데에 의견이 일치한 것이다. 이들에게는 '문록·경장전쟁(임진·정유왜란)'에서 적군인 조선군에게 자진 투항하였다는 '사야가＝김충선'라는 존재의 실존 그 자체도 납득하기 싫어했던 것이다.

그리하여 김충선은 사망한지 300년 쯤 지난 어느날 갑자기, 자신의 의지와 전혀 상관 없이 일인들의 불타는 애국심에 의하여 다시 지상으로 끌려 나오게 되었던 것이다.

◦ 김충선, 무엇이 문제인가?

아무 문제 될 것 없는 김충선은 일인 학자들에 의하여 일단 무엇인가 문제가 되기에 이르렀다. 그렇다면 과연 문제가 되었던 구체적인 내용들은 어떤 것들이었을까?

시데하라 메이지 37년(1904) 『역사지리』(제10권 제1호)에 「사야가」, 다이쇼 13년(1924) 『조선사화』의 제15화 「모하당」, 여기에서 모하당 김충선에 관한 사실은 거짓으로 꾸며낸 것이라고 단정하였다.

아오야기가 주재하는 조선연구회는 고서진서古書眞書 간행의 제2기 제15집으로 『모하당집』 1책을 내놓으면서, 자신의 의견과 나이토·아사미 린타로淺見倫太郞·후쿠다 간지로福田幹次郞·노부 슌延浚·야마지 도이지山道襄一·가와이 히로타미河合弘民 등의 의견을 모아 책머리에 수록하여 두었다. 이들의 견해는 정도에 따라 크게 온건과 강경의 두 부류로 나누어 볼 수 있다.

전자의 나이토는 왜란이 끝날 무렵, 일본군 철수시 일본군 가운데 조선 땅에 남아 있었던 사람들이 있었으므로 김충선은 그럴 수 있다 하더라도 그의 문집은 후대 사람들의 손으로 만들어진 것이라고 하였다. 아사미도 사야가랄지 김충선의 실존 가능성은 있으나 문집은 날조된 것이라고 하였으며, 후쿠다와 노부는 김충선을 긍정하였다. 이들은 문집의 진본에 대해서는 의구심을 품었으나, 대체로 김충선의 존재는 긍정하는 자세였다.

그러나 후자의 야마지·가와이·아오야기 등은 정밀한 고찰을 통하여 적극적인 반론을 폈다. 야마지는 『모하당문집』의 저자는 일본군 중의 비천한 잡졸이 포로가 되어 살기 위하여 지었거나,

아니면 왜구와 조선인의 혼혈아인 가짜 일본인이 자기변호를 위하여 만들었거나, 아니면 조선 남부의 유생 등이 민심을 고취시키기 위하여 만든 것 둘 중 하나에 지나지 않는다고 하였다. 가와이도 이를 일본군 대패의 사실을 날조하여 적개심을 고무시키기 위한 위서라고 하면서, 당시 그러한 배신자가 있을 턱이 없으며, 사야가는 매국노라고 단정하였다. 그리고 아오야기는 가토의 부하 가운데 이러한 인물이 보이지 않는다고 하면서, 사야가가 실존인물이라면, 삼포에 살고 있던 혼혈아이거나 왜구와 연결된 조선인 부랑아일 것이라고 하면서, 모하당은 이것과 별개의 것이라는 앞서 두 사람의 견해를 지지하고 있다.

이러한 경향은 그 이후의 연구에 영향을 미쳐서 일본에서 연구된 항왜 관련 논문들에는 일본 측 사료만 이용하고, 한국 측 사료는 이용하지 않는 경향이 강하다. 그리고 '첨지사야가'는 인정하지만, 김충선에 대해서는 언급하려 하지 않는 추세이다.

◦ 누가 뭐래도 김충선=사야가, 사야가는 일본 장군

『모하당문집』은 위작이며, 사야가는 매국노라는 일제 강점 시대의 분위기는 사야가뿐만이 아니라 다른 많은 항왜의 자손들도 곤란을 겪게 하였다. 그들은 일제에 의해서는 매국노의 후손으로 준準 반역자로 취급되었으며, 조선인들에게도 경원시되었던 것이다.

그러나 이러한 가운데서도 소신 있는 일인 학자에 의해서 애국심이 아닌 진실로서의 역사가 재조명되기에 이르렀다. 1933년에 이르러, 당시 조선총독부의 『조선사』 편찬에 종사하였던 나카무라

中村英孝는 그 작업 과정에서 『승정원일기』(승정원이란 조선왕의 비서실) 및 『조선왕조실록』에서 자료를 섭렵하다가 김충선뿐만이 아니라 그 밖의 많은 항왜의 존재를 증명할 수 있는 자료들을 찾아내어 이를 소신껏 정리하여 발표하여 진실을 규명하였던 것이다.

나카무라씨는 『승정원일기』 인조조에 수록된 『어영청등록』이 항왜 장군 김충선에 관하여 비교적 상세한 내용을 싣고 있음을 알고, 우록동의 김충선 후손들을 방문하여 자료를 조사하였다. 이 과정에서 그는 1630년(인조 8) 12월 16일자의 정헌대부 김충선이 김모생원에게 보냈던 큰아들 경원의 혼서를 보고, 이를 「모하당 김충선에 관한 사료에 대하여慕夏堂金忠善に關する史料に就いて」(『青丘學叢』 12, 1933年 5月 ; 『日鮮關係史の研究(中)』 1973年 8月, 吉川弘文館に「朝鮮役の降倭將金忠善」と題して收錄)으로 정리하여 발표함과 동시에 새롭게 발견된 문서와 기록도 소개하였다. 그리고 그는 사야가는 김충선이며, 그 실재 여부는 의심할 나위가 없다고 명확하게 결론을 내렸다. 그리고 그 후 1942년의 『대구부사大邱府史』에도 이를 다소 수정하긴 했으나, 같은 내용을 수록하였다.

그리고 또 나카무라는 『모하당문집』에 대해서도 초간본과 개수본의 비교, 구성 과정 등을 면밀히 검토하여 그 진실을 밝혔다. 그의 학문적 태도에 대해서는 국내에서는 물론 일본에서도 "김충선을 비롯한 항왜의 존재를 역사에서 말살하려고 하는, 시데하라 히로시 등의 역사가의 해서는 안 될 행위에 대하여, 흔들림 없는 실증으로서 반론을 가했던 나카무라의 연구 자세와 용기는 높이 평가될 것"(北島万次, 豊臣秀吉の朝鮮侵略, 吉川弘文館, 平成 7年)으로 인정되고 있다.

이처럼 역사에서의 진실은 언젠가는 밝혀지게 되는 것이다.

◦ 오늘날의 김충선과 그가 남긴 것

왜란뿐만이 아니라 전쟁의 영향이란 여러 인간과 집단들, 그리고 사회 전반에 커다란 변화를 준다. 더구나 개인은 언제나 생존에 대한 위협을 느끼면서 하루하루를 부지할 수 없는 상황에 놓이게 된다. 이러한 상황 아래서는 특정한 신분, 특정한 목적이 있지 않고서는 가장 중요한 것은 생존이다. 사야가, 바로 김충선이라는 왜장도 마찬가지로 전쟁을 수행해나가던 도중에 어떤 연유로 조선에 투항할 생각을 갖게 되었을 것이다. 어쩌면 동아시아 세계 정복을 꿈꾸며 전쟁 야욕에 불타 있던 도요토미에 대한 불만 때문이었는지도 알 수 없다. 그리고 그는 앞에서 밝힌 것처럼 성실한 조선인으로서 자신의 일생을 마쳤다.

그러나 그는 자신이 모국을 등졌다는 이유로 모국인들에게 자신의 사후 300여 년이 지나서 심한 학대를 받았다. 심지어 그의 존재 자체에 대한 부정까지도 행해졌다. 다행히 그가 실존인물이라는 사실은 또 다른 모국인에 의해 밝혀지긴 했지만, 조선인으로 사망한 그는 사후에 봉변을 당한 것이다.

그러나 그는 오늘, 다시 그의 후손들에 의하여 존경 받는 선조로서 추앙되고 있다. 현재 그의 후손들은 대구시 남쪽 20킬로미터 지점에 있는 우록동에서 집성촌을 이루어 생활하고 있는데, 후손들 가운데는 정치계나 교육계 등에서 뚜렷한 업적을 세운 분들도 적지 않다. 그들은 김충선의 사적을 모은 『사야가일대기』를 모아 1992년에는 귀화 400년 기념 현창비를 세우는 등 활발한 현창사업을 벌이고 있다. 우록동에 있는 우록서원은 후손들의 배움의 터이고, 우록사에서는 김충선의 제사를 모시고 있다.

　전쟁에 임한 장수가 모국을 등지느냐 않느냐 하는 문제는 달리 보면 개인의 주관적인 문제일 수도 있을 것이다. 그리고 그러한 장수를 만들었다면 그것은 그러한 장수를 배출한 나라의 수치이므로 크게 거들먹거릴 것은 못된다. 그러나 이를 왜곡하여 국가의 자존심과 체면을 지키려고 사실 날조를 행한다는 것은 상식으로 논의 될 성질의 것이 아니다. 김충선의 사후에 행해진 엄청난 역사 왜곡과 또 그 진실이 밝혀지는 것을 보면서 식민지시대에 대한 새로운 이해가 있기를 바란다.

참고문헌

『慕夏堂集』
『宣祖實錄』
『仁祖實錄』
中村英孝,『朝鮮役の投降倭將金忠善－その文集と傳記の成立』, 名古屋大學文學部硏究論集 13, 1965.
北島万次,『豊臣秀吉の朝鮮侵略』, 吉川弘文館, 平成 7年.

임진왜란 시 조선에 투항한 왜병들

한 문 종(전북대학교)

∘1만 명에 이르는 항왜

사야가沙也可 김충선金忠善은 임진왜란 시에 조선에 투항한 왜장으로 널리 알려져 있다. 그러나 임진왜란기에는 사야가 김충선 외에도 많은 왜병들이 조선에 투항하였으며, 그 수는 최대 1만 명에서 최소 1천 명에 이르렀을 것으로 추정된다. 이같이 많은 왜병이 조선에 투항한 이유는 무엇이고, 어느 시기를 기점으로 투항하였는가, 조선에서는 이들을 어떻게 처리하고 활용하였는가, 또한 임진왜란기의 항왜降倭 중에서 조선의 관직을 제수받은 수직왜인은 얼마나 되었는가, 임진왜란이 끝난 후에 항왜들을 어떻게 처리하였는가에 대한 의문이 든다. 따라서 임진왜란기의 항왜에 대한 이해는 임진왜란의 성격을 규정하는 데 매우 유익할 것으로 생각된다.

◦ 항왜의 발생 원인과 투항 시기

임진왜란 중에 항왜가 발생하게 된 직접적인 원인은 ① 장기 주둔으로 인한 군량미의 부족과 병사들의 고통, ② 장왜將倭의 성질이 포악하고 노역의 과중함, ③ 조선에 투항해오는 왜병에게 첨지僉知, 동지同知 등의 고위관직을 제수하는 등의 항왜 우대책, ④ 일본 소농민층이나 하급 무사들의 국내에서 불합리한 생활 모순, 계급 차별, 전쟁의 계속으로 인한 불만 등을 들 수 있다.

이와 같이 임진왜란기의 항왜는 조선 초기의 왜구 대책, 장기간에 걸친 전쟁과 군량미의 부족, 과중한 노역, 출정한 하급 무사들의 불만 등이 조선의 항왜 우대책, 초유책과 결부되면서 나타나게 되었다.

임진왜란기에 항왜가 처음으로 나타난 시기는 전쟁이 소강상태에 빠지면서 명과 일본 간의 강화교섭이 진행되던 1593년 5월 경이다. 당시 왜군은 강화교섭을 진행하면서 한편으로는 남해안 일대의 여러 곳에 성을 쌓았다. 그러나 명과 일본의 강화교섭이 진전되지 않자 남해안 일대에 주둔하고 있던 왜병들이 달아나 명군 또는 조선군 진영에 투항하기 시작하였다. 특히 임란 초기에 왜병은 명의 군영에 투항한 자가 많았는데, 그 수가 1백여 명에 이르렀다고 한다. 이에 도요토미 히데요시는 조선에 주둔하고 있는 다이묘들에게 도망자에 대한 처벌과 단속을 명하였다.

한편, 1594년 8월에는 부산에 주둔해 있던 적장 모리 히데모토毛利秀元의 부장[菅島木兵衛]이 조선에 투항하였다. 이 사건을 계기로 항왜가 급격히 증가하였다. 그 후 양국 간의 강화교섭으로 항왜의 투항이 주춤하다가 정유재란으로 다시 전쟁이 시작되자 항왜가 속출하기 시작하였다.

∘ 항왜의 유치와 처리

임진왜란 중에 항왜의 유치 논의가 나타나기 시작한 시기는 왜병 100여 명이 명의 이여송李如松의 군영에 투항한 1593년 5월 경이다. 당시 명군은 "아침에 침입하고 저녁에 항복해도 받아들인다"는 항왜 수용책에 따라 항왜를 받아들여 요동으로 보냈다. 그러나 1593년 8월 이여송의 주력부대가 요동으로 철수하자, 명과 일본의 싸움은 고착상태에 빠지고 조선군과 일본군의 국지전만 행하여 졌다. 이때부터 조선 정부는 이전과 달리 적극적으로 항왜를 유치하려 하였다. 그리하여 1594년 4월에 선조는 항왜 살해의 무익함을 강조하면서 항왜에게 식량과 관직을 주고, 적과 힘써 싸운 자와 항왜를 많이 데리고 오는 자는 논상하도록 하였다. 이는 조선의 항왜정책이 적극적으로 항왜를 유치하고 활용하는 쪽으로 변화되었음을 나타내는 것이라 할 수 있다.

그 결과 항왜가 급증하자 조선은 항왜 유치의 필요성을 인식하면서도 항왜의 유치를 제한하려 하였다. 그 이유는 왜노倭奴의 본성이 흉악하고 교활하여 장래를 예측할 수 없다는 점과 부족한 식량으로 그들에 대한 접대가 소홀할 수 있다는 점 때문이었다. 따라서 진심으로 투항하는 자를 제외하고는 널리 초유하여 항왜를 유치할 필요가 없다고 하였다. 게다가 항왜들이 행패를 부리는 사례가 증가하자 항왜 유치에 대한 제한이 더욱 강화되었다.

한편, 임진왜란 중에 항왜 유치에 대한 조정 내의 의견은 다양하게 나타났다. 먼저 경상우병사 김응서 등의 무장들은 항왜 유치의 필요성을 지적하면서 유치에 적극적이었으며, 국왕도 이에 동조하였다. 반면에 오희문은 항왜에 대한 나쁜 인식을 가지고 있었으며, 이원익 등의 문신은 항왜가 배반할까 두렵다는 등의 이유로 항왜의 유치를 반대하였다. 이같이 항왜의 수용에 대한 논란은 결국 항왜의 유치를 수에서 질로 전환하도록 하였다. 그리하여 조선의 항왜 유치는 왜병 중에서 검술이나 총검의 제조 기술을 가진 자를 초치하여 파격적으로 우대하는 방향으로 변화되어 갔던 것이다. 또한 항왜들이 여러 전투에서 자기 몸을 돌보지 않고 힘써 싸워 많은 공을 세우자 항왜에 대한 인식이 점차 변화하게 되었다.

임진왜란기 조선에 투항한 왜병은 얼마나 되었을까. 그러나 당시 항왜의 수에 대해서는 정확하게 알 수 없다. 다만 항왜의 수와 관련하여 다음의 두 사료가 주목된다. 먼저『선조실록』30년 5월 무신에 경상우병사 김응서의 군관인 조개와 전사 정승헌이 죽도와 부산 등의 적진에 들어가 적정을 탐지하여 보고한 내용이 기록되어 있다. 그 기록에 의하면 항왜의 수는 1만 명에 이르렀으며, 왜군은 항왜가 일본의 용병술과 정세를 알고 있기 때문에 그들을 가장 두려운 상대로 인식하고 있었음을 알 수 있다. 또한 당시 경상우병사가 거느린 항왜의 수가 1천 명에 이르렀으며, 그들은 조선의 항왜 우대책에 따라 벼슬과 의관, 전마를 하사 받고 아내를 얻어 풍족하게 살고 있었음을 알 수 있다.

한편,『선조실록』29년 1월 정유에는, 남부주부 신충일申忠一이 강계에서 만포진을 거쳐 압록강을 건너갔다 오면서 오랑캐의 실정을 정탐하여 보고한 내용이 기록되어 있다. 그 중 신충일과 오랑캐인 마신馬信의 대화에서도 조선의 연해지방에 분치된 항왜는 5천 명이나 되었으며, 조선에서는 이들에게 의식을 주고 연해지방에 분치하여 변방을 지키도록 하였음을 알 수 있다.

위의 두 사료를 통해서 보면 임진왜란시의 항왜의 수는 최대 1만 명에서 최소 1천 명에 달하였을 것으로 추정할 수 있다. 그러나 정확한 규모에 대해서는 기록이 없어서 확인할 수 없다.

한편, 임란왜란기 왜병의 투항 사례는 『조선왕조실록』에 기록된 것만도 총 42건으로, 그 수는 600여 명에 이르렀다(『난중일기』 등 당시의 문집을 조사하면 그 수는 더욱 많을 것으로 추정된다). 이를 연대별로 보면 1593년 3건, 1594년 11건, 1595년 6건, 1596년 2건, 1597년 9건, 1598년 6건, 그리고 1599~1606년까지 4건으로 나타났다. 이에서 보면 임진왜란이 일어난 후부터 1593년 5월까지는 항왜가 전혀 나타나지 않았다. 그 이유는 임란 초기에 전쟁이 빨리 끝날 것이라 예상했기 때문이었다. 그러나 일본군의 예상과는 달리 명군이 참전하여 전쟁이 소강상태에 빠지고 명과 일본의 강화교섭이 진행되자 항왜가 나타나기 시작하였다.

또한 1594년과 1595년 그리고 1597년과 1598년에 항왜가 많이 투항해 왔음을 알 수 있다. 그 중 1594년과 1595년의 항왜는 왜장의 부장인 카야시아 목병위葛島木兵衛의 투항 이후 조선의 적극적인 항왜 초유책으로 투항한 자들이 많았다. 반면 1597년과 1598년에 항왜가 많이 나타난 이유는 조선과 일본의 강화교섭이 결렬되고 일본군이 출병하여 정유재란을 일으키자, 그동안 강화교섭으로 전쟁이 끝나서 고향에 돌아가기를 기대하였던 왜병들이 장기간의 전쟁을 견디지 못하고 투항하였기 때문이다. 특히 이 시기의 항왜는 가토 기요마사 휘하의 부하들이 많았다. 이들 항왜 중에는 전투시의 포로도 있었지만 대부분은 스스로 투항하거나 또는 조선의 항왜 초유책으로 투항한 자들이었다.

한편, 항왜들이 투항해 온 지역을 보면 전라도의 남원과 경상도의 의성, 의령, 경주, 거창, 동래, 임랑포 등지였다. 특히 경상도 지역에서 항왜가 많이 나타나고 있는데, 이는 정유재란기에 왜군이 주로 경상도 지역에 주둔하여 활동하였기 때문이었다.

조선에서는 항왜를 어떻게 처리하였을까. 먼저 1593년 5월에 최초로 투항해 온 항왜 1백여 명은 명의 요구대로 요동에 압송되었다. 이때까지 조선에서는 항왜에 대한 아무런 대책을 세우지 않았다. 그에 비해서 명군은 "아침에 침입하고 저녁에 항복해도 받아들인다"는 항왜 수용책에 따라 항왜를 수용하여 요동으로 보내려고 하였다. 당시 조선에서는 명의 항왜 수용책에 비판적인 태도를 표명하면서 항왜를 요동에 보내지 말고 살해할 것을 주장하였다. 당시 조선이 명의 항왜 수용책을 반대한 이유는, 항왜에 대한 불신과 귀순을 가장하고 중국에 이송된 항왜가 일본으로 도주하여 후에 조선에 피해를 가져오지 않을까 하는 우려 때문이었다. 그러나 조선의 항왜 살해 요구는 받아들여지지 않았다.

이러한 항왜 처리가 전례가 되어 조선군에 투항해 온 항왜도 요동으로 압송하였다. 그러나 명의 주력부대가 철수하고 명과 일본의 강화교섭이 진행되면서부터 조선에서는 항왜를 요동으로 보내지 않고 풍기·영천·안동·의성 등 경상도의 내륙지방에 7~8명에서 15~16명씩 나누어서 분치하였다. 이같이 조선에서는 항왜를 해안이 인접한 군현이나 섬으로 이송하여 거주하게 하는 한편 출입을 제한하여 뜻하지 않은 변란에 대비하도록 하였다.

한편, 항왜 중에서 총검의 제조나 염초를 굽는 기술, 그리고 검술이 뛰어난 자는 군직을 제수하여 서울에 거주하게 하고 기술을 전수하도록 하였으며, 그 나머지는 내륙지방 또는 평안·함경도 등의 양계지방에 이치하도록 하였다. 양계지방에 이송되는 항왜들은 도중에 군관이나 색리를 구타하고 민간의 소나 말 등의 재물을 약탈하는 등의 난동을 부리기도 하였다. 이에 따라 조선에서는 양계지방의 이송자에 한하여 사정·사용의 관직을 제수하는 위무책을 실시하기도 하였다. 그 후 1594년(선조 27) 9월에 양계지방에서는 항왜의 수가 많아 지방의 재정으로 감당할 수 없을 것을 염려하여 항왜의 입송을 기피하였다. 이에 조선에서는 항왜 중에서 재예가 있고 공손한 자는 그대로 투항한 진중에 머무르게 하고 그 나머지는 한산도로 이송하여 수군에 편입시켰다.

그 후에도 이러한 조치는 계속되어 동년 11월에는 함경도에 분치된 항왜가 100여 명을 초과하자 부득이한 경우를 제외하고 제주나 진도 등지의 수군 및 각 진에 분치하도록 하였다. 이와 같이 조선에서 항왜를 양계에 분치한 이유는 임진왜란 중에 오랑캐의 침입을 방어하기 위한 것이었으며, 다른 한편으로는 항왜의 분산으로 인한 작당의 위험성을 사전에 방지하기 위한 것이었다.

◦ 항왜의 활용 및 역할

조선에서는 항왜를 어떻게 활용하였을까? 첫째, 항왜를 경상도 등지에 배치하여 왜군과의 전투에 참여하도록 하였다. 경상도 등지에 분치된 항왜들이 전투에 참가한 것은 정유재란 때로, 이들은 황석산성의 싸움, 명량해전, 정진 싸움, 남원성 싸움, 사천싸움, 달미현의 싸움 등에 참가하여 많은 활약하였다. 특히 왜군과의 전투에서 경상우병사 김응서의 진중에 있던 항왜들이 큰 활약을 하였다.

둘째, 조선에서는 항왜를 일본 군영에 잠입시켜 일본군의 정세나 배치 상황 등을 정탐해 오기도 하고 항왜를 초유해 오기도 하였다. 그 대표적인 사례가 항왜 여여문呂余文이다.

셋째, 조선에서는 항왜를 통해서 여러 가지 기술을 전수 받으려고 하였다. 그 중 많은 관심을 보인 것은 조총의 제조와 사용법,

염초의 채취 및 화약의 제조법이었다. 특히 조선에서는 적의 기술이 우리의 기술이 될 수 있다고 말할 정도로 항왜를 통한 기술 습득에 적극적이었다. 그 결과 1597년 경에는 조선에도 왜인을 능가할 정도로 뛰어난 조총 기술자들이 많이 있었다고 한다.

넷째, 조선에서는 검술에 능한 아동 가운데 시재하여 입격한 자들로 구성된 아동대兒童隊를 조직하여 검술을 익히도록 하였는데, 항왜로 하여금 아동대 중 한 부대를 맡아 조련하도록 하였다.

다섯째, 조선에서는 항왜를 함경도, 평안도 등의 양계지방에 분치하여 오랑캐를 방어하거나 토벌하는 데 활용하였으며, 그 과정에서 항왜들도 많은 공을 세우기도 하였다.

이 같은 항왜의 활동은 조선의 의병과 더불어 일본의 침략을 극복하는 데 많은 도움이 되었다.

◦ 임진왜란기의 수직왜인

임진왜란기에 항왜로서 관직을 제수받은 수직 왜인이 많았다. 임진왜란 중에 항왜에게 처음으로 관직을 제수한 것은 1594년 2월로, 항왜에게 사맹을 제수하고 조선군에게 조총 사용법을 훈련시키고 가르치도록 하였다. 그 이후 조선에서는 항왜의 재예를 시험하여 조총의 사격술, 염초 굽는 기술, 검술 등의 재예를 가지고 있는 자에게 벼슬을 주고 이를 조선인에게 가르치도록 하였다. 또한 일본군과의 전투에 참가하여 적병을 사살하였거나 공을 세운 항왜들에게도 관직을 제수하였다. 또한 일시적이지만 북방에 안치한 항왜에게도 관직을 제수하였다.

　임진왜란 중에 조선에 투항해 온 항왜가 최대 1만 명에서 최소 1천 명에 이르렀다는 점을 감안하면 수직 왜인의 수는 상당히 많았을 것으로 추정되나 자세한 것은 알 수 없다. 다만『조선왕조실록』과 현존하는「고신」에 나타난 임진왜란기의 수직 왜인을 정리하면 다음과 같다.

〈표 1〉 임진왜란기의 수직 왜인 일람표

수직인	구분	향화년도	관직 및 수직년도	수직 배경	출전
平仇老	항왜	1594	司正(1594)	조총 사격술	선조27/8 정미
山如文	항왜	1594	司正(1594)	조총 사격술	선조27/8 정미
萱島木兵衛	항왜	1594	折衝將軍行龍驤衛上護軍(1594), 僉正(1594)	왜군의 부장	고신, 선조27/8 무오. 27/9 신사.
也汝文	항왜	1594	司正(1594)	계략이 뛰어남, 일본인 취처 허락.	선조27/9 계사.
平調信	통사왜	1594	嘉善大夫(1594), 同知中樞府事(1600). 流芳院圖書(1622)	포로쇄환 공	선조27/11 임진, 33/5 갑인.『증정교린지』권1, 부특송사
平景直	통사왜	1596	僉知(1596) 堂上(1609) 습직(1610) 受圖書(1611)	통사왜, 적정탐지, 通交 주선, 부 平調信	『변례』 도서·상직. 선조29/11 무신, 기미, 경신. 30/1 기축. 광해군 2/4 을미.『목록』기유/5.
沙古汝武	항왜	1597	檢僉知(1597)	경상도 鼎津에서 왜군 사살	선조 30/11 기유
要叱其	항왜	1597	同知(1597)	경상도 鼎津에서 왜군 사살	선조 30/11 기유
沙也可(金忠善)	항왜	1597	同知(1597)	경상도 鼎津에서 왜군 사살	선조 30/11 기유.『승정원일기』인조6/4 23일
信時老	항왜	1597	司直(1597), 官服 사급(1612)	要時羅의 부하	告身(小野新一郎 所藏)『변례』도서·상직.『목록』임자/3, 선조 29/11 을미. 30/1경술, 을묘. 30/3 병오
沙白丘鳥	항왜	1597	賜姓(1597)	黃石山城의 전투에서 전공을 세움	선조 30/9 을미.
要時羅	통사왜	1597	僉知中樞府事(1597)	적정탐지, 小西行長의 부하	『선조실록』 29/11 무신·경신, 29/12 계미, 30/1 계묘, 경술, 을묘. 30/2 기사, 30/3 경술·병오, 30/4 신사.

馬堂古羅	항왜	1597	官職(1610), 官服 사급 (1612) 護軍(1613), 僉知中樞府事(1615)	임진왜란시 공, 講和 周旋, 피로인 15명 송환	告身(武田家幸 所藏) 『변례』도서·상직. 『목록』임자/3, 계축/5. 선조30/3 병오, 『광해군일기』2/5 임자, 4/1 임인. 『증정교린지』권1, 수직인
世伊所	항왜	1597	官服 사급(1612)	가등청정 진영 정탐, 왜병 5명 유인.	『세선』기묘/11.28, 『변례』도서·상직. 『목록』임자/3, 선조30/4 신사, 『증정교린지』권1, 수직인
其吾叱己	항왜	1598	僉知(1598전), 加資(1598)	왜병 17명 유인, 논상 승직.	선조 31/4 갑자, 을축
沙巳所	항왜	1598	同知(1598전), 加資(1598)	왜병 유인 논상 승직, 가자	선조 31/4 갑자, 을축
金歸順	항왜	1598	僉知(1598) 同知(1601)	泗川의 왜진영에 편지 전달	선조 31/10 을해, 34/1 임자
金向義	항왜	1598	同知(1601)		선조 34/1 임자
李歸命	항왜	1598	同知(1601)		선조 34/1 임자

* 『목록』은 『東萊府接倭狀啓目錄可考事目錄抄册』, 『세선』은 『歲船定奪謄錄』, 『논상』은 『論賞賜米謄錄』, 『변례』는 『邊例集要』

* 현존하는 告身에 대하여는 中村榮孝의 「受職倭人の告身」(『日鮮關係史の研究』上, 吉川弘文館, 1965)과 『對馬と朝鮮との文化交流史展』(長崎縣立對馬歷史民俗資料館, 1997) 참조.

위의 <표 1>을 통해서 임진왜란기의 수직 왜인의 특징을 살펴보면 다음과 같다.

첫째, 19명의 수직 왜인 중 시게노부平調信·시게오키平景直·요시라要時羅 등 3명을 제외한 16명이 모두 항왜였으며, 이들의 투항 시기와 수직 시기가 주로 정유재란기인 1597년과 1598년에 집중되어 있다는 점이다. 또한 이들은 대부분 초직으로 당상관인 첨지중추부사와 동지중추부사를 제수받았다.

둘째, 1594년부터 1596년까지의 수직 왜인은 조총의 제조 기술이나 사용법, 화약제조법 등의 기술이 있는 자들이었으며, 주로 사정을 제수받았다.

셋째, 시게노부과 시게오키, 요시라 등은 항왜가 아니었음에도 관직을 제수받고 수직왜인이 되었다는 점이다. 시게노부이 관직을 제수받은 배경에 대해서는 알 수 없지만, 시케오키과 요시라는 조선이 그들을 관직과 은으로 매수하여 적정을 탐지하고 적의 진영에 불을 지르는 등의 작전에 활용하기 위한 것이었다.

　넷째, 수직 왜인 중에는 조선 정부로부터 성과 이름을 하사받은 자가 많았다는 점이다. 성을 하사받은 수직 왜인은 김귀순金歸順, 김향의金向義, 이귀명李歸命, 사백구沙白鳩, 사야가沙也可:金忠善 등이 있다. 그 외에도 구체적인 이름을 확인할 수 없지만 성을 하사받은 항왜들이 많이 있었다. 이는 1595년 3월에 이빈李蘋의 휘하에 있던 사고소우沙古所于 등 14명에게 이빈의 성을 따라 이씨 성을 하사하였던 사례를 통해서도 확인할 수 있다.

　다섯째, 시게노부平調信, 시게오키平景直, 요시라要時羅, 마당고라馬堂古羅, 세이소世伊所, 신시로信時老 등 6명은 임진왜란이 끝난 이후 일본으로 돌아가 수직 왜인이 되어 조선과 통교하였다는 점이다.

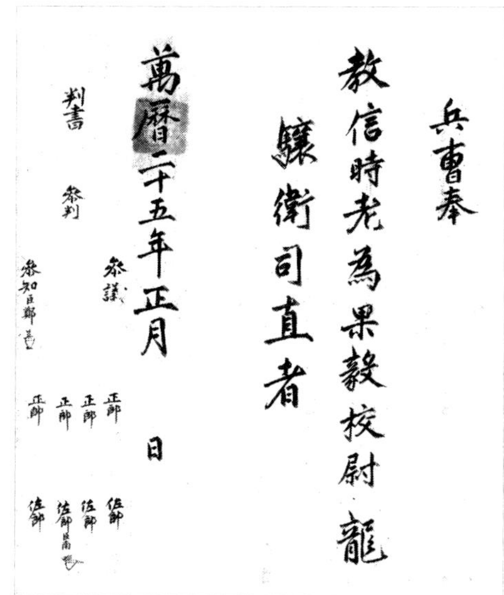

◁ 신시로 고신, 1597년 1월 신시로에게 사직의 관직을 내린 교서

이는 조선 초기에 왜구가 투항하여 수직 왜인이 되었다가 일본으로 돌아가 통교 왜인으로서 다시 조선과 통교하였던 것과 유사하였다.

◦ 임진왜란 이후의 항왜

임진왜란 이후 조선에서는 경상도지역에 분치하였던 항왜를 양계지방에 이주시켜 후금의 침입에 대비하였다. 그리고 인천 등 경기지방에 거주하는 항왜로 하여금 서북면지방에 가서 부방赴防하도록 하였다. 그 결과 양계지방에는 임란 중에 분치되었던 항왜와 경상도 등지에서 이주해 온 항왜 그리고 경기도 등지에서 부방하러 온 항왜가 많이 거주하고 있었다. 그러나 양계지방에 거주한 항왜의 수는 자세히 확인할 수 없다. 다만 1624년 이괄의 난에 항왜 130명이 가담하여 선봉에 섰던 사실을 통해서 보면 양계지방에 많은 항왜들이 거주하면서 북방을 방어하고 있었음을 알 수 있다. 그러나 항왜를 양계지방에 이주시켜 그들로 하여금 후금을 방어하려던 계획은 이괄의 난으로 실패하고 말았다. 그리고 이괄의 난을 계기로 항왜에 대한 인식이 더욱 나빠졌다.

한편, 임진왜란으로 단절되었던 조선과 일본간의 외교관계는 기유약조로 다시 재개되었다. 그렇지만 임진왜란 이후에 왜인의 향화 사례가 단 1건밖에 나타나지 않는 등 양국관계에서 향화 왜인의 모습이 보이지 않는다. 그 이유는 첫째로 임진왜란을 겪고 난 이후 조선에서는 일본을 '불공대천不共戴天의 원수'로 인식하고 적대시하였기 때문에 왜인의 향화를 받아들일 수 없었기 때문이다. 둘째로 일본에서 도요토미 정권이 무너지고 새로운 정권인 도쿠가와 막부가 들어서면서 이전과 달리 막부의 지방통제가 강화되었다는 점을 들 수 있다. 게다가 도쿠가와 막부는 대외관계에서 쇄국정책을 취하고 있었기 때문에 왜인들이 조선 전기와 달리 자유롭게 투항 또는 향화할 수 없었던 것이다.

이상에서 살펴본 것처럼 임진왜란기에 조선에 투항한 항왜가 최대 1만 명에서 최소 1천 명에 이르렀다는 사실은 전쟁의 승패를 떠나 임진왜란이 얼마나 무모하고 정당성이 없는 침략전쟁이었는가를 단적으로 나타내주는 사례라 할 수 있다. 또한 조선에서는 항왜를 적극적으로 유치하고 활용하였으며, 항왜들은 조총의 제조법과 사용법, 화약 제조법 등의 기술을 조선에 전수하고 왜군과의 전투에도 참여하여 공을 세우는 등 일본의 침략 전쟁을 종식시키는 데 많은 역할을 하였다.

<hr>

참고문헌

이장희, 「임란시 투항왜병에 대하여」『한국사연구』 6, 1971.
한문종, 『조선전기 대일 외교정책 연구－대마도와의 관계를 중심으로－』,
　　　　전북대 박사학위논문, 1996.
한문종, 『조선전기 향화 수직왜인 연구』, 국학자료원, 2001.
北島万次, 『豊臣秀吉の朝鮮侵略』, 吉川弘文館, 1995.
中村榮孝, 「受職倭人の告身」『日鮮關係史の研究』 上, 吉川弘文館,
　　　　1965.
中村榮孝, 「朝鮮の役投降倭將金忠善 －その文集と傳記の成立－」『日鮮
　　　　關係史の研究』 中, 吉川弘文館, 1969.

2부
조선 인삼과 일본 은

조선 인삼과 일본 은

정 성 일(광주여자대학교)

◦ 조선과 일본을 대표하는 무역 상품

일본 여행을 앞둔 사람들이 늘 겪는 고민거리가 하나 있다. 그것은 일본인에게 무슨 선물을 해야 좋을까 하는 것이다. 가볍고 부피가 작으며 그들에게 환영받을 만한 우리나라 물건을 선물해야 할 텐데, 그것이 얼른 머리에 잘 떠오르지 않기 때문이다. 그래서 고민 끝에 결정하는 것이 인삼차 아니면 인삼의 유효성분을 빼내서 진한 액체로 만든 농축 차, 좀 더 격을 높인다면 말린 인삼人蔘쯤 될 것이다. 이런 정도의 결정을 내리는 사람들은 역사를 꽤 아는 사람들이다.

사실 약 200년 전만 하더라도 조선산 인삼은 일본사회에서 단순한 약초藥草 이상의 가치를 지니고 있었다. '죽어가는 사람도 살려낸다는 신비의 약' '만병통치 약' 그것이 곧 그들이 말하는 '조센닌징(조선 인삼)'이었던 것이다. 일본의 전통사회에서 인삼에

대한 수요는 현대인들의 상상을 초월할 정도로 매우 높았다. 일본
도 서양의학이 일반화되기 이전까지는 한의학에 크게 의존하고
있다.

그런데 오늘날 대부분의 일본인들은 그 귀중한 인삼 선물을 받
고도 이용 방법을 몰라 어쩔 줄 모르고 있다. 인삼의 쓴 맛과 독
특한 냄새가 현대 일본인들의 취향과 어울리지 않는 탓인지, 일본
의 어떤 바자회에서는 이리저리 밀려다니다가 끝내 팔려나온 신
세가 된 한국산 인삼차가 목격되기도 한다. 참으로 격세지감이 아
닐 수 없다.

인삼이 조선을 대표하는 상품이었다고 한다면, 같은 시대에 일
본을 대표하는 상품은 은이었다. 조선이 일본에서 수입한 은은 순
도가 80%(낮았을 땐 64%)에 이르는 양질의 은괴銀塊였다. 조선이
수입한 은은 일본 안에서 화폐로 통용되던 은화銀貨였다. 일본에
서 들여온 이 은화는 또 조선이 중국에서 물화를 조달할 때 중요
한 결제수단으로 활용되기도 했다. 물론 당시 조선에도 은이 꽤
매장되어 있었다. 그렇지만 조선 정부는 중국의 무리한 조공 요구
를 피하기 위하여 조선에서는 은이 생산되지 않는다고 둘러대면
서 일부러 국내의 은광銀鑛 개발을 억제하고 대신 일본의 은을 수
입하여 사용하였다.

인삼과 은이 각기 조선과 일본을 대표하는 물품으로서 당시 무
역을 주도한 데는 몇 가지 이유가 있었다. 먼저 상대 나라에 인삼
이나 은에 대한 수요가 꽤 널리 존재하고 있었다. 공급 측면에서
도 이들 상품은 모두 부피가 작아서 운반이 용이했고, 한결같이
고가품인 데다가 소량으로도 높은 부가가치를 올릴 수 있는 물품
들이었다. 뿐만 아니라 17세기 이후 양국 간에 평화적인 관계가
유지되고 있어서 지속적인 거래가 이루어질 수 있었기 때문이다.

◦ **약탈의 시대에서 평화적인 통교의 시대로**

도요토미 히데요시가 일으킨 임진·정유왜란(1592~1599년)으로 말미암아 양국의 무역은 중단되고 말았다. 그러나 전쟁이 끝난 뒤 약 10년만인 1609년(광해 원년)에 무역이 다시 열렸다. 국교 재개의 요청은 먼저 일본 쪽에서 시작되었다. 도요토미 히데요시의 사망 이후 정권을 잡은 도쿠가와 막부는 조선과의 관계 개선을 희망했다. 새 정권이 일본 내부를 효과적으로 통치하기 위해서는 조선과 평화관계 유지가 필요했기 때문이다.

조선도 일본을 '같은 하늘 아래서 도저히 함께 살 수 없는 원수'로 생각하고 있었지만, 전후 처리에 마냥 소극적일 수만은 없었다. 조선 정부도 전란으로 인한 피해를 복구하고 사회를 재건하기 위해서는 남방의 안전을 도모하지 않으면 안 되었기 때문에 일본과 수교를 재개했다.

10년이라는 짧은 기간에 국교 정상화가 이루어질 수 있었던 것은 위와 같은 양국의 내부사정 때문이었다. 그렇지만 국교 재개를 앞당기는 데는 조선과 일본 사이에 위치한 대마도의 역할도 큰 몫을 담당했다. 잘 알려진 것처럼 대마도는 척박한 섬이어서 무엇보다 쌀이 부족했다. 그래서 부족한 쌀을 외부로부터 조달하지 않으면 안 되었는데, 그 대상은 주로 조선이었다.

일본인 스스로 조선 쌀을 그들의 젖줄로 비유하고 있을 정도였다. "(대마도 사람들이) 조선 쌀을 구해가기 전에는, 어린아이가 태어나면 그 아이를 기를 수 없어 강물에 버렸지만, 조선에서 쌀을 조달해 간 뒤로는 그런 일이 없어졌다"라는 기술을 대마도의 한 고문서 속에서 읽을 수 있다.

이것을 보면 대마도의 조선에 대한 의존도가 얼마나 높았는지 쉽게 짐작할 수 있다. 이처럼 단절된 무역의 복구는 대마도 사람들의 사활이 걸린 문제였기 때문에, 그들은 조선과 일본의 국교 재개에 혼신의 힘을 기울였다. 심지어 전란 이후 양국의 교섭과정에서 주고받은 국서國書를 위조하는 불법행위까지 대마도는 서슴지 않았다.

이처럼 17세기 이후 양국은 평화관계의 수립과 유지를 위해서 많은 노력을 기울였다. 특히 양국 정부는 비교우위가 있는 물자의 교환을 통해 서로 이익을 볼 수 있다는 유무상통有無相通의 정신에 입각하여 무역의 확대에 힘을 쏟았다. 그 길이 양국의 평화를 유지하는 데 더욱 효과적인 방법이라고 생각했기 때문이다. 이렇게 해서 양국 관계사는 왜구처럼 물자의 조달을 폭력적 방법에 의존하던 약탈의 시대에서, 호혜평등에 기초한 평화적인 통교의 시대로 대전환을 보이기 시작한 것이다.

◦ 무역을 이끈 것은 인삼인가 은인가

우리나라 인삼이 맨 처음 외국에 수출된 것은 6세기 초반이었다. 백제 무령왕武寧王 12년(513년)에 양梁나라 무제武帝에게 인삼을 바친 것이 기록에 나오는 첫 번째 사례이다. 그 뒤 고려시대에도 중국과 일본 등지에 우리나라 인삼이 수출되었는데, 대개 예물 교환의 성격이 짙었다. 인삼 수출이 크게 확대된 것은 조선시대 이후의 일이다. 특히 17세기 후반의 약 50년 동안이 인삼 수출의 전성기였다고 할 수 있다.

당시 인삼은 지금처럼 인공으로 재배한 것이 아니라, 깊은 산속에서 심마니들에 의해 채취된 자연삼이었다. 이른바 산삼山蔘으로 불리는 것들이 교환되고 있었던 것이다. 따라서 산삼의 효능은 제쳐놓고서라도 우선 그 희소성 때문에, 인삼 가격은 매우 높은 수준을 유지했다.

자연히 인삼에 대한 수요자는 부와 권력을 쥔 상류층에 한정될 수밖에 없었다. 일반 서민들은 인삼의 실뿌리인 미삼尾蔘을 손에 넣는 것만으로도 대단한 행운으로 생각해야 했다. 지금도 어쩌다가 한 번씩 어디에서 누가 산삼을 캤다는 소식이 신문에 실리곤 하는데, 한 뿌리에 1억 원을 호가하는 인삼을 보통 사람들은 어디 꿈이나 꾸겠는가!

조선에서는 국왕을 비롯한 궁중과 조정의 대신들이 인삼의 최대 수요자였다. 예컨대 『조선왕조실록』을 보면 역대의 왕이 위독할 때면 으레 인삼을 복용했다는 기사가 나온다. 그러니 평상시에는 더 말할 나위가 없을 것이다. 82세까지 살아서 조선의 임금 중에서 최장수 기록을 보유하고 있는 영조는 1752~1766년의 14년 동안에 무려 100여 근이 넘는 인삼을 복용했다고, 당시 어의御醫 이이해李以楷는 증언하고 있다. 그러므로 그 주변 인물까지 합한다면 궁중의 인삼 소비량이 꽤 많았을 것으로 짐작된다.

일본에서도 장군과 막부의 관료들이 인삼의 최대 수요자였을 것으로 생각된다. 예컨대 조선 국왕이 파견하는 통신사는 일본에 갈 때마다 250근 가량의 인삼을 가지고 가서 장군을 비롯한 막부 관료와 그 밖의 인사들에게 예물로서 전달하곤 했다. 그뿐 아니라 대마도는 기회 있을 때마다 조선에서 조달한 양질의 인삼을 막부에 진상하여 호의를 사려고 애썼다. 인삼의 지역별 판매량을 살펴보면, 17세기 중반까지만 해도 오사카와 교토 지역의 판매량이 에도 지역보다 훨씬 많았다. 그런데 17세기 말 이후가 되면 그것이 역전되어 막부가 위치한 에도가 인삼의 최대 소비시장이 되었다.

조선 인삼은 예물로 지급되는 경우 외에도 정부가 지정한 상인들이 일본과 사적으로 거래를 하는 경우도 있었으며, 양국인들에 의한 밀무역도 끊이지 않았다. 그런데 당시에는 인삼이 일본으로 흘러들어가는 그 반대 방향으로, 일본의 은이 조선사회로 유입되는 시스템이 확립되어 있었다. 예컨대 통신사 일행이 인삼 따위 예물의 대가로 일본으로부터 답례품을 받았는데, 그 가운데 가장 값진 물건이 은이었다. 1655년의 경우 조선의 통신사 일행에게 지급된 일본의 은이 6,770매에 달했던 것으로 당시 기록이 전하고 있다. 이것을 가리켜 삼은參銀 교환체제라고 불러야 할 것이다.

양국 상인들에 의한 수출의 경우에도 인삼 대금을 대개 은으로 결제하도록 한 것이다. 이처럼 조선의 인삼이 움직이는 반대 방향으로 일본의 은이 이동하는 순환체계가 형성되어 있었다.

일본의 은이 조선으로 대량 유입되기 시작한 것은 1542년(중종 37) 이후라고 한다. 일본인 학자의 주장처럼 회취법灰吹法이라는 새로운 은 정련기술이 조선에서 일본으로 전수되면서, 일본의 은 산출액이 급증했고, 그것이 조선으로 대량 유입될 수 있었던 것이다. 조선의 발달된 은 제련기술이 일본에 전해지기 전까지만 하더라도, 오히려 은이 조선에서 일본으로 수출되는 실정이었다. 그런데 17세기 중반 이후 순도가 높은 일본 은이 대량 유입되면서, 일본과의 무역이 활기를 띠게 되었고, 그것이 중국과의 무역을 더욱 확대 발전시켰던 것이다.

한편, 인삼의 조달이 기후나 계절적인 영향을 많이 받아서인지 인삼의 수출량은 변동이 매우 심했다. 예컨대 1684~1710년의 기간 중 조선이 일본에 수출한 인삼의 최고치는 1694년(숙종 20)의

6,678근이었는데, 바로 그 이듬해에는 최저치(29근)를 기록하였다. 그런데 1695년은 순도가 80%에서 64%로 크게 떨어진 은화[겐로쿠 은元禄銀]가 일본 국내에서 통용되기 시작한 해이기도 하다. 이처럼 인삼 수출량의 변동은 계절적 요인 외에, 일본 은화의 순도 변화에 의해서도 영향을 받고 있었다.

은과 관련된 두 차례에 걸친 일본의 정책 변화는 삼은 교환체제에 심한 타격을 가했다. 첫째는 은의 해외 유출 통제였다. 조선에 유입되는 은이 일본의 국내 화폐였기에, 일본 정부가 지나친 은의 해외 유출로 인한 일본의 유통화폐 부족 현상을 염려한 때문이었다. 은의 해외 유출 통제는 조선에 대해서도 예외 없이 적용되어야 한다고 주장한 아라이 하쿠세키新井白石와, 조선은 신의를 가지고 교류하는 통신通信의 나라이기 때문에 류큐琉球나 오란다(네덜란드) 같은 통상通商의 나라와 달리 취급되어야 한다고 역설한 아메노모리 호슈雨森芳洲 사이의 열띤 논쟁은 매우 유명하다.

둘째는 은화의 개주改鑄였다. 봉건권력이 일반적으로 그러했던 것처럼, 도쿠가와 막부는 재정 수입의 확대를 꾀하기 위해 화폐개주를 단행한 것이다. 다시 말해서 일본 정부는 은의 품위를 떨어뜨려 은화의 실물가치를 하락시킴으로써, 은화의 명목가치와 실물가치의 차액만큼 재정수입을 늘리려고 한 것이다. 거듭된 화폐개주는 막부의 재정 수입을 늘리는 데는 크게 이바지하였지만, 그로 말미암아 은의 가치가 크게 하락하여 일본 은화에 대한 국제 신인도의 추락을 가져오고 말았다.

일본의 화폐정책 전환의 여파는 양국간 무역에까지 영향을 미쳤다. 은의 순도가 80%에서 64%로 떨어진 마당에, 조선 상인들이 순도가 낮아진 은의 수령을 거부하는 것은 당연한 일이었다. 조선 상인들이 품질이 나빠진 일본의 은에 대해 등을 돌리자, 결국 인삼 조달도 더욱 부진해질 수밖에 없었다.

하는 수 없이 일본 정부는 조선으로부터 인삼 조달을 확대하기 위해서, 조선 상인들의 구미에 맞게 일본의 국내 화폐하고는 별도로 좀 더 양질의 무역용 은화를 주조하였다. 즉, 일본 정부는 은의 순도를 높여 이전과 같은 80%의 은을 특별히 주조하여 양국간 무역에 통용시키게 한 것이다. '특주은特鑄銀(인삼대왕고은人參代往古銀)'의 통용이라고 하는 특단의 방법이 동원되기도 했지만, 결과적으로는 그다지 성공을 거두지 못했다.

끝내 일본 은의 양과 질에 문제가 발생하여 무역은 쇠퇴의 늪에 빠지고 만다. 조선산 인삼 조달 역시 부진을 면치 못했다. 게다가 18세기 초반 도쿠가와 요시무네德川吉宗 정권의 주도로 일본의 인삼 국산화정책이 추진되어 인삼 무역은 더욱 정체되지 않을 수 없었다. 일본이 인삼 수요의 상당 부분을 조선삼 인삼에서 일본 국내의 재배인삼으로 대체하게 되자, 조선의 인삼 수출은 적지 않게 타격을 입은 것이다. 대체로 18세기 중반 이후 침체를 거듭하다가 19세기가 되면 인삼과 은의 교환체제는 본래의 기능을 회복할 수 없을 정도가 되고 만다.

○ 인삼과 은의 교환체제 붕괴

조선시대 특히 임진·정유왜란 이후의 대일 무역을 거론할 때 빼놓을 수 없는 것이 인삼과 은이다. 1684~1710년 사이의 양국간 무역을 분석한 연구결과를 인용하면 다음과 같다. 인삼이 가장 많이 수출된 1694년의 경우, 조선의 대일 수출 총액 중에서 인삼이 차지하는 비중은 약 36%에 해당하여 단일 품목으로는 매우 높은 편이었다. 그런데 인삼의 수출량 자체는 후대로 갈수록 줄어들지만, 비단의 원료인 백사白絲 수출의 부진 탓에 전체 수출액에서 차지하는 인삼의 비중은 상대적으로 더욱 커졌다. 또 같은 기간 중 일본 은의 수입이 가장 많았던 1701년에는 조선의 대일 수입총액에서 은이 차지하는 비중이 약 64%를 기록할 정도로 은의 중요성은 단일 품목으로서는 단연 으뜸이었다.

그런데 인삼과 은은 거의 같은 순환체계 속에서 움직이고 있었기 때문에, 이 둘을 따로 떼어서 얘기하기는 곤란하다. 그럼에도 일본의 입장 혹은 일본 은의 흐름만을 부각시켜 '실버 로드(silver road)'를 지나치게 강조하는 경향이 있는데 그것은 정당하지 못하다. 은의 흐름은 대체로 인삼의 흐름과 함께 이루어졌기 때문에, '진셍 로드(ginseng road)'의 실체를 과소평가할 수는 없는 노릇이다.

'인삼의 길'이 되었든 '은의 길'이 되었든, 인삼과 은의 교환체제가 오랫동안 유지되지 못하고 그 기능이 약화된 원인은 어디에 있었을까? 우선 인삼의 경우 가장 큰 문제는 공급 측면에 있었다. 자연삼인 산삼의 부존량은 극히 제한되어 있었기 때문에, 계속적인 채취는 인삼의 고갈을 더욱 재촉할 따름이었다. 공급량의 부족은 가짜 인삼과 같은 불량품의 양산을 초래하지 않을 수 없었다. 그것은 결국 양국간 무역마찰의 확대를 부채질했다. 그뿐 아니라 요시무네吉宗 정권 이래 추진된 일본의 인삼 국산화 정책이 조선 인삼에 대한 일본의 수요를 격감시켜, 결과적으로 조선의 인삼 수출전선을 더욱 어둡게 만드는 요인으로 작용했다.

은의 경우도 가장 근본적인 원인은 공급 측면에 있었다. 일본 내에서의 은 조달이 일본 정부의 무역 통제 정책으로 말미암아 정체되고 말았다. 일본 정부는 은의 해외 유출을 제한하는 데 그치지 않고, 더 나아가 은의 품질을 떨어뜨리는 쪽으로 화폐정책을 전환한 것이다. 그 결과 조선의 일본 은에 대한 수요는 위축되지 않을 수 없었다. 뿐만 아니라 일본 은화에 대한 국제 신인도의 하락, 그것이 가져온 '조선↔중국'으로 이어지는 무역시장의 거래 위축은 끝내 '삼은 교환체제'의 명맥을 끊어놓는 결과를 초래한 것이다.

이처럼 당시 조선과 일본을 대표하던 인삼과 은의 교환체제는 1세기여 만에 붕괴되고 말았다. 그것은 인삼과 은이 새로운 수요를 창출할 수 있는 힘이 부족했기 때문이었다. 결국 18세기 후반에서 19세기로 넘어가면 조선의 쇠가죽[우피牛皮]과 일본의 구리[동銅]가 삼은 교환체제의 기능과 역할을 대신하여 근대의 입구까지 양국간 무역을 이끌어가게 된다.

◦ 인삼 강국으로 가는 길

우리나라를 대표하는 국제상품을 꼽으라면 단연 인삼이 포함될 것이다. 해외 수출의 역사만 하더라도 삼국시대까지 거슬러 올라가니 천 년이 훨씬 넘는다. 근대 이후 인삼 수출의 역사만 하더라도 이미 백 년이 지났다. 인삼은 여전히 공항 면세점의 일부를 굳건히 지키고 있다. 인삼의 힘은 역시 강력하다.

그런데 역사적·문화적인 관점에서 좀 더 시야를 확대하여 경제적인 측면에서 접근해 보면, 인삼이 우리에게 던지는 과제는 결코 가볍지 않다. 인삼 시장, 인삼 산업의 관점이 강조되는 요즘에 와서는 더욱 그렇다. 인삼을 주제로 하는 지역 축제도 열리고 있고, 인삼과 관련된 전통 문화를 보존하려는 움직임도 곳곳에서 일고 있다. 인삼을 통해 지역 경제를 활성화하려는 전략도 마련되고 있다. 퍽 다행스러운 일이 아닐 수 없다.

그렇지만 앞으로 해결해야 할 문제들이 여전히 남아 있다. 우선 세계 인삼 시장에서 차지하는 우리나라의 비중이 갈수록 낮아지고 있다는 점이다. 국제 인삼 시장인 홍콩 시장 점유율 하락(1990년 24.4%, 2002년에는 9.6%)이 그것을 잘 보여주고 있다. 이처럼 세계 시장에서 우리 인삼이 인기를 잃어 가고 있는 것은 여러 가지 이유가 복합적으로 작용한 결과일 것이다. 잔류 농약과 중금속 함유 등 품질 관리 측면에서 세계적 수준에 접근하지 않고서는, 인삼도 다른 상품이나 서비스와 마찬가지로 세계적 경쟁에서 살아남을 수 없다. 뿐만 아니라 문란한 유통 질서도 인삼 산업의 성장을 가로막는 원인 중 하나일 것이다. 수입산이 국내산으로, 4년근이 6년근으로 쉽게 둔갑을 하는 상황에서는 결코 소비자의 신뢰를 얻기 어렵다. 요컨대 인삼의 생산과 유통 체계를 근본적으로 혁신하는 것만이 인삼 강국으로 도약할 수 있는 지름길이 될 수 있는 것이다.

──────────────── 참고문헌 ────────────────

다시로 가즈이 지음·정성일 옮김,『왜관-조선시대 일본인 마을』, 논형,
    2005.
오성,『조선후기 상인 연구』, 일조각, 1989.
정성일,『조선후기 대일무역』, 신서원, 2000.
정성일,「조선의 동전과 일본의 은화 : 화폐의 유통을 통해서 본 15~17세
    기 한일관계」『한일관계사연구』20, 한일관계사학회, 2004.
今村鞆,『人蔘史』1·人蔘編年紀·人蔘思想篇, 조선총독부 전매국,
    1930.
今村鞆,『人蔘史』2·人蔘政治篇, 조선총독부 전매국, 1935.
田代和生,『近世日朝通交貿易史の硏究』, 創文社, 1981.
村井章介,『中世倭人傳』, 岩波文庫, 1993.
무라이 쇼스케 지음·이영 옮김,『중세 왜인의 세계』, 한림신서 일본학총
    서 37, 小花, 1998.

대일 무역의 선구자, 동래 상인

김 동 철(부산대학교)

◦ 비석만이 옛 왜관을 알리고

날씨가 맑은 날, 부산 용두산 타워에서 망원경을 동남쪽으로 향하면 대마도가 시야에 들어온다. 대마도 북단에서도 마찬가지로 부산의 산이나, 부산항의 야경이 보인다. 대마도는 한국 부산에서 49.5km, 일본 후쿠오카에서 147km에 위치한, 일본보다 한국에 훨씬 가까운 섬이다. 그래서 조선 초기의 여러 문헌에도 대마도가 본래는 경상도에 속한 우리나라 땅이라고 기록되어 있다.

지금도 대마도 해변에서는 한국산 간장병을 볼 수 있으니, 해류를 타고 한반도와 대마도가 빈번하게 왕래한 것은 지금이나 옛날이나 마찬가지일 것이다. 본래 대마도는 곡식이 잘 자라지 않아 어업 활동으로 생계를 꾸려 나갔다. 가까운 우리나라에 와서 무역으로 돈을 벌 궁리를 하였는데, 일본 물건과 한국 물건을 중간에서 서로 교환하여 이득을 챙겼다.

△ 약조제찰비

1683년 계해약조의 내용을 새긴 비석. 현재 부산박물관 뜰에 서 있다.

우리나라는 임진왜란이 끝난 후 일본의 여러 지역 사람들을 제외하고, 오직 대마도 사람에게만 무역을 허락했다. 이들과 무역하는 조선 상인을 흔히 동래상고, 내상萊商, 도중상고都中商賈 등으로 불렀다. 이들을 통칭하여 동래 상인이라 부른다. 1607년 조선은 대마도 상인과 동래상인이 무역을 할 수 있도록 부산진 부근에 왜관을 지어 무역 장소를 마련해주었다. 이 왜관을 흔히 두모포왜관이라 부른다.

두모포왜관은 지금의 부산 동구청, 수정동시장 부근에 있었는데, 너무 비좁고 선착창이 부적합하여 1678년 지금의 용두산공원 부근으로 왜관을 옮겼다. 이 왜관이 초량왜관이다. 신관인 초량왜관에 대비하여 두모포왜관을 고관, 구관이라 불렀다. 지금도 부산에는 고관이란 지명이 남아 있다. 초량왜관은 1876년 강화도조약이 체결된 후 일본인 전관 거류지로 바뀌었지만 일본인의 주요 터전이 된 것은 변함이 없었다. 임진왜란 전의 부산포왜관은 그냥 두고, 두모포왜관과 초량왜관만 보아도 약 270년 동안 부산에 왜관이 존속하였다.

지금 부산에는 남아 있는 왜관 당시 관련 유물로는 '약조제찰비約條制札碑(부산시광역시 기념물 17호)'가 거의 유일하다 해도 과언이 아니다. 이 비는 원래 있던 왜관 자리를 떠나 현재 부산박물관 뜰에 서 있다. 이 비에는 1683년 동래부사와 대마도주가 맺은 계해약조 내용이 기록되어 있다. 17세기 후반 양국의 이해관계를 보여주는 한일관계사의 중요한 유물이다.

대마도 상인과 동래 상인은 매달 여섯 번(3, 8, 13, 18, 23, 28일) 왜관의 개시대청에 모여 무역을 상담하고 수출과 수입을 결정하였다. 이것이 개시무역開市貿易인데, 일본에서는 사무역이라 불렀다. 개시가 열리는 것이 18세기에는 70% 내외였으나, 19세기에는

20% 내외로 줄어들었다. 동래 상인은 개시무역을 하는 대가로 상업세를 내었다. 이 세금은 왜관을 관할하던 동래부와 호조의 중요한 재원이 되었다. 상인들은 개시대청에서만 무역을 할 수 있었는데, 밀무역을 막기 위해서였다.

○ 상업세를 내지 않으려고 밀무역 성행

개시대청에서 무역을 하는 관례는 1637년 이후 크게 무너졌다. 동래상인은 왜관 안의 대마도 사람이 머무는 방에 들어가 몰래 거래하곤 하였다. 각 방에 들어가 몰래 거래하면 상업세를 피할 수 있기 때문에 상인들은 이러한 형태의 밀무역을 선호하게 되었다. 이러한 무역 경향은 왜채[倭債; 일본에서는 노부세路浮稅, 노보세라고 부름]를 증가시키는 원인이 되었다. 대마도 사람이 밀수를 위해 조선 사람에게 돈을 미리 지급한 후 물건을 제때 받지 못하면 빚이 생기게 된다. 일본 사람에 대한 이 빚을 왜채라고 한다. 대마도 사람의 방에서 하는 밀수가 많아지면서 왜채가 점점 늘어났다. 동래상인에게 돈을 빌려주고 제대로 물건이 수입되지 않아 대마도의 재정은 악화되었다. 또 대마도 사람의 방에서 밀수가 많이 이루어져 상업세가 제대로 거두어지지 않자 동래부와 호조의 수입도 감소하였다.

일이 이렇게 되자 조선과 대마도는 왜관의 각 방에서 이루어지는 무역과 왜채에 대해 대책을 강구하지 않을 수 없었다. 개시대청을 벗어나서 밀무역을 하는 일이 늘어나자 상인을 관리하던 역관에게 책임을 물어 사형을 선고하는 일도 있었다. 1652년 동래부

사 윤문거는 상인이 대마도 사람의 방에 들어가는 것을 밀수로
간주하여 사형으로 다스려야 한다고 주장하였다. 또 1653년에는
밀수 방지와 개시무역 개선을 위해 '금산입각방약조禁散入各房約條'
와 '왜인서납약조倭人書納約條'를 만들었다. 이 약조는 무역에 관해
만들어진 양국간 최초의 약조이다. 앞의 약조는 왜관에 출입하는
조선인 관리와 상인, 뒤의 약조는 왜관에 머무는 대마도 사람을
대상으로 만들어졌다. 금산입각방약조는 밀수는 물론 대마도 사
람의 방에 들어가는 사람은 모두 사형에 처한다고 엄격히 규정하
였다. 이러한 노력에도 불구하고 밀수가 없어지지 않자 이를 금지
하는 규정이 더욱 강화되었다.

○ 밀수를 뿌리 뽑으려는 힘겨운 노력

　17세기 후반에 왜관에 중요한 변화가 일어났다. 그것은 두모포
왜관이 규모 등 여러 면에서 왜관 기능을 다하기에 부적합하여,
초량으로 왜관을 옮긴 것이다. 이제 새로운 초량왜관에 맞는 새로
운 규정들이 필요하였다. 이때 마련된 것이 1678년의 '무오절목戊
午節目'이다. 두모포왜관은 옆으로 좌천佐川(지금의 좌천동 위치)이 흘
러 자연히 왜관의 경계 역할을 하였다. 그러나 초량왜관은 경계
설정이 여의치 않아 동서남북으로 범위를 정한 후 어기는 자를
처벌하였다.

　무오절목은 이러한 경계문제를 비롯하여 무역 등 여러 문제를
규정하였다. 1682년 대마도와 합의한 후 1683년 8월 5개 조문으로
약정되었다. 이것이 계해약조이며, 그 내용을 비석에 새겼다. 이

비가 약조제찰비다. 왜관 수문守門(정문) 안팎에 세워, 왜관을 출입하는 일본 사람, 조선 사람에게 약조 내용을 알리려 하였다. 비의 내용을 요약하면 다음과 같다.

一. 크고 작은 일을 막론하고 함부로 왜관 경계 밖을 나온 자는 사형에 처한다.
一. 왜채를 주고받다가 잡히면 둘 다 사형에 처한다.
一. 개시 때 방에 몰래 들어가 밀무역을 하는 자는 둘 다 사형에 처한다.
一. 5일마다 왜관에 잡물雜物을 지급할 때, 담당 아전, 창고지기, 하급 통역관 등을 때려서는 안 된다.
一. 조선인, 일본인 범죄자는 모두 왜관 밖에서 형을 집행한다.

이 중 두 항목이 밀무역과 관계있는 것으로, 그만큼 밀무역이 활개쳤음을 반증한다. 그리고 사형이라는 최고형을 부여하면서까지 밀무역을 근절하기 위해 노력하였다.

네 번째 항목은 조선의 담당 아전, 창고지기, 소통사(하급 통역관) 등이 일본인을 때려서는 안 된다고 해석되기도 하였다. 그러나 대마도 종가문서『분류기사대강分類記事大綱』에도 일본인이 때린 것으로 번역하고 있어, 조선인이 때린 것으로 보는 것은 잘못된 해석이다.

이 계해약조는 왜관 운영에서 가장 중요하고 본질적인 내용을 종합한 것이다. 다섯 조항의 간단한 내용이기는 하지만, 양국의 현안문제를 포함하고 있는 중요한 규정이다. 따라서 계해약조는 기유약조와 함께 조선 후기 한일관계를 규정하는 양대 기둥이라 할 수 있다.

◦ 빚 독촉하다 살인까지

왜채, 즉 대마도 사람에게 조선 사람이 진 빚이 점점 늘어나자 양국 사이의 갈등은 심해졌다. 재정이 악화된 대마도는 사신을 보내 채무자 명단을 조선 측에 공개하는 등 계속 빚 독촉을 요구하였다. 17세기 중반에 갚지 못한 빚이 10여만 냥이나 되었다. 빚 독촉으로 갚은 것은 겨우 20~30% 정도에 불과하였다. 채무자는 동래만 아니라 개성, 서울 지역 상인도 있었다. 상인 외에 동래부 관리, 일본어 역관과 같은 관리로부터 노비에 이르기까지 다양하였다. 또 빚은 조선인만 지는 것이 아니었다. 조선 상인의 물건을 가지고 가서 값을 제대로 지급하지 않는 대마도 사람도 많았다.

빚을 독촉하는 과정에서 살인사건이 일어나기도 하였다. 1663년 빚을 받으려고 왜관 밖을 나온 대마도 사람을 저지하다 소통사 김달金達이 피살되기도 하였다. 1672년에는 소통사 김어부동金於夫同이 빚을 받으려고 왜관을 나온 대마도 사람을 죽이는 일도 발생하였다. 그 밖에 빚을 갚지 못한 채무자와 그의 노비가 대마도 사람에게 감금되는 일도 있었다. 상인들의 빚 문제에 개입하지 않던 동래부나 조정은 살인사건이 나고 이것이 외교문제로 비화되자, 조선 상인들에게 빚 독촉을 하지 않을 수 없었다.

상인들은 돈을 빌려 일본에서 인기가 높았던 인삼이나 쌀 등을 밀수출하였다. 상인들은 그들을 단속, 감독하는 역관, 관리와 결탁하여 이들의 묵인 아래 손쉽게 밀무역을 하는 경우도 많았다. 여러 약조에서 왜채 단속과 벌칙을 강화한 것은 밀무역을 근절시키기 위해서였지만, 이런 조치에도 불구하고 밀무역과 왜채의 폐단은 쉽게 근절되지 않았다.

○ 대마도 사람들의 목숨이 걸린 조선 쌀

대마도는 산이 많고 평지가 적다. 땅도 척박하여 현재 생산되는 농작물은 고구마가 대부분이고, 쌀, 밀, 콩이 약간 생산된다. 대마도 전체 면적 중에 농경지는 5~6% 정도에 불과하다. 지금도 이러하니 옛날의 농산물 생산을 오죽했으랴.

대마도는 일본 본토에서 쌀을 가져오기도 하였지만, 가장 큰 비중을 차지하는 것은 조선에서 수입하는 것이었다. 조선은 공무역 명목으로 대마도로부터 구리, 납, 물소뿔, 단목丹木[소목蘇木이라고도 함. 염색 원료]을 수입하고 그 대신 쌀을 수출하였다. 처음부터 쌀을 수출한 것은 아니고 목면으로 주던 것을 1651년 이후 일부를 쌀로 대체하였다. 이 쌀을 공작미公作米라고 부른다. 처음에는 1만 2천 석(180만 되에 해당)을 5년 동안만 지급할 예정이었다.

그러나 5년이 지나자 대마도주는 쌀 무역을 전담하는 사신을 파견하여 기한을 연장시켜줄 것을 요구하였다. 조선 역시 쌀은 중요한 식량이기 때문에 많은 양의 쌀을 일본에 수출하는 것은 부담스러운 일이었다. 그러나 왜구의 침략상을 너무도 잘 알고 있는 조선으로서는 식량을 구하기 위해 대마도 사람들이 혹시라도 왜구가 될까봐 완전히 거절할 수 없었다. 이리하여 기한이 연장되는 한편 1660년 이후 수출량도 1만6천 석으로 늘어났다. 대마도 측은 쌀 무역을 중단하는 것은 대마도 사람을 죽이는 행위라고 말하며, 대마도는 조선의 속국이라는 말을 서슴지 않으면서 쌀 확보에 열을 올렸다. 그만큼 대마도는 조선의 쌀 무역에 기대는 바가 컸다.

쌀은 경상도 17개 지역(40여 곳으로 늘어난 적도 있다)에서 세금으로 바친 것이다. 각 지역에서 거둔 쌀은 부산진釜山鎭에 위치한 공작미 창고에 보관되었다. 창고에 들어온 쌀은 바로 대마도로 수출되는 것이 아니라 1년치 무역이 모두 끝난 다음 대금을 결제할 때 비로소 수출되었다. 따라서 쌀이 창고에 보관되어 있을 때는 주변 조선 사람들의 부정이 생길 소지가 많았다. 쌀을 운송하는 운미감관運米監官, 향리, 역관부터 동래부사에 이르기까지 주변 관리들이 중간에서 쌀을 가로채는 일이 자주 있었다. 이 중 직접 쌀을 다루는 운미감관의 부정이 특히 심하였다.

여러 수단을 동원해 쌀을 가로챈 후 부족분을 채우기 위해 남은 쌀을 물에 불려 전체 양을 맞추는 방법이 이용되기도 하였다. 또 주변의 일반인들은 춘궁기에 관리들과 짜고 쌀을 훔치기도 하였다. 이 외에도 쌀의 양을 측정하는 도량형이 양국 사이에 차이가 있어 마찰을 빚는 일도 많았다. 이러한 이유로 쌀이 수출될 때는, 정량定量의 좋은 쌀을 확보하려는 대마도 측과 조선 측이 대립할 수밖에 없었다.

◦ 동래 상인은 아무나 될 수 없었다

왜관에서 무역을 담당했던 조선 사람은 일본어 역관과 동래 상인이었다. 일본어 역관은 왜관에서 행해지는 전반적인 업무에 대해서 책임을 지고 있었다. 이러한 중요성을 인정받아 왜관에서 무역을 할 수 있었고, 대일 무역은 짭짤한 돈벌이가 되었다. 그래서 역관 임기를 마친 후에도 온 가족을 데리고 왜관 주변에 사는 자가 있는가 하면, 왜관과 가깝고 서울과 교통이 편한 밀양 등지에 살면서 무역에 종사한 역관도 더러 있었다.

동래 상인은 대체로 인원수가 정해져 있었다. 인원수를 정하는 정액제는 초량으로 왜관을 옮기면서 1678년 처음 20명에 한하여 실시되었다. 정액제를 실시한 가장 중요한 목적은 개시무역 체제를 강화하여 왜채와 밀무역의 폐단을 막는 동시에 상업세 수입을 올리기 위해서였다. 그래서 무역을 희망하는 모든 상인이 왜관에 들어올 수 있는 것은 아니고, 일정한 기준에 의해 선발된 상인만이 개시무역을 할 수 있었다. 그러나 20명 정액제는 곧 무너지고 돈을 벌려는 상인이 왜관에 폭주하여 무역이 혼란스러울 지경이었다.

1691년에는 '동래상고정액절목東萊商賈定額節目'을 만들어 30명으로 정원을 늘렸다. 선발 기준은 부자로서 상인 가운데 뿌리가 깊고 사리분별이 있는 자였다. 30명을 5명 1조로 나누어 우수한 자를 뽑아 행수行首로 삼아 이들에게 왜채와 밀무역을 감독하는 책임을 맡겼다. 각 조의 행수와 그 외 상인이 밀무역을 서로 감시하도록 하였다.

정액 내의 상인은 일종의 왜관 출입증인 물금패勿禁牌를 받고 왜관에 들어가 개시무역을 독점하였다. 이 상인들은 패를 받았다고 하여 수패상고受牌商賈라고도 불렀다. 수패상인은 관의 허락을 받고 상업세를 꼬박꼬박 내면서 개시무역을 독점하는 전형적인 특권상인이었다. 허락을 받은 상인 외에는 왜관에서 무역을 할 수 없었다. 이들은 상인 명단인 상고안商賈案에 등록되어 있었다. 법을 어기면 명단에서 삭제되고 동래 상인의 자격과 권한을 박탈당했다. 수패상인들은 도중都中이라는 조직을 가지고 있었다. 도중에 가입된 동래상인을 도중상고라고 불렀다.

동래상인들은 왜관 문 밖에 집을 짓고 처자식과 함께 살면서 자신들 외의 다른 무역 상인은 왜관에 발도 들여놓지 못하게 하였다. 그리고 자신들의 개시무역 독점권은 서울 육의전六矣廛의 금난전권禁亂廛權과 같다고 인식하고 있었다. 무역독점권의 강화로 이들 특권 상인의 경제력과 권력은, 왜관에서 막강한 힘을 발휘하고 있던 역관을 능가할 정도였다. 동래 상인과 역관은 모두 왜관의 개시무역과 밀접한 관계가 있었으므로, 이권을 위해서는 서로 공생하기도 하고 대립하기도 하였다.

특권 상인의 무역독점권 강화로 인한 모순이 늘어나자, 18세기 초에는 정액제를 폐지하자는 주장이 제기되었다. 또 18세기 이후 개시무역이 점점 쇠퇴하면서 정액제는 일정하게 변하고 있었다. 30명이던 정원은 그 후 20명, 15명, 10명으로 점점 줄어들었다. 19세기의 어떤 기록에는, 서울·개성 사람도 포함되어 있던 동래 상인이 개시무역의 부진으로 4~5명으로 줄어들었으며, 그것도 동래부의 일을 맡은 사람이 겨우 명맥을 이어간다고 하였다.

대마도 종가문서의 어떤 기록에 따르면, 1844~1849년 개시무역에 참여한 상인은 모두 13명이었다. 그러나 이들은 매년 왜관을 출입한 것은 아니었다. 연평균 6~7명의 동래 상인이 개시무역에 종사하였다. 그러나 이 숫자가 도중의 정원인지는 확실하지 않다. 1810년대에 활동했던 정윤중鄭允中이라는 상인은 1840년대에 활약한 정자범鄭子範의 아버지였다. 따라서 도중상고의 지위가 세습되는 경우도 있었다.

19세기 왜관 개시무역을 주도한 도중상고 중에는 ‘장관청 천총, 작대청 별장, 별군관청 행수, 병방’ 등 동래부의 상급 무임武任을 역임한 자들도 있었다. 무임은 동래부 무청武廳의 직임을 맡은 자로서, 오늘날 군인이나 경찰과 같은 역할을 하였다. 이들은 상급 무임에 재임하고 있거나 아니면 그 직을 역임한 자들로서, 그 직책이 보장하는 공권력을 배경으로 동래 상인이 되어 돈벌이가 되

는 무역에 진출하기도 하였다. 따라서 동래 상인은 순수한 상인만
은 아니었다.

관리이자 동래 상인이던 사람들 중에는 1846년에 만들어진 동
래기영회東萊耆英會(동래부의 퇴직 무임과 향리가 만든 조직)의 회원으로
가입하기도 하고, 또 19세기 말 애국계몽운동에 참여한 자들도 있
었다. 동래 상인이 1876년 개항 이후 일본 제국주의가 밀려오는
유통구조에서 어떻게 능동적으로 대처해 나갔으며, 또한 부산지
역의 근대화에 어떻게 이바지했는가를 살피는 것은 동래 상인의
성격을 규정짓는 중요한 문제이다.

참고문헌

김동철, 「17·18세기 대일공무역에서의 공작미 문제」『항도부산』 10호,
　　　　부산시사편찬위원회, 1993.
김동철, 「19세기 우피무역과 동래상인」『한국문화연구』 6, 부산대 한국문
　　　　화연구소, 1993.
김동철, 「17세기 일본과의 교역·교역품에 관한 연구」『국사관논총』 61
　　　　집, 국사편찬위원회, 1995.
김동철, 「조선 후기 왜관 개시무역과 동래상인」『민족문화』 21집, 민족문
　　　　화추진회, 1998.
양흥숙, 「17~18세기 역관의 대일무역」『지역과 역사』 5호, 부산경남역사
　　　　연구소, 1999.
정성일, 「조선후기 대일무역에 참가한 상고도중의 규모와 활동」『한일관
　　　　계사연구』 8집, 한일관계사학회, 1998.
정성일, 『조선후기 대일무역』, 신서원, 2000.
長正統, 「路浮稅考」『朝鮮學報』 58집, 조선학회, 1971.
田代和生, 『近世日朝通交貿易史の研究』, 創文社, 1981.
田代和生, 「幕末期日朝私貿易と倭館貿易商人」『德川社會からの展
　　　　望』(速水融 外), 同文館出版, 1989.

조선 후기에 한일간 밀무역은
어떻게 처리되었나

윤 유 숙(고려대학교 일본학연구센터)

∘ 왜관 밀무역의 실태

전근대前近代에 조선과 대마도는 밀무역 행위 그 자체 내지 밀무역을 행한 사람을 '잠상潛商'이라 지칭했다. 이미 조선 전기의 한일간 무역에서도 잠상은 마치 부수품처럼 횡행했고, 특히 이윤이 컸던 사무역 부분에서의 잠상이 매우 현저해서 그로 인해 사무역의 개폐開閉가 반복될 정도였다. 그러다 보니 임진왜란으로 단절되었던 한일간의 통교가 1607년 재개되었을 때에도 조선 정부는 왜관 주변에서 또다시 잠상이 횡행하게 될 가능성을 크게 염려할 수 밖에 없었다. 조선 후기 한일 무역은 정품定品, 정량定量의 관영 무역에 비해 개시무역(사무역)에서는 특정한 금지 품목을 제외하고는 거래 품목이나 수량에 제한이 없었지만 개시무역에 참가할 수 있는 사람, 매매 장소, 특정 물품의 매매 등에 일정한 제한이 따르기는 했다.

조선 후기의 잠상은 그야말로 다양한 양상을 띠고 있었다. 우선 일본에서 발생한 잠상으로는 조선통신사의 도일渡日이나 도해역관사渡海譯官使(문위행)의 대마도 도해에 편승하여 사행원과 일본인 사이에서 일어난 잠상이 있고, 조선에서는 주로 왜관에 체재하는 일본인과 조선인 사이의 잠상을 들 수 있다. 그리고 일본이 '발선拔船' '위선僞船' 등으로 지칭하는 밀무역도 있었는데 이것은 대마번이나 또는 그 외 제번諸藩의 주민이 막부의 쇄국령(해외도항 금지령)을 어기고 조선 연안에 도항하여 조선인과 밀거래하는 것을 말한다.

왜관 내외에서 이루어지는 잠상은 합법적으로 열리는 개시무역의 장을 이용하여 관리의 감시를 피해 부정한 거래를 하거나 금제품을 은밀하게 관내로 반입시키거나 혹은 왜관 밖에서 거래를 하는 식의 형태가 주류를 이루었고, 때로는 조선측 관리나 대마번측 관리가 이러한 잠상에 가담하는 등 그 방법은 실로 다채로웠다. 이같은 불법적인 거래는 당연히 규제의 대상이 되었고, 조선 정부는 왜관 개시에 관한 일련의 통제 규정[約條, 禁制]을 마련하여 잠상의 금압 및 처벌 방책을 강구하느라 여념이 없었다고 해도 과언이 아닐 정도였다. 그러면 왜관에서 일어난 잠상 사례부터 보도록 하자.

조선 측 기록에 의하면 일본과 통교가 재개된 지 얼마 되지 않은 1612년에 조한무라는 조선인이, 그리고 1623년에는 동래의 임소라는 인물이 각각 잠상 용의로 효시되었다는 기사가 보인다. 임소는 왜관의 일본인과 통상하여 약 7만 냥에 달하는 은화를 증식시켰다고 한다. 무역 개시 직후부터 조선 정부가 잠상에 엄형주의嚴刑主義 정책을 취했음을 알 수 있는데, 반면 조선이 잠상의 상대방인 일본인을 형사 처벌하는 일은 없었다. 그러나 점차 조선은 상대편 일본인에게도 동일한 형벌을 적용해야 한다는 입장을 강화했고 대마번과 오랜 교섭과 절충을 거친 끝에 1682년 관련 조항을 담은 '계해약조癸亥約條'를 체결하는 데 성공했다. 계해약조에는 잠상과 관련해서 '노보세(밀무역자금 전대前貸행위)를 행한 조선인과 일본인은 쌍방을 사형—罪에 처한다', '개시무역 때 왜관의 방에 잠입하여 비밀 매매를 행한 자는 쌍방을 사형에 처한다'는 조항을 담고 있었고, 양국의 죄인은 왜관문 밖(실제로는 왜관부근의 이악二嶽이라는 곳. 영선산)에서 형을 집행하기로 결정되었다. 즉, 잠상이 발각되면 당사자인 조선인은 물론이거니와 상대편 일본인까지 조선에서 처형한다는 약조가 성립된 것이다.

 1698년에 발각된 시로스 요헤이白水與兵衛의 잠상은 계해약조가 처음으로 적용된 사건이었다. 왜관의 시로스 요헤이라는 자가 조선인(6명)과 공모하여 은銀 20관목貫目을 조선인에게 건넸다. 후일 조선인으로부터 인삼을 조달받기 위해 건네준 자금이었는데 조선인의 밀고로 인삼이 시로스에게 넘겨지기 전에 공모 사실이 발각되었다. 시로스는 변장한 채 왜관을 몰래 빠져나가 조선인 2명과 동래에서 숙박하면서 잠상을 계획했으므로 노보세 금지 규정과 난출 금령을 위반한 셈이었다. 조선의 소통사 김귀철이 매매 성공 시에 쌀 4표俵를 시로스에게서 수령하기로 하고 이 상담商談의 중간 매개 역할을 했고, 그 밖에도 모의 장소를 제공한 자, 인삼주人參主, 군관軍官 등 관리와 일반 백성이 이 계획에 가담했다는 사실이 드러났다. 조선인 관련자 6명 중 2명이 도주하는 바람에 같은 해 7월 나머지 4명만이 사형되었다. 한편, 사건이 왜관 측에 통보되고 얼마 되지 않아 시로스의 공모자로 보이는 이츠카 기헤이飯束喜兵衛가 관내에서 자살한 채로 발견되었다. 조선 측은 조선인 관련자의 집형이 끝난 뒤 공모한 일본인을 계해약조에 의거하여 동죄同罪 처벌하도록 대마번 측에 요구했다. 대마번은 '시로스의 공모자가 모두 조선인인 데다 그들이 전원 사형되어서 시로스를 귀국 조치하기 곤란한 상황이므로' 조선 측의 요구에 응하기로 하고 결국 시로스는 8월 양국 관리들이 입회한 가운데 이악에서 효수형에 처해졌다. 은은 당시 대마번에게 있어 대단히 중요한 사무역 수출품이었기 때문에 대마번은 시로스가 조선인에게 건넨 은 20관목의 회수에 필사적인 노력을 기울였으나 최종적으로 회수된 은은 절반에 지나지 않았다.

1688년 소통사 한국안韓國安을 비롯한 네 명의 조선인이 인삼 2근 3냥을 지참하고 관내에서 겐키치源吉, 四代官書記役에게 밀매한 사실이 밝혀졌다. 조선인 중 한 명은 도주하고 소통사 이하 세 명은 체포되어 그해 11월 사형이 집행되었다. 조선이 일본인의 동죄 처벌을 요구하자 대마번은 관련자의 인도를 거부했을 뿐 아니라 사건 처리에 있어서도 대단히 비협조적인 태도를 보였다. 그리고 같은 해 11월에는 재판裁判인 도보 추에몬唐坊忠右衛門의 봉진역封進役이 부산 주민 2명에게 노보세를 주고 관내에서 수십 석의 쌀을 구매한 일이 발각되었다. 이 사건의 범인도 비밀리에 대마도로 귀국해버리자 조선에서는 계해약조의 유명무실화를 우려하는 목소리가 높아졌고 마침내 역관사를 대마도에 보내 인삼 밀구입에 대한 진상 규명과 귀국한 장본인의 송환을 요구하기에 이르렀다. 그러나 대마번은 인삼매매가 계해약조에 언급되어 있지 않다는 주장을 펴면서 진상에 관해 명쾌한 회답을 회피하는 등 애매한 대응으로 일관했다. 앞서 다룬 시로스 요헤이의 은 반출 사건시 별다른 마찰 없이 시로스를 조선에서 처형했던 것과 확연하게 상반된 태도였다. 그런데 당시 조선의 인삼 무역 정책과 대마번의 애매한 태도를 함께 고려해 보면 이 사건은 단순한 개인 차원의 잠상이 아니었을 가능성이 짙다.

다른 한 건은 1692년 수 명의 초량주민이 모리타 타헤이森田太兵衛라는 초닌에게서 노보세를 받고 왜관에 잠입하여 쌀 50석을 판매한 사건이다. 색리色吏, 수문군관守門軍官, 소통사, 부장部將 등이 매수되어 그들이 왜관에 잠입하는 것을 눈감아 주었고, 소통사 세 명은 밀무역 자금인 노보세를 조선인에게 건네주는 다리 역할을 했다. 쌀은 부피가 큰 물품인지라 왜관을 경비하는 조선인 관리들의 협조 없이는 용이하게 반입할 수 없었을 것이다. 어쨌든 조선은 주범격인 인물 세 명을 사형에, 그리고 관련자 네 명을 변경지역으로 유배 처분한 뒤 상대편인 모리타 타헤이도 동죄 처분하도록 대마번에게 요구했다. 그러자 대마번은 '당사자인 모리타가 이미 귀국해버려서 사실 관계를 확인할 수가 없다'고 변명했지만, 사실은 조선인이 잠상 혐의로 포박되었다는 풍문을 접한 왜관 관수館守가 문제가 확대될 것을 예상하고 모리타를 급거 귀국시킨 것이었다. 사건이 발각되자 당사자를 비밀리에 귀국시켜 버린 관수의 대응은 대개 엄하게 처벌되는 인삼 밀무역과 사뭇 대조적이라 하지 않을 수 없다.

이 사건의 경우 본건이 잠상에 해당되는가 하는 여부를 둘러싸고도 조선과 대마번은 각기 상반된 주장을 반복했다. 조선 측은 노보세용 은銀이 미리 건네지고 매매가 은밀하게 이루어졌다는 점을 들어 명백한 잠상이라고 단정한 데 비해, 대마번은 이것이 노보세가 아니라 조선인에게 주문해 두었던 쌀을 후일 조달받았을 뿐이라는 주장을 폈다. 그뿐 아니라 대마번은 식량에 충당시킬 쌀이 부족한 상황이라면 재관자在館者는 온갖 수단을 동원해서라도 쌀을 마련해야 한다는 입장을 내부적으로 견지하고 있었다. 공작미公作米제도가 실시되기 시작한 이래 개시무역을 통해서 일본 측에 쌀을 판매하는 것이 금지되었고, 조시朝市 때에 소량을 판매하는 것만이 허가되어 있었다. 따라서 왜관의 일본인이 공작미 외에 상당량의 쌀을 입수하기 위해서는 잠상이라는 방법에 의존할 수밖에 없었던 것이다. 모리타 역시 끝내 조선으로 송환되지 않았다.

○ 도해역관사의 밀무역

앞서 대마번의 시로스 요헤이가 계해약조의 잠상 조항을 위반했다는 명목으로 조선에서 처형된 예를 소개했는데, 필자가 조사한 바로는 시로스 요헤이 외에도 잠상이란 죄목으로 조선에서 처형된 일본인은 여러 명이 더 있었다. 그리고 그들 중에는 도해역관사가 대마도에 체재하던 중 역관사의 사행원과 잠상을 한 대마도인도 포함되어 있다. 그들은 모두 대마번 당국의 자발적인 의사로 왜관에 이송되어 처형되었다.

먼저 1713년의 사건부터 보도록 하자. 이 해 박재창을 당상관堂上官으로 하는 역관사 일행이 대마도에 건너갔는데 조선의 선장船將 안시적이라는 자가 오우라 이에몬大浦伊右衛門, 요코메橫目에게 인삼을 밀매한 사실이 드러났다. 대마번은 조선인으로부터 몰래 인삼을 사들인 오우라를 왜관으로 호송하여 조선인들이 볼 수 있는 곳에서 사형에 처하기로 결정했다. 그리고 역관사가 귀국하기 전에 이 사건을 동래부東萊府에 통보해서 안시적도 조선 국법에 따라 처벌시키기로 했다. 번 당국의 지시대로 관수는 이 사실을 동래부에 통고했고 조선은 번주藩主 종씨의 정식 서한을 수취한 후

오우라와 안시적을 대면시켜서 사실 여부를 확인한 후에 처벌하겠다는 의사를 전했다. 그러나 대마번은 독자적으로 오우라의 처형 날짜를 이듬해인 1714년 2월 2일로 확정한 뒤 예정대로 왜관 부근에서 오우라의 처형을 집행해버렸다. 조선은 이러한 대마번의 일방적인 처리에 항의했으나 관수는 오우라가 병자였다는 점, 그리고 번 당국이 조속한 집행을 원했다는 점을 들어 항변했다. 조선은 조선대로 안시적을 취조했으나 본인이 잠상 사실을 강경하게 부인했고 이미 오우라가 처형된 뒤라 그의 증언이 없는 상태에서 사실 여부를 확정짓기 어려운 상황에 놓였다.

대마번이 오우라를 일부러 조선에 호송해서 처벌한 것은 도해역관사 일행의 잠상이 빈번하게 발생했던 사정에 기인한다. 대마번측 문헌인 「조선인잠상집서朝鮮人潛商集書」(종가기록 『분류기사대강』 30)는 왜관의 잠상과 도해역관사 수행원의 잠상을 다수 수록하고 있어 역관사가 대마도에 머무는 동안 밀무역이 적지 않게 발생했음을 말해 주고 있다. 본 사건의 역관사가 사행을 준비하고 있었을 때에도 대마번은 밀무역품의 조사뿐 아니라 잠상을 자제해 줄 것을 조선 측에 거듭 요청한 바 있었다. 그럼에도 불구하고 또다시 잠상이 발생하자 대마번은 오우라를 조선인들 앞에서 처벌함으로써 도해역관사 수행원의 잠상 사실을 조선 측에 공개하려 했던 것이다. 안시적은 끝까지 사실을 인정하지 않은 채 1717년 탈옥해버린다. 조선의 문헌에 그 후 안시적의 재체포나 처벌에 관한 언급이 보이지 않는 점으로 미루어 결국 오우라만 처형된 채 이 사건은 종결된 듯하다.

또 하나의 사건은 1717년에 발생했다. 이송년을 당상관으로 한 역관사가 대마도에 건너갔을 때 역관의 종인從人 김정남이 기혜이 喜兵衛라는 자에게 인삼을 밀매한 사실이 조선 측에 통보되었다.

역관사가 사행을 마치고 귀국한지 이미 5개월이 경과한 시점이었다. 대마번은 오오우라 사건과 마찬가지로 기헤이를 조선에서 처형하기로 하고 처형 일자가 정해졌다는 사실을 조선의 역관에게 전했다. 그러자 역관은 역관사가 귀국했던 당시에 대마번이 이 사건에 관해 전혀 언급하지 않았다는 점에 큰 불만을 표시했다. 도해역관사는 수행원이 대마도에서 잠상을 했다는 사실을 귀국 후 조정에 보고하지 않았고, 따라서 이미 5개월이나 경과한 후에 그 사실이 폭로되면 이송년을 비롯한 도해역관들의 입장이 난처해지기 때문이었다. 대마번은 통보로부터 불과 2일 후 왜관 부근에서 기헤이를 처형했다. 공교롭게도 기헤이의 상대로 지목된 김정남의 처벌에 관한 기사 역시 발견되지 않는다.

위의 두 사건은 대마도에서 잠상을 저지른 대마도인을 조선에 보내서 처벌하는, 다소 이례적인 조치가 취해진 사건이었다. 역관사의 사행에 편승해서 발생하는 잠상이 끊이지 않자 해당 대마도인을 일부러 조선에 보내서 처형함으로써 조선인에게는 자성을 촉구하는 동시에, 번내적으로는 외국에서의 굴욕적인 죽음이라는 처벌 형식을 통해 일종의 '본보기적인 징계' 효과를 노린 것이 아닌가 생각된다. 또한 대마도인 중에는 일단 귀국했던 사람이 왜관 체제시의 잠상 행위가 후일 발각되어 다시 조선에 보내져 처벌된 경우도 있었다.

위에서 소개한 사례는 사행원 중 한 개인의 잠상에 해당되지만 도해역관사의 잠상 중에는 도해역관이 실제로 직접 가담했거나 또는 정황이나 매매물품으로 미루어 복수의 공모 내지는 도해역관의 가담 가능성이 큰 사례도 눈에 띈다.

1703년에는 한천석을 당상관으로 한 역관사가 구번주舊藩主, 종의진宗義眞의 서거 조문과 신번주宗義方의 승습承襲 축하를 위해 대마도로 출발했으나 도중 사스나佐須奈 항구에서 2, 3리 떨어진 해역에서 풍파를 만나 배가 침몰하고, 도해역관 이하 수행원 108명, 동승했던 대마도인 등 승선자 전원이 익사하는 비극적인 사고가 발생했다. 그런데 이 사고 이후 왜관과 조선인들 사이에서는 침몰한 배에 밀무역품이 적재되어 있었다는 소문이 떠돌았다. 관수는 "역관들은 출선 당일 날씨가 그리 좋지 않은 데도 출발을 서둘렀고, 그 이유를 물었더니 배에 300, 400근의 인삼이 있어서 지체하다 동래부사의 조사가 시작되면 곤란해진다고 대답했다"라고 발언하기도 했다. 대마도에 도착하기 전에 배가 완파되었고 사행원 전원이 익사한 탓에 밀무역품의 적재 여부를 확인할 길은 없지만 그로부터 약 20년 후 역관사 일행은 실제로 집단 잠상을 시도했다.

1721년 도해역관 최상집을 필두로 사신단 전원이 공모하여 적어도 200근 이상에 이르는 인삼을 대마도로 밀반입한 사실이 발각된 것이다. 그 무렵 대마번이 에도의 인삼좌人蔘座에서 소매로 판매한 인삼이 1년간 550근, 오사카에서 4근, 교토에서 9근이었으므로 한 차례의 밀무역에서 동원된 인삼 수량으로는 가히 사상 최대 규모였다. 인삼은 배 밑바닥, 종씨에게 줄 예물상자 등에 숨겨져서 반입되었고 대마도의 항구에 도착한 시점부터 현지의 상인 등을 상대로 거래되었는데 이 밀거래에는 대마번의 관리들도 다수 연루되었다. 대마번은 사후 처리를 둘러싸고 고심한 끝에 조선 정부에 사실을 통보하지 않기로 한 대신 막부로부터 하달된 조선 약재藥材조사 명령을 수행하는 데에 잠상의 주범격인 역관들을 활용하는 방책을 취했다. 당시의 쇼군 요시무네吉宗는 의약행정 사업의 일환으로 일본 국내의 약초류 조사를 추진 중이었고 조선의 의학과 약초류에도 깊은 관심을 갖고 있었다. 이에 대마번은 역관들의 협력 하에 단기간 내에 조선 약초에 관한 조사 결과를 막부에 보고할 수 있었고 조선의 인삼 생초生草가 요시무네에게 헌상되어 이는 마침내 후일 인삼의 일본 국내 재배로 이어지는 결과를 낳았다.

이러한 여러 사례에서도 드러나듯이 도해역관사와 연관된 잠상이 대마도에서 자행된 명백한 밀무역임에도 불구하고 그들의 불법 행위가 조선에서 철저하게 규명되어 엄정한 처벌 조치가 내려졌다는 기록은 대단히 적다. 그것은 잠상이 행해진 곳이 조선이 아닌 일본이라는 점을 이용해서 역관사 스스로 일행의 과실을 은폐하기 위해 가능한 정부에 보고하려 하지 않았기 때문일 것이다. 또한 대마번으로서도 역관사의 잠상이 빈발하는 현실에 난색을 표명하면서도 대조선 교섭에 있어서 실무를 담당하고 있던 조선 역관의 위치와 능력을 중시해야 하는 입장이었기 때문에, 막상 잠상이 발각되어도 그것을 일일이 조선 정부에 알리고 항의하는 식의 대응을 자제하는 측면이 없지 않았다. 종가 기록과 조선 문헌에 수록된 도해역관사의 잠상 건수가 극단적으로 상이한 점이 이를 뒷받침해 준다.

◦ 막부법(쇄국)을 어기고 조선 연안에 도항한 일본인들

앞서 언급한 바와 같이 에도시대의 일본은 막부의 쇄국정책으로 인해 자국민의 해외 도항이 금지된 상태였으나 막부의 법을 어기고 조선 연안까지 직접 도항해서 밀무역을 감행하는 발선拔船

(누케부네)이 실제로 존재했다. 대표적인 사건 두 개를 들면 다음과 같다.

1667년 무기 밀수 조직의 적발 사건은 현재 가장 널리 알려진 발선 사건이자 일본 측 관계자의 규모, 매매된 물품의 수량 면에서도 최대 규모였다. 하카다博多의 거상 이토오 코자에몬伊藤小左衛門을 비롯하여 나가사키長崎, 대마번, 후쿠오카福岡번, 오사카大阪의 주민 등 자금 제공자와 도항 실행자는 도합 수십 명에 이르렀고 네 차례의 도항을 통해(도항시도는 총 7회) 다량의 무구류(갑옷, 창, 도검刀劍, 조총, 초황硝黃)가 조선 측에 밀매되었다. 한편, 1725년에 적발된 이시바시 시치로에몬石橋七郎右衛門 사건의 경우 주범 격인 대마번의 초닌 이시바시 시치로에몬을 포함하여 히젠肥前 지역의 주민들로 구성된 집단(3~6명)이 1723년부터 1725년까지 여섯 차례 조선 도항을 시도했고 그 중 네 차례는 조선 연안에 도달하여 조선인으로부터 인삼을 구입하는 데 성공했다.

이러한 발선 사건은 왜관 내외에서 발생한 잠상이나 사행에 부수된 잠상에 비해 자료상에 기록된 횟수가 현저하게 적은 편이다. 양국의 무역품과 상인이 집중되는 왜관이 잠상을 하기에 비교적 용이한 장소였던 반면 막부의 쇄국령과 대마번의 선박 감시체제를 뚫고 조선까지 항해를 감행하는 일은 상대적으로 위험 부담이 높았기 때문이었을 것이다. 따라서 대마번 주민뿐만 아니라 타지역의 주민들이 대거 참가하는 발선 사건에는 의례 대마번의 주민이 중심적인 역할을 수행하곤 했다. 그것은 그들이 왜관 무역의 경험을 통해 조선 무역의 이점, 항로, 왜관 부근 연안지역의 지리 등을 숙지하고 있었고 조선측 거래 상대를 확보할 수 있는 기회가 있었기 때문이었을 것이다.

어쨌든 발선은 해외 도항 금지, 금매품의 거래라는 막부의 법령을 위반한 행위이므로 막부가 사건의 조사와 사후 처리에 직접 관여했고 주모자에게는 사형이라는 극형처벌이 가해졌다. 또한 1667년의 사건 및 이시바시 사건의 경우 에도 막부는 대마번을 매개로 조선에 사신(차왜)을 파견하여 밀무역이 적발되었다는 사실을 알리고 조선측 내통자의 색출과 처벌을 요구했다. 그러나 조선 정부는 향후 잠상을 금압하겠다는 의사를 사신에게 전했을 뿐 두 사건 모두 조선측 내통자를 적극적으로 색출하지는 않았다. 1667년 사건 때는 당시 일본의 무구류에 관심이 많았던 조선 정부가 밀수입된 무구류를 수용했다는 내부 사정이 있었고, 이시바시 사건의 경우에도 정확한 이유는 알 수 없으나 조선측 동조자의 색출 조사를 실시한 흔적은 보이지 않는다. 발선이라는 형식의 밀무역에 대한 조선의 금압 인식이 일본에 비해 상대적으로 미약하지 않았나 생각된다.

조선 후기의 잠상은 조선과 일본 양국에게 있어 금압의 대상이었고 그렇기에 적발 시에는 극형이라는 중벌이 적용되었지만 왜관에서의 잠상, 사행 시의 잠상, 발선 등 잠상의 형태와 장소에 따라 처리에 임하는 양국의 태도와 중요도의 인식에는 적지 않은 격차가 존재했다.

─────────── 참고문헌 ───────────

山脇悌二郎, 『拔け荷』, 日本経濟新聞社, 1965.

田代和生, 「渡海譯官使の密貿易―對馬藩＜潛商議論＞の背景－」 『朝鮮學報』 150号, 1994.

荒野泰典, 『近世日本と東アジア』, 東京大學出版社, 1988년.

荒野泰典, 「小左衛門と金右衛門―地域と海禁をめぐる斷章―」 『海と列島文化』 10, 小學館, 1992.

윤유숙, 「近世癸亥約條の運用實態について―潛商・闌出を中心に―」 『朝鮮學報』 164号, 1997.

윤유숙, 「石橋七郎右衛門の拔船事件と申禁使」, 田代和生監修 『マイクロフィルム版對馬宗家記錄　第Ⅲ期倭館館守日記・裁判記錄別册上』, ゆまに書房, 2004.

부산의 왜인촌이었던 왜관

장 순 순(친일반민족행위진상규명위원회)

◦ 이국 문화의 창구 역할을 한 왜인촌

17세기 이후 동아시아 국가들은 각각 쇄국와 해금海禁이라는 이름으로 자국인들이 해외에 나가거나 거주하는 것을 철저하게 금지하였다. 물론 외국인들이 자국 내에 들어와 일정 기간 거주하는 것도 금지하였기 때문에 각국에서는 최소한의 필요에 부응하여 일정한 지역에 '외국인 특별거류지'를 만들어 그곳에서만 머물도록 하였다. 이것은 외국인을 일정한 구역 안에 머물게 하여 응접한 중국식의 방법을 따른 것으로, 이러한 예는 네덜란드 상관이 설치된 일본 나가사키長崎의 데지마出島와 중국인들의 거주지인 도진야시키唐人屋敷, 중국의 복주福州와 일본의 가고시마鹿兒島에 류큐들을 위해 설치된 류큐관琉球館에서 찾아볼 수 있다. 이들 외국인 마을들은 쇄국 상태에서 이국 문화의 유입과 전달을 위한 창구로서 중요한 역할을 하였는데, 이 외국인 마을이 우리나라에서는 그

보다 훨씬 앞서서 조선 초기부터 존재하였다고 하면 믿을 수 있을까? 고개가 갸우뚱거려지겠지만, 쇄국의 조선에서도 일본인들이 마을을 이루어 살았던 왜인촌이 존재했다. 지금의 부산에 있었던 '왜관'이 바로 그것이다.

◦ 삼포왜관에서 초량왜관까지

'왜관'이란 조선에 있었던 일본인의 거류 지역으로, 일본에서 건너온 사자들을 응접하는 접대처使館이자 숙박처客館이며, 조일 양국간의 무역처商館를 말한다. 그러나 조선 초기 설치 당시 왜관 본래의 성격은 일본인 사절을 위한 '객관'이었다. 왜관이 창설될 당시인 15세기 초 무렵에 조선 정부는 무역상의 이익을 구하기 위하여 쇄도하는 일본인 도항자를 통제하고 견제할 필요가 있었다. 그래서 조선은 조선에 건너오는 사람에게 아시카가 장군足利將軍・슈고 다이묘守護大名・대마도주 등이 발행하는 도항증의 휴대를 의무화시켜 그들로 하여금 증답품의 교환이나 무역에 응하도록 하였다. 더우기 국가적인 기밀의 누설, 밀무역의 횡행 등 많은 문제가 발생하자 정부는 일본인들이 민간에서 우리 백성들과 섞여 사는 것을 금지하고 그들을 한꺼번에 관리해야 할 필요성을 느끼게 되었다. 그 결과 조선 정부는 입항소入港所를 부산포富山浦(부산)와 제포薺浦(웅천)로 정하고 각각에 응접 의례에 필요한 시설을 설치하여 그들을 접대토록 하였는데, 이것이 '왜관'의 시작이었다. 입항소는 그후 염포鹽浦(울산)가 추가되어 왜관은 '삼포왜관'으로 불렸다. 그리고 상경하는 일본 사자들을 위해서는 수도 한양에 별도로 동평관을 설치하여 접대하였다.

그러나 일본에서 건너온 사람 가운데 귀국하지 않고 왜관에 머물러 물품의 거래에 종사하면서 왜관 가까이에 집을 마련하여 처자와 함께 영주하는 자가 증가하게 되었다. 그 수는 15세기 후반이 되면 남녀 3,000명 이상이 되었기 때문에 상당한 규모의 일본인촌을 이룰 수 있게 되었다. 그래서 이제 왜관은 단순한 객관이라기보다 조일 무역의 거점인 '상관'으로서 기능을 겸하게 되고, 또한 다수의 일본인을 수용하는 거주지구의 기능도 갖게 되었다. 그러나 포소에 위치한 왜관은 1419년 대마도 정벌, 1510년 삼포왜란, 1544년 사량진왜변 등 조일 간의 격한 역사의 흐름 속에서 증설, 이전 혹은 폐쇄를 반복하게 되어 16세기 중반에는 부산포 1개소로 한정되는 선례가 정착되었다.

임진왜란으로 왜관을 폐쇄한 조선은 강화교섭을 위하여 쇄도하는 일본 사자들을 맞이하기 위해 1601년에는 절영도(영도)에 임시 왜관을 설치하여 그들을 접대하였다. 이후 조일 양국 간에 국교가 재개되면서 무역과 외교 교섭을 위한 장소로서 왜관의 설치가 필요하게 되자 조선은 1607년 두모포에 정식으로 1만 여평 규모의 왜관을 설치하고, 1609년에는 서울에 있던 동평관을 폐지하였다.

두모포왜관(수정 2동) 성립 이후 부산에 위치한 왜관이 대일외교와 무역 등의 업무를 전담하게 됨으로써 포소왜관이 차지하는 비중이 조선 전기와는 달리 크게 강화되었다. 그것은 조선 전기에 도항하여 왔던 일본 사자들의 상경로가 임진왜란 때 침략 경로로 이용되었고, 대조선 외교를 담당하였던 대마도인들이 그 길잡이 역할을 하였기 때문에 조선은 일본에서 건너오는 모든 사자들에 대해서 상경을 금지하였던 것이다. 따라서 조일 외교와 무역 업무가 이루어진 장소가 부산에 있는 왜관에 한정되게 되었고, 조선은 왜관에 상주하는 관리들을 파견하여 왜관에서 일어나는 모든 일을 전담케 함으로써 포소왜관은 대일교섭에 있어서 접대처, 무역처로서, 숙박처로서 기능을 모두 수행하게 되었던 것이다.

그러나 두모포왜관은 설치 당시부터 수심이 얕고, 장소가 협소할 뿐만 아니라 선창이 남풍을 직접 받는 위치에 있어서 배를 정박시키기에 부적절한 곳이었다. 그래서 대마도는 수차례에 걸쳐 왜관을 부산성 안으로 이전해 줄 것을 요청하였다. 이러한 대마도의 왜관 이전 요구는 1640년부터 시작하여 1673년 초량으로 왜관 이전을 결정할 때까지 33년 동안 8차례에 걸쳐서 행해졌다. 대마도의 거듭된 이관 요구를 거절하던 조선은 급기야 1673년에 초량으로 이관을 결정하고, 1678년에는 초량왜관으로 옮김으로써 조일 교섭은 초량왜관 시대를 맞이하게 되었다. 조선이 이관 불허라는 기존의 입장을 뒤집고 초량으로 왜관을 이전하게 된 배경에는 대마도의 요구를 수용해줌과 동시에, 흐트러진 왜관 통제의 재정비와 기유약조 이후 누적되어 온 대일정책상의 문제점들을 왜관 이전이라는 사안을 통해서 총체적으로 해결하기 위한 목적이 있었다.

초량왜관이 낙성된 것은 1678년 4월이며, 기록에 의하면 이전하는 날(23일) 구왜관으로부터 관수 이하 450여 명의 대마도인들이 신관에 들어갔다고 한다. 초량왜관은 1678년 4월 23일부터 1873년 일본 메이지 정부의 외무성에 접수되기까지 약 200년간 대일 외교와 무역의 장이 되었다.

◦ 용두산 주위에 자리잡은 십만 평의 초량 왜관

　1607년에 설치된 두모포 왜관은 동서 126칸, 남북 63칸의 약 1만 평의 넓이로 동쪽은 바다에 접하였고, 남쪽·북쪽·서쪽에 담을 둘러서 외부와 접촉을 차단하였다. 그러나 건물이 좁을 뿐만 아니라 수심이 얕고, 남풍을 직접 접하고 있기 때문에 평상시에도 배가 떠내려가지 않도록 배를 육지에 끌어올려 놓아야 할 만큼 선창의 여건이 좋지 못하였으며 설치 당시부터 이관의 소지가 있던 곳이었다.

　한편, 1678년에 새롭게 건설된 초량왜관의 면적은 동서 350칸·남북 250칸으로 약 10만 평 내외였다. 그것은 면적이 구왜관인 두모포왜관보다 10배에 해당하는 것이었고, 일본의 외국인 거류지로 나가사키에 설치된 도진야시키(약 1만 평)의 10배, 데지마(약 4천 평)의 25배에 달하는 면적이었다.

　초량왜관은 남쪽과 동쪽은 바다에 접하였고, 두모포 왜관에서 문제가 되었던 선창은 동쪽에 설치되어 있어서 용미산으로 남풍을 막을 수 있었다. 왜관의 중앙에는 용두산이 있었는데 이 산을 경계로 서관과 동관으로 나뉘었다. 서관(신창동 쪽)에는 대마도에서 파견된 정례 사절이 체재하던 숙소인 서관 삼대청西館三大廳(第一船·參判·副特送)과 육행랑이 나란히 건립되어 있어서 '객관'으로서의 기능을 하였다. 여기에 들어오는 사람들은 사절의 역할이 끝나면 바로 귀국하기 때문에 비교적 단기간 체재하였다. 동관(광복동, 동광동 쪽)에는 관수의 숙사 겸 집무소인 관수왜가館守倭家를 비롯하여 조선 사람들과 대마도인들이 거래를 하던 개시대청開市大廳·재판왜가裁判倭家(이상 동관삼대청東館三大廳)와 절·신사가 있었고, 일시적이긴 하지만 조선 흙으로 도자기를 굽는 요지도 있었다. 또 해안쪽으로는 선원의 숙소나 검역을 위한 건물과 창고가 세워져 있고, 포구의 선창에는 두 개의 다리가 놓여 있었다. 동·서관에 있는 삼대청 건물들은 조선 정부에서 세워준 것이었다.

그리고 왜관 북쪽에는 사자를 응접하는 연향대청宴饗大廳이 있으며, 사자를 응접하기 위해 오는 조선측 관리가 머물던 유원관柔遠館, 역관이 머물렀던 성신당誠信堂, 국왕에 대하여 숙배를 행하는 객사 등 외교 의례를 위한 건물 내지 조선측 관리의 숙사 등이 있었다. 동관이 왜관 운영에 종사하는 사람들이 거주하는 구역으로 경제적인 활동을 위한 장소라고 한다면, 서관은 외교 활동을 위한 장소라고 할 수 있다. 대마도에서 조선에 파견된 사자들은 예외 없이 모두 이 서관에 들어가서 소정의 응접 의례를 행했다.

외부와 접촉을 금하기 위해서 왜관의 주위는 높이 6척의 돌담으로 둘러 쌓았고, 출입구는 두 개(수문守門과 연석문宴席門)뿐이었다. 담 밖에는 6개에 달하는 복병소伏兵所가 있어서 조선 병사가 항상 엄중한 경비를 하였다. 따라서 왜관 거주자들이 관 밖으로 출입을 할 경우에는 모두 이곳에서 체크되었으며, 봄과 가을의 춘분과 추분 때 구왜관(왜관에서 죽은 사람들의 묘가 있음)에 성묘하는 것 이외에는 일체의 여행도 금지되었다. 또한 조선 측의 관리나 상인 등의 출입도 소정의 통행증에 의해 하나 하나 체크되었는데, 이 규정을 어긴 자는 양쪽 모두 엄중한 처벌의 대상이 되었다.

◦ 조일 외교 및 무역의 중심 역할을 담당한 사람들

왜관의 운영을 위해서 조선과 일본은 각각 자국의 관리를 파견하였다. 먼저, 조선측 관리를 살펴보자. 조선시대 대표적인 대일외교 규정집인 『증정교린지』에 의하면 조선측 관리로서 왜관에 고정적으로 근무하는 사람은 대략 150여 명이었다. 그러나 그 종자들까지 포함하면 상당한 수에 이를 것으로 추정된다. 주요직으로는 일본에서 사신이 파견되어 왔을 때 접대 및 통교 사무를 담당하던 접위관接慰官과 동래부에 소속된 역관으로서 접위관과 일본사신 간에 왕복하는 모든 일을 알선하는 차비관差備官・훈도訓導와 별차別差・소통사小通事, 일본인이 조선 근해에 표착했을 때 조사 및 구호를 위해 파견된 관리인 문정관問情官이 있으며, 이 외에 수문장守門將, 설문장設門將, 소동小童, 관지기, 예단지기, 사령使令, 파발군撥軍 등이 있었다.

한편, 왜관에 파견되어 상주하는 일본인은 모두 대마도주의 가신들로서, 관수를 비롯하여 재판裁判・대관代官・동향사승東向寺僧 등 이들 왜관사역倭館四役이 조일 간의 외교와 무역의 중심적 역할을 담당하였다. 관수는 1637년(인조 15)에 파견되기 시작하였는데 임기는 2년으로 일본 외무성에 왜관이 접수되었던 1873년까지 95명이 부임하였다. 관수는 왜관 내 일본 측 최고 책임자로서 왜관 내 업무를 총괄하는 것이었다. 보다 구체적으로는 관내 규약의 준행, 조선과 통교 무역의 원할한 수행, 조선과 중국 방면의 정보 수집과 통보, 외교 서한의 검사, 관수일기每日記의 작성 등이다. 재판은 조일간의 특수한 외교교섭을 위해 파견되어 오는 관리로서 왜관에 머무는 일수가 정해지지 않았는데, 1681년 이후로는 점차 상주관리화 되었다. 18세기 이래 재판차왜는 조일간 외교의 실질적 추진자로서 점점 그 중요성이 증대하여, 파견된 목적에 따라 신사영송재판信使迎送裁判·역관영송재판譯官迎送裁判·공작미년한재판公作米年限裁判·간사재판幹事裁判 등이 있었다. 동향사승은 외교문서의 작성·심사·기록을 담당했던 외교승으로 1년 내지 2년의 임기로 윤번제로 근무하였다. 형태와 임무에서 막부가 대마도에 파견하였던 이정암以酊庵의 윤번승輪番僧과 유사하다. 대관은 무역의 매매 교섭과 결제, 조선에서 지급되는 각종 물품의 수취나 재촉 등 경제면을 담당하는 관리이다. 대관의 기원은 1611년부터라고 할 수 있으나 공식적으로 인정된 것은 1635년 겸대제도兼帶制度 실시 이후 대마도주가 24명의 대관을 파견하면서부터였다. 이후 대관의 숫자는 20명(1679), 10명(1683) 등으로 변화가 있었으나 대개 20여 명으로 운영되었다.

이외에도 통역을 담당하는 통사, 왜관 내 물품과 사람을 검문하는 등 왜관의 경비를 담당하는 요코메橫目·메츠케目付, 조선의 매를 배에 선적할 때까지 사육·관리하는 응장鷹匠, 거류민의 건강을 관리하는 의사, 왜관 내에서 그릇을 제작하는 도공, 관내의 일용품 조달을 담당하는 우케오이야請負屋, 화물의 선적과 항해에 빼놓을 수 없는 수부水夫 등이 있는데 이들은 동관에 위치한 각각의 주거에서 생활하였다. 이들은 에도시대 유일하게 해외에 머물면서 대조선 외교와 무역 업무를 담당하였다.

◦ 왜관은 남자들만 사는 마을

왜관의 규모에서도 상상할 수 있듯이 관내에는 여러 종류의 사람들이 생활하였다. 거주 기간은 서관보다 동관에 거주하는 사람들이 길었는데, 1년 내지 2년, 길어도 3년 정도였다. 먼저, 왜관의 주민은 대마도인으로서 대마도주의 허가를 받은 사람만이 될 수 있었고, 가족이나 여성의 동반이 금지되었다. 여성의 동반이 금지된 것은 나가사키의 데지마에 거주하는 네덜란드인과 도진야시키의 중국인의 경우도 같았지만 왜관에서는 유녀遊女 등의 입관도 금지되었다. 따라서 여성이 왜관에 들어가다가 발각되면 관련자가 사형에 처해질 정도로 경계가 엄중하였다.

현재로서는 왜관에 거주한 인구가 정확히 얼마였는지 알 수 없지만, 1678년 두모포왜관에서 초량왜관으로 이사하던 날 관수 이하 450여 명이 새로운 왜관에 들어갔다는 기사로 보아 왜관에서 장기간 체재하는 주민은 대체로 400~500명 정도였던 것으로 추정할 수 있다. 여기에 사자 등 단기간 체류하고 귀국하는 사람의 숫자를 더하면 때에 따라서는 600~700명까지도 이르렀을 것이다. 이러한 왜관 거주 인구는 당시 대마도의 총인구가 3만 명이었다는 것을 감안하면 대마도 인구의 약 1.5%가 왜관에 거주하고 있는 것이 된다. 특히 왜관에는 여자의 거주가 금지되었으므로, 성년 남자에 한하면 5%, 즉 대마도인 20명 당 1명의 비율로 왜관에 거주한 것이 된다.

왜관 주민의 생활은 기본적으로는 일본식이었을 것으로 보인다. 우선 왜관 내 건물을 보면 조선 정부에서 지어준 건물인 경우에도 외관은 조선식이었지만 건물 내부는 일본식으로 되어 있었다. 식생활도 양국에서 같이 생산되는 산물이 많기 때문에 생활에 필요한 필수품 가운데 조선에서 조달할 수 있는 것이 상당히 있었다. 예를 들면 생선과 같은 식료품이나 일용품 등은 왜관 근처에 사는 농민과 어민이 이른 아침 왜관의 수문 밖에서 여는 아침 시장朝市에서 거의 조달이 가능하였고, 쌀도 구입이 가능하였다. 다만 조선에서 조달할 수 없는 것들은 우케오이야라는 상인이 특정 물건에 한해서 문자 그대로 청부제로 공급하였다. 특히 방물집·술집·두부를 파는 집·다다미를 파는 집·염색집 등은 우케오이야를 통해서 왜관에서 개점을 한 경우가 많았다. 그중 술은 '남자들만의 마을'이었던 왜관에서는 필수적인 물품이었다. 조선 술은 막걸리와 같은 탁주가 주류이지만, 일본에서는 에도시대 초기부터 청주가 주류를 이루었다. 육식을 하지 않는 일본인들의 식습관으로 인하여 두부는 중요한 단백질원이었기 때문에 일상적인 수요가 높은 식품이었다. 조선 두부는 단단하여 일본인의 입맛에 맞지 않았으므로 술과 함께 음식문화가 다른 왜관에서 제조와 판매가 이루어졌다. 한편, 다다미를 파는 가게가 있었다는 것은 왜관건물의 실내가 일본풍이었음을 보여주는 것이다.

왜관은 일본인의 해외 거주지였던 만큼 조선인의 눈을 의식하여 만들어진 여러 가지 규정이 있었다. 우선 의생활에서는 '왜관의복의 제和館衣服之制'를 준수해야 했다. 각각의 신분에 따라서 의복의 종류가 상세하게 정해져 있었는데, 일본 국내에서는 검약령으로 목면의 착용이 의무화되었을 때에도 거꾸로 왜관에서는 사치품으로 금지된 비단의 착용이 지시되었다. 식생활에서도 규정이 있었다. 일본인들끼리 식사를 할 때는 국 하나와 반찬 세 가지로 한정하였지만, 조선인이 참석하는 모임에서는 음식을 각별하게 준비하도록 하여 국 두 가지와 일곱 가지의 반찬 혹은 국 한 가지와 다섯 가지의 반찬으로 상당히 성대하게 준비하였다. 그 밖에도 '훈도시 차림으로 밖에 나가지 말 것', '큰 소리를 지르지 말 것', '싸움을 할 때 상대방을 때리지 말 것' 등 이국인인 조선인의 눈을 의식하여 상세하게 규정한 금령들이 많이 있었다. 이를 보아 왜관에 체류하는 일본인들이 조선인들에게 멸시당하지 않으려는 의도가 있었음이 분명하다.

왜관 내에서만큼은 일본적인 것이 유지되었다는 측면에서 왜인촌이라 말할 수 있을 것이다. 일본 학자들은 이 점을 강조하여 왜관을 마치 현대적인 개념의 치외법권 지역으로 미화시키기도 한다. 그러나 분명히 알아두어야 할 것은 왜관은 조선의 땅에 조선이 지어준 것이다. 더욱이 왜관의 운영은 조선이 정한 통교규정에 따라 이루어졌으며, 대마도주의 책임 하에 그 사용을 허가한 데 지나지 않는다는 것이다.

참고문헌

윤유숙, 「近世癸亥約條の運用實態について－潛商·蘭出事例を中心に－」『朝鮮學報』164, 1997.

윤용출, 「17세기 두모포 왜관의 이전 교섭」『한국민족문화』13, 부산대학교 한국민족문화 연구소, 1999.

장순순, 『朝鮮時代 倭館變遷史 研究』전북대학교 박사학위논문, 2001.

長正統, 「日鮮時代における記錄の時代」『東洋學報』50-4, 1968.

中村榮孝, 「浦所の制限と倭館の設置」『日鮮關係史の研究』上, 吉川弘文館, 1965.

田代和生, 「草梁倭館の設置と機能」『日朝通交貿易史の研究』, 創文社, 1983.

村井章介 外, 「三浦から釜山倭館へ－李朝時代の對日交易と港町－」『青丘學術論叢』3, 韓國文化研究振興財團, 1993.

田代和生, 『倭館－鎖國時代の日本人町』文藝春秋, 2002.

재건과 수리가 끊이지 않았던 부산의 왜관

윤 유 숙(고려대학교 일본학연구센터)

◦ 무역의 거점이었던 왜관

조선 후기(근세 일본)의 한일관계에 있어서 실질적인 통교 업무가 부산의 왜관豆毛浦倭館, 草梁倭館에서 수행된 것은 주지의 사실이다. 초량왜관은 당시 동아시아 지역에 존재했던 외국인 무역거점 중에서도 최대 규모를 자랑했다. 부지의 규모만도 약 10만 평이었는데 당시 동아시아 지역의 외국인 무역거점이었던 나가사키長崎의 도진야시키唐人屋敷(1만 평), 데지마出島(4천 평), 가고시마 류큐칸 鹿兒島琉球館(약 3600평), 중국의 복건유구관福建琉球館(명대明代에 약 1700평) 등과 비교해 보면 초량왜관이 압도적으로 광대했다는 점은 확연해진다.

초량왜관에는 무역과 외교업무를 수행하기 위해 도해한 대마번인들이 평균 400~500명 정도 항시 체재하고 있었고 왜관 내외에는 이들 대마번인들을 수용하고 통교 업무를 수행하는 데 필요한 다양한 기능의 건축물들이 조영되어 있었다. 우선 관내에는 대마번 측의 외교 사절·관리·초닌町人 등이 기거하는 숙사와 각종 부대시설이 있었고, 관외에는 외교 의례용 건물(연향대청, 객사), 조선측 역관譯官의 집무소, 경비시설과 같은 부속시설이 배치되었다. 거의 200년에 걸친 존속기간 동안 수백 명의 일본인이 항상적으로 체재하면서 통교 활동 뿐만 아니라 일상적인 생활을 영위했던 장소였던 만큼 건축물의 자연 손상은 물론이거니와 화재 등으로 인한 소실이 빈번하게 발생했음은 그리 어렵지 않게 상상할 수 있다. 그렇다면 조선 후기 조선 국내에서 유일한 "일본인의 공간"이던 왜관, 이곳을 구성하던 건축물들은 거의 300년 가까운 세월동안 어떻게 관리되었던 것일까. 본고는 두모포왜관과 초량왜관 의 관리실태를 살펴보고자 한다.

° 두모포왜관의 개수

조선 후기 한일 간의 국교가 재개되면서 정식으로 왜관이 설영된 곳은 부산 두모포였다. 두모포왜관은 부산진에서 서쪽으로 5리 정도 떨어진 곳(당시의 부산성釜山城 근방, 현재의 동구 수정동 일대)에 위치하며 넓이는 약 1만 평 정도였는데 현재 두모포왜관의 조영과정, 내부구조, 수리의 실태를 전하는 문헌기록이 대단히 희소한 까닭에 조영과 관리 실태를 구체적으로 파악하기는 쉽지 않다. 다만 얼마 되지 않는 단편적인 사료에 의하면, 두모포왜관은 동쪽을 바다에 접하고 있으면서 남, 북, 서 삼면에 담을 둘러쳤고, 안쪽에는 동관東館, 서관西館으로 지칭되는 건물이 있었다고 한다.

관사가 협소했을 뿐만 아니라 선착장에도 결함이 많아서 일찍부터 대마번이 조선 측에 개축과 증축을 빈번히 요구했고, 조영된 지 몇 년 되지 않은 1611년에 왜관 내측의 건물 배치가 변화한 듯하다.

두모포왜관의 수리작업 중 비교적 그 상황을 구체적으로 알 수 있는 것이 동관·서관 전체 수리(1646~1648년)이다. 대마번주 소오 요시나리宗義成는 1644년 관수館守 후루가와 이에몬古川伊右衛門을 통해 관사가 노후하여 보수가 필요하다는 뜻을 조선 예조에 전하였고, 예조는 수리를 이듬해에 실시하도록 지시했다. 왜관의 전체 수리는 1646년부터 1648년에 걸쳐 실시되었는데 이 때 대마번은 왜관보청봉행倭館普請奉行, 왜관성조감동차왜倭館成造監董差倭을 위시하여 총 70여명의 수리관계자(목수와 인부 등으로 구성된 토목기술자집단)를 왜관에 파견했다. 대마번이 대규모의 수리 관계자 집단을 왜관에 파견한 것은 이것이 처음이었다. 비변사備邊司는 대마번의 수리관계자에게 소정의 수공은手功銀과 공궤미供饋米를 지급하도록 했고 수리 작업에는 조선측 인력도 동원되었다.

이처럼 왜관 개수시에 대마번의 토목공사 관계자 집단이 왜관에 와서 작업에 참가하고, 조선이 그들에 대한 임은賃銀·요미料米, 건축자재의 조달 등 전 비용을 부담하는 관례가 이때부터 시작되었다. 이 전체 수리는 두모포왜관에서 실시된 수리 가운데 가장 대규모 수리이자 유일한 전체 수리이기도 했다. 단편적인 사실이기는 하나 두모포왜관에 화재가 빈발했던 시기(1671~1674년)에는 가옥假屋을 조성하기 위해 대마번의 기술자와 인부가 소규모로 파견되어 오는 일이 있기도 했다.

◦ 초량왜관의 조영과 개수

앞서 언급한 바와 같이 두모포왜관의 입지조건에 불만을 품고 있던 대마번은 1640년부터 왜관의 이전에 대해 거론하기 시작했고 이후 조선 정부와 대마번은 오랜 이관移館교섭을 거친 끝에 1673년 조선 정부가 초량으로 왜관을 이전하도록 허가했다.

1675년 대마번의 신관감동차왜新館監董差倭가 초량왜관을 조영하기 위해 목수 등을 포함한 관계자 약 150명을 이끌고 왜관에 도착했다. 신축공사는 1675년 6월부터 8월에 걸쳐 선창을 축조하는 작업부터 시작되어 부지의 지면을 고른 후 이듬해 1676년부터 양국 인부의 공동작업 하에 본격적인 건물 축조에 돌입했다. 건축 재료인 목재와 기와는 기본적으로 조선이 조달했으나 두모포왜관에 없었던 대관옥代官屋, 장藏, 횡목옥横目屋, 응사鷹師숙사 등에 들어가는 목재와 기와에 한해서는 대마번이 자체 조달했다. 즉, 서관삼대청(첨관옥), 동관삼대청(재판옥·관수옥·개시대청)과 같이 무역, 외교 업무상 주요한 역할을 하는 관사나, 연향대청과 같은 부속시설, 또는 두모포왜관 시절부터 설치되어 있었던 일부 가옥에 관해서는 조선이 축조 비용을 부담했으나 초량왜관에서 신설된 가옥에 관해서는 대마번이 축조 비용을 부담하도록 했다. 이처럼 초량왜관을 처음 건축하는 단계에서 이루어진 조선과 대마번의 조영 비용 분담은 이후에 있어 관리 책임의 분담 및 관리 비용의 분담으로 이어졌다. 관리 비용의 분담에 관해서는 후술하도록 하겠다.

동관의 구획 분할은 대마번이 결정했고 수문守門에는 두모포 시절에는 없었던 안측 열쇠(대마번이 관리)와 내번소內番所가 설치되었다. 관내의 건설이 어느 정도 마무리된 시점에서 왜관 외측에 연향대청, 객사[客舍, 肅拜所] 등의 부속시설이 배치되었다. 공사는 1678년 3월에 완료되었고 4월에 500명에 가까운 일본인과 선박이 새로운 초량왜관에 입주하였다.

초량왜관의 건설은 조선과 대마번 양측의 대규모 인력 동원과 3년에 걸친 작업을 통해 완성되었다. 대규모 공사였던 만큼 조선의 지출도 컸다. 조선은 자재 조달 이외에도 대마번의 인부 150명에게 약 2년분의 역가은役價銀과 반미飯米를 지급해야 했다. 두모포 왜관의 전체 수리(1646년) 때 지불한 수당과 비교하면 역가은은 이전과 같은 금액이었지만, 초량왜관 신축공사에서는 쌀만 지급받는 인부의 쌀 수취량이 1인 1일 3升에서 5升으로 인상되었다. 조선은 대마번 인부에게 지급되는 쌀을 경상도 세미稅米, 감영별회미監營別會米, 상평청·진휼청의 곡물로 충당시켰다. 그리고 역가은의 경우 일부는 호조세은戶曹稅銀으로 지불하고 잔액은 역관 박재흥과 김근행이 관화官貨 1만 냥을 차용, 그것으로 고리대금을 해서 얻은 수익금(6천 냥)으로 지불되었다.

1678년 초량왜관이 완성되자 이후 왜관 건축물의 수리는 보다 체계적인 형태로 이루어지게 되었다. 초량왜관은 온습한 해변가에 위치했던 탓에 연중 해풍에 노출되었고 그로 인해 건물의 자연적인 손상이 비교적 급속히 진행되는 편이었다. 18세기에 들어서면서 왜관에서는 건축물의 자연적인 노훼 현상을 해결하기 위해 정기적인 수리와 개건작업이 관례적인 형태로 행해졌다. 즉, 초량왜관에서는 25년마다 정기적으로 동관삼대청과 서관삼대청 전체를 수리하는 대감동大監董이 실시되었고, 화재로 소실된 가옥을 다시 축조하거나 특정한 가옥에 한정하여 보수공사를 행하는 이른바 부정기적인 소감동小監董이 실시되었다. 조선 정부는 대감

동에는 당상역관堂上譯官 3명과 당하역관 3명을, 그리고 소감동에
는 당상역관 1명과 당하역관 1명을 왜관에 파견하여 공사의 전체
과정을 통괄, 감독하게 했다.

대감동과 소감동에 있어서 공사 비용을 부담한 쪽은 조선이었
다. 또한 조선 정부의 동의하에 대마번의 개수 관계자 집단(왜관
보청봉행, 토목기술자, 인부)이 수십 명 규모로 개수공사에 참가
했고 조선 정부는 그들에게 임은賃銀과 요미料米의 명목으로 역가
役價를 지불했다. 이같은 특징은 초량왜관이 완공된 후 처음으로
실시된 개수공사(관수옥 개건, 1689~1690년)때부터 이미 나타나
기 시작했다. 조선 측이 개수(대감동, 소감동)비용을 부담하고 대
마번의 개수관계자에게 역가를 지불하는 방식은 전술한 두모포왜
관의 수리(1646~1648년)와 초량왜관 조영에서도 채용되었던 방식
이므로 초량왜관의 개수는 17세기의 방식을 거의 그대로 계승했
다고 보아도 무방할 것이다. 전술했듯이 초량왜관의 건물은 처음
조영되는 단계에서 서관삼대청과 동관삼대청이 조선측 비용으로
조영되고 동관에서 삼대청을 제외한 여타의 가옥은 대마번의 비
용으로 축조되었다. 이후 대감동과 소감동의 대상이 된 것은 동관
삼대청과 서관삼대청이므로 결국 최초의 조영 단계에서 비용을
부담한 측이 후일 해당 가옥의 수리나 재건 등에 소요되는 관리
비용까지 부담하는 것이 관례로 자리 잡았음을 알 수 있다. 이러
한 방식은 18세기를 통해 커다란 변동 없이 되풀이되었고, 약간의
세부적인 변화를 제외하고 대체로 19세기 초두까지 지속되었다.

그렇다면 대마번이 조영한 가옥의 관리 실태는 어떠했을까. 실
제로 왜관 내부에는 동관삼대청과 서관삼대청 이외에도 다양한
가옥들이 존재했다. 『증정교린지』에 기록된 서승왜가書僧倭家, 동
향사東向寺, 통사왜가通事倭家, 대관왜가代官倭家, 금도왜가禁徒倭家, 선

격왜주인가船格倭主人家, 소주가燒酒家, 병가餠家, 무역가貿易家, 신당神
堂 등이 그것으로 위치상으로는 모두 동관 쪽에 자리잡고 있었다.
이 건축물들은 기능면에서 재관자들의 일상생활(의식주, 종교)과
관련된 것이거나 그들의 숙사, 대마번측 역인의 숙사 등에 해당되
는데 이러한 건물은 조선의 정기적인 수리 대상이 아니므로 대마
번이 내부적으로 수리하며 관리했던 것으로 추정된다. 동관에 "목
수왜가木手倭家"라는 명칭의 가옥이 있었던 것으로 미루어 왜관에
는 대마번의 토목 기술자가 상주했던 것 같다. 왜관을 숙사로 사
용하던 대마번은 토목 기술자를 왜관에 상주시켜서 수시로 부분
적인 수리를 함으로서 주거 생활상의 불편함을 자체적으로 해결
했던 것이다.

　왜관 관리에 관한 규정을 명시한 조선의「왜관간검절목倭館看檢節
目, 1701년」에 따르면 '훈도訓導・별차別差・감관색리監官色吏가 매월
관사의 상태를 점검하여 동래부・부산진을 거쳐 경상감영에 훼손
상태를 보고서로 제출한다. 풍우에 의한 자연손상이 발견되면 조
선은 즉각 수리에 임하고 관수에게도 개비를 독촉한다'고 되어 있
다. 그러나 실제로 대감동・소감동처럼 규모가 큰 개수 작업은 대
개 대마번측이 먼저 요청하고 조선 정부가 요청을 수락하는 형식
으로 그 시행 여부가 결정되었다. 1729년에는「왜관간검절목」이
제대로 이행되고 있지 않다는 이유로 동래부사 민응수가「동서관
수보절목東西館修補節目」을 새로이 마련하기도 했다.

　그러면 18세기 왜관개수의 전형이라 할 수 있는 대감동(1723~1727
년)을 일례로 들어 왜관의 수리 과정을 좀 더 자세히 살펴보도록
하자. 대감동은 먼저 서관삼대청오행랑(첨관옥) 941간間을 수리
(1723~1724년)하는 것부터 시작되었다. 관례대로 대마번은 개수
관계자들을　왜관에 파견했는데, 그들은 보청봉행 2명, 수대手代 2

명, 장돌杖突(토지측량원) 2명, 서수書手 1명, 대공소두大工小頭 1명, 대공大工(목수) 14명, 목만木挽(목재 켜는 사람) 6명, 좌관左官(미장이) 1명, 도구괘道具掛 1명, 소사小使 2명(총 40여 명)으로 구성되어 있었다. 판板, 재목, 철, 기와, 탄신炭薪 등 거의 모든 건축자재와 도구는 조선이 제공했다. 이때 조선의 역가 지급은 공사 중 왜관의 대관代官에게 수차례 특정 물품을 납부하는 방식으로 이루어졌다. 즉, 감동역관이 직물, 은銀, 백미白米, 목면 등을 수차례 대관에게 건네주고, 개수관계자들은 대관으로부터 임은을 수취하는 방식이 취해진 것이다.

왜관의 개수공사를 둘러싸고 때로 역관이나 지방 관리의 부정행위가 개입되기도 했다. 공사의 관리와 감독, 필요물자의 조달, 대마번에 대한 역가지급 등을 제일선에서 주관해야 하는 감동역관에게 있어서 왜관 역사役事는 결코 용이한 업무가 아니었다. 그 중에서도 역시 대마번의 역가를 비롯하여 개수비용 전반을 조달하는 일이 가장 난제였다. 실제로 왜관개수가 원인이 되어 조선정부로부터 처벌받는 역관이 적지 않았는데 이는 대부분 비용의 과다지출에 대한 책임을 문책당하는 경우였다. 따라서 역가 결제품의 가격을 얼마로 책정할 것인가 하는 문제가 조선과 대마번 쌍방에게 있어 중요한 관건이 되었다. 한편, 조선이 지불하는 역가 결제품으로는 18세기에는 주로 현물(공목公木, 백미, 직물)·은銀이 사용되었으나, 18세기 후반부터는 결제품에서 은이 사라지고 그 대신 대전大錢과 현물(백미, 공목)에 의한 결제가 일반적인 형태가 되었다.

이 서관수리에서 조선이 지출한 총비용(왜역가倭役価·조선공장모군역가朝鮮工匠募軍役価·건축자재의 구입운반비)은 16010양兩7전錢2분分에 달했다. 이때 조선 인부는 장인匠人, 합계 3745명이 1일

3전錢에, 모군募軍, 합계 12337명이 1일 2전에 고용되었다고 한다. 뒤이어 1727년에 동관삼대청 204간間에 대한 수리가 실시되었다. 대마번의 동관 수리 인력은 서관수리 때의 인원보다 약간 적은 규모로 구성되었고 급여는 서관 때와 동일했다. 조선인 인부도 10명~30명 정도가 거의 매일 작업에 가담했으며 그들에게도 임금과 쌀이 지급되었다. 이후 왜관의 수리와 개건은 1723년 대감동과 거의 동일한 형태를 유지하면서 19세기 초두까지 반복된 것으로 보인다.

◦ 19세기 초량왜관의 개수

　왜관의 개수는 1809년에 체결된 기사약조己巳約條를 계기로 크게 변화한다. 기사약조는 통신사의 역지빙례(1811년)를 목전에 두고 사전 교섭을 위해 대마도에 건너간 조선의 도해역관사渡海譯官使와 대마번 당국 사이에서 체결된 약조이다. 1809년 5월 도해역관사의 도일에 앞서 조선 조정에서는 일본 측의 역지빙례 요구에 응하는 대신 강정교섭을 이용하여 그간 양국 통교 업무에 누적되어 있던 폐해의 개선을 대마번 측에 요구하자는 의견이 상주되었다. 조선의 요구사항이란 통교 업무 중 일부 항목에 있어서 구체제를 변경 또는 개선하는 것이었는데, 거론된 안건의 대부분은 궁극적으로 대일 통교로 인한 조선의 재정적인 부담을 축소시키기 위한 것이었다. 조선이 이처럼 통교 업무의 일부를 개정하려한 이유는 당시 조선의 재정 상태 때문으로 보인다. 조선 정부가 역지빙례라는 미증유의 외교적 변혁을 수락했던 배경의 하나로 조선의 재정

상태가 종래와 같은 형태의 통신사 파견을 더 이상 감당할 수 없을 정도로 악화되었다는 점이 지적되고 있듯이 조선의 재정 악화은 현저하게 가시화되고 있었다. 조선은 대마번과의 통상적인 통교 무역에서도 자국의 지출을 절감하는 방향으로 기존의 항례화된 체제를 수정해야 할 필요성에 직면해 있었던 것이다.

이에 좌의정 김재찬이 피력한 대일 통교의 「폐해수개조弊害數箇條」가 7개 조항으로 요약, 정리되어 1809년 7월 도해역관사를 통해 대마번 당국에 제출되었다. 7개 조항의 내용이란 '중절선中絶船 무역의 폐지, 고환차왜告還差倭의 파견 제한, 공작미公作米의 환산율 변경(수량감액), 왜관감동監董의 연한年限변경, 왜관감동의 역가지급에 관한 규정, 왜관 원문垣門의 증설, 조선에 표착한 대마번 선박에 대한 급량기준' 등으로 요약된다. 8월에 대마번은 7개조의 약조체결에 동의함으로써 기사약조가 체결되었고, 이와 더불어 통신사의 역지빙례가 완료된 이후를 기점으로 해서 약조를 시행하기로 합의되었다.

기사약조에는 왜관감동과 관련된 조항이 도합 3건이나 명시되어 있었다. 「감동년한監董年限, 이사십년위한以四十年爲限」, 「감동물력監董物力, 이분수마련以分數磨鍊」, 「관우서방館宇西方, 축원설문築垣設門」이 그것이다. 그러면 기사약조를 계기로 왜관개수는 어떻게 변화했을까. 먼저 약조문의 내용부터 살펴보면, 첫 번째 「감동년한, 이사십년위한」이란 종전 25년이던 대감동의 연한을 40년으로 연장한다는 것이다. 두번째 「감동물력, 이분수마련」은 대마번에 대한 역가 지급에 관한 규정이다. 대마번은 대감동의 주기를 40년으로 연장한다는 조항에는 즉각 동의했으나, 두 번째 조항인 「감동물력, 이분수마련」에 관해서는 차후 감동입목監董入目, 代價의 액수를 보아가면서 협의하겠다는 조건을 붙여서 동의를 보류했다. 기

사약조 체결 후 처음 실시된 1815년 서관동대청서행랑 수리, 1826
년에서 1828년에 걸쳐 실시된 서관중대청 개건에 관한 기록에 의
하면 기사약조에 삽입된 「감동물력, 이분수마련」이란 조선과 대
마번이 일정액의 경비와 공사 기간을 공사가 개시되기 전에 미리
정해 놓고, 그것에 준해서 대마번이 전체 공정을 도맡아 인수하는
방식을 의미하는 것으로 생각된다. 종래(17, 18세기)의 왜관개수는
사전에 공기를 고정하지 않은 채 작업을 진행해서, 작업이 완료된
후에 총 공기분의 역가 합계를 대마번에 지급하던가 또는 공사의
진행과 병행하여 역가를 수차례 분급하는 형식이었다. 그런 점에
서 기사약조 이후의 방식은 종래의 형태와 분명히 상이하다고 할
수 있다. 18세기를 통해 조선이 대마번 개수관계자에게 지불하는
개인별 지급분(백미와 임은)의 액수는 거의 고정되어 있었다. 따
라서 공기가 미리 확정되면 조선에서는 역가의 총액을 어느 정도
예상할 수 있었고 역가를 포함한 개수비용을 확보하는 것도 다소
용이해질 수 있었다. 또한 공기를 아예 고정함으로써 공사 기간의
지연에 따른 개수 비용의 증가를 방지할 수 있는 이점도 있었다.
  결국, 19세기 왜관개수의 특징을 정리해 보면, 첫째 대감동보다
는 소감동이 중점적으로 행해졌고, 둘째 대감동의 규모 자체도 전
시대에 비해 현저하게 축소되어 동관과 서관 전체가 대대적으로
수보되는 일이 사라졌다는 점이다. 또한 대마번의 개수 관계자가
수십 명 규모로 참가하던 관례가 1826년의 서관중대청 개건을 마
지막으로 폐지되었다. 『증정교린지증보增正交隣志增補』에는 1831년
서관서행랑 수리 때부터 왜관의 개수가 조선 측 기술자만으로 행
해졌다고 기록되어 있다. 결국 기사약조에 의거한 새로운 개수형
태, 즉 공사 기간과 개수역가를 사전에 확정한 후 대마번이 전체
공정을 인수하는 방식은 1815년, 1826년에만 도입되었을 뿐, 이후

대마번은 개수 작업을 조선 측에 전적으로 일임하고 겨우 세 명의 개수 관계자御徒士目付・下目付・大工小頭만을 파견하게 되었다. 따라서 1830년대부터 왜관개수는 전적으로 조선의 인력으로 이루어지게 되었고 이 같은 형태가 초량왜관의 종언까지 이어진 것으로 보인다.

그러면 기사약조 이후 왜관개수의 형태가 이토록 급변하게 된 이유는 무엇일까. 관련 사료의 부재로 인해 현시점에서 이러한 제 변화의 명확한 원인을 찾아내기는 어렵지만 다음의 두 가지 점을 상정해 볼 수는 있을 것이다. 우선 조선의 입장에서는 19세기에 들어 심화된 재정 악화로 인해 많은 지출을 요하는 종래의 방식을 지속시켜 나가는 것이 어려워졌을 가능성이 있다. 결과론적인 추론이기는 하지만 1830년 이후 대마번 기술자 집단의 참여가 폐지됨으로서 적어도 조선은 더 이상 그들에게 역가를 지불하지 않아도 되었고, 공사 기간도 대마번의 인력이 참여하던 때에 비해 현저하게 단축된 점으로 보아 왜관개수에 투여되는 조선의 경비 부담이 요인으로 작용했을 가능성은 배제할 수 없을 것이다. 그리고 대마번의 입장에서는 번내에서 왜관개수가 차지하는 경제적인 의의 내지는 왜관 경영에 대한 관심도의 저하 등을 원인으로 가정해 볼 수 있지만 이것도 어디까지나 추정에 지나지 않는다. 따라서 개수 관계자의 규모가 수십 명에서 세 명으로 대폭 축소된 원인을 비롯해서 19세기 중반 이후 왜관개수의 실태와 비용의 규모 등에 관해서는 향후 좀 더 실증적인 연구가 요망된다.

마지막으로 왜관개수에 관한 기사약조의 조항 중 세 번째에 해당하는 것이 「관우서방館宇西方, 축원설문築垣設門」이다. 「관우서방 館宇西方, 축원설문築垣設門」이란 왜관의 서쪽(서관의 후방으로 추정됨)에 담을 축조하여 새로이 통용문을 설치한다는 규정이다. 1709

년, 동래부사 권이진權以鎭이 왜관을 인근 조선 촌락으로부터 격리
시키고 재관 일본인과 조선인의 왕래를 규제하려는 목적으로 왜
관·역관집무소·객사와 초량촌을 분리하는 형태로 돌담을 둘러
쳐서 설문設門을 설치했듯이, 이번에는 왜관의 서쪽에 돌담과 문
을 만들어 왜관의 서쪽 외측 지역을 재관 일본인이 함부로 배회
하는 것을 방지하고 일본인의 왕래에 대한 통제를 한층 강화하려
했던 것이다. 기사약조가 체결되고 나서 1811년, 대마번 당국은
관수에게 원문은 조선의 영토에 신설되는 것이므로 대마번과 관
계 없는 일이지만 원문 설치공사가 일단 시작되면 그 사실을 즉
시 번청에 보고하라'는 지시를 전달했다. 대마번으로서는 재관자
의 통행 범위에 새롭게 제한이 가해지는 것이 달갑지 않았으나
조선의 조치를 어쩔 수 없이 받아들이기로 한 것이다. 그러나『관
수매일기館守每日記』를 비롯한 관계 문헌에 이후 수년간 왜관의 서
쪽에 담장이나 문이 증설되었다는 기사는 나오지 않는 점으로 미
루어 아마도 기사약조의 원문증설 조항은 실행되지 않은 것으로
짐작된다.

--- 참고문헌 ---

田保橋潔,『近代日鮮關係の研究』下卷, 朝鮮總督府中樞院, 1940.

田代和生,「幕末期日朝私貿易と倭館貿易商人―輸入四品目の取引を中心に―」, 速水融外　編,『德川社會からの展望』, 同文館, 1989.

田代和生,『倭館―鎖國時代の日本人町―』, 文藝春秋, 2002.

윤유숙,「約條にみる近世の倭館統制について」『史觀』138, 1998.

윤유숙,「近世倭館の造營・修補について」『歷史評論』595, 1999.

윤유숙,「18·19세기 왜관의 개건, 수리실태」『아세아연구』 제46권 3호, 2003.

『朝鮮王朝實錄』,『增正交隣志』,『邊例集要』,『倭館修理謄錄』,『(館守)每日記』, 그 외 대마번 종가기록 다수.

왜관의 일본인과 조선 여인

손 승 철(강원대학교)

◦ 왜관과 교간交奸사건

임진왜란에 의하여 단절된 조·일 외교관계가 1607년에 재개되고, 1609년 기유약조에 의해 무역 업무가 시작되면서 왜관의 모든 기능이 공식적으로 부활되었다. 그래서 조선에서는 1609년에 두모포왜관을 신축하여 통교 업무를 보다가, 1678년에 다시 초량에 왜관을 지어 1872년 메이지 정부에 의해 왜관이 점령될 때까지 일본과의 통교(외교·무역)업무를 보도록 했다. 그래서 왜관에는 통교 업무를 위해 관수館守(왜관 책임자)를 비롯하여 재판裁判(외교 업무 종사자)·대관代官(무업 업무 종사자) 등 많은 왜인이 체류하게 되었다.

왜관에 평상시 얼마나 많은 왜인이 상주하였는가는 알 수 없다. 그러나 기록에 의하면 1678년 4월 23일 두모포왜관으로로부터 초량왜관으로 이전하는 날, 관수이하 460여 명이 옮겨갔다고 한다. 물론 이들이 상주 인원인지, 아니면 일시적으로 내항한 인원을 포함한 것인지는 모르지만, 10만여 평의 면적에 수십 동의 크고 작은 건물이 있었던 것으로 미루어 상당수가 상주하였을 것이다. 그러나 이들은 영주의 성격을 가진 것이 아니라, 통교를 위해 단기간 체류하는 것이었다.

예를 들면 관수나 동향사승은 대개 1년 내지 2년이 임기였고, 20명 내외의 대관들도 3년이면 모두 교대하도록 되어 있었다. 그런데 이들 왜인들은 가족을 모두 일본(주로 대마도)에 둔 채, 남자들만 왜관에 체류하면서 업무에 종사했다. 그래서 체류 왜인과 조선 여인 사이에는 종종 교간交奸사건이 일어났고, 당시 유교를 국시로 하던 조선 사회에 커다란 사회문제가 되기도 했으며, 결국은 양국의 외교문제로 확산되어 별도의 범간犯奸약조를 맺게 되었다.

조선 후기 한일관계 사료인 『변례집요邊例集要』에는 왜관에서 발생한 교간사건 9건을 기록하고 있다. 물론 이 9건이 왜관에서 일어난 교간사건의 전부라고는 할 수 없고, 다만 탄로가 나서 사건화된 것만을 기록한 것이라고 보아야 할 것이다.

교간사건의 당사자들의 신분은 매우 다양하다. 우선 조선 여인의 신분을 보면 양녀良女·사비私婢·창녀·퇴비退婢 등 주로 하층 계급의 여인이 많았고, 한편 교간 왜인의 직분은 주로 대관이나 금도왜禁徒倭(경비병)로 모두가 양국의 통교를 직접 관여하거나 경비를 맡은 자들이었다.

〈표〉 왜관 교간사건 일람표

	연대	동래부사	조선 여인	공모자	처리
1	1661(현종2)	이원정	양녀 고공	박선동	2인 왜관 밖 효시
2	1662(현종3)		사비 자은덕	노 무응충, 김청남	5인 왜관 밖 효시
3	1690(숙종 16)	박 신	분이, 천월, 애금	사령 이명원, 권상, 이진수, 봉군 서부상	이명원, 이진수 옥사 그 외 5인 왜관 밖 효시
4	1697(숙종 23)	이세재	옥랑, 선정	김철석	
5	1707(숙종 33)	한배하	계월	부장 송중만	
6	1716(숙종 42)	김시환	창녀 김선양	김이석, 조수명	공모자 효시, 계월 유배
7	1726(영조2)	이중협	사비 수례, 양녀 최애춘	추순흥, 박소사	추순흥 효시, 김선양, 박소사 유배
8	1738(영조 14)	정형복	양녀 서일월	전재	전재 효시, 수애, 최애춘 유배
9	1786(정조 10)	민혁		고갑산 등 5인	고갑산 효시, 그 외 유배

* 출처: 변례집요

　　교간 죄인들에 대한 처리는 조선인의 경우는 남녀를 불문하고 모두 왜관 밖에 효시하는 것을 원칙으로 하였고, 때에 따라서는 먼 곳으로 유배형에 처해지기도 했다. 그러나 일본 측에서는 양국 사이에 약조가 되어있지 않다는 것을 이유로 그저 대마도로 소환하는 것이 고작이었다. 그래서 조선에서는 관수(대마도)에게 조선인과 같은 죄同律로 다스리도록 요구하였지만 잘 이행되지 않았다. 이에 대해 조선에서는 왜관에 대하여 식량 조달이나 무역 거래까지 중단하였지만, 별 진전이 없다가 1711년 신묘통신사辛卯通信使의 파견을 계기로 양국 간에 외교문제가 되어서야 비로소 범간조약犯奸約條을 맺게 되었다. 그러면 특히 기록이 상세히 남아 있는 1690년(숙종 16)의 교간사건의 예를 구체적으로 살펴보자.

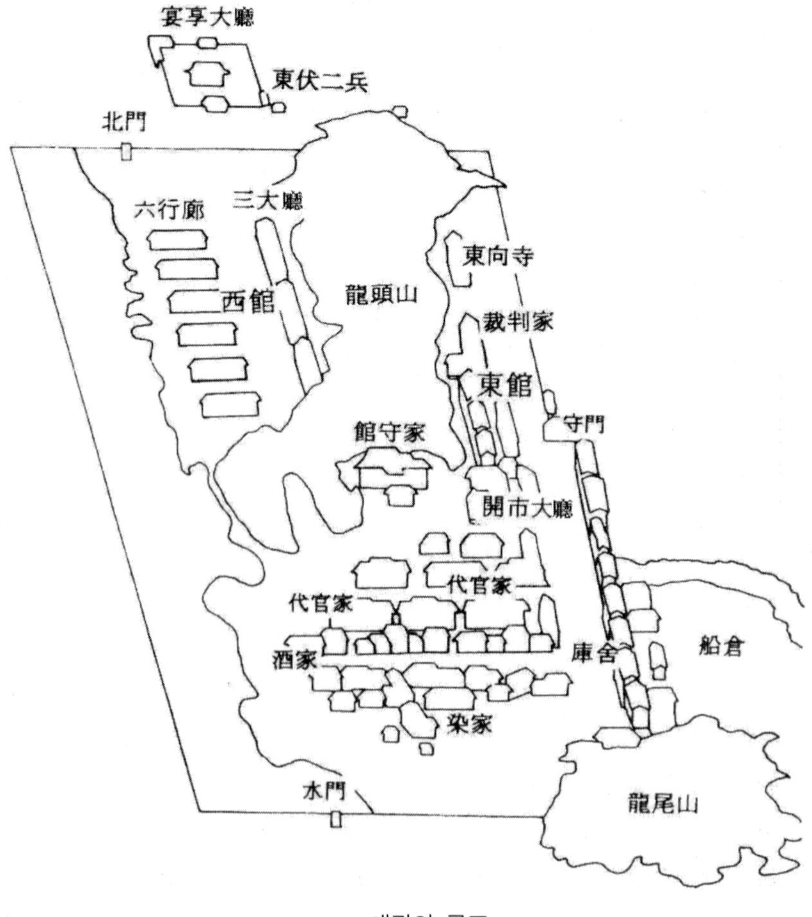

△ 왜관의 구조

◦ 1690년, 분이·천월·애금이 사건

서울대학교 규장각에는 『왜인작라등록倭人作拏謄錄』이라는 사료
가 보존되어 있는데, 이 사료에는 1690년부터 1692년 사이에 왜관
에서 일어난 교간사건과 밀무역에 관한 내용이 상세히 기록되어
있다.

• 사건개요

1690년 4월 2일 동래부사 박신은 경상감사에게 올린 장계를 통하여,
공모자 권상의 자백에 의하면, 날짜는 알 수 없으나 정묘년(1687) 4월
에 4대관 2인, 2대관 1인 등 3인이 우리 여인을 간절히 구하면서 은 58
냥을 주어서 이명원에게 전해 주었고, 이명원이 그의 처와 딸 분이를
왜관에 데려다 주었다고 했다. 그리고 이진수는 금도 왜 2명이 역시 여
자를 구하며 은 2량5전을 주어 이를 이명원에게 전하여 주었고, 후에
이명원이 여동생 천월을 데리고 와서 다시 왜관에 데려다 주었다고 했
다. 즉, 권상은 이명원의 처와 딸 분이를, 그리고 이진수는 이명원의 여
동생 천월이를 각기 왜인들에게 돈을 받고 교간을 알선하였다고 했다.
이들은 모두 밤이 깊어 사람이 없는 시각에 낮은 담장을 넘어 왜관
안으로 들어갔는데, 이명원의 처는 한 번 왜관에 출입한 후에 욕을 본
것이 분하여 알 수 없는 곳으로 도망갔다고 했고, 딸 분이는 왜관에 들
어간 후 대관과 살고 있으며, 천월이는 나이가 많아 팔지 못하였으나
지금은 어디 있는지 모른다고 했다.
한편, 동래부사가 서부상을 추고한 후, 애금이를 김해에서 체포하여
심문하니 애금이가 자백하기를,

"제가 19세때인 병인년(1686) 8월에 이삼석과 그의 형인 이명원의
꾀임을 받아 부산 훈도처로 가게 되었습니다. 부산에 갈 때는 남복을
하였는데, 놀랍고 괴이하여 따르지 않자, 이명원은 훈도를 자칭하면서
다른 사람의 이목을 속이려면 이같이 변복을 하여야 한다고 하였습니
다. 왜관에 이르러 담장을 넘어 잡입하게 되었는데, 저는 비로서 팔린
것을 알고 발악을 하였습니다. 그러자 이명원이는 칼을 빼어 들고 겁

을 주었고, 저는 나이도 어리고 약한 여자로서 감히 거부도 하지 못하고, 그와 함께 술집에 잠입하여 왜인 마태수馬太守라는 놈과 교간하였으며, 이명원은 6량을 받았습니다. 저는 옷을 빼앗기고 나쁜 소행을 하였습니다. 왜인은 서부상에게 저를 맡기었으며, 그후 서부상이가 데리고 왕래하였으며, 받은 돈으로 속량贖良하였습니다. 교간 왜인 마태수는 다른 이름으로 사고사문四古沙門이라 하는데, 지금은 이미 돌아갔으며 4대관이었습니다."

라고 하였다.

이로 볼 때, 이들 두 교간사건이 발각된 것은 1690년 2월이지만, 사건이 발생한 것은 이미 4년 전인 1686년 8월과 1687년 4월 두 차례였다. 이들은 교간을 알선한 대가로 상당한 양의 은화를 받았고, 애금이는 그 돈으로 속량까지 했던 것이다.

· 체포

이 교간사건이 일어난지 3년 후에 발각된 경위는 기록이 없어 알 수 없다. 그러나 동래부사는 1690년 2월 군관 박상문의 보고에 의하여 즉시 이들에 대한 체포를 지시하였으나, 체포된 자는 이명원, 이진수, 권상, 서부상, 애금 등 5인이었으며, 이명원의 딸 분이와 여동생 천월은 왜관 안에 있어 체포하지 못하였다.

그리하여 동래부사는 분이와 천월이를 체포하고자, 군관·무사로 하여금 왜관 밖을 지키도록 하여 몰래 나가 도망하는 것을 막도록 하는 한편, 관수 왜에게 훈도와 별차를 보내어 책임을 추궁하고 여인들을 찾아내 주도록 요청하였다. 그러나 관수 왜 등은 놀라며, 범죄 왜인을 잡아서 구류하겠다고 하면서, 여인이 숨어버렸고 얼굴도 모르기 때문에 잡기가 어렵다고 핑계를 대었다. 이에 동래부사는 교간 왜인들을 분이와 천월을 잡아들인 후에 함께 처벌하려고 했지만, 한 달 이상 지나 더 이상 기다릴 수 없다고 하면서 이명원·이진수 등은 옥중에서 병으로 죽었음을 알리고 나머지 죄인들의 처벌을 품게 하였다.

· 처형

이로부터 5개월 후, 7월 20일 경상감사 오시대는 동래부사의 장계에 의하여 분이와 천월의 체포를 보고하여 왔다. 그들을 심문한 결과 자백하기를, 분이는 연월은 기억할 수 없으나 13세 때에 권상의 꾀임을 받고 명원, 권상과 함께 초량에 가서 연향청의 낮은 담장을 넘어 왜관에 들어가 2대관 등 3인과 서로 통간하였다고 하였다. 그러고는 일이 발각이 되자, 2대관의 집 누각 밑에 구멍을 파고 출입을 하였는데, 어제 왜인이 와서 이 일은 이미 끝났으니 염려할 것이 없다 하여, 천월과 같이 멀리 도망하기 위하여 왜인복색으로 갈아입고, 왜인과 함께 선창에서 조그만 배를 타고 구관에 도착 후 사천촌을 향하려 하다가 잡히게 되었다고 그간의 사정을 털어놓았다.

조정에서는 분이와 천월은 먼저 관문 밖에 효시하고, 이어서 나머지 다섯 사람을 모두 1662년의 예에 따라서 왜관 밖에 함께 효시하도록 하고, 동래부에서는 왜관 측에 교간 왜인을 같은 죄로 처벌해 주길 요청했다. 그러나 왜관 측은 이제 와서 증거도 없고, 사람을 다 죽인 후 흔적도 없는데, 동률을 운운하는 것은 사리에 맞지 않는다고 강경히 거부하였다.

· 1711년 범간犯奸 약조 체결

범간 왜를 동률지죄同律之罪로 처벌하는 약조가 맺어지게 된 직접적인 사건은 1707(숙종 33)년 12월의 「감옥甘玉교간사건」이다. 조선에서는 이 사건을 계기로 피차 동률動律죄 적용의 약조를 맺어 영구히 정식으로 삼을 것을 왜관 측에 강력히 요구하였다. 관수 왜는 일본에서는 당인(중국인)과 간통한 왜녀가 수를 알 수 없을 정도로 많으나 죄로 다스리지 않는다고 하면서, 더구나 약조에도 없는 죄를 어떻게 동률로 다스리겠는가라고 반문하기도 하였다.

1710년(숙종 36)이 되자, 왜관의 상황은 더욱 복잡해졌다. 예를 들면 4월에는 왜관의 아침 시장朝市에 간 조선 여인과 왜인 사이에 밀통이 많아 동래부사가 이를 금지하자 왜인들이 왜관을 탈출하는 경우가 많았는데, 이 내용을『숙종실록』은 다음과 같이 기록하고 있다.

> 왜인이 초량촌에서 나온 이후, 매번 아침 시장 때마다 아국 남녀가 간다. 그런데 남자가 가지고 가면 비록 팔지 못할 물품이라도 여인이 가지고 가면, 나쁜 물건이라도 반드시 팔기 때문에 아침 시장에 가는 자는 모두 여인이다. 동래부사 권이진이 초량·부산 해부촌인들에게 말하기를 이것은 단지 어채만을 파는 것이 아니고, 너의 처녀를 파는 것이다. 너희 역시 사람인데 어찌 이것을 참겠는가 하니, 이때부터 여자를 보내지 않고 남자를 보내었다. 그러자 왜인들이 어채가 부족하다는 핑계를 대고 부득불 무역을 구하며 금표 밖으로 나왔다.

한편, 조선에서는 1707년 감옥교간사건에 대한 동률을 촉구하는 서계를 계속 대마도주에게 보냈으나 결말을 보지 못한 채 약조를 체결하는 문제는 결국 1711년 신묘통신사에게 위임되었다. 그러나 이후에도 대마 측에서 이를 들어주지 않자, 이번에는 장군에게 직접 탄원하겠다고 주장했고, 이에 당황한 대마 측은 일을 급속히 추진하여 드디어 교간에 관한 새로운 약조를 체결하게 되었다. 그 내용은,

一. 대마도의 사람으로서 초량관 밖에 나가 여인을 강간한 자는 사형에 처한다.
一. 조선 여인을 유괴하여 화간한 자 및 미성년자를 강간한 자는 영원히 유배하여 가둔다.
一. 조선 여인이 관중에 잠입하였을 때, 잡아 보내지 않고 간통한 자도 역시 그 다음의 율문을 적용한다.

하는 것으로, 이때 비로소 1661년 이래 50여 년 동안 문제가 되어 왔던 교간 왜인에 관한 동률죄의 적용 문제가 타결되었다.

그러나 약조가 맺어졌다고 해서, 교간사건이 완전히 종식된 것은 아니었고, 또 약조의 내용대로 양측의 범죄자들이 똑같이 처리된 것도 아니었다. 예를 들면 약조 후에도 왜관에서의 교간사건은 계속되었고, 또한 처벌에 있어서도 조선 측의 경우는 교간사건에 관여한 조선 남자는 모두 관문 밖에 효시를 하였고, 여인의 경우는 유배를 시켰지만, 왜관(대마) 측은 그저 대마도로 소환할 뿐이었고, 그 후 어떻게 처리하였는지 알 수 없다.

어쨌든 이러한 교간사건은 조선 후기 한일관계사에 있어 국가 중심의 접촉만을 다루는 정치·외교사적인 측면과 달리 또 다른 측면에서 시사하는 바가 크다. 예를 들면 교간사건의 발단이나 처리 과정을 통하여 양국의 입장이나 양국인의 윤리적인 가치관은 물론 상호인식에 이르기까지 많은 소재를 제시해준다. 뿐만 아니라 동률의 문제가 결국은 통신사의 파견을 통하여 타결된다는 점에 이르러서는, 단순한 윤리 문제가 아니라 외교 문제로 비화된다

는 점에 있어서 그 역사적 의미는 상당히 크다.

　이점에 있어 왜관 내에서 발생하였던 여러 사건, 예를 들면 행패 왜인·부채 왜·밀매 등 하층민의 접촉에서 일어난 여러 가지 사건을 통한 역사적 접근은 당시 왜관의 참 모습을 재현하는 일뿐만 아니라, 조선 후기 한일관계의 실상을 조명하는 데 필수적인 연구 소재라고 생각한다.

참고문헌

한일관계사연구논집편찬위원회 편,『통신사·왜관과 한일관계』, 경인문화사, 2005.
장순순,『조선시대 왜관 변천사 연구』, 전북대 박사학위논문, 2001.
손승철,『근세조선의 한일관계연구』, 국학자료원, 1999.
제임스 루이스,「조선후기 부산왜관의 기록으로 본 한일관계」『한일관계사연구』 6, 1996.

대마도 정벌에 대한 한일간의 시각

장 득 진(국사편찬위원회)

◦ 흔치 않은 공격전, 대마도 정벌

우리는 한일간의 역사하면 얼른 떠올리는 것이 일본의 침략성이다. 우리 민족은 항상 일본에 일방적으로 당하기만 한 나라로 인식하고 있는 것이다. 고려 말 조선 초 일본 해적 집단인 왜구의 발호, 조선시대의 임진왜란과 근대에 들어 일제의 침략 등을 상기하기 때문이다. 그러나 유달리 외침을 하지 않았던 우리의 역사 가운데 수비전이 아닌 공격전이 있었으니 이것이 바로 일본의 대마도 정벌이다.

대마도는 정벌 이전부터 이키壹岐·마츠우라松浦 지방과 함께 왜구의 소굴로 지목되었다. 대마도는 인구가 적고 토지가 척박하여 자체적으로는 자급자족을 할 수 없었고, 일본의 내전으로 인해 몰락한 무사층이 이곳으로 피신하였기 때문에 약탈을 하지 않고서는 그들의 삶을 유지할 수 없었다. 따라서 그들은 한국이나 명나라 연안에 침구하여 약탈로써 영위할 수밖에 없었고 이에 따라 고려나 중국 정부는 골치를 앓았다.

대마도 정벌은 고려 말에서 조선 초기에 왜구를 근절하기 위하여 3차례 걸쳐 거행되었다. 왜구는 고려 말 조선 초기에 걸쳐 약 70년간 우리 연안뿐만 아니라 내지까지 침구하여 막대한 피해를 주었다. 특히, 고려 말 40년간은 그 피해가 더욱 심하였다. 이런 차에 왜구를 발본색원하려고 첫 번째 대마도 정벌이 이루어졌는데, 시기는 1389년(창왕 1) 2월로 박위朴葳에 의해서다. 이 계획은 1387년 왜구 토벌에 혁혁한 공로가 있는 정지鄭地가 건의한 바 있고, 2년 후에 이루어진 것이다. 당시 동원된 군대나 규모에 대하여는 기록이 적어서 자세한 사항은 알 수 없으나 전함이 100척 이상 동원되었다.

박위는 대마도에 도착하여 왜구의 선박 300척과 그들의 관사 및 민가를 불태웠고, 이어 도착한 후속부대의 원수 김종연金宗衍·최칠석崔七夕·박자안朴子安 등과 함께 공격을 감행하여 왜구의 노략질로 포로가 되어 잡혀 갔던 남녀 100여 명을 되찾아 왔다. 이로 인해 공양왕대의 왜구의 침구는 종전에 비해 현격히 줄어들었다.

두 번째와 세 번째의 대마도 정벌은 조선 초기인 1396년(태조 5)와 1399년(세종 1)에 이루어졌다. 1396년 12월 3일의 정벌은 잠잠했던 왜구가 이 해에 극성하자 강력한 응징책의 일환으로 계획된 것이었다. 그리하여 당시 우정승이었던 김사형金士衡을 5도병마도통처치사로, 남재南在를 도병마사에, 신극공辛克恭을 병마사, 이무李茂를 도체찰사로 삼아 5도의 병선을 모아 이키도壹岐島와 대마도對馬島를 정벌하였던 것이다. 이 2차 정벌에 관련하여서는 군대의 규모나 정벌 결과 등에 대한 기록이 전혀 없어 실행되지 못했다고 주장을 하기도 하지만, 김사형이 귀환할 때 태조가 친히 흥인문興

仁門 밖에까지 나와 반겼다는 사실 등으로 미루어볼 때 정벌을 확인할 수 있다. 두 번째의 대마도 정벌에 대한 성과 여부는 기록의 미비로 알 수 없으나 어떻든 정벌하였다는 데 그 의미가 있지 않을까 한다.

○ 세 차례의 대마도 정벌

대마도 정벌 중 가장 규모가 크고 효과가 있었던 것은 세 번째의 정벌이었다. 그렇기 때문에 대마도 정벌하면 1419년에 있었던 대마도 정벌을 말한다 해도 과언이 아니다. 이 정벌을 우리 측에서는 기해년己亥年에 있었던 사건이므로 '기해동정己亥東征'이라 하고 일본 측에서는 일본 연호를 본 따 '오에이應永의 외구外寇'라 칭한다.

조선이 건국하자 조선 정부는 왜구의 침구를 막기 위해 교린정책交隣政策으로 전환하여 그들을 아울렀다. 그러나 실권자인 대마도주對馬島主 소 사다시게宗貞茂가 죽고 그의 아들인 소 사다모리宗貞盛이 그 직을 이어받았으나 어렸기 때문에 도내의 실권은 사미타라三味多羅가 장악하고 있었다. 소 사다시게가 대마도에서 정권을 장악하고 있을 적에는 조선과 통교通交하였고, 조선 정부로서도 그에 대해 호감을 갖고 많은 경제적 혜택을 주었다. 이에 대한 반대급부로 그는 왜구를 금제禁制하여 조선과 대마도의 사이는 비교적 좋았다.

그러나 사미타라가 장악하자 사태는 일변하게 되었다. 그는 왜구의 두목으로 도내에 세력을 형성하고 있었는데, 대마도에 기근이 들자 명나라를 약탈하러 가는 도중 식량을 구하기 위해 조선 연안에 들려 약탈을 자행하였던 것이다. 곧 세종 원년 5월 5일 왜구들은 충청도 비인현庇仁縣의 도두음곶都頭音串(현 충남 서천군 동면 두둔리)에 침구하여 병선 7척을 불사르고 만호萬戶 김성길金成吉과 군사 300명을 살해하였던 것이다. 이어 다음 달에는 황해도 조전절제사 이사李思儉 등이 왜구를 토벌하러 갔다가 오히려 해주海州 연평곶延平串에서 적선 38척에 포위 당해 식량을 요구받는 등 사태가 심각하게 되자, 이 보고를 접한 태종은 대마도 정벌에 관한 회의를 열게 되었다.

당시는 대마도에 있던 대규모의 왜구들이 명나라를 침구하러 가는 도중이었으므로 그 틈을 타서 왜구의 근거지인 대마도를 토벌하고 귀로를 습격하여 전멸시키자는 계획이었다. 이 계획에 세종을 위시하여 이원李原・허조許稠 등은 불가하다고 말했으나, 좌의정 박은朴블・병조판서 조말생趙末生 등이 찬성하여 결국 정벌 결정을 내렸다. 이어 이종무李從茂를 3도도체찰사로 명하여 중군을 거느리게 하고 우박禹博・이숙무李叔畝・황상黃象을 중군절제사로, 유습柳濕을 좌군도절제사로, 박초朴礎・박실朴實을 좌군절제사로, 이지실李之實을 우군도절제사로, 김을화金乙和・이순몽李舜蒙을 우군절제사로 삼아 경상・전라・충청 3도의 병선 200척과 기선군정騎船軍丁을 거느려 명나라에서 돌아오는 왜구의 길목을 지키고, 6월 8일 모든 병선을 견내량見內良에 모이도록 하였다.

조선 정부는 대마도 정벌에 앞서 이미 조선에 거주하고 있던 왜인들을 각 도에 나누어 둠으로써 이들이 대마도에 협조하지 못하도록 만들었다. 이러한 준비를 마친 후 6월 17일 이종무는 9절제사를 거느리고 대마도 원정길에 올랐던 것이다. 당시 동원된 병선은 수효는 경기도 10척, 충청도 32척, 전라도 59척, 경상도 126

척의 총 277척이고 군사는 1만7,285인이며, 65일분의 식량을 준비하였다. 그러나 처음 출발 후 바다 가운데서 거센 바람을 만나 다시 거제도의 주원방포周原防浦로 돌아왔다가 다시 19일 이곳을 출발 20일에 10여 척의 병선이 대마도에 도착하였다.

당시 대마도의 상황은 "우리 군병이 10여 척의 배로 먼저 대마도에 이르렀는데, 적이 이것을 보고 대마도인이 재화를 취하여 돌아오는 것으로 생각하여 술과 음식을 가지고 기다렸으나, 대군이 계속 이르러 두지포豆知浦에 정박하자 적이 모두 혼비백산하여 도주하고 50여 명 정도만 항전하였나 곧 무너졌다"라고 할 정도로 대마도인들은 조선의 정벌에 대해 무방비한 상태였던 것이다. 대마도에 도착하자마자 이종무는 태조 시대에 항복하여 귀화한 지문池門(망사문望沙門)으로 하여금 소 사다모리에게 귀순토록 하는 서신을 보냈으나 응답이 없었다. 그러자 대반월大般越 부근에 상륙한 부대로 길을 나누어 수색하여 적선 129척을 빼앗고, 이 사운데 사용할 만한 선박 20척을 고르고 나머지는 불태웠다. 뿐만 아니라 가옥 1,939호를 불 질렀으며 114명을 참수하고 포로 21명, 중국인 포로 131명을 찾아 본선에 보내는 전과를 올렸다.

이어 이종무는 적들이 왕래하는 길을 막기 위하여 훈내곶訓乃串에 목책을 설치, 약탈 돌아오는 왜구를 후방에서 막고, 오랫동안 머무를 기세를 보였다. 정벌군이 65일분의 양식을 준비하였다는 것은 이러한 의도에서 왜구를 완전히 뿌리 뽑을 생각에서였을 것이다. 이어 이종무는 배를 두지포(대마 계지정鷄知町 미기尾崎)에 두고 날마다 편장을 육지로 보내 수색하여 다시 가옥 68호와 선박 15척을 불사르고, 적 9명을 베었으며 포로로 되어 있던 중국인 15명과 본국인 8명을 구출하였다. 이러한 토벌에도 불구하고 적들은 계속 저항하므로 26일에는 이종무가 전진하여 니노군尼老郡(대마 인위(仁位)에 이르렀고 3군에게 명령을 내려 상륙하여 길을 나누어 공격하게 하였다. 이 공격 중 좌군절제사 박실朴實이 복병을 만나 패전하여 박홍신朴弘信·박무양朴茂陽·김해金該 등이 전사하고 많은 사상자를 냈다.

이 때에 소 사다모리가 사자를 보내 수호修好하고 싶다고 애걸하며 조속히 군을 돌려주기를 바라는 내용과 머지않아 태풍의 계절 다가올 것을 전하는 내용의 서신을 보냈다. 이에 이종무는 7월 3일 거제도로 돌아왔던 것이다.

기해동정의 결과 대규모의 왜구가 없어지고 그들이 평화적인 왕래자로 바뀌기는 하였지만 그렇다고 하여 왜구가 완전히 종식된 것은 아니었다. 이후에도 꾸준히 왜구가 우리 연안에 침구하자 재정벌의 논의가 있었다. 그러나 무력만이 최선책이 아니라는 것을 안 조선 정부는 평화적인 방법으로 그들을 회유하려 하였다. 그 대책은 "대마도는 원래 경상 계림에 속한 영토인 것이 문적文籍에 분명히 나와 있음에도 불구하고 도주島主는 도민島民에게 해적 행위를 허용하고 있는 것이 심히 유감스럽다. 이에 항복하여 군신君臣의 관계를 회복토록 할 것이며 전 도민全島民을 모두 이주시키도록 하라. 만약 이에 따른다면 도주에게는 관직을 주고 도민에게는 생활의 안정을 약속할 것이다. 따르지 않는다면 다시 정벌할 것이다"라는 태종의 초유정책招諭政策에서 엿볼 수 있다. 이에 대해 대마도주는 "신하의 도리를 다하겠다"라고 답하여 우리의 의견을 받아들였다. 이 의견은 다시 번복되었으나 어떻든 조선 정부는 대마도주가 1421년 다시 전과 같이 평화적인 통상을 요구하므로 이를 허락하였는데 이는 그들을 평화적인 통교자로 바꾸기 위한 정책에서 비롯되었다.

조선 초 조선 정부는 왜구에 대한 문제를 교린交隣의 차원에서 처리하였다. 특히 일본과의 교린적 관계는 당시 일본의 실세였던 아시카가足利정권政權에 한정한 것이 아닌 큐슈사九州使 오우치씨對內氏·쇼니전小二殿·대마도주對馬島主 등 다원적 교린관계였다. 조선 정부는 그들에게 조공朝貢을 허락하여 경제적 대가를 주는 한편, 왜구의 단절을 강력히 요구하였던 것이다. 이 결과 왜구의 침구는 조선에서 중국 연안으로 향하는 계기를 마련하였다. 그러나 왜구가 다시 침구하자 강경책으로 정벌이라는 수단을 동원한 것이다.

기해동정은 조선 초기 왜구를 종식시키는 계기를 마련해주었다. 조선 정부의 이러한 강온정책으로 말미암아 왜구들은 상왜商倭나 객왜客倭와 같이 점차 평화적인 내왕자로 바꾸었고, 이로 말미암아 조선 정부는 끊임없이 침구하는 왜구의 위협을 세종 이후에는 피할 수 있는 계기를 마련하였을 뿐만 아니라 대일 외교사상 새로운 전기를 마련하는 계기가 되었다. 기해동정이 갖는 또 하나의 의미는 사신을 통한 외교적 절충, 회유, 통교정책通交政策 등도 필요하지만 결국 실질적인 무력이 없으면 저자세의 타협만이 있을 뿐이라는 사실을 알게 된 것이다. 이에 조선 정부의 군비 확충을 위해 많은 노력을 경주하였다.

○ 조선 우위의 한일관계로 가는 전기

이상과 같이 대마도 정벌에 대해 간략히 알아보았다. 여기서 논의하는 것은 3차에 걸친 정벌 가운데 제3차의 기해동정이다. 1, 2차의 대마도 정벌에 관해서는 일본 측에서 전혀 언급이 없고, 대마도 정벌 중 가장 규모가 크고 적에게 많은 타격을 입혔던 것이 제3차의 기해동정이기 때문이다.

역사상 우리 민족이 대외 원정對外遠征한 몇 안 되는 사건 가운데 하나인 대마도 정벌에 관하여 한일 양국은 어떠한 견해를 가지고 있는가를 밝히는 것이 이 글의 가장 중요한 요점이라 하겠다.

우선 양국의 교과서에 나타난 서술을 알아보자. 우리나라 국사 교과서 가운데 고등학교용에는 전혀 보이지 않고, 중학교 교과서에만 "고려 말에 크게 소란을 피웠던 왜구는 조선 초기에도 우리 해안에 침입하여 노략질을 그치지 않았다. 이에 세종 때 이종무 등이 200여 척의 함대를 이끌고 왜구 토벌에 나서 쓰시마섬을 정벌하였다"라고 간략히 언급하고 있다. 한편, 일본의 교과서에도 이 사건을 조선 전기 한일관계사의 시각에서 "1419년 조선군이 왜구의 본거지 대마도를 습격한 일도 있었으나 양국의 무역은 계속되었다" 또한 "이조는 1419년(오에이應永 26)에 왜적선을 추격하며 본거지인 대마를 습격하는 사건을 일으켰다. 조선에서는 왜구의 근거지를 대마라고 생각하였기 때문에 1419년(오에이 26년)에 대마를 공격했다(오에이의 외구外寇)", "이조는 1419년 왜구의 본거지라 간주되는 대마도를 습격하였으나 후에 화목하게 되어 일본과 무역을 활발하게 진척시켰다"라는 등으로 간략하게 언급하고 있다.

양국 교과서에서의 차이점은 우리의 경우 '정벌征伐'이란 용어를 일본 측은 하나의 '사건事件'으로 처리하는 느낌을 받는다. 그런데 무슨 이유에서인지는 몰라도 우리 측의 기술이 너무 소략하다는 점이다. 우리 역사상 몇 되지 않는 정벌의 사례를 너무 소홀히 취급하고 있지 않나 하는 느낌이 된다. 자칫 국수적으로 빠지기는 쉽지만 '민족의식의 고취', '민족의 자긍심 배양' 이라는 측면에서 볼 때 다시 한 번 생각할 문제이다.

다음 학자들 간의 의견을 보자. 우선 우리 측의 견해는 기해동정의 원인에 대해 대부분 '왜구의 약탈을 송두리째 뽑아버리기 위해 그 근거지인 대마도를 정벌하였다'라는 것이 일반적인 견해이고, 이와는 달리 그 원인을 명나라와 조선의 관계에서 찾는 견해도 있다. 곧, 조선이 대마도를 공격한 것은 명의 대왜정벌론對倭征伐論과 대북정론對北征論의 시각에서 명의 조선 침공의 위험성을 사전에 방지하고, 이와 아울러 우리 남방南方의 민생을 안정시키기 위한 이중의 효과를 누리기 위해서였다는 것이다. 이에 따르면 조선은 이미 대마도 정벌을 기정 사실로 정해 놓고 대외명분을 포착한 것이 충남 비인현 도두음곶 사건이라는 것이다. 다시 말하면 조선은 명의 대왜정벌론에 지지를 표명하고 이를 이용하여 명의 군사적 행동을 사전에 방비함으로써 명의 래군來軍에 따른 전화를 막기 위해 대마도를 공격한 것이다. 이로써 조선은 명과 왜라는 두 가지 문제를 해결할 수 있었던 것이다. 이러한 시각은 대마도 정벌을 전쟁사적 시각에서 탈피하여 조선과 명의 외교관계 속에서 파악한 매우 수긍이 가는 논리이다.

한편, 일본학자들은 이 사건에 대해 '대마의 토호나 민중들이 기근을 면하기 위해 조선이나 명에 해적 행위를 하다가 그 보복을 받은 것'으로 단순히 생각하고 있다. 심지어는 대마도 정벌을 일본 사료인 『조선통교대기朝鮮通交大紀』에서 "아군 1,500명을 죽이고 또 배를 불살랐다"라는 기사에 근거해 조선이 패한 전쟁이라고 말하기도 한다. 그러나 이 기사는 박실朴實의 패전에 국한한 것이지 결코 전체적인 전쟁의 결과를 설명한 것은 아니다.

그러나 여기서 조심할 것이 있다. 대마도 정벌의 승리에만 도취하여 마치 이것이 일본과의 전면전에서 승리한 듯한 시각을 가져서는 안 된다는 것이다. 그 원인이 어떻든 간에 조선은 왜구의 노략질에 대응하기 위해 군사를 보낸 것이지 일본과 전면전을 시도한 것은 결코 아니었다. 이러한 사실은 정벌 전에 이미 대마도에 많은 영향력을 행사하고 있었던 큐슈절도사와 긴밀한 유대 관계를 맺고 있었고, 그의 사신인 정우正祐 등에게 이미 넌지시 대마도 정벌의 의사를 밝혔다는 데에서 알 수 있다. 조선 정부는 왜구를 한일간의 적도賊徒로 규정함으로써 대마도 정벌이 일본의 침공이 아니라는 것을 확인시켰던 것이다. 역사는 그 당시의 사실 그대로 인식해야 한다. 요즈음의 시각으로 국지전적인 전쟁을 전면적인 양 서술하는 것은 매우 곤란하다.

이러한 사실은 대마도 정벌 당시 무로마치室町 막부를 비롯한 일본 지배층의 동향에서도 알 수 있는데 그들은 이 사건을 마치 다른 나라에서 일어난 것처럼 받아 들여 변경 지역이나 국경지역의 급박함을 전혀 이해하지 못하였던 것이다. 그들에게서도 왜구는 한갓 귀찮은 골치덩어리였던 것이다. 게다가 당시는 일본 내에서 왜구를 통제할 만한 중앙집권적 국가권력이 없었기 때문에 왜구의 소굴인 대마도를 조선이 공격한다는 데에 큰 거부감을 갖지 않았을 것이다. 조선이 일본의 반독립적인 위치를 점하고 있던 여러 호족과 다각적으로 교린정책을 썼던 것은 이를 증명하여 주는 것이라 하겠다. 이러한 시각에서 대마도 정벌이 한갓 일본의 변방에서 사건으로 기술하는 일본학자들의 논리 역시 크게 지나친 것은 아니라 하겠다.

그러나 그렇다고 해서 대마도 정벌의 역사적 의의를 깎아내릴 수는 없다. 이 정벌은 그 나름대로 우리에게 있어서는 매우 중요한 역사적 의미를 지니고 있다. 이를 통해 수십 년간 계속되던 왜구의 약탈을 막을 수 있었고, 대일 외교사에 조선 우위의 새로운 전기를 마련해 주었으며, 더욱이 우리 역사상 몇 안 되는 원정정벌이었다는 사실 그 자체로 우리에게 많은 역사적 교훈을 던져주고 있다. 역사의 서술에서 강요가 있어서는 안 되는 일이다. 역사적 왜곡이 없는 한 일본은 일본 나름대로 사관이 있고, 우리는 우리대로 사관이 있는 것이다. 이를 우리 중심으로 통일하자는 것 자체는 거시적으로 보아 매우 조잡한 논리가 될 수 있는 위험성이 내포되어 있다.

참고문헌

국사편찬위원회, 「조선후기의 정치」『한국사』 23, 2002.
이종규, 「15세기 초 대일교섭사 연구 — 대마도 정벌을 중심으로」『湖西史學』 3, 1974.
전종근, 「조선조 초기의 대일관계 — 대마도 정벌을 중심으로」『石堂論叢』 15, 1989.
한문종, 「조선초기의 왜구대책과 대마도 정벌」『전북사학』 19, 1997.

조선과 일본에 양속한 대마도

한 문 종(전북대학교)

○ 한국, 일본, 그리고 대마도

대마도는 한반도와 일본 본토의 중간에 위치한 섬으로 거리상으로 일본보다 한국 쪽에 훨씬 가까이 있다. 또한 대마도는 그 면적이 거제도의 1.8배에 정도밖에 되지 않는 아주 작은 섬이며, 섬의 95% 이상이 농사를 지을 수 없는 산지로 둘러싸여서 부족한 식량이나 생활필수품을 섬 밖에서 조달하여야만 했다. 이러한 지리적인 위치와 자연환경으로 말미암아 대마도는 고대 이래로 한반도에 존재하였던 여러 나라와 밀접한 관련을 맺으며, 한반도 문화의 일본 전파 뿐만이 아니라 한일간의 외교관계에서 중요한 역할을 담당하였다. 특히 조선 전기 대일관계에 있어서 대마도는 다른 어느 시기보다 양국관계의 형성에 중요한 역할을 담당하였다. 그럼에도도 불구하고 이에 대한 연구는 미진한 실정이다.

따라서 조선시대의 한일관계를 보다 명확하게 규명하기 위해서

△ 대마도는 한국과 일본의 중간에 위치한 작은 섬으로
부산에서 대마도까지는 48km, 대마도에서
큐슈(후쿠오카)까지는 147km이다

는 우선 조선과 대마도의 관계를 고찰하여야 한다. 이는 또한 최근 일본 각료들의 잇따른 망언과 독도의 영유권 문제가 한일 양국의 외교적인 쟁점으로 대두되고 있는 상황에서 양국의 영토 인식 문제를 이해하는 데도 도움이 될 것으로 생각한다.

○ 대마도를 왜인 통제의 창구로 이용하다

일반적으로 조선 왕조는 일본과 교린관계의 외교를 전개하였다고 주장한다. 이러한 주장은 일본의 중앙정권인 막부와 대마도를 구분하지 않고 동일시한 때문이다. 그러나 조선 전기 대일관계를 살펴보면 외교의 교섭 대상에 따라 외교체제를 달리하였음을 알 수 있다. 즉, 조선 정부는 외교의 교섭 대상을 막부 장군幕府將軍을 비롯하여 큐슈 탐제九州探題·대마도주對馬島主 등의 일본 지방호족들까지 다원화하였다. 막부 장군과는 대등한 교린외교交隣外交를, 대마도주를 비롯한 지방호족과는 기미관계羈縻關係의 외교체제라는 이중구조를 취하고 있었다. 여기에서 '기미羈縻'는 말의 굴레와 소의 고삐를 가리키는 것으로 소나 말처럼 견제한다는 의미를 가지고 있으며, 이는 중국이 한대 이후 주변의 이민족에 대해서 취한 대외정책의 기본방침이었다. 조선에서는 중국의 사대조공과 같은 방식으로 대마도주를 비롯한 지방호족을 기미질서 속에 편입시키고 그 속에서 외교의례와 조공무역의 형식을 행하도록 하였다.

그렇다면 조선 정부가 어떻게 대마도를 기미관계의 외교체제 속에 편입시켰을까. 조선 정부는 통교자의 증가에 따른 치안·경제상의 부담과 대마도 정벌 이후 왜구에 대한 자신감, 그리고 일본의 국내 정세에 대한 지식의 확대 등을 배경으로 일본에서 오는 통교자를 제한하는 여러 가지 제도를 정비하기 시작하였으며, 이를 통해서 대마도를 기미관계의 외교질서 속에 편입시키려 하였던 것이다.

먼저 통교자에 대한 통제책은 포소의 제한과 서계書契·도서圖書·문인文引에 의한 통제 그리고 세견선歲遣船의 정약에 의한 통제 등을 들 수 있다. 포소의 제한은 왜선의 정박 장소를 한정하는 것으로, 1407년(태종 7년)에 흥리왜인興利倭人이 정박하여 무역할 수 있는 장소를 부산포와 내이포(제포)로 제한하면서부터 시작되었다. 그 후 포소의 제한은 흥리왜인 뿐 아니라 조선에 도항하는 모든 통교자들에게까지 확대되었다. 1426년(세종 8)에는 염포를 추가하여 이른바 '삼포三浦'를 개항하였으며, 1510년(중종 5) 삼포왜란으로 인하여 폐쇄될 때까지 삼포는 왜선의 정박 장소, 왜인들의 거류·접대·무역의 장소로서 기능을 담당하였다.

서계는 원래 조선의 예조와 일본의 통교자가 주고받은 일종의 외교문서였다. 따라서 조선에 오는 사송왜인使送倭人은 서계를 지참하여야 했다. 대마도 정벌 이후부터 서계는 통교자에 대한 통제책으로 이용되어 대마지방의 통교자는 도주의 서계를, 큐슈 지방의 통교자는 큐슈탐제의 서계를 가지고 와야만 조선에서 접대를 받을 수 있었다. 그러나 서계에 의한 통제는 대마도의 정치적 불안정과 큐슈탐제의 지배력 약화, 조선 정부의 불철저한 통제로 인하여 그다지 효과를 거두지 못하였다. 조선에서는 이를 보완하기 위해서 문인제도를 실시하였다.

도서는 일본의 지방호족이나 통교상의 공로자에게 지급한 일종의 도장으로 통교자가 조선에 올 때에 서계에 찍어 통교상의 증명서로 삼았던 것이다. 그러나 세종 초에 도서의 사급 범위가 확대되면서 통교인의 도항을 제한하는 수단으로 이용되었다. 특히 조선에서는 대마도 정벌 이후 도주에게 '종씨도도웅와宗氏都都熊瓦'라 새긴 도서를 사급하고 이를 이용하여 도내의 통교자를 통제하려 하였다. 도서를 사급받은 왜인을 수도서왜인受圖書倭人이라고 하는데, 이들은 조선에 도항할 수 있는 통교권을 인정 받았으며 세견선을 정약 받았다. 따라서 많은 왜인들이 도서의 사급을 요청하였으나 조선에서는 왜구의 통제 능력이나 외교상의 공로 그리고 일본 내에서의 세력의 강약 등을 고려하여 도서를 사급하였다.

문인은 본래 상인들에 대한 통제와 세금의 징수 그리고 군사적인 목적으로 사용하던 일종의 통행증명서로 행장行狀 또는 노인路引이라고도 하였다. 이것이 입국증명서로 전용이 되어 왜인에 대한 통제의 수단으로 사용되기 시작한 것은 1426년(세종 8)경이다. 그 후 1438년(세종 20)에 경차관 이예李藝가 대마도주 소 사다모리宗貞盛와 문인제도를 정약하면서 왜인에 대한 통제책으로 제도화되었다. 그 결과 일본 국왕사를 제외한 모든 통교자는 대마도주가 발행하는 문인을 가지고 와야만 접대와 교역을 허락받을 수 있었다. 특히 문인에는 사송선의 크기와 승선인의 이름과 인원수 등을 기재하도록 하였다.

이와 같이 조선에서 대마도주에게 문인 발행권을 주고 도주로 하여금 일본의 통교자를 일원적으로 통제하려 하였으며, 대마도주는 문인제도를 이용하여 도내의 통교자를 통제하고 문인발행에 대한 수수료와 교역품에 대한 과세를 함으로써 도내에서의 정치·경제적인 지배권을 장악할 수 있었다. 따라서 문인제도는 조선과 대마도주의 이해가 서로 부합하였기 때문에 강력하게 시행될 수 있었으며, 이후 조선의 중요한 왜인 통제책이 되었다.

한편으로 호조·병조·예조 등의 육조六曹와 관찰사·수령·만호 등의 지방관에게 주었던 문인 발행권을 대마도주에게 준 것은 대마도를 조선의 지방으로 인식하는 대마속주의식對馬屬州意識 내지는 대마번병의식對馬藩屛意識의 구체적인 표현이라 할 수 있다.

세견선歲遣船의 정약은 일본의 통교자가 1년 동안에 파견할 수 있는 사송선의 수를 정하는 것이다. 이는 중국이 외이外夷에 대한 조공의 횟수와 시기를 제한한 것과 유사하며, 고려시대의 진봉선무역체제進奉船貿易體制와도 같은 것이다. 세견선의 정약은 세종 6년(1424)에 큐슈탐제 미나모토源了俊와의 사이에서 처음으로 이루어졌으며, 대마도주와의 정약은 1443년(세종 25) 대마도체찰사 이예가 소 사다모리와 맺은 계해약조癸亥約條에 의해서다. 계해약조의 내용은 대마도주에게 매년 200석의 쌀과 콩을 하사한다는 것과 도주의 세견선을 50척으로 하고 부득이하게 보고할 일이 있을 경우 정해진 숫자 외에 특송선을 보낼 수 있다는 두 항목만이 전해지고 있다.

이 세견선과 세사미두에 관한 조항은 시기에 따라 그 수에 가감이 있었지만 조선 전기 대일 통교체제의 기본약조로서 계속 유지되었다. 계해약조를 계기로 다른 통교자들도 세견선을 정약하여야만 도항하여 접대를 받을 수 있었다. 그리하여 세조대에는 종씨 일족을 비롯하여 일본 본토의 지방호족들과 세견선을 정약하였는데, 그 수가 400여 척에 이르자 성종 초에 이를 다시 정비하였다. 그 후 1477년(성종 8)에는 수도서인도 세견선을 정약하도록 함으로써 세견선의 정약이 사송선의 통제원칙으로 되었다. 한편으로 『해동제국기』와 『경국대전』에 의하면 1년간의 입국 선박수가 220여 척이고, 입국 왜인의 수가 5,500~6,000여 명이었으며, 그들에 대한 접대 비용만도 1만여 석에 달하였다 한다.

이상에서 살펴본 것처럼 조선 정부의 통제책은 대마도주를 조선중심의 외교질서인 기미체제에 편입시키는 대신 그에게 여러 가지 통교상의 권한을 부여하는 것이었다. 특히 문인제도와 계해약조는 조선과 대마도의 외교관계를 정례화함으로써 이후 대일 통교체제를 형성하고 유지하는 기본이 되었고, 대마도주를 비롯한 일본의 지방호족들을 조선 중심의 외교질서인 기미관계의 외교체제 속에 편입시키는 데 크게 기여하였다. 이는 또한 임진왜란 후에 체결된 기유약조己酉約條에 계속 유지되어 조선 후기 대일외교의 근간이 되었다.

○ 조선으로부터 관직을 받은 왜인들

한편으로 대마도가 조선 중심의 외교질서 속에 포함되었다는 사실을 나타내주는 것이 바로 수직왜인제受職倭人制이다. 수직왜인제는 조선 초기 왜구에 대한 회유책의 일환으로 실시되었으며, 고려시대의 여진인 회유책에서 유래하였다. 기록상 조선시대에 처음으로 관직을 제수받은 왜인은 1395년(태조 4) 12월에 왜선 60척과 수백 명의 왜인을 이끌고 투항한 항왜 등육(藤陸 또는 疚六)으로 선략장군宣略將軍을 제수받았다. 그 후 항왜나 향화왜인 중에서 왜구의 우두머리나 특별한 기술을 가지고 있는 자에게 관직을 제수하고 토지와 집을 하사하였다. 그러나 왜구 문제가 일단락되면서 1444년(세종 26)부터는 수직의 범위가 일본에 거주하고 있는 왜인에게까지 확대되었다. 그 결과 임진왜란 전까지 일본 거주 수직왜인은 총 90명에 달하였는데, 이들의 지역별 분포는 대마도가 52명으로 가장 많았으며, 그 다음이 큐슈지방 19명, 이키지방 9명, 본주 및 사국四國지방 9명, 미상 8명이었다.

일본 거주 수직왜인은 왜구의 두목과 그의 일족, 피로 또는 표류인을 송환한 자, 적왜를 참수하거나 붙잡아 오는 데 협력한 자, 통교상의 공로자, 대마도주의 관하인 등으로 구성되어 있었다. 그중 왜구의 두목과 그의 일족으로 수직왜인이 된 자는 대부분 왜구의 근거지였던 대마도와 이키도·마츠우라지방의 왜인이었다.

수직왜인은 동지중추同知中樞(종2품)에서 사맹司猛(정8품)에 이르기까지 주로 서반의 무반직을 제수 받았다. 이들은 관직의 임명장인 고신告身과 그에 상응하는 관복을 하사받았으며, 년 1회 하사 받은 조선의 관복을 입고 입조하여 조선 국왕을 알현하고 숙배하여야 했다. 특히 이들은 년 1회의 친조親朝의 기회를 이용하여 토산물을 바치고 회사물을 사급 받는 조공무역을 행하였으며 또한 사무역도 행할 수 있었다. 따라서 조선에서는 사송선을 파견할 수 있는 수도서인보다는 본인이 직접 내조하여야 하는 수직왜인을 통교자에 대한 통제책으로 적극 활용하였다. 결국 조선에서는 일본에 거

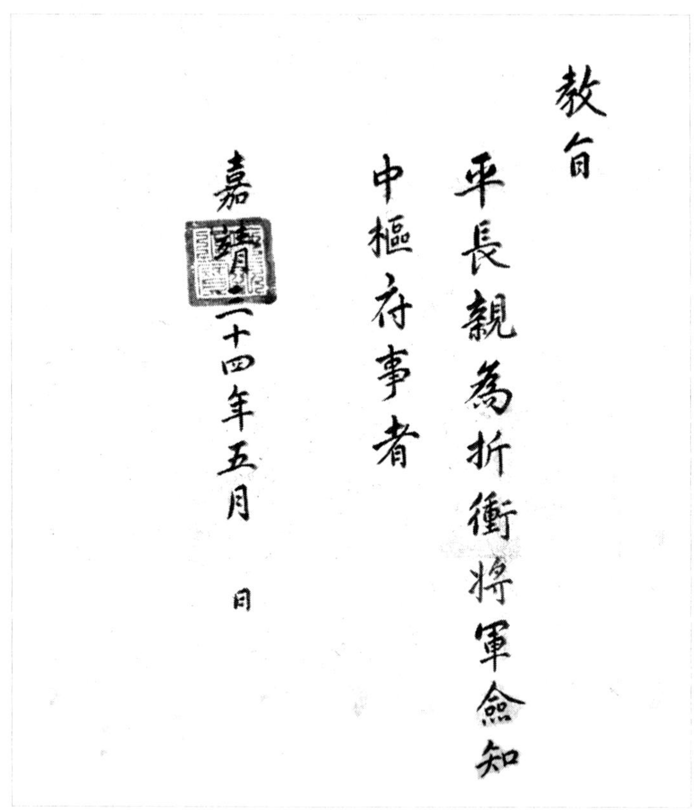

△ 1555년 5월 평장친에게 첨지중추부사(정3품, 당상관)의
관직을 내린 교지(국사편찬위원회 소장)

주하는 통교자들에게 조선의 관직을 제수하고 그들을 조선의 외
교체제인 기미질서 속에 편입시켰던 것이다.

수직왜인은 왜구의 토벌에 종군하였거나 왜구 및 일본의 정세
를 제공하여 조선이 미리 왜구의 침입에 대한 대책을 세우도록
하였으며, 또한 사절의 왕래 및 호송, 삼포왜인의 총괄 및 쇄환,
피로와 표류인의 송환, 조선술 등의 기술을 전수하는 등 양국관계

를 유지하는 데 다양한 역할을 수행하였다.

｡ 대마도는 우리 땅

　조선이 대마도와 기미관계의 외교를 전개할 수 있었던 배경은 대마도의 지리적 위치와 자연환경 이외에도 조선의 대마도에 대한 인식에서 찾을 수 있다. 즉, 조선에서는 대마도를 조선의 영토 또는 속주로 또는 번병으로 인식하고 있었다. 이러한 인식은 고려시대의 진봉선무역체제로부터 비롯되었으며, 대마도 정벌 이후 대마도를 경상도의 속주로 편입시키면서 체계화되었다. 그리하여 조선에서는 대마도를 조선의 남쪽 울타리로 인식하는 대마번병의식과 조선의 속주로 인식하는 대마속주의식이 일반화되었다. 이러한 인식은 대마도를 조선 중심의 외교질서, 즉 기미관계의 외교질서에 편입시키는 정신적 기반이 되었으며, 조선과 대마도의 외교관계를 유지하는 기본입장이 되었다. 조선에서는 이러한 인식에 기초하여 대마도주에게 여러 가지 통교상의 특권을 주고 대일외교의 창구 역할을 하도록 하였다.

　이같이 조선이 대마도를 자국의 영토로 인식하고 조선의 외교질서 속에 편입시키려 하였던 것은 조선의 지방에 파견하였던 임시사절인 경차관敬差官·체찰사體察使·선위사宣慰使를 대마도에 파견한 사실과, 1461년(세조 7)에 대마도주 소 시게모시宗成職에게 관직을 제수하려 하였던 사실을 통해서 확인할 수 있다. 조선에서는 또한 이러한 인식에 기초하여 대마도주를 비롯한 도내의 중소 세력가에게 매년 쌀과 콩을 하사하기도 하였는데, 이를 세사미두歲

賜米료라고 한다.『해동제국기』에 의하면 대마도주를 비롯하여 14명(이키도인 1명, 대마도인 13명)에게 많게는 200석에서부터 적게는 10석에 이르기까지 세사미두를 사급하였으며, 그 수만도 한 해에 350석이나 되었다고 한다. 뿐만이 아니라 조선에서는 가뭄이나 기근, 화재 등으로 식량이 부족할 때에는 수시로 대마도에 쌀과 콩을 주어 구휼하기도 하였다.

○ 한일관계에서 대마도가 수행한 역할

이상의 사실을 통해서 볼 때 조선에서는 대마도를 우리의 영토로 인식하고 조선 중심의 외교체제인 기미관계의 외교체제 속에 편입시키는 한편, 대마도에 여러 가지 통교상의 특권을 주고 이를 통해 일본의 통교자를 통제하려 하였다. 그 결과 대마도는 영토상으로는 일본에 속해 있었지만 정치·경제·외교적으로는 조선에 예속하였던 것이다. 그리하여 조선 전기 한일관계에 있어서 대마도는 대일 외교의 창구로서의 역할과 조선의 남쪽 번병으로서의 역할, 조일 무역의 중개지로서의 역할 그리고 대마도 및 일본의 국내 정세에 대한 정보수집 장소로서의 역할을 행하였다.

앞으로 조선과 대마도의 외교관계를 보다 명확하게 밝히기 위해서는 정치·외교적인 면만이 아니라 경제와 문화 교류, 상호인식 등이 유기적이고 종합적으로 고찰되어져야만 한다. 아울러서 대마도의 조선과 막부에 대한 인식, 대마도와 막부의 세력관계 등도 연구되어야 한다.

------------------------------ 참고문헌 ------------------------------

이현종, 『朝鮮前期 對日交涉史研究』, 한국연구원, 1964.
손승철, 『朝鮮時代 韓日關係史研究』, 지성의 샘, 1994.
하우봉, 「朝鮮前期의 對日關係」『강좌 한일관계사』, 현음사, 1994.
한일관계사연구회, 『독도와 대마도』, 지성의 샘, 1996.
한문종, 『朝鮮前期 對日 外交政策 研究－對馬島와의 관계를 중심으로－』,
    전북대 박사학위논문, 1996.

조선에 불법으로 도항한 왜인들

한 문 종(전북대학교)

◦ 조선시대의 비자, 서계·도서·문인

　오늘날 우리들이 다른 나라에 입국하기 위해서는 해당 나라의 대사관이나 그 나라를 대표하는 외교기관으로부터 입국허가증인 비자(visa)를 받아야 한다. 조선시대에도 왜인이나 여진인이 조선에 입국하기 위해서는 서계書契·도서圖書·문인文引 등의 도항증명서를 소지하여야 했다. 그런데 조선 전기에는 서계·도서·문인 등을 위조해서 불법적으로 도항하는 왜인들이 많았다. 이들을 일반적으로 '위사僞使' 또는 '통교 위반자'라 칭하였다.

　특히 조선 전기에 불법으로 도항한 통교 위반자가 많았다는 사실은 외교사상 보기 드문 현상일 뿐만 아니라 당시 조일관계의 특수한 단면을 보여주는 대표적인 사례라고 할 수 있다. 따라서 통교 위반자에 대한 이해는 조일 외교의 성격 및 특징을 파악할 수 있는 중요한 주제 중의 하나이다.

◦「위사」인가「통교 위반자」인가

서계·도서·문인 등 도항증명서를 위조해서 불법적으로 도항하는 왜인에 대한 국내에서의 연구는 거의 없어서 위사의 개념과 기준에 대한 정리가 이루어지지 못하였다. 이에 비해 일본에서의 연구는 비교적 활발하게 행하여졌다. 그 중 요네타니 히토시米谷均는 위사를 '제3자가 어떤 통교 명의를 사칭해서 파견하는 허위의 사절'로, 하시모토 류橋本雄는 '제3자가 어떤 사람(그 사람이 실제로 존재하는지 유무에 상관없이)의 명의를 빌려서 사절을 파견하여 무역 이윤을 획득하기 위한 거짓의 외교사절'로 정의하였다. 반면에 이토 코지伊藤幸司는 '파견 주체 또는 사인이 통교 명의를 사칭하는 사절'을 위사로 정의하였다.

그러나 이들의 위사에 대한 개념과 기준은 약간의 문제점을 가지고 있다. 예를 들면, 서계·도서·문인을 소지하지 않은 경우, 수직왜인이 직접 도항하지 않고 통교자를 파견한 경우, 수도서인·세견선 정약자가 아닌 자가 도항한 경우에 이를 위사에 포함시켜야 할 것인지 여부 등 위사의 범위와 기준이 명확하지 않다. 또한「위사」의 사는 사신, 사절, 사자를 의미하는 것으로, 이에는 국가의 공식적인 외교사절 또는 사신이라는 의미를 함축하고 있다. 그런데 조선 전기 일본에서 조선에 도항하는 자들은 국가 간의 공식적인 사절이 아닌 개인적인 통상 교역을 목적으로 하는 통교자 또는 통교 무역자의 성격을 띠고 있었다. 이들 중 불법으로 도항하는 자들을「위사」라고 부르는 것보다 그들의 성격 및 도항 목적을 그대로 반영하는 의미에서「통교 위반자」로 부르는 것이 훨씬 타당하다고 생각한다. 따라서 여기서는 조선의 왜인 통제책을 위반하여 불법으로 도항한 자들을 총칭하여 「통교 위반자」로 부르고자 한다.

◦ 왜인의 입국을 통제한 배경

조선 전기 대일 외교의 근간은 왜구 문제의 해결과 통교 왜인에 대한 통제라 할 수 있다. 조선 정부는 건국 초기부터 여러 가지 왜구대책과 외교적인 교섭을 전개하였다. 그 결과 왜구는 점차 평화적인 통교자로 전환되어 갔으며, 1409년(태종 9)을 전후하여 왜구의 침입은 급격히 감소한 반면 일본 각지에서 도항하는 왜인은 증가하기 시작하였다. 그러나 이 시기에는 아직 통교 왜인에 대한 규정이 정비되지 못하였다. 그 때문에 통교 왜인들이 해안지방을 마음대로 왕래하면서 무역을 하기도 하고, 항왜들과 접촉하면서 연해 병선의 허실을 정탐하는 등 치안상의 폐단이 야기되었다.

또한 조선에 도항하는 왜인은 통교 무역자지만 진상과 회사의 조공무역을 행하였다. 이 때문에 조선 정부는 그들이 도항해서 귀환할 때까지의 접대 비용을 모두 부담하였다. 게다가 왜인들이 포소에 오랫동안 머무르는 폐단이 발생하자 접대 비용을 줄이기 위해 가지고 온 물품을 대신 매매해주었는데, 이는 조선 정부의 재정적 부담을 초래하였다.

이같이 통교자의 증가는 치안상의 혼란과 재정적 부담을 가중시켰다. 따라서 조선 정부는 통교 왜인을 통제할 필요성을 느끼게 되었다. 그리하여 조선에서는 대마도 정벌 이후 왜구 문제에 대한 자신감을 바탕으로 왜선이 도항하여 정박할 수 있는 포소를 제한

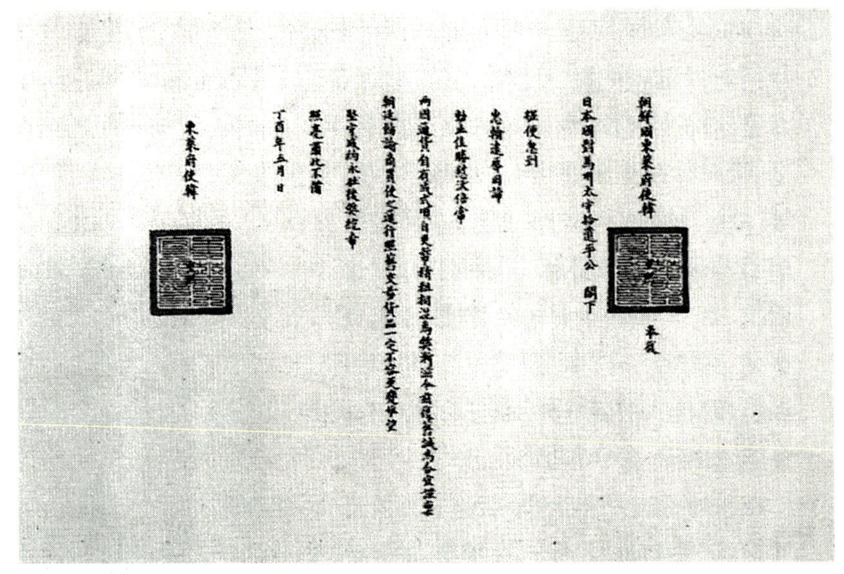

△ 서계

1717년(숙종 43년) 동래부사가 대마도주에게 보낸 것으로, 사무역에 사용되는
은화의 복구에 대한 답서이다.

로 사용되었다.

문인은 일종의 도항증명서로, 오늘날의 비자와 유사한 것이다.
문인(行狀·路引이라고도 하였다)은 본래 국내에서 상인에 대한 통
제와 세금의 징수 그리고 국경의 요새나 나루터關津의 통행을 제
한하기 위한 군사적 목적으로 사용하던 일종의 통행증명서이다.
이것이 점차 삼포 항거 왜인과 항왜에 사용되었으며, 후에는 조선
에 도항하는 왜인과 북방의 여진인을 통제하기 외교적인 목적으
로 사용되었던 것이다.

문인 이전의 단계인 로인路引은 원래 흥리 왜인에게 사용되었으

며, 1426년(세종 8) 소 사다모리의 요청에 의해서 왜인의 도항증명
서로 제도화되기 시작하였다. 그 후 1433년에는 대마도로부터 조
선에 오는 배는 행장이나 로인 대신에 반드시 도주의 문인을 가
지고 왕래하였으며, 2년 후에는 대마도 내의 수도서왜인까지 확
대 적용하였다. 1436년에는 서계와 문인을 위조해서 오는 폐단을
막기 위하여 문인에 사송선의 크기와 각 선의 정관, 격왜의 이름
그리고 그들의 인원수 등을 기재하도록 하였다. 그 후 1438년에
왜사의 통제를 요청하기 위해 경차관 이예를 대마도에 파견하였
는데, 그때 대마도주와 문인제도를 정약하기에 이르렀다. 그 이후
일본으로부터 도항하는 모든 통교자는 문인제도에 의해서 대마도
주가 발행하는 문인을 가지고 와야만 접대와 교역을 허락받을 수
있었다.

조선에서는 대마도주에게 문인 발행권을 주고 도주로 하여금
일본 각지에서 오는 통교자를 간접적으로 통제할 수 있었다. 반면
에 대마도주는 문인제도를 이용하여 각처의 통교자를 통제하고
문인 발행에 대한 수수료[吹噓錢]를 받음으로써 대마도 내에서의
정치·경제적 지배권을 확고히 할 수 있었다. 이 같이 조선 정부
와 대마도주의 이해가 상응하였기 때문에 문인제도는 이후 조선
의 주요한 왜인 통제책의 하나가 되었다.

한편, 호조·병조·예조 등 육조와 관찰사·수령·만호 등의 지
방관에게 주었던 문인 발행권을 대마도주에게 준 이유는 대마도가
조선과 일본의 중간지역에 위치하면서 간사한 무리를 단속하는 남
쪽 울타리藩屏로서의 역할을 할 수 있을 것으로 기대하였기 때문이
었다. 따라서 조선에서는 대마도주가 왜구의 재발을 방지하고 도
내의 정치, 경제적 지배력을 장악할 수 있도록 문인 발행권을 준
대신 그를 조선의 외교질서 속에 편입시켰던 것이다. 이는 조선의

지방에 파견하였던 대지방관인 경차관·체찰사·선위사 등을 대마도에 파견하였던 것과 같은 의미를 가진다고 할 수 있다.

문인제도는 대마도주를 통해 통교 왜인을 통제하는 데 목적이 있는 반면 계해약조는 대마도주의 통교를 제한하는 데 그 목적이 있었다. 따라서 계해약조의 주 내용은 대마도주의 세견선을 제한하는 것이었다. 세견선은 일본의 통교자가 1년 동안에 파견할 수 있는 사송선의 수를 제한하는 것으로, 중국이 외이에 대해서 조공의 회수를 제한하고 무역선의 내조시기 및 선수 등을 제한하는 것과 유사한 것이다. 세견선 정약은 이미 고려시대에도 존재하였지만, 기록상 조선시대에 들어와서 처음으로 세견선을 정약한 것은 1424년(세종 6)에 큐슈절도사 미나모토료순源了俊이다.

대마도주와는 1443년(세종 25)에 맺은 계해약조에 의해서 세견선을 정약하였다. 계해약조의 체결시기와 과정에 대해서는 기록이 많지 않아 자세한 내용을 알 수 없다. 다만 체결 당시의 정황과『조선왕조실록』및 신숙주의「졸기」, 일본 측의 기록인『대마세계사기對馬世系私記』『조선통교대기朝鮮通交大紀』등의 기록을 종합해 보면, 계해약조는 세종 25년 8~10월 경에 대마도에 파견되었던 체찰사 이예가 주도하여 체결하였으며, 그 과정에서 신숙주는 대마도주를 설득하여 조약을 체결하도록 하는 데 일조하였음을 알 수 있다.

계해약조는 대마도주의 세견선 정약에 대한 내용이 주를 이루고 있지만, 계해약조로 대표되는 세견선의 정약은 이후 일본의 모든 통교자들에게 적용되었다. 그 후 세견선 정약은 독자적인 대조선 통교권을 가지고 있었던 수도서왜인까지 확대되었으며, 1477년(성종 8)에는 모든 수도서왜인도 세견선을 정약해야만 조선에 도항할 수 있도록 함으로써 세견선의 정약이 사송선의 통제 원칙으로 되었다. 그 후 세견선을 정약하지 않은 자가 도서와 서계를 가지고 오는 경우에는 접대를 거부하는 등 불법 도항자에 대한 통제를 더욱 강화하였다.

◦ 통교 위반자의 유형 및 처리

위에 살펴본 것처럼 왜인 통제책의 정비로 입국이 제한되자 왜인들은 서계·도서·문인 등 조선의 왜인 통제책을 교묘하게 위반하면서 불법적으로 조선에 도항한 자들이 많았다.

그 유형을 살펴보면, 첫째, 위조된 서계를 가지고 도항하여 장사를 하러 왔다고 사칭하거나 또는 물건을 헌상하는 자들이 많았다. 그 중 위조 사실이 확실하게 드러난 경우에는 그들을 구류하거나 헌상하는 물건을 거절하고 되돌려 보냈지만, 위조 사실이 명백하게 밝혀지지 않은 경우에는 여러 가지 상황을 고려하여 접대 여부를 결정하였다. 특히 조선에서는 일본 국왕사의 경우 다른 사신과는 달리 위사라고 의심하였을지라도 명분론적인 입장에서 접대하였다.

한편, 조선에 도항하는 왜인이 가지고 오는 서계에는 도항하는 목적, 헌상하는 물품을 기록한 별폭 그리고 도서가 찍혀 있어야만 했다. 그런데 통교 왜인 중에는 서계에 기록되지 않은 물품을 사적으로 헌상하는 사례도 있었다. 이 경우에 조선에서는 이를 받아들이지 않고 거절하였으며, 별폭에 도서가 없는 경우에도 진헌을 거절하였다.

둘째, 도서를 위조僞造 위착僞著하여 온 자, 사도서를 찍어서 온

자 그리고 이미 죽은 자의 도서를 가지고 통교한 자들도 있었다. 조선에서는 도서를 위조하여 온 위반자에 대해서 숙배와 궤향을 금지하고 과해량을 감하여 주고 돌려보냈다. 특히 1509년(중종 4)에는 수도서인 중에는 이미 죽은 자가 많음에도 불구하고 그들의 세견선이 끊이지 않자 수도서·수직 후 50년 이상 된 자의 통교를 금지시키는 등 강경한 조치를 취하기도 하였다.

셋째, 문인을 소지하지 않았거나 위조하여 도항한 자, 거짓으로 이름을 꾸며[冒名] 문인을 받아 온 자와 이미 기한이 지난 노인이나 문인을 가지고 온 자들도 있었다. 이같이 문인과 도서·서계를 위조하여 오는 자들이 날로 증가하자 그 대책의 하나로 조선에서는 1439년 4월 대마도에 경차관을 파견하여, 도주에게 문인의 발행에 신중을 기해줄 것을 요구함과 아울러서 도항한 자들의 서계 및 인원수 등을 기록한 명부를 보내도록 요청하였다.

넷째, 세견선 미정약자 및 수외 통교자의 도항을 들 수 있다. 이러한 사례는 특히 성종대에 많이 나타났다. 조선에서는 이들을 접대를 하지 않고 과해량만 지급하여 돌려보냈다. 이러한 수외 통교자 및 미정약자의 통교는 이후에도 계속되었으며, 그 수법도 다양해져 정약한 수를 한 해에 중첩해서 파견하는 경우도 있었다. 조선에서는 대마도에 선위사 등을 파견하여 이들의 위반 사실을 대마도주에게 통보하고 문인 발행을 신중하게 하도록 조처하였다.

다섯째, 처음 통교한 자 및 통교 단절 후 다시 통교한 자들이다. 처음으로 통교한 자들은 주로 1433년(세종 15)과 1434년에 나타났는데, 이는 아마 통교제도가 정비되지 않은 상황에서 왜구나 왜인이 평화적인 통교자로 전환하는 과정에서 나타난 현상으로 생각된다. 조선에서는 처음으로 통교한 자들을 그의 세력과 토지의 유무 등을 고려하여 접대해주었다. 그 반면에 처음으로 통교한 자라 할지라도 그의 세력이 미약하거나 영토가 없는 경우에는 접대하지 않고 되돌려 보냈다.

여섯째, 오랜 기간 동안 통교가 단절되었다가 다시 통교하는 자들로, 1541년 정미약조 이후에 나타나기 시작하였다. 그 대표적인 사례의 하나가 1548년(명종 3) 3월 도항한 전산전畠山殿의 사절이다. 전산전은 성화 연간(1465~1487)인 1480년과 1485년에 통교한 이후 60여 년 동안 통교가 단절되었다가 1548년에 다시 사절을 파견하였다. 이같이 오래 동안 통교가 단절되었던 자라 할지라도 이전에 통교한 전례가 명확하고, 그들이 가지고 온 서계와 도서, 문인 등에 문제가 발견되지 않으면 멀리서 온 자를 후대해야 한다는 명분론에 따라 접대해주었다. 특히 통교가 단절된 후 다시 통교하는 자들은 명종대에 나타나기 시작하였는데, 이는 대마도주가 삼포왜란 이후 폐지된 수직·수도서인의 접대를 부활해주도록 요청한 사실과 밀접한 관련이 있다고 생각한다.

일곱째, 1470년(성종 원년) 8월의 호소가와씨細川氏와 이세노카미伊勢守 마사치카正親의 경우처럼 막부 장군의 명을 칭탁해서 사절을 파견한 사례이다. 당시 조선에서는 이들의 서계에 도서가 없어 의심하였지만 일본 국왕의 공사를 출납하는 자라는 점을 고려하여 접대해주었다.

그 외에도 대마도인이나 삼포항거왜인이 양식이나 과해량 등을 받아 가기 위해 사절 또는 격왜로 칭탁하는 사례도 있었다.

이상에서 살펴본 바와 같이 왜인들은 다양한 형태로 조선의 왜인 통제책을 위반하면서 불법적으로 도항하는 자들이 많았다. 이러한 사실은 한 달 동안에 왜인 수천 명이 도항하자 1439년(세종 21) 5월에 첨지중추원사 이예가 대마도주에게 불법 도항자의 금지

를 요청하자고 한 사실이나, 같은 해 10월에 예조에서 대마도주 소
사다모리宗貞盛에게 보낸 서계에서 통교 위반자가 많아서 1년 동안
의 왜인 접대 비용이 무려 10만 석에 달하여 연해의 국고가 고갈
될 지경에 이르렀다고 지적한 사실을 통해서도 확인할 수 있다.

그러나 통교 위반자의 위반 수법이 너무 다양하고 교묘했기 때
문에 조선에서 그들의 위반 사실을 밝혀내기는 쉽지 않았다. 또한
통교 위반자로 의심이 되더라도 그들을 되돌려 보내지 않고 여러
가지 사정을 고려하여 접대를 허용하였다. 심지어는 위반 사실이
명백하게 드러난 경우에도 그들을 처벌하지 않고 상경시켜 접대
하기도 하였다.

이와 같이 조선 정부가 통교 위반자를 강력하게 단속하지 못하
고 미온적으로 처리한 이유는 멀리서 온 사절을 박대할 수 없다
는 명분론과 일본과의 불화 및 왜구의 재발 가능성 때문이었다.
그리고 당시 조선에서는 왜인들이 서계·도서·문인을 소지하고
진상·회사라는 조선의 외교의례에 따른다면 통교 위반자의 진위
여부에 대해 크게 문제 삼지 않았던 것 같다.

한편, 조선에서는 통교 위반자가 많이 나타나자 그에 대한 처리
를 대마도주와 의논하거나 위반 사실을 대마도주에게 통보하기도
하였다. 이는 통교 위반자를 처벌하는 것보다 대마도주로 하여금
문인 발행에 신중을 기하도록 경고하려는 의도였다고 생각된다.
그러나 조선 정부가 대마도주를 통해 간접적으로 통교 왜인을 제
한하려는 방식은 한계가 있었다. 즉, 조선에서는 대마도주에게 문
인 발행권을 주어 통교자를 통제하려 하였지만 대마도주가 제대
로 문인을 발행하였는가를 확인할 수 있는 제도적 장치가 없었기
때문이었다. 결국 대마도주를 통한 간접 통제 방식과 문인제도의
한계점이 불법적으로 도항하는 통교 위반자를 증가시키는 하나의

요인이 되었으며, 이러한 현상은 조선 전기 한일관계의 단면을 나타내주는 대표적인 사례였다.

참고문헌

이현종, 「입국왜인」『조선전기 대일교섭사연구』, 한국연구원, 1964.
中村榮孝, 「室町時代の日鮮交通と書契及び文引」 上・下 『史學雜誌』 42-10・43-11, 1931.(中村榮孝, 『日鮮關係史の硏究』上, 吉川弘文館, 東京, 1965 소수)
하우봉, 「조선전기의 대일관계」『강좌한일관계사』, 현음사, 1994,
한문종, 「조선전기 대일 외교정책 연구-대마도와의 관계를 중심으로-」, 전북대 박사학위논문, 1996.
한문종, 「조선 전기 왜인통제책과 통교위반자의 처리」『일본사상』7, 한국일본사상사학회, 2004.

4부
사상과 문화의 교류

또칠이와 이삼평(이참평)

정 성 일(광주여자대학교)

○ 일본에 뿌리내린 조선 도공의 후예

우리나라 땅 이름과 같은 지명이 중국에 많듯이 일본에도 그러하다. 예를 들어 우리나라 충청도의 당진唐津과 같은 지명이 일본 큐슈九州에도 있다. 일본 사람들은 그곳을 '가라츠'라고 부른다. 일본의 가라츠라는 지명이 한반도의 당진에서 유래한 것인지 아닌지는 확실하게 알 수 없다. 그러나 그곳을 다녀왔거나 알고 있는 한국 사람들이라면 두 지역의 어떤 묘한 관계를 머리에 떠올린 적이 있을 것이다.

일본 큐슈의 가라츠에서 중·고등학교 역사 교사로 있다가, 지금은 도공陶工의 역사 연구에 몰두하고 있는 나카사토 노리모토中里紀元라는 학자가 있다. 1993년에 쓴 책 속에서 그는 자신이 정유왜란丁酉倭亂 때 일본으로 끌려간 조선 도공 또칠又七의 13대 손이라고 밝히고 있다. 이러한 예는 일본의 각지에서 쉽게 찾아볼 수 있다.

　가장 잘 알려진 사례가 가고시마鹿兒島의 심수관沈壽官이다. 그는 와세다 대학 정치경제학부를 졸업하고 잠시 직장생활을 하다가 가업을 이어받아 지금은 도자기를 굽고 있다. 그의 가문에 남아 있는 문서에 따르면, 그의 조상인 초대 심당길沈當吉은 1598년 남원성南原城에서 시마즈 요시히로島津義弘의 군대에 붙잡혀 일본으로 건너갔다고 되어 있다. 심당길은 1603년 나에시로가와苗代川에서 가마를 열었으며, 그로부터 18년 뒤에는 사츠마번薩摩藩의 명령을 받아 박평의朴平意 등과 함께 백토白土를 발견하여 오늘날 세계적으로도 유명한 사츠마 도자기薩摩燒를 최초로 만들었다. 심수관은 그로부터 14대째 조선 도자기 기술의 맥을 이어오고 있는 것이다.

　일본의 각지, 특히 한반도와 가까운 큐슈지역에 조선 도공과 관련이 깊은 도자기 문화가 많이 남아 있는 것은 무엇 때문일까? 그것은 한마디로 조선 도자기 기술이 그곳에 전래되었기 때문이다. 그렇다면 당시 첨단기술의 하나였던 도자기 제조기술이 언제 어떠한 방식으로 조선에서 일본으로 이전되었을까?

◦ 임진왜란은 도자기 전쟁

　인간이 풀지 못하는 수수께끼 중 하나가 전쟁이다. 인류 사회에서 전쟁이란 도대체 어떤 것일까? 이 땅에서 영원히 사라지길 모두가 기원하는 것이 전쟁임에도, 그것이 여전히 없어지지 않고 있는 것은 무엇 때문일까? 이런 의문은 조선시대를 살았던 우리 조상들도 품고 있었을 것이다.

우리나라와 일본의 오랜 역사 속에서 아직도 잊혀지지 않고 있는 것 가운데 하나가 임진·정유왜란이다. 일본의 전국을 통일한 도요토미 히데요시豊臣秀吉는 그 여세를 몰아 조선을 침략하여 중국으로 통하는 길을 확보하고자 했다. 그의 궁극적인 목표는 중국을 차지하고 더 나아가 인도, 동남아시아까지도 손아귀에 넣는 것이었다. 그러나 그의 망상은 실현되지 못했고 그는 조선과의 전쟁이 끝나기도 전에 세상을 뜨고 말았다.

그의 침략욕은 양국의 민중에게 씻을 수 없는 깊은 상처를 남겼다. 국토의 황폐, 문화재의 소실, 인명 살상 등 전란으로 인한 피해는 이루 헤아릴 수 없이 컸다. 그 가운데 우리가 주목하고자 하는 것이 전쟁 중에 일본으로 끌려간 조선 사람들이다. 이런 사람들을 역사 용어로 피로인被虜人이라 부른다. 그들을 포로라고 하지 않고 피로인이라 하여 서로 구별하는 데는 나름대로 이유가 있다. 흔히 포로捕虜라고 할 때는 전쟁에 직접 참여했다가 전쟁 중에 상대편에게 붙잡힌 경우를 말한다(전쟁포로). 그런데 피로인이라고 할 때는 전쟁에 직접 가담하지 않은 민간인, 예컨대 부녀자·학자·어린아이까지도 포괄하는 개념이다. 이른바 피로인으로 불리는 조선 사람들 가운데는 일본인에 의해 제3국에 노예로 팔려간 사람들도 있었다. 또 더러는 전쟁 후 조선으로 송환된 사람들도 있었다. 그러나 그 나머지 사람들은 이국땅 일본에서 생애를 마감해야 했다.

그렇다면 전쟁 중에 일본으로 끌려간 조선 사람들은 얼마나 될까? 결론부터 말한다면 지금으로서는 정확한 숫자를 알 수 없다. 당시 조선에도 오늘날의 주민등록증과 비슷한 호패號牌라든가, 각종 공물이나 세금을 징수하는 대장臺帳 따위가 있어서, 중앙정부가 주민의 숫자를 파악하고는 있었지만 그것이 완전하지 못했다.

게다가 전란으로 인해 관련 문서가 불타 없어져버렸기 때문에 그 전모를 알기 어렵다.

따라서 당시 일본으로 끌려간 조선 사람의 수와 그들의 구성 내용을 확실하게 밝힐 도리가 없다. 전쟁 피로인이 2만 명이니 10만 명이니 하여 학자마다 차이가 큰 것도 바로 이런 이유 때문이다. 대체로 일본 학자들은 피로인의 숫자를 적게 잡고, 한국 학자들은 그보다 더 많게 보는 경향이 짙다. 어찌 되었건 끌려간 사람들의 수가 10만 명이라면 오늘날의 어지간한 도시의 전체 인구가 없어진 것이다. 2만 명이라고 하더라도 당시 인구 규모를 감안한다면 큰 고을 몇 개가 한꺼번에 존재를 감춰버린 셈이다. 그러니 일본의 침략으로 인해 조선 사회가 받았을 충격이 어떠했을지는 역사 전문가가 아니더라도 쉽게 짐작할 수 있을 것이다.

그런데 일본으로 끌려간 사람들이 대부분 기술자였다고 한다면 문제는 간단하지 않다. 많은 수의 기술자가, 그 중에서도 당시 첨단기술인 도자기 제조기술을 가진 사람들이 일본으로 끌려갔다고 하는 것은, 현대어로 말한다면 조선의 첨단기술이 폭력적 방법에 의해 짧은 기간 동안에 일본으로 이전되었다는 것을 뜻한다. 조선은 단 한 푼의 로열티도 받지 못하고 첨단기술을 고스란히 일본에 넘겨준 꼴이니, 그것을 오늘날의 시세로 환산한다면 그 규모가 얼마나 될까? 경제적 가치를 돈으로 계산하기는 쉽지 않겠지만, 그것이 일본의 도자기 산업에 끼친 영향은 이루 말할 수 없이 컸다. 바로 이런 연유 때문에 임진·정유왜란을 이른바 도자기 전쟁으로 부르는 것은 아닐까?

◦ **일본 백자의 원조, 이삼평(이참평)**

유난히도 무더웠던 1996년 여름, 일본 큐슈 사가현佐賀縣의 아리타有田에서는 세계도자기박람회가 열렸다. 아리타 도자기有田燒라는 이름으로 일본에서도 널리 알려진 그곳은 일본 백자의 발상지이다. 그 아리타 도자기의 원조로 불리는 사람이 바로 조선 도공이었기에 우리는 그를 주목하고자 한다.

정유왜란 중에 일본으로 끌려간 조선 도공 가운데 이삼평이라는 인물이 있었다. 어떤 사람들은 그를 이참평이라고도 부른다. 한자로는 같은 글자李參平이지만, 가운데 글자에 해당하는 것을 한국에서는 '참'으로도 읽고 '삼'으로도 읽기 때문이다. 그런데 이 글자가 원래 그의 이름자인지조차 정확하지 않다. 왜냐하면 그의 이름은 일본쪽 사료에만 나타날 뿐, 조선의 어느 기록에도 그에 관한 언급이 없기 때문이다. 하여튼 일본 사료에만 나오는 그의 이름李三兵衛을 가리켜 일본에서는 '리 산페'라는 일본 발음으로 부르고 있다.

일본의 도자기 문화, 특히 아리타 도자기를 애기할 때 결코 빼놓을 수 없는 이삼평(이참평)! 그러나 그의 크나큰 공적에 비해 그에 관한 자료는 빈약하기 짝이 없다.

이삼평(이참평)에 관한 자료 가운데 가장 널리 인용되는 것은 1653년에 그 자신이 사가번佐賀藩에 제출한 문서이다. 그 문서에서 그는 자신이 조선인(고려인)임을 밝히고 있다. 또 다른 문서인 다쿠가多久家에 남아 있는 기록물에는 그의 고향인 금강도金江島에서 이름을 따서 성을 가네가에金ケ江로 바꾸고 이름도 일본식으로 산페三兵衛로 고쳤다고 되어 있다. 이것을 보면 그가 조선의 금강 출

△ 일본 도자기 문화의 원조라고 할 수 있는
조선 도공들의 초상화

신임은 분명한데, 그곳이 현재의 어디인지는 정확히 알 수 없다. 어떤 사람은 그곳을 충청남도 계룡산의 금강이라고 한다. 초창기에는 한국에서 가마 발굴이 이루어진 곳이 공주 계룡산뿐이어서 그러한 추측이 이루어진 것으로 보인다. 그런데 두 지역에서 제작된 그릇의 종류와 양식이 너무도 다르고 시기도 많은 차이가 있어서, 현재 학계의 연구 성과로는 그것을 그대로 믿기는 어렵다. 그런가 하면 경상남도 김해가 이삼평(이참평)의 출신지라는 설도 있어 의견이 분분하다. 앞으로 추가적인 가마 발굴이 이루어져야 할 것이며, 더 많은 문헌 자료를 통해 보충되어야 할 과제로 남아 있다.

이삼평(이참평)이 일본으로 건너가게 된 동기나 계기에 대해서는 조선에 침입했던 나베시나 군대와의 인연으로 설명하는 것이 지금까지의 통설이다. 그 줄거리는 이렇다.

나베시마군이 산 속에서 길을 잃어 헤매고 있었는데, 멀리서 집 한 채가 보이자 그곳에 가서 길 안내를 부탁했다. 그곳에 이삼평(이참평)이라는 청년이 있었는데, 그는 식량 확보에서 우마牛馬의 조달에 이르기까지 나베시마군에 많은 편의를 제공했다. 그 은혜를 잊지 않은 나

베시마 나오시게鍋島直茂는 1598년 도요토미 히데요시의 사망으로 조
선에서 철수할 때 이삼평(이참평)을 일본으로 데려가도록 다쿠군多久
軍에 명령했다. 일본군에 협력한 사실 때문에 조선에 남게 될 경우 이
삼평(이참평)이 받을 피해를 염려해서 그를 데려간 것이며, 그의 직업
이 도자기 굽는 일임을 고려하여 다쿠야스토시多久安順는 그에게 도자
기 제조를 명령했다.

위의 기술대로라면 이삼평(이참평)은 자발적으로 일본으로 건
너간 셈이 되며, 더욱이 일본군은 그에게 은덕을 베푼 꼴이 된다.
그런데 이 기록은 약탈자가 남긴 것이라는 점에서 볼 때, '첨단과
학 기술자의 강제 납치'라는 본질을 은폐하고, 오히려 그것을 인
도주의적 호의로 호도하기 위한 의도는 없었는지 퍽 궁금하다. 이
삼평(이참평)의 도일渡日에 정말로 강제성은 없었는지 다시 생각해
볼 문제이다.

이 문제와 관련하여 1994년 3월 양국 간에 뜨거운 논쟁이 벌어
진 적이 있다. 사건의 발단은 한국도자기문화진흥협회와 일본의
아리타쵸有田町가 공동으로 1990년 10월 1억8,000만 원을 들여 충
남 공주군 반포면 온천리의 계룡산과 마주한 언덕받이에 세운 이
삼평(이참평) 기념비의 비문 내용 때문이었다. "이삼평(이참평) 공
은 임진·정유의 난에 일본으로 건너가 …"라는 구절이 특히 문
제가 되었다.

다시 말해서 왜란倭亂이란 용어를 쓰지 않은 것은 일본의 침략
을 의도적으로 은폐하려는 것이며, 이삼평(이참평)이 일본으로
'건너갔다'고 하여 강제적인 '연행'을 부정하고 있다는 것이, 향토
사학자와 일부 역사학자, 현지 주민들의 주장이었다. 이 뉴스는
일본 언론에도 크게 보도되었는데, 뜻있는 일본인들은 도요토미
히데요시의 침략과 이삼평(이참평)의 강제 연행 사실을 인정해야

△ 도조제(陶祖祭)

해마다 5월 4일이면 일본 아리타의 스에야미신사陶山神社 뒷산 정상에 세워진 현창비 앞에서 이삼평(이참평)의 공덕을 기리는 제사가 거행된다.

한다고 적극 주장하기도 했다. 그러나 양국의 기념비 건립 관계자들은 이삼평(이참평)의 '연행'을 객관적으로 입증할 만한 사료가 없다는 논리를 내세워 역사적 사실의 평가 작업을 방기한 채 그대로 불씨를 남겨 놓고 말았다. 문서로 된 직접적인 사료는 남아 있지 않지만, 당시 상황으로 볼 때 이삼평(이참평)이 강제적으로 연행되었다고 보는 것이 역사적 상식일 것이다.

한편, 일본으로 건너간 이삼평(이참평)은 그곳에서 무엇을 하였으며 어떤 것을 남겼을까? 가네가에 문서와 다쿠가 문서에 따르면 그는 처음에는 다쿠에 거주하다가 1616년 아리타로 이주했다. 당시 그의 나이가 서른여덟이었다고 한다. 이것을 거꾸로 계산해보면 그의 출생 연도는 1579년이 되는 셈이다.

그런데 다쿠에서 아리타로 함께 이주한 18명이 모두 도자기 기술자였다. 이삼평(이참평)은 이러한 도공 집단의 지도자 위치에 있던 인물로 보인다. 그러나 처음부터 일이 잘 풀린 것은 아니었다. 아리타로 이주한 이삼평(이참평)은 농삿일로 생계를 꾸리면서 아리타 지역을 돌아다니던 중 자석장磁石場을 발견하기에 이른다. 자기 생산의 원료 공급지인 그곳이 일본 백자의 발상지가 되었으며, 그것을 가능하게 한 주인공이 바로 이삼평(이참평)이었다고 해서, 아리타에서는 그를 도조陶祖, 곧 도자기의 원조로 받들고 있는 것이다.

그런데 이삼평(이참평)을 도조로 보는 데 반대하는 사람들도 없지 않다. 반대론의 근거로 삼고 있는 자료는 1773년의 한 고문서이다. 이 사료는 이에나가 이키노카미家永壹岐守의 후손들이 사가번청佐賀藩廳에 제출한 탄원서인데, 그 골자는 자석장 발견자가 그들의 조상이라는 것이다. 게다가 그들의 선조들이 조선 침략 준비를 위해 사가의 나고야名護屋에 머물고 있던 도요토미 히데요시에게 토기를 헌상하여 호평을 받았다는 따위의 공적도 적고 있다. 이 설을 따르는 사람들은 이삼평(이참평)의 공적이나 역할을 과대평가해서는 안 된다는 주장을 펴고 있다.

요컨대 자기 생산의 원료인 자석광의 발견자가 어떤 사료에는 이삼평(이참평)으로 되어 있고, 또 다른 사료에는 이에나가로 되어 있다. 따라서 일본 백자의 원조를 이삼평(이참평)으로 보는 설도 있는가 하면, 그보다 이에나가 계통이 시기적으로 더 앞선다는 설도 있어 주장이 엇갈리고 있다.

◦ 하루빨리 올바른 역사적 평가를

사실 이삼평(이참평)의 행적을 문헌적인 사료로 뒷받침하는 데는 한계가 없지 않다. 특히 조선쪽 사료에서는 그에 관한 기사를 찾아볼 수 없다. 당시 조선 사회가 유교 이념에 충실한 신분제 사회였음을 감안한다면, 한낱 도공에 지나지 않는 그에 대해 기록이 없는 것은 당연한 일이었을지도 모른다. 또 도공 자신이 기록을 남기지도 않았을 것이기에 더욱 그러하다. 일본에 남아 있는 단편적인 기록들도 그의 도일과 그 후의 행적을 살피기엔 충분하지 못하다. 그러나 모든 역사가 반드시 문헌 사료로만 증명되는 것은 아니다.

이삼평(이참평)은 1655년 8월 11일 77세를 일기로 세상을 떴다. 그러나 그의 14대 후손은 지금까지도 도자기 제작을 계속하고 있다. 죽은 이의 호적이라고 할 수 있는 그의 과거장過去帳은 니시아리타西有田의 한 사찰인 용천사龍泉寺에 남아 있다. 아리타 시라카와有田白川의 공동묘지에는 그의 묘비가 서 있다. 또 매년 5월 4일 아리타의 스에야미신사陶山神社 뒷산 꼭대기의 현창비陶祖李參平碑 앞에서 거행되는 제사[도조제陶祖祭]에는 최근 들어 한국쪽 인사들도 참여하고 있다.

그렇지만 이삼평(이참평)의 도일 과정과 배경에 대한 역사적인 평가는 뒤로 미룬 채, 추모니 선린이니 하는 것만 내세워서야 어디 올바른 한일관계가 확립될 수 있겠는가. 역사적 평가는 역사 전공자들만이 하는 것은 아니다. 이 시대를 사는 모든 사람들의 몫인 것이다.

─────────── 참고문헌 ───────────

방병선, 「임란 이후 조선도자 — 대일 관계를 중심으로 —」 『한 · 일 도자문화의 교류양상』, 한일관계사학회 · 한일문화교류기금, 경인문화사, 2005.

뉘山まび, 「豊臣秀古의 조선침략과 肥前陶磁 — 「陶器를 중심으로」 —」 『한 · 일 도자문화의 교류양상』, 한일관계사학회 · 한일문화교류기금, 경인문화사, 2005.

가타야마 마비, 『壬辰倭亂 前後의 韓日 陶磁 比較 研究』, 서울대학교 박사학위논문, 2003.

細川, 章, 「多久家文書に見る金ケ江三兵衛」 『磁器へのあこがれ』, 多久市教育委員會, 1994.

前山 博, 「李參平について — 朝鮮人陶工三兵衛が有田にくるまで」 『磁器へのあこがれ』, 多久市教育委員會, 1994.

中里紀元, 『秀吉の朝鮮侵攻と民衆 · 文祿の役』, 文獻出版, 1993.

납치된 조선인들은 일본에서
어떻게 살아갔을까

민 덕 기(청주대학교)

◦ 일본군은 무엇 때문에, 누구를, 얼마나 잡아갔을까?

일본군은 임진왜란에서 무엇 때문에 조선인을 납치해 갔을까?
기존 연구에서는 농촌 노동력을 보충하기 위해, 일본 지배층의
가사家事에 사역되는 노예를 취득하거나 도공陶工을 포함한 기술자
집단을 얻기 위해, 나아가서는 포르투갈 노예상인에게 매각하기
위해서라고 보고 있다. 이와 관련하여 정유재란丁酉再亂의 참상을
종군從軍하며 직접 기록한 일본인 승려 게이넨慶念의『조선일일기
朝鮮日日記』(11월 19일조)에 실려있는 일본인 인신매매상들의 잔인
한 기사가 참고 될 수 있겠다.

일본으로부터 온갖 장사꾼들이 건너왔는데 그 가운데는 인신매매
상인들도 있었다. 이들은 일본군 진지陣地를 따라다니며 남녀노소를

막론하고 조선인들을 사들여서는 새끼줄로 그들의 목을 줄줄이 엮어
묶은 후 빨리 가게끔 몰아댔다. 혹 잘못 걷기라도 할라치면 몽둥이로
내리치며 내모는데, 그 모습은 마치 지옥에서 무서운 귀신이 죄인을
다루는 것이 저럴 것인가 여겨지게까지 하였다. … (이들 조선인들을)
원숭이처럼 엮어 묶어서는 짐을 지우고 마구 볶아대는 모습이 차마 눈
으로 볼 수 없을 지경이었다.

또한 일본은 조선인을 납치하여 부족해진 군사력을 보강하려고
하였다. 특히 조선 침략에 동원된 영주(다이묘大名)들이 그러했다.
사츠마薩摩(현 가고시마)에만 3만여 명의 조선인들이 조총과 창검술
을 익힌 정예병으로 양성되고 있다는 납치된 조선인(피로인被虜人)
전이생의 보고나, 포술砲術과 검술을 익힌 피로인을 일본 전역에
서 모두 찾아 모으면 3~4만 명이 될 것이라는 정희득의 상소가
이를 뒷받침하고 있다. 피로인을 쇄환하기 위해 일본에 파견된 사
절들 또한 곳곳에서 총포술을 익히고 가르치는 피로인 집단을 발
견하고 있다.

그러면 일본군은 임진왜란에서 누구를 잡아갔을까?

게이넨의 『조선일일기』(8월 8일조)에서 일본군들이 조선인 부
모는 살해하고 그의 어린아이만 묶어갔다고 하는 것처럼, 왜란에
서 일본군은 많은 소년들을 납치해 갔다. 왜 그랬을까? 어른에 비
교해 소년은 물리적인 반항도 약하고 잘 도망가려고도 하지 못하
기 때문이다. 그러면서도 요령 있게 소년을 성장시키면 보다 장기
간에 걸쳐 노동력으로서, 또는 숙련된 군병이나 기술노예로서 이
용할 수 있기 때문이었다.

그러나 소년만이 아닌 소녀 또한 다수가 납치되어 갔음도 조선
사절의 기록을 통해 알 수 있다. 1607년 교토에 들른 회답겸쇄환
사回答兼刷還使는 사절을 구경하는 무리 속에서 "이따금 눈물을 흘

리는 조선 여인을 발견할 수 있었는데, 고국 사람을 보고는 울먹이며 슬퍼하지 않을 수 없었던 듯하다"라고 소개하고 있다.

1636년 통신사通信使 또한 주목되는 관찰을 하고 있다.

> (사절 행렬을 구경하는 사람 중에) 거듭 두 손을 모아서는 무언가 축원을 하고 있는 자, 몸을 굽혀 읍하는 자, 혹은 연신 눈물을 훔치며 절을 계속하는 자도 있었는데 그들은 모두 우리나라에서 잡혀 온 사람들이었다. 요도우라淀浦로부터 교토에 있는 혼코쿠지本國寺까지 이르는 30리 길에서 본 우리나라 사람 170명 중에 남자는 다만 23명뿐이었으니, 어찌 그렇게도 남자는 적고 여자는 많을까? 임진년과 정유년 난리에 잡혀온 남자의 수가 원래 많지 않아서 그런 것일까? 아니면 남녀의 수가 서로 비슷한데 남자는 일터나 병정兵丁으로 나가서 마음대로 나오지 못한 탓일까? 어찌 고국을 그리는 정情이 여자가 더 있고 남자가 덜 있어서 그런 것이랴! 참으로 그 까닭을 모르겠다.

교토에 이르는 30리 길에서 170명의 피로인과 마주쳤는데 그 중 23명만이 남자였다고 헤아린 사신은, 피로인 남자들이 사역 현장이나 병영兵營에 갇혀 있어서 구경 대열에 참여하지 못한 것이 아닐까 추측하고 있다. 역시 남자 피로인의 군사력 이용 측면을 시사하는 기사라 하겠다. 그렇다하더라도 170명중 여자가 147명이라 함을 보아 여성 피로인의 수 또한 결코 적지 않았음을 알 수 있다.

1655년의 통신사도 교토에서 사절 행렬을 구경하는 인파 속에서 "나이 많은 여인들이 손을 모으고 (사행을 향해) 축원하는 자가 많이 있었다"라며 피로인 여성의 존재를 소개하고 있다. 1655년이라면 정유재란이 일어난지 58년이 지난 시기이다.

그러면 이처럼 다수의 여성, 특히 소녀를 납치한 이유는 무엇이었을까? 우선 남성에 비해 납치와 연행이 상대적으로 용이하기 때문이었을 것이다. 저항이나 도주의 우려 또한 훨씬 덜 했기 때문일 것이다. 이들 소녀들은 일본으로 끌려가 가내家內 사역 등 여성 노예인력으로 충당되었을 것이다.

그런데 얼마나 많은 조선인이 일본군에 납치되어 갔을까?

일본 측 연구자는 그 규모를 2만~3만 명, 한국 측은 10만 명 전후로 보고 있다. 그러나 나가사키長崎 지역을 통해 포르투갈 노예상인에게 건네진 피로인 규모까지 적극적으로 산출한다면 더 많게 상정할 수 있을 것이다. 야소회耶蘇會 측의 기록에 의하면 임진왜란기(1592~1596)에만 2,000명의 피로인을 포르투갈 노예상인으로부터 구제했다고 한다. 구제된 피로인을 10%로 잡아도 이 시기 나가사키를 통해 2만 명의 피로인이 포르투갈 상인에게 넘겨졌을 것이다. 이에 더하여 조선인을 대거 납치한 정유재란기까지 합친다면 나가사키지역을 통해 포르투갈 노예상인에게 매각된 피로인 숫자만도 5만을 상회하였을 가능성이 있다.

○조선 사절이 본 납치 조선인의 일본 생활

임진왜란 이후 일본에 파견된 사절들은 하나같이 피로인 송환에 열심이었으니, 1607·1617·1624년의 회답겸쇄환사, 1636·1643년에 파견된 통신사가 이들이다. 그들은 또한 피로인들이 어떤 생활을 하고 있는가 두루 관찰하고 있었다. 이에 그들의 기록에 의거하여 피로인의 일본에서의 생활과 그 지위를 구분하여 보면 다음과 같다.

첫째, 일정한 생업을 가지고 있는 경우이다. 체를 만들거나 글씨를 써서, 또는 포술砲術을 가르치는 경우가 있고, 점을 쳐주거나 의술행위를 생업으로 삼은 경우도 보인다. 집단으로 거주하며 사기沙器를 생산하기도 한다. 이들의 경우 예속된 신분은 아닌 듯 보이나 그 숫자는 수십 명에 불과한 것으로 파악된다. 큐슈 각지에 강제 정착한 도공 집단들을 더한다 해도 그 총수는 수백 명에 불과할 것으로 보인다.

둘째, 승려가 된 경우이나 10명 이내가 파악되고 있다.

셋째, 일본의 지배층인 다이묘를 포함한 사무라이 계층의 아내가 된 경우이나 이들도 10명을 넘지 않는 것으로 파악된다.

넷째, 지배층의 시중을 드는 경우이다. 막부나 다이묘 및 그 측근의 시중을 드는 자는 10여 명이 파악되고 있다.

다섯째, 노비나 하인下人 및 주왜主倭에 예속된 경우이다. 1617년 회답겸쇄환사의 종사관從事官 이경직은 피로인의 절반이 노복奴僕일 것이라고 추정하고 있다. 주왜에게 예속된 피로인 또한 노비와 별로 차이가 없는 지위일 것이다. 그러면 하인은 어떤 지위였으며 그 수는 어느 정도였을까? 이와 관련하여 정희득의『월봉해상록月峯海上錄』의 기록을 보자.

① 일본에 끌려가 보니 그곳에 잡혀온 자가 1천 명으로 모두 왜졸倭卒의 하인이 되어 있었다(「自賊倭中還泊釜山日封疏」).
② 피로인이 거의 다 왜인 밑에서 땔나무를 하는 하인으로 일하고 있었으나 우리들은 면제되었다(2월 11일조).
③ 담양 사람 이승상을 만나다. 왜인의 땔나무 뒷바라지를 하는 하인으로 있는데 그 괴로움을 견디기 어렵다고 하였다(2월 25일조).
④ 하군河君은 진주 출신의 사대부 집안인데 왜인의 땔감을 마련하는 하인으로 살고 있었다(3월 4일조).

정희득은 자신이 잡혀간 도쿠시마德島에 연행된 피로인 1천 명모두가 땔나무를 마련하는 하인으로 일하고 있었는데 자신은 거기서 면제되었다고 한다(①②). 그 일은 무척 고된 것으로(③), 진주의 사대부 출신인 하군에게도 강제되고 있었다 한다(④). 이로 보아 하인의 일은 가내 노비와 그다지 다르지 않는 지위로 보인다.

결국 노비나 하인 및 주왜에 예속된 피로인이 전체 피로인의절대 다수를 점하고 있었을 것으로 보인다. 여기에다 넷째로 설명한 지배계층의 시중을 드는 경우도 예속된 존재라는 점에서는 이들과 같은 성격이라 할 수 있다.

○ 나가사키 지역의 납치된 조선인 생활

여기 1642년 12월 말에 기록된 나가사키 히라도쵸平戶町 거주민의 신상명세서 '인별생소규人別生所糺'란 자료가 있다. 신상명세서란 막부가 기독교인 박멸을 위해 거주지의 모든 인민에 대해 자신의 기본 정보를 진술케 해 기록한 일종의 조사서로, 거기엔 해당 주민의 이름과 연령 및 가족관계와 출생지, 해당지역에의 전입시기, 기독교도가 되었다가 불교 신자가 된 경위 및 그 시기, 소속되어있는 불교 사원의 이름 등이 명시되어 있다.

그런데 이 자료에는 15명의 조선 피로인 1세가 기록되어 있다. <표>를 참고삼아 그들의 특징을 정리·설명하여 보자.

〈표〉 1642년 나가사키 히라도쵸 거주민 조사서에 나타난 납치 조선인 1세

순번	이름 (불명인 경우 가족관계로 기술)	사회 경제적 지위	연령	납치 연도 (연령)	최초 연행 지역	나가사키 거주시기	비고
1	川崎屋助右衛門	自家 소유	60	1595(13)	岡山	1614	長崎 유입 후 자수성가
2	(1)의 아내	自家 소유	53	1598(9)	肥後	1611	매매되다 5년간 마카오에 다시 '매도'되기도. 1616년 '귀택'
3	池本小四郎(14살)의 부친	自家 소유	불명	불명	長崎	불명	남만인 자녀 양육을 죄목으로 마카오로 추방 (1636년)
4	孫右衛門의 아내	門番의 아내	60	불명	불명	1600	自家소유자와 셋방살이의 중간적 지위
5	權左衛門의 아내	셋방살이	60	(幼少)	長崎	(幼少)	
6	仁介의 아내	셋방살이	68	1592(18)	長崎	1592	
7	茂兵衛(39살)의 모친	셋방살이로 추정	사망	1604년 以前	長崎	1604년 以前	사망
8	甚左衛門(28살)의 부친	셋방살이로 추정	사망	(幼少)	長崎	(幼少)	사망
9	(8)의 아내	셋방살이로 추정	불명	(幼少)	長崎	(幼少)	
10	大坂屋弥右衛門의 乳母	乳母	95	1598(50)	筑後	1621	
11	松岡久右衛門의 下女 이토	하녀	58	1595(11)	肥前	1615	
12	源之丞後家의 下女 가메	하녀	58	1593(9)	長崎	1593	
13	大坂屋弥右衛門의 下女 마츠(30살)의 부친	하녀의 부친	불명	(幼少)	肥前	1601	타 지역 거주
14	(13)의 아내	하녀의 모친	불명	(幼少)	肥前	1601	타 지역 거주
15	いよ屋千松의 下女 마키 (25살)의 모친	하녀의 모친	불명	불명	長崎	불명	

첫째, 표기된 이름을 보면 15명 중에서 단 한 사람도 조선식 이름을 사용하지 않고 있다는 사실이다. 이들이 너무 어린 시절에 납치되어 자신의 이름을 잊었거나, 또는 송환될 희망도 없이 40여 년을 경과한 상황에서 조선식 이름을 사용하지 않게 되었거나, 정식 이름을 갖지 못한 어린 소녀로서 납치되어왔기 때문일 것으로 보인다.

둘째, 남녀 성별을 보면 여자가 압도적이다. 15명 중 남자는 4명(1·3·8·13번)에 불과하다. 이렇게 남자가 절대 소수가 된 것은 포르투갈 노예상인에 의해 일본 이외의 지역으로 재차 매매되었기 때문이거나, 혹은 병사로서 병영과 같은 특정 공간에 집단 수용되어 있었기 때문이 아닐까 여겨진다.

셋째, 이들의 경제적·사회적 지위를 몇 유형으로 나누어 살펴보자.

① 자기 집 소유자 : 1~4번으로 4명이다. 1번과 그 아내인 2번인 경우, 이들은 다른 지역에서 1610년대 나가사키로 전입하여 오나, 2번은 그 후에도 마카오로 5년간 되팔려가는 등 1616년까지도 노예적 신분이었던 듯 하다. 그러다가 1번 남편을 만나 안정적 가정생활을 꾸리게 된다. 이름이 불명인 3번은 '남만인南蠻人(에스파니아나 포르투갈인) 자녀를 양육한다는 죄목에 의해 1636년 마카오로 추방당하였다. 4번은 '몬반門番'직을 가진 일본인의 아내로, '몬반'이란 도시의 일정 구역을 경비하는 직무를 맡고 있다. 이들이 자기 집을 소유하는 과정을 보면, 1번이 자수성가에 의해서라면 3번은 무역에 의해서였을 것이다. '남만인' 자녀를 양육했다는 것은 그가 '남만 무역'으로 부를 획득한 기독교 신자임을 추측케 하기 때문이다. 2와 4번의 여자는 결혼이란 형태에 의해 이 같은 지위에 올랐을 것이다. 이들 자기 집 보유자는 도시의 자치행정에 참여할 수 있는 상층 도시민이다.

② 셋방살이 : 모두 5명으로 우선 5·6번의 경우, 둘 다 일본인과 결혼하여 살고 있다. 7~9번도 아들이 셋방살이를 하고 있으므로 같은 경제적 지위로 여겨진다. 8·9번은 부부이며 7·8번은 이미 사망하였다. 이들 셋방살이는 자기 집 소유자보다 그 지위가 낮으며 도시의 자치행정에 참여할 수 없지만, 노예적 지위에서는 일단 탈

피한 셈이 된다.

③ 고용살이 : 도시의 구성원 중에 제일 하층에 위치하는 것이 고용살이다. 유모乳母 1명(10번)과 하녀 2명(11·12번), 그리고 하녀의 모친인 14·15번도 하녀의 신분이었을 것이며 이를 대물림한 것이 아닌가 여겨진다. 그렇다면 하녀의 부친인 13번은 하인과 같은 신분이었을 것이다. 10번 이하의 6명은 주인에게 종신 예속된 노예와 같은 신분이었을 것이다.

넷째, 그들이 납치된 시기이다. 임진왜란기가 4명(1·6·11·12번), 정유재란기가 2명(2·10번), 나머지는 그 시기가 명확하지 못하나 대체로 정유재란기일 것이다.

다섯째, 납치 시기 그들의 연령이다. 연령이 불명확한 4명(3·4·7·15번)과 18세(6번) 및 50세(10번)의 경우를 제외하곤 그 나이가 9·9·11·13세이다. 여기에 '유소幼少' 5명을 합하면 10세 전후의 나이에 납치된 자가 9명에 이른다. 게다가 납치 연도가 '불명'이라 하여도 자녀의 나이로 유추할 때(3·15번), 또는 당시의 연령 60세를 소급하여 볼 때(4번) 이 3명도 10세 전후였을 것이다. 결국 피로인 15명 중에서 12명이 10세 전후에 납치되었음을 알 수 있다.

여섯째, 매매 과정을 보면 8명이 나가사키로 직매되었고(3·5·6·7·8·9·12·15번) 나머지 6명이 여타 지역으로 매매되었다가 나가사키로 다시 전매轉賣되었다.

그런데 1640년대 초 조선 피로인 1세는 어느 정도 나가사키에 거주하고 있었을까? 히라도쵸의 거주민 223명중에 <표>에 의거하여 보면 타 지역에 거주하는 13·14번, 마카오로 추방된 3번, 이미 사망한 7·8번을 제외하면 10명이 피로인 1세이다. 223명 중에 10명이면 4.5%이다. 당시 나가사키 인구가 4만여 명이었다 하니 그의 4.5%는 1,800명이다. 정유재란이 끝난지도 40여 년이 흐른

당시에도 이 정도의 피로인이 생존해 있었다면, 왜란 직후 나가사
키의 피로인 숫자는 훨씬 많았을 것이다.

◦ 납치된 조선인들이 남긴 자취

　피로인 중에는 그 능력을 인정받아 지배층으로 진출하고 조선인
으로서의 가계家系를 유지하는 경우도 보인다. 이진영李眞榮의 가계
가 그 대표적인 예이다.

　이진영은 창녕 출신의 양반으로 곽재우 휘하에서 의병으로 활
약하다가 제1차 진주성 전투에서 아사노 나가마사淺野長政에게 잡
혀 기슈번紀州藩에 연행되어 살게 된다. 그러다가 고국으로의 귀환
이 완전 무산된 1626년에 가서야 그는 번주藩主의 시강侍講이 되어
활약한다. 이진영과 일본인 여자 사이에서 태어난 그의 아들 이전
직은 1655년 도일한 사절에 올린 서한을 통해 자신의 고조·현
조·외조의 이름과 관직을 말하면서, 자기 선조의 세계世系와 관
련된 것이나 그 언행의 기록할 만한 것에 대해 아는 바 있으면 가
르쳐 달라고 요청하고 있다. 일본에서 살지만 일본인과 다른 정체
성을 가지고 살아가려는 그에게 자신의 가계처럼 소중한 것은 없
었을 것이다.

　또는 구체적이지는 않으나 후대에 이르기까지 조선의 성씨를
이어온 가계들도 있으니, 1735년 막부에 희귀 성씨로서 제출된 전
국 다이묘의 가신 명단 속에 그 사례가 보이는데, 그 한 예로 기
슈번의 가신으로 오吳 관치좌위문官治左衛門과 이李 좌보지개佐保之
介가 있다고 기록되어 있고, 그 설명으로 "이씨李氏와 오씨吳氏는

모두 조선인의 후예이다"라고 덧붙여져 있다.

도일했던 사절의 기록에서 피로인 1세는 1655년의 최가외를 마지막으로 나타나지 않는다. 1650년대라면 10대의 나이에 납치되어 왔다고 해도 최가외처럼 70대의 고령을 맞이하기 때문일 것이다. 그러므로 이후의 사행 기록에는 다만 사라진 피로인들의 자취가 다음처럼 때때로 짙게 묻어나고 있다.

① (1682년의 사절, 오사카의 혼간지本願寺를 떠나 히라가타平方에 도착한 날) 배에서 내려 식사 향응을 받는데, 숟가락과 젓가락이 조선에서 만든 것과 흡사했다. 괴이하여 왜인에게 물었더니 조선 피로인이 이 지역에 많이 살았기 때문이란다(김지남, 『동사일록』 8월 2일조).

② (1711년의 사절, 쇼군에의 전명례傳命禮가 끝난 며칠 후) 쇼군이 베푼 연회에는 음악 연주가 많았는데, 그 중에서도 '고려악高麗樂'이 많았다. 무릇 이 고려악을 하는 자 중에는 고려 사람의 자손이 있다 한다(임수간, 『동사일기』 11월 3일조).

③ (1719년의 사절, 야마시로슈山城州의 요도죠淀城를 지나왔는데) 수행하는 왜인이 말하길, 요도코淀江 언덕에 진주도晋州島라고 부르는 곳이 있는데, 임진왜란에 왜인들이 진주 사람들을 포로로 잡아와서 거주케 한 곳으로 지금도 다른 성씨가 이 마을엔 없다고 한다(신유한, 『해유록』 9월 11일조).

④ (1748년의 사절, 우시마도牛窓와 모리야마森山를 지나는데) 두세 명의 왜인이 수염과 머리털을 깎지 않은 자가 있기에 통역관이 마부에게 물었더니, 이는 조선 사람의 자식이기 때문에 수염과 머리털을 깎지 않고 일본 사람처럼 하지 않는 것인데, 관官에서도 두둔하여 신역身役도 할당하지 않고 있으며 당사자 또한 양반으로 자처한다고 한다. 진작 알아서 그 사람을 불러 직접 물어보지 못한 것이 한스러웠다(조명채, 『봉사일본시문견록』 7월 9일조).

⑤ (1763년의 사절, 스루가슈駿河州를 지나는데) 길에서 나팔 불며 돈을 구걸하는 자 있었는데, 수염과 머릴 깎지 않았다. 이외에도 지나는 길에 수염과 머릴 깎지 않은 사람들을 보았다. 혹은 거사居士나 무격巫覡의 무리라 하였고, 혹은 명나라나 조선인의 후예라고 하였으나 믿

을 수가 없다(조엄, 『해사일기』 2월 10일조).

조선 피로인의 후예들이 일정 지역에 집단으로 거주하며 젓가락만으로 식사를 하는 일본인과 다르게 숟가락도 이용해 식생활을 하고 있음을 알 수 있다. 그 젓가락과 숟가락은 조선의 것을 닮아있었다(①). 또한 진주 지방 출신의 피로인들이 집단으로 거주하여 '진주도'라 이름한 곳이 있었음도(②), 피로인의 후손들이 고려악을 가업으로서 세습적으로 계승하고 있었음도 알 수 있다(③).

특히 주목되는 것은 ④, ⑤이다. 보통 에도시대 일본의 성인 남자는 수염을 기르지 않았고 앞머릴 깎고 뒷머릴 길러 묶고 있었다. 그런데 1748년 기록엔 피로인들의 후손이 조선인의 후예임을 나타내기 위해 조선식으로 수염과 머리털을 기르고 있으며 스스로 조선 양반이라 칭하기도 했는데 지배 권력으로부터도 아무런 부담이 지워지지 않고 있었다는 것이다(④). 1763년에 가서는 머리와 수염을 깎지 않는 사람이 꼭 조선인의 후예라고 만은 보지 않고 있다. 청조淸朝의 중국 장악에 도망온 명나라의 후예이거나 거사居士나 무당의 무리로 보기도 한다(⑤). 흥미로운 것은 이들이 나팔을 불고 있다는 것으로, 나팔은 조선 사절이 일본에 가서 뽐낸 악기 중에서도 돋보이는 것이었다.

이러한 사료는 피로인이 1세만이 아니라 그 후예마저도 조선인이란 자의식과 정체성을 가지고 살아갔다는 것을 입증한다. 사츠마번의 나에시로가와苗代川의 조선인 도공陶工 집단이 잡혀 간 이후 19세기 말까지, 의복과 머리 모양을 조선인으로 하고 조선어를 사용하며 살았음은 널리 알려진 사실이다. 그러나 집단이 아닌 개인 단위에서, 그것도 사무라이층이 아닌 평민으로 사는 피로인 후

예가, 임진왜란이 끝난지 150여 년이 지난 18세기 중반까지 조선
인임을 버젓이 내세우며 살아가고 있었다는 것은 흥미로운 사실
이 아닐 수 없다.

참고문헌

김문자, 「16～17세기 朝日관계에 있어서의 被虜人 귀환」『祥明史學』
　　　　8～9합집, 상명대학교, 2003.
민덕기, 「임진왜란 중에 납치된 조선인 문제」, 한일관계사연구논집편찬
　　　　위원회 편, 『임진왜란과 한일관계』, 경인문화사, 2005.
민덕기, 「임진왜란에 납치된 조선인과 정보의 교류」『사학연구』74,
　　　　2004.
민덕기, 「임진왜란에 납치된 조선인의 귀환과 잔류로의 길」『한일관계사
　　　　연구』20, 2004.
민덕기, 「임진왜란에 납치된 조선인의 일본생활 – 왜 납치되었고 어떻게
　　　　살았을까–」『호서사학』36, 2003.
이원순, 「壬辰·丁酉倭亂時의 朝鮮俘虜奴隷問題」『변태섭 박사 華甲
　　　　기념 史學論叢』, 1985.
內藤雋輔, 『文祿·慶長における被虜人の研究』, 일본 東京大學出版
　　　　會, 1976.
仲尾宏, 「壬辰·丁酉倭亂の朝鮮人被虜とその定住·歸國」『朝鮮通
　　　　信使と壬辰倭亂』일본 明石書店, 2000.
中村質, 「壬辰丁酉倭亂の被虜人の軌跡–長崎在住者の場合–」『韓
　　　　國史論』22, 국사편찬위원회, 1992.

임진왜란과 문물 교류

하 우 봉(전북대학교)

◦ 임진왜란은 국제전쟁

임진왜란은 16세기 말 동아시아에서 일어난 국제전쟁이었다. 참전국의 숫자나 전쟁의 규모, 전후戰後의 영향을 고려해 볼 때 동아시아의 역사에서는 유례를 찾기 힘들 정도이다. 참전국을 보면 조선·일본·중국의 삼국은 물론이고 간접적인 형태이지만 류큐琉球, 샴暹羅국인과 같은 동남아시아인과 스페인·포르투갈인도 참가하였다. 이 전쟁에 참전하였던 동아시아 삼국의 국내 정세도 일변하였다. 일본에서는 침략 전쟁을 주도하였던 도요토미 정권이 붕괴하고 1603년 도쿠가와 막부가 개설되었다. 중국에서는 이 전쟁에 막대한 전비戰費를 소모했던 명明이 쇠퇴하였고, 새로이 흥기한 여진족의 청淸에 의해 몰락하게 되었다. 조선은 비록 왕조가 교체되지는 않았지만 조선 전기적인 질서가 붕괴되다시피 하였다. 그래서 임진왜란을 조선 전기와 후기로 나누는 분기점으로 삼는다. 이와 같이 임진왜란은 동아시아의 국제질서를 전면적으로 재편한 대사건이었던 것이다.

한편, 이 전쟁을 통해 조선과 일본 양국 간에는 문물의 교류가 있었다. 그것은 당초의 전쟁 목적은 아니었지만 전후 양국의 역사 전개와 문화생활에 상당한 영향을 미치게 되었다. 임진왜란 후 양 국간 문물 교류의 실상과 역사적 의미에 관해 생각해 보자.

◦ 조선문물의 일본 전수

도요토미 히데요시(1536~1598)는 전쟁 초기부터 전투부대와 별도로 6개의 특수부대를 편성하여 조선의 문물을 조직적으로 약탈하도록 지시하였다. 그 부대의 명칭과 약탈 대상은 다음과 같다. ①도서부圖書部 ; 전적류典籍類 ②공예부工藝部 ; 공예품 및 목공木工·도공陶工 ③포로부捕虜部 ; 민간인 ④금속부金屬部 ; 병기兵器·금속공예품·금속활자 ⑤보물부寶物部 ; 금은보화와 진기품 ⑥축부畜部 ; 가축.

이러한 약탈을 정부가 조직적으로 진행시켰다는 점에서 임진왜란은 '문화 약탈 전쟁'이라고 평가되기도 한다. 또 물건뿐만 아니라 사람과 가축까지도 약탈의 대상으로 삼았다는 점에서 '국가적 규모의 왜구'라고 볼 수 있다. 일본은 이렇게 인적·물적 자원을 약탈해감으로써 조선의 선진문화를 대량으로 흡수하였고, 전쟁 이후 에도江戸시대의 문화 발전에 전기를 마련하였다. 임진왜란을 통해 일본으로 전래된 조선의 대표적인 문물로서는 조선 성리학·금속활자와 전적류·도자기 등을 들 수 있고, 일본을 통해 전래된 문물로는 천주교·조총·고추와 담배 등을 꼽을 수 있다.

· 금속활자와 서적

조선의 금속활자 제조 기술은 독일의 구텐베르크(J. H. Gutenberg 1399~1468)가 금속활자를 만든 1450년보다 218년 앞선 고려시대에 세계 역사상 최초로 발명되었고, 조선 전기에는 더욱 발전하여 꽃을 피웠다. 태종 3년(1403)에는 주자소鑄字所가 설치되어 계미자癸未字 10만 자를 만들었고, 세종 2년(1420)에는 경자자庚子字와, 16년(1434)에는 갑인자甲寅字 20만 자가 만들어졌으며, 성종 15년(1484)에는 계축자癸丑字 30여 만 자가 만들어졌다. 특히 세종대의 갑인자는 조선시대 인쇄기술의 정화精華라고 평가되는 우수한 활자로서 세종대의 각종 편찬사업에 사용되었다. 이 금속활자는 일본에도 널리 알려져 '고라이도닝高麗銅印'이라고 불리었다. 조선 전기 일본의 아시카가足利막부에서는 사신을 보내어 동활자銅活字와 그 제조기술을 수입하기 위해 수차례 요청하였으나 조선 조정에서는 들어주지 않았다. 이에 따라 임진왜란 시 금속활자는 우선적인 약탈 대상이 되었다.

정유재란때 일본군 총사령관이었던 우키다 히데이에宇喜多秀家는 경복궁의 교서관校書館 주자소를 습격하여 조선의 금속활자 20만 자와 인쇄기구 및 조선본과 중국본의 서적을 가져가 도요토미에게 진상하였다고 한다. 일본군 장수들은 금속활자 외에도 사찰에서 주로 사용되었던 조선의 목활자木活字를 약탈해 갔는데, 이것을 바탕으로 하여 1593년에는 『고문효경古文孝經』을, 1596년에는 『몽구蒙求』를 간행하기도 하였다.

또 유명한 도쿠가와 가문 고산케御三家의 하나인 기이번의 난키

문고南葵文庫는 조선의 금속활자와 그것을 모각模刻하여 만든 동활자에 의해 이루어졌다. 그들은 몇 번의 실패 끝에 1615년에『대장일람집大藏一覽集』(11책)과 1616년에『군서치요群書治要』(50권)를 금속활자본으로 처음 간행하는데 성공하였다. 이것은 조선에서 가져간 동활자와 1605년부터 주조한 일본의 동활자를 기초로 이루어졌다. 이후 17세기 중기에 이르면 금속활자본 간행이 더욱 활발해졌다. 이와 같이 조선에서 약탈해 간 금속활자 및 목활자들은 에도시대 인쇄술의 발전은 물론 학문 발달의 촉매가 되었다.

다음으로 중요한 것은 조선의 전적典籍이다.

1600년 세키가하라전투關原合戰에서 승리한 도쿠가와 이에야스德川家康는 우키다 히데이에와 안고쿠지 에케安國寺惠瓊 등이 전란 중 약탈한 조선 서적을 몰수하였는데, 1602년 후시미테문고富士見亭文庫나 스루가문고駿河文庫는 이들 조선 서적을 바탕으로 만들어졌다. 스루가문고의 소장본은 약 1만여 권이었는데, 이에야스의 유언에 따라 에도의 후시미테문고富士見亭文庫와 도쿠가와 고산케德川御三家인 오하리번尾張藩의 오하리문고尾張文庫, 기이번紀伊藩의 기이문고紀伊文庫, 미도번水戶藩의 미도문고水戶文庫로 나누어졌다. 이와 같이 도쿠가와 막부와 고산케로 구성된 친번親藩에서는 주자학을 지도이념으로 채택하여 문치주의 정책을 주도하였는데 그 바탕에는 조선의 전적이 있었다.

도쿠가와 가문뿐만 아니라 조선에 출정하였던 지방의 다이묘들도 약탈한 조선 전적을 보존하고 있다. 예컨대 마에다 도시이에前田利家의 손케이가쿠문고尊經閣文庫에 1,073책의 조선 전적이 있고, 도쿄의 세이카도문고靜嘉堂文庫, 야마구치현山口縣에 있는 모리문고毛利文庫는 모리 데루모토毛利輝元가 약탈해 간 조선 전적이 바탕이 되었다. 우에스기 가게카츠上杉景勝가 약탈한 서적은 현재 요네자와米澤도서관에, 시마즈 요시히로島津義弘가 약탈한 전적은 가고시마鹿兒島대학 도서관에 소장되어 있으며 쓰시마번對馬藩의 소케문고宗家文庫 등이 있다. 임진왜란 시 약탈해온 조선의 서적을 바탕으로 하여 에도시대에 세워진 이러한 문고文庫는 오늘날 일본 도서관의 모체가 되었다. 이밖에도 1719년 통신사행의 제술관 신유한申維翰의 『해유록海游錄』에 의하면 오사카大阪의 서림書林·서옥書屋이나 개인이 소장한 문고 중에서도 조선 전적이 아주 많았다고 한다.

이와 같은 대량의 활자와 서적의 유입에 의해 에도시대는 문화적 부흥이 일어났다. 에도시대 초기의 문화부흥기의 형성은 물론 도쿠가와 이에야스의 문치주의 정책에 의해 이루어진 것이다. 그러나 그것이 성공적으로 추진되고 또 대중화에 성공한 바탕에는 조선의 금속활자와 서적이 크게 도움이 되었다고 보인다. 이에 반해 전란 중의 대량 약탈로 인해 임진왜란 후 조선은 한동안 서적을 출판하는 데 어려움을 겪었을 정도였다고 한다.

일본에 전해진 조선의 서적 가운데 사상적으로 큰 의미가 있는 것은 퇴계 이황의 저서인 『주자서절요朱子書節要』『천명도설天命圖說』『자성록自省錄』『연평문답延平問答』 등이다. 이 책들은 에도시대 일본인들이 활자로 복간하여 널리 보급되었는데, 후지와라 세이카藤原惺窩와 하야시 라잔林羅山 및 야마자키 안사이山崎闇齋를 비롯하여 일본 유학계에 큰 영향을 끼쳤다. 즉, 퇴계에 의해 집대성된 조선 성리학은 일본 주자학의 주류가 되어 막부는 물론 각 번藩의 유학의 기초가 되었다. 에도시대 260년간 동안 조일간 평화에는 주자학이라는 공통적인 이념이 있었기 때문이라고도 볼 수 있다.

· 도자기

도요토미 히데요시는 1593년 11월 29일 출전 중인 나베시마 나오시게鍋島直茂에게 조선인 세공장細工匠과 재봉녀裁縫女 등을 사로잡아 진상하라는 명령을 내렸고, 시마즈 요시히로島津義弘에게도 같은 명령을 주인장朱印狀으로 내려 보냈다. 이것은 당시 일본 장수들이 기술을 지닌 조선 피로인을 얼마나 중요시했는가를 알 수 있게 하는 증거이다. 그런데 임진왜란을 통한 일본으로의 기술 전수에는 도자기 기술을 빼놓을 수 없다.

당시 일본에는 다도茶道가 오다 노부나가織田信長 · 도요토미 히데요시를 비롯하여 다이묘들에게 보급되어 유행을 일으키고 있었다. 다도는 아시카가足利막부시대부터 다이묘들의 고상한 취미의 하나로 존숭되었다가 이 시기에 와서 더욱 일반화되었던 것이다. 이에 따라 고급 도자기의 수요가 늘어났다. 그런데 당시 조선의 도자기는 일본에 비해 훨씬 발전되고 세련되었기 때문에 조선 도자기는 '고라이모노高麗物'라고 하여 일본의 다이묘들에게 보배로 여겨졌다. 시마즈 요시히로 · 모리 데루모토毛利輝元 등 다도에 조예가 깊었던 장수들은 전란 중 앞다투어 도자기를 약탈하였을 뿐만 아니라 도공을 납치하였고, 심지어는 흙과 유약釉藥까지도 가져갔다.

특히 사가번의 나베시마 나오시게는 경상도 남부의 웅천 · 진주 · 김해 · 울산 등지에서 조선인 도공을 많이 납치하였다. 그는 자신의 영지에 조선인 도공을 살게 하면서 도자기를 만들게 했다. 사가번의 아리타有田에는 조선 도공 이삼평李參平이 세운 아리타 도자기有田燒를 비롯하여, 백파선百婆仙이라는 조선 여인 도공을 중심으로 한 집단도 있었다. 사가번에는 이외에 가라츠 도자기唐津燒가 있다. 사츠마번薩摩藩의 시마즈 요시히로는 사츠마 도자기薩摩燒(원조元祖는 박평의朴平意・김방중金芳中・심당길沈當吉)・가타노 도자기堅野(원조는 김화金和・김가金加)・쵸사 도자기帖佐燒(원조는 김해金海)를 개설하였다. 후쿠오카번福岡藩의 구로다 나가마사黑田長正는 다카도리 도자기高取燒(원조는 팔산八山)・아가노 도자기上野燒・다카다 도자기高田燒(원조는 존계尊階)를 세웠다. 야마구치번山口藩의 모리 데루모토毛利輝元는 하기 도자기荻燒(원조는 이구광李勾光・이경李敬)를 개설하였다. 이밖에도 구마모토번熊本藩의 야츠시로 도자기八代燒 등이 있다. 이와 같이 일본의 큐슈와 중부지역에는 조선 피로인에 의해 개설된 요窯가 대부분을 차지하였다. 이밖에도 무명의 도공들이 각지에 퍼져 일본 도자기의 원류를 이루게 되었다.

조선 도공들은 일정한 지역에 집단을 이루며 지방 영주의 보호하에 도자기를 제작하였다. 각 번에서는 그들이 재정에 큰 기여를 하였기 때문에 지원을 하였던 것이다. 예컨대 아리타 도자기에서는 1644년 한 해에 4만5,000점을 네덜란드에 수출하여 번의 재정을 위해 효자상품 구실을 톡톡히 하였다. 16세기 말까지 일본의 도자기 제조기술은 유치하였으나 임진왜란 때 끌려온 조선 도공에 의해 비약적으로 발전하였고, 에도시대 일본은 세계 최고의 도자기 수출 국가가 되었다. 이들의 후예들이 도예 명문의 유파를 형성하였으며, 오늘날까지도 일본 도자기업계의 주요 세력으로 이어져 내려오고 있다. 이 점에서 임진왜란을 '도자기 전쟁'이라고 부르기도 한다.

◦ 일본을 통한 문물 전래

전쟁 후 일본으로부터 조선에 전래된 문물도 있었다. 그러나 그것은 일본 자체의 문화라기보다는 일본을 경유해 온 것이었다. 임진왜란을 계기로 일본으로부터 조선에 전래된 문물로서 조총과 고추, 담배 등 기호식품을 살펴보도록 하겠다.

· 조총鳥銃

임진왜란 초기 조선군이 육전陸戰에서 패배한 주요 원인 중의 하나가 바로 일본군이 소지하였던 조총 때문이었다. 조총은 임진왜란 때 일본군 보병의 주무기였던 휴대용 화기로서, 일본에서는 아시가루 뎃포足輕鐵砲라고 하였다. 그런데 임진왜란 때 그 위력에 놀란 조선에서 '날아다니는 새도 능히 맞출 수 있는 무기'라고 해서 조총이라 불렀다 한다. 조총은 15세기 말 유럽에서 만들어졌는데 16세기 아시아에 진출한 포르투갈에 의해 일본에 전해졌다. 즉, 1543년 9월 23일 포르투갈 상인이 다네가시마種子島의 영주에게 조총 두 자루를 바치면서 화기의 제조와 화약의 배합 방법 및 사격술을 가르쳐 주었다. 이것이 사카이堺로 전해지고, 1544년에는 600정이 제작되는 등 전국으로 보급되었다. 특히 오다 노부나가는 조총을 이용한 전술을 개발하여 1575년 나가시노長篠전투에서 대승을 거두었다. 이후 조총은 일본 전역에 널리 보급되면서 보병의 주무기로 활용되었다.

임진왜란 시 일본의 육군은 기병騎兵과 보병步兵으로 이루어졌고, 보병은 다시 조총수·궁수·창수로 구성되었는데, 이 가운데 조총수는 10%에서 30% 정도를 차지하였다. 이와 같이 일본군은 새로운 화기인 조총과 전통적인 근거리전투[短兵戰術]의 무기인 창·활을 조직적으로 혼합하여 효과적인 전술을 구사하였다. 임진왜란 초기 전통적인 원거리전투[長兵戰術]에 의존하였던 조선군은 새롭게 장병과 원거리와 단거리 전투 방식을 조직적으로 혼합한 일본군에게 거의 속수무책으로 당하였던 것이다.

그런데 선조 22년(1589) 7월 1일 대마도의 외교승 겐소玄蘇와 도주 소 요시토모宗義智가 통신사의 파견을 요청하면서 조정에 공작 1쌍과 함께 조총 몇 자루를 헌상하였으나 조선 조정에서는 별 관심을 가지지 않고 군기시軍器寺에 사장하고 말았다.

조총은 조선군의 활에 비해 치사율은 물론 명중률이 5배나 되었으며 공포심을 불러일으켜 큰 효과를 보았다. 그래서 선조도 '천하의 신기'라고 감탄하였을 정도였다. 이에 따라 전란 중 조정에서는 조총의 제조법을 수용하려고 노력하였다. 특히 이순신李舜臣·김시민金時敏·김성일金誠一 장군이 제작에 앞장섰다. 그들은 전리품으로 조총을 확보하였고, 항복한 일본군[降倭] 가운데 조총 제조 기술을 가진 자를 등용하였다. 이러한 노력의 결과 1593년 3월에 이르러 조총 제조기술을 익히게 되었으며, 이 해 12월에는 지방의 감영과 병영에서도 조총을 만들게 되었다. 임진왜란 초전의 패배 이후 육전에서도 조선군이 일본군에게 밀리지 않는 것은 이러한 조총의 제작이 있었기에 가능하였다. 임진왜란 이후에도 조선 조정에서는 조총에 대해 깊은 관심을 가졌으며 제조기술을 발전시켰다. 그래서 효종 8년(1657)에는 청나라에서 다량의 조총을 사가겠다고 요청할 정도로 조선의 조총 제조기술의 우수성이 인정받았다.

· 고추와 담배

임진왜란을 통해 조선에 전래된 물자로서 대표적인 것으로는 고추와 담배를 들 수 있다. 이것들은 조선인의 식생활과 기호생활에 지대한 영향을 끼친 것으로 조선 후기 경제사 및 생활사에 상당히 중요한 의미를 지니고 있다.

고추는 중부아메리카가 원산지인데 1542년 포르투갈인에 의해 일본에 전래되었다 한다. 이것이 언제 조선으로 전해졌는지는 정확하게 알 수 없지만 대체로 임진왜란을 통해 들어온 것으로 추측한다. 이수광李睟光의 『지봉유설芝峰類說』에 고추가 일본에서 전래되어 '왜겨자'라고 부른다는 기록이 있다. 그 밖의 기록에도 고추를 '남만초南蠻草' 혹은 '왜초倭草'로 불렀음으로 보아 일본으로부터 온 것은 확실하다고 여겨진다.

고추는 조선 후기 사회부터 한국인의 식탁에 빼놓을 수 없는 식품이 되었다. 그 이전까지 사용되었던 후추를 밀어내었으며 특히 김치의 양념으로 사용됨에 이르러서는 한국인의 식성을 바꾸었다고 할 수 있을 정도이다.

담배가 조선으로 전래된 시기에 관해서는 임진왜란 때 들어왔다는 설과 1617년 설이 있다. 그런데 일본을 통해 들어온 담배를 남초南草·왜초倭草라고 하여 북경이나 서양인을 통해 도입된 서초西草와 구별하였는데, 시기적으로는 전자가 앞섰다. 담배는 조선 후기 사회에서 내수용뿐만 아니라 상업적 재배를 통해 중국에 대한 주요 수출품이 되었다.

◦ 임진왜란은 문화전쟁이었다

유유히 흐르는 역사 속에서 전쟁이란 소용돌이와 같은 것이다. 그런 만큼 그것은 가장 역동적인 사건으로 기존의 질서를 파괴하기도 하지만 참혹한 전장 위에 꽃을 피우기도 하였다. 그런 점에서 전쟁은 새로운 질서를 태동해 내는 바탕이 되었고, 때로는 역사발전의 동력이 되어왔다.

메이지시대 일본의 역사학자 도쿠도미 소호德富蘇峯는 임진왜란에 관해 "이 전쟁으로 인해 일본과 조선 양국이 이익을 얻은 것은 결코 없지만, 일본으로서는 문화상으로 활판인쇄의 수입, 공예상으로 도자기가 있고, 외교상으로는 명과의 접촉이라는 수익을 얻었다"라고 하면서, 결론적으로 "임진왜란[朝鮮役]은 사치스런 해외유학이었다"라고 평하였다.

그의 지적과 같이 일본은 이 전쟁을 통해 값비싼 대가를 치렀지만 대신 조선의 문물을 많이 흡수할 수 있었다. 조선 피로인들을 통해 전해진 조선 성리학과 도자기 기술, 그리고 금속활자 및 서적의 대량 유입 등은 근세 일본사회의 형성과 문화부흥의 바탕이 되었다. 그런 점에서 사가들은 이 전쟁에 대해 '문화 전쟁' 혹은 '도자기 전쟁'이라고 부르기도 한다.

한편, 전란을 통해 조선은 전 분야에 걸쳐 참담한 피해를 입었지만 일본으로부터 얻은 것도 전혀 없지는 않았다. 조총 제조기술과 고추, 담배의 전래 등은 조선 후기 사회에서 일정한 의의를 지니는 사실이기도 하다.

──────────────────── 참고문헌 ────────────────────

이강칠,「조선 효종조 羅禪征伐과 피아 鳥銃에 대한 소고」『古文化』20
        집, 한국대학박물관협회, 1982.
이내옥,「전쟁을 통한 문화교류」『새롭게 다시 보는 임진왜란』, 국립진주
        박물관, 1999.
이왕무,「조선후기 조총 제조에 관한 연구－17·8세기를 중심으로」『京畿
        史論』2집, 경기대 사학회, 1998.
이준걸,『조선시대 일본과 서적교류 연구』, 홍익재, 1986.
최영희,「일본의 침구」『한국사』12권, 국사편찬위원회, 1978.
德富蘇峯,『近世日本國民史』9「朝鮮役」下, 民友社, 1922.
小野則秋,『日本圖書館史』, 玄文社, 1973.
阿部吉雄,『日本朱子學と朝鮮』, 東京大出版會, 1975.

일본어 역관 이야기
─천령 현씨 가문의 역관 활동─

이 상 규(세명대학교)

○ 중인 가문의 천령 현씨

서울시 태릉을 넘어 남양주 시계로 접어들면 연도에 배밭이 이어져 있고 불고기집이 자주 눈에 들어온다. 이 곳을 지나 군부대를 끼고 돌면 남양주시 별내면 화접리가 나온다. 야트막한 구릉에는 역시 배밭이 있으며 그 곳을 넘어가면 70~80여 기의 묘가 두 지점으로 나뉘어져 있다. 바로 여기가 조선시대 중인 가문으로 이름난 천령현씨 묘역이 있는 곳이다.

묘역에 묻힌 천령 현씨川寧玄氏는 16세기 후반부터 서서히 중인 가문의 틀을 만들기 시작하여 19세기 말까지 의과와 역과 전공에서 합격자를 두드러지게 배출하였다. 그러한 집안의 성세를 반영하듯 이 가문은 18세기 후반에 들어 도성 가까운 옛 양주목 별비면 줄올리에 선대의 묘역을 정비하였고, 족보 편찬을 위한 자료

수집을 꾸준히 전개하였다. 양반층에서 비롯된 신분의식이 중인 층으로도 어김없이 퍼져나갔다는 사실을 새삼 확인할 수 있다.

그런데 중인 가문으로 천령 현씨보다 관직이 앞서는 본관이 여 럿 있음에도 이 가문을 주목하는 데는 중인 가계 중 보기 드물게 고문서古文書와 비문碑文이 전하고 있어, 역과 합격자 명단에 기재 된 수치와 실제로 중인 가문으로 성장해가는 과정을 입체적으로 살펴볼 수 있기 때문이다. 게다가 중인 자료는 양반 본위의 신분 관념으로 인해 후손들이 선대의 문서를 보존하는 의식이 양반가 와는 상당한 차이가 있었고, 그나마 남은 자료를 발굴하려는 노력 도 적었고 후손들이 적극적으로 공개하지 않으려 한 사정에 비춰 볼 때 천령 현씨 자료는 의의가 대단히 크다고 하겠다.

◦ 천령 현씨 가문의 역관 배출 양상

· '용龍'자 계열의 역관 배출

천령 현씨 가문이 역관을 배출하기 시작한 것은 『역과방목』에 따르면 17세기 초반부터이다. 그렇지만 족보에 표기된 관직명에 주목하여 본다면, 중인 가문의 실마리는 소급해서 16세기로 거슬 러 올라간다. 중시조인 현수玄守를 기준으로 해서 수의 현손인 현 준玄俊과 그의 아들 현수겸玄壽謙(1513~1585)도 부사직副司直을 지냈 다. 수겸의 1자 현무玄武(1538~1617)는 서리書吏였고 1591년 광국원 종공신光國原從功臣에 녹훈되었다. 2자 현용玄龍은 무반 정3품에 올 랐던 인물이고 그의 아들 현인상玄仁祥(1563~1628)은 제용감 별제 (濟用監別提)를 지냈다. 이러한 관직명은 의관, 역관, 율관, 산관, 화원, 아전, 서리 등등 포괄적인 범주에서 중인층에 해당되는 것이라 할 수 있다.

　아래의 가계도에서 현수겸의 첫째 아들인 '무' 계열에도 역관 경력이 16명이 확인되지만, 이 글에서는 2자 '용'계열과 4자 '호' 계열의 역관 활동을 중점적으로 언급하려고 한다.

〈표 1〉 2자 '용'의 가계 약도

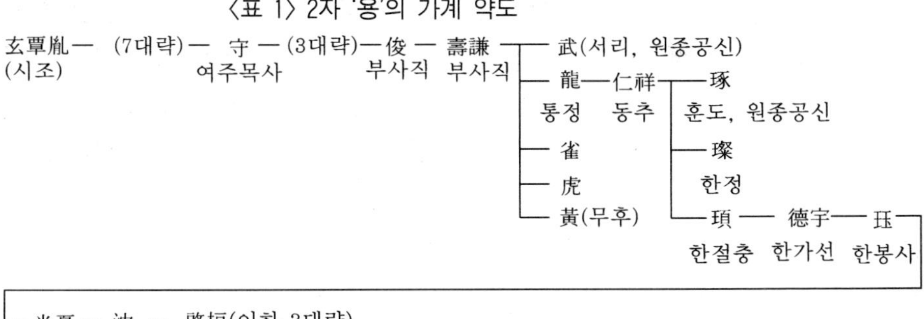

*약어: (원=사역원, 한=한학[중국어 역관], 왜=왜학[일본어 역관], 숭=숭록대부)

　'용'파에서 가장 먼저 역과에 입격한 사람은 현찬玄璨과 현욱玄頊으로 이들은 나란히 1615년, 1616년에 역과에 합격하였다.

　현욱(1597～1658)은 1616년 중국어 전공으로 합격해서 1630～1650년대 명청 교체기에 활약상이 두드러졌던 인물이다. 그는 후금에 쫓겨 평안도 가도椵島에 주둔 중인 명군의 진영에 조선 사신의 차비역관으로 파견되어 양국 간의 긴급한 사안을 전달하는 인물로 부각된다. 1637년 남한산성에서 청나라에 항복한 뒤로는 청에 끌려간 세자의 관소에 파견되거나, 평안도 관노 출신으로 청의 조선어 역관으로 자주 드나들었던 정명수鄭明守를 응대하는 역으로 임명되기도 하였다. 무리한 진상품을 요구하고 내정간섭에 앞장섰던 정명수를 상대하여 조선의 피폐한 사정을 들어 요구사항을 줄여주도록 설득하기도 하였으나 어쩔 수 없이 청측의 위압적인 요구 사항을 일방적으로 전달하고 마는 경우도 발생하였다.

현욱의 중국어 전공은 아들 현덕우玄德宇(1617~1680)에게 이어진다. 현덕우는 1639년(인조 27)에 한학 전공으로 합격하여 가의대부까지 올랐던 인물이다. 그의 행적은 청나라 사신을 맞이하는 차비역관으로 또는 연행사의 수행역관으로 파견되었던 이력이 눈에 띈다.

현욱에서 비롯한 중국어 전공은 손자 현각玄珏과 증손자 현광하玄光夏로 이어진다. 광하의 손자대인 현계근, 현계환, 현계정에 이르러 역관 가문의 입지가 더욱 뚜렷해진다.

현각(1640~1711)은 1662년 중국어 전공으로 역과에 합격한 인물이고, 부인은 일본어 역관 홍여우洪汝雨의 딸이었다. 처부 홍여우는 1643년(인조 21) 통신사 당상역관으로 파견되었던 경력이 있고, 처조부 홍희남洪喜男(1595~1659 이후)은 1609년 국교재개 이후 일본의 사정을 파악하기 어려운 시기마다 현재로 파견되어 국가의 난사를 해결하여 50세 이전에 품계가 1품에 오를 만큼 17세기 전반 명성 높은 역관이었다. 그는 통신사와 문위행問慰行(역관이 정사로서 대마도에 파견되는 사행)에 각각 4차례 역관으로 파견되어 세견선 접대 방식을 간소화하고 금수품인 유황을 무역해 오기도 하였다. 다시 말해 현각대에 이르면 걸출한 일본어 역관 가문 남양 홍씨와의 혼인을 통해서 역관가의 입지를 제고할 수 있게 되었다.

다시 역관활동으로 돌아가서, 현심의 맏아들 현계근(1726~1799)은 5세에 왜학생도방으로 입속해서 17세에 학전함學前銜으로 승급하여 전공을 중국어로 바꾸었다. 한학전함소漢學前銜所로 들어간 계근은 결국 22세에 본래의 전공으로 돌아와 왜학으로 역과에 합격하였다. 중도에 전공을 일본어에서 중국어로 바꾸기도 했지만 현계근이 정식 역관이 되는 데 걸린 시간은 17년이었다. 선조 현덕우의 행적에서 알 수 있듯이, 때때로 한성부의 잡역에도 나아가야 했으며 정식 역관 이전에도 직책을 수행하면서 외국어를 학습할 기회가 있었을 것이다. 의관이 되기 위한 수련 기간이 역관의 경우보다 평균적으로 길었다고는 하지만 전문직인 역관이 되기 위한 기간도 상당했다는 것을 짐작하게 한다. 이것은 양반이 과거에 합격하는 데 걸린 시간과도 비교해봄 직하지만, 크게 보아 역관이 신분제 사회 내의 전문적 지위를 이어가는 데 든 최소한의 세월이라고 봐도 좋을 것이다.

현계근은 1763년(영조 39) 계미통신사의 압물통사押物通事로 참가하였다. 그는 중도에 일본어 사전을 수정 보완하라는 명령을 받고 동료 유도홍劉道弘과 함께 일본 현지에서 이전의 사전인『왜어유해倭語類解』의 착오를 바로잡고 단어를 추가하였다.『왜어유해』는 본래 사역원에서 사용해온 일본어 물명집을 일본어 역관 홍순명洪舜明(1677~1745)이 1720~1730년대에 편찬한 책이었다.

현계근 등이 1763년 통신사 파견시 현지에서 수정, 보완한『왜어유해』는 이후 일본어 역관 한정수韓廷脩 등의 교정을 거쳐 1780년대 초 사역원에서 책으로 간행되었다. 다시 말해,『왜어유해』의 오류를 수정하는 과정은 현지어의 변화를 좇아가지 못하고 그나마도 학습자가 옮겨 쓰면서 생기는 오류로 인해 일본어 교재 불비론이 생겨난 과정을 역으로 설명해 준다. 통신정사 조엄이 판단하였던 근래 역관들이 직책상 이득이 적고 조정의 권장책 또한 없었다는 점은 일본어 교재가 불비한 원인과도 간접적으로 관련되어 있었던 것이다.

현계근의 주요 활동은 1774년(영조 50) 부산진에 위치한 초량왜관에 감동역관監董譯官으로 파견되어 국가에서 책정한 예산 안에서 공사를 완료한 점을 인정받아 가의대부로 승진하였던 것에서 드러난다. 감동역관의 파견 목적은 사역원에서 파견된 당상역관이 왜관 건물의 수리 내지 보수 공사의 전과정을 감독하고자 함이었다.

현계근은 1780년(정조 4)에 대마도로 파견되는 문위행問慰行의 당상역관으로 임명되었다. 문위행은 역관이 정사가 되어 대마도로 파견되는 사행으로 이 때의 사명은 막부 장군의 후계자 사망을 조위하고 대마도주직 승계를 축하하는 목적이었다. 현계근이 당상역관으로 파견되었다는 것은 사역원 내에서 일본어 전공 역관으로서 최고의 반열에 승진하였음을 뜻한다.

한편, 형 계근과 함께 '용'자 계열의 위선사업을 1770년대, 1790년대에 전개한 현계환(1732~1800)은 1750년 역과에 중국어 전공으로 합격하여 최종 관직이 교회敎誨에 오른 인물이다. 그의 처계는 역관 출신이 많아서 '용'자 계열이 현계근·계환 대에 이르러 자신의 현달만이 아니라 명실공히 혼맥의 결합을 통해서도 역관 명문가로 발돋움했음을 짐작할 수 있다.

이상에서 서술한 양주로 이거한 천령 현씨 현수겸의 2자 '용'계열은 1616년 현욱玄頊에서 1880년 현분玄棻에 이르기까지 11대의 중국어 역관을 배출하였다. 현계근과 그의 아들 현식玄栻대에 일본어 역관이 가끔 나오기도 했으나 대체는 중국어 전공이었다. 역관 배출 인원은 역과방목과 족보에 기재된 것과의 차이가 있을 수 있겠으나 45명으로 확인된다.

• '호虎'자 계열의 역관 배출

중인가문인『천령 현씨 족보』를 들여다보면 몇 가지 특징을 발견하게 된다. 첫째 족보의 간행이 여타 양반 가문보다 시기가 느린 19세기라는 점이고, 둘째 천령 현씨를 개창한 고려 말 '현수'라는 인물의 후손록임을 쉽게 짐작할 수 있고, 셋째 딸들의 란에도 외손들의 관직을 최대한 기재했다는 점이다.

위에서 지적한 몇 가지 특징 중에 첫째 요소는 여타 중인 족보와 대조해서 확정지을 수 있는 점이다. 둘째 요소는 오늘날 천령 현씨는 연주 현씨의 한 파로 들어가서 족보를 간행하고 있지만, 족보에는 고려 말 조선 초의 인물 현수를 기점으로 해서 16세기 후반에서 19세기까지의 중인 가문의 이력이 고스란히 남아 있다는 점을 지적하는 것이다. 셋째 요소는 천령 현씨 족보가 19세기에 간행되어 장자 상속의 추세를 어김없이 반영하면서도 외손들의 중인 이력을 되도록 채워 넣었다는 것을 의미한다.

〈표 2〉 4자 '호'의 가계 약도

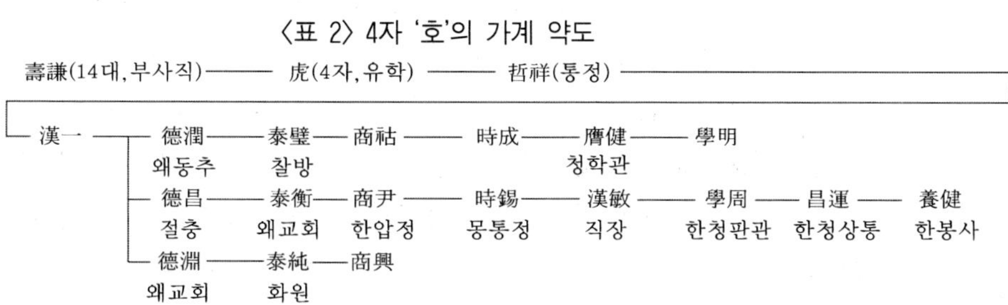

위의 가계도에서 현수겸의 넷째 아들 '호'계열은 화려한 관직 경력에 비해 외형상 '용'계열과 분리되어 만들어진 묘역에는 기수가 아주 적은 편이다. '호'계열은 방목에서 확인되는 바 역관이 48

명이 배출되어 '용'계열의 46명보다 더 많고 '무'계열의 16명보다는 월등한 수준이다. 오히려 '용'계열이 1770년대, 1790년대에 정비한 묘역이 일정한 규모를 이루고 있다.

본래 현수겸 이하 천령 현씨는 옛 양주목 줄올리에 터를 잡아서 거점을 이루었고 그 외 과천현, 시흥군始興郡이나 같은 양주목 관내 노원리蘆原里·망우리忘憂里에도 선영을 형성하였다. '호'계열의 묘역에는 숙종 후반에서 영조 초기까지 활동한 왜학 현덕윤玄德潤(1676~1737)의 것과 현덕윤의 아들인 의관 현태벽玄泰璧(1698~1760), 손자인 의관 현상호玄商祜(1732~1790)의 것 3기가 있다. 이 3대의 묘는 현덕윤의 외가인 온양 방씨 묘를 통과해서 주택가를 들어선 산자락에 위치해 있고 이름 없는 묘도 6~7기 분포한다. 그리고 현덕윤의 증조 현호玄虎(?~?), 조 현철상玄哲祥(1597~1661), 부 현한일玄漢一(1635~1684)의 묘는 이 곳과 불과 100미터 떨어진 '용'계열 묘역에 있다. 따라서 '용'계열의 묘역은 본래 천령 현씨의 본가의 묘역이었다가 18세기에 들어서 '호'계열의 현덕윤이 분리되어 나가고 '용'계열의 묘역을 정비한 현계근·계환의 윗대인 현침·심까지 자리하였던 것이다. 다시 말해 '용'계열 묘역은 현계근 윗대까지의 천령 현씨 묘역이고, 이 묘역을 정비한 현계근의 묘는 현 포천군 가산면으로 분리되어 나갔다. '용'계열과 '호'계열의 묘역은 약 100미터 떨어져 있지만 후손간의 연락관계도 없는 듯하다.

같은 '호'계열의 현덕창玄德昌(1681~1727)·현태형玄泰衡(1718~1766)·현상윤玄商尹(1736~1805) 3대의 묘는 과천현과 현 서울 서초동에 있다가 고속도로 공사로 인해 1968년 경기도 광주군 실촌면 수양리로 이전되었다. 현덕윤의 손아래 동생인 덕창 그리고 아들 태형의 묘도 1780년에 건립되어, 현덕윤 계열이 1760~1790년대

사이에 위선 사업에 열중했다는 사실과과 대체로 일치한다. 덕창은 역관은 아니었지만 아들 태형은 왜학 교회를 지냈고 손자 상윤은 한학정을 지냈다.

'호'계열의 역관 활동은 18세기 전반 일본어 역관으로 활동한 현덕윤, 덕연 형제에 한해서 서술하고자 한다. 현덕윤(1676~1737)은 역관 경력 이외에도 시에도 능했고 초서, 예서에도 일가견을 가진 인물이었다. 그는 자가 도이道以이며 호는 금곡錦谷이고 1705년에 일본어 전공으로 역관 시험에 합격하였다. 덕윤은 1729년(영조 5) 초량왜관에서 훈도로 근무 중에 낡은 훈도청사를 대대적으로 보수하여 국가의 위신을 높였다.

훈도의 임무는 왜관에 체류하는 대마도인과 동래부사, 부산진첨사와의 의사를 전달하는 것, 즉 통역이다. 사실상 훈도는 동래부사나 부산진첨사의 지시를 받아 초량왜관에서 벌어지는 양국의 외교 의례를 주선하고 공·사무역의 절차를 협의하고 감독하였다. 왜관 관리라는 측면을 생각해 볼 때 10만 평에 달하는 초량왜관에는 대략 500여 명의 대마도인이 체류하였고 이들에게 물량을 공급하고 관리, 감독할 인원을 지휘하는 것 또한 훈도의 임무였다. 왜학 별차를 비롯하여 왜관에서 근무하는 군관이나 땔나무를 공급하는 하급직에 이르기까지 훈도의 관할 하에 있었다. 이렇듯 훈도의 직임이 막중함에도 1678년 초량 이관 후에 훈도의 근무청사가 허술한 상태로 방치되고 있었다.

훈도청은 초량왜관과 인접한 초량촌에 위치하였다. 훈도청이 정비되지 못한 원인은 비용 염출의 어려움에 있었다. 현덕윤은 재임 중에 관비를 절약하고 개인 경비를 지출하여 훈도청을 보수하였다. 중수한 훈도청을 성신당誠信堂으로 명명하였다. 이 때 왜관에 파견되었던 대마도의 노련한 외교가이자 유학자였던 아메노모리 호슈雨森芳洲는 인물은 조선인 표류민을 송환해 주고 받아가는 서계書契의 문구를 고치기 위해서 왜관에 머물고 있었다. 아메노모리는 훈도 현덕윤의 근무 자세에 감동하여 성신당의 기문記文을 지어주었다. 현덕윤과 아메노모리는 이전에 왜관에서 수차례 대면하였던 사이였고 1719년(숙종 45) 통신사행에 역관과 대마도의 안내역으로서 대면한 바 있었다.

당시 아메노모리 호슈는 표차왜漂差倭의 규정을 두고 양국간에 3년 동안 끌어온 교섭을 타결시키기 위해 파견된 처지이면서도 현덕윤이 국가적 위신을 세운 훈도청사를 보수한 사실에 느낀 바 있어 기문을 쓰게 되었다. 물론 아메노모리 호슈는 당시 60을 넘긴 노회한 외교관으로 대마도에 유리한 교섭으로 이끄는 데 체질이 된 인물이지만 외교의 원칙이 어느 쪽이나 관례나 약조를 무시한 방식은 곤란하다고 여겼던 것이다. 아메노모리는 대마도의 조선어통사 학교를 만들어 이전에 상인의 자제들이 조선어 통역에 종사하던 관행을 개혁한 바 있었고 저서 『교린제성交隣提醒』에서 "대마도의 일방적으로 밀어붙이기 외교 방식을 질책하면서 조선이 약조에 어긋나는 행위를 보일 때는 상대방의 외교적 체신을 떨어뜨려 대마도의 이익을 잃어서는 안 된다"라고 주장하기도 하였다.

현덕윤은 1734년(영조 10)에 대마도 사선의 세견미를 절감시킨 공로로 종2품으로 승진하였다. 그가 사역원으로 복귀한 뒤에 부산진의 백성들이 그의 공덕을 기려 송덕비를 세운 바도 있다. 지방관의 송덕비는 흔한 편이나 역관의 업적을 기리는 송덕비는 보기 드문 일이다. 이외에도 그는 형제가 우애가 깊었고, 환갑을 넘겨 모친상을 당해 슬픔을 극진히 하여 죽음에 이르렀다는 일화도 전한다.

다음으로 현덕연玄德淵(1694~1778)은 현덕윤의 동생이고 자는 계심季深이며 1714년(숙종 40)에 일본어 전공으로 역관이 되었다. 그는 1748년(영조 24)과 1762년(영조 38)에는 각각 통신사와 문위행問慰行에 당상역관으로 파견됨으로써 국가의 중요한 사명에 파견될 수 있는 수위에 도달하였다.

현덕연은 1740년(영조 16)에 왜관 내 서관의 동대청東大廳 수리를 감독하는 역관으로 파견되었다. 그는 당시 감동당상관 변계邊瓈와 함께 감동당하관으로 임명되었다. 수리공사가 있게 될 건물은 서관의 세견제일선의 숙소였다. 서관은 한시적으로 머무는 대마도의 연례송사와 차왜가 허용된 체류기간에 머무는 숙소였고, 반면 동관은 왜관에 일정 임기를 가지고 파견되는 대마도의 관리가 거처하는 관이었다.

서관의 동대청이 소실된 것은 1732년(영조 8) 12월이었다. 조선은 서관동대청 공사를 1732~1733년의 연속 흉년을 들어 착수를 미뤘고 1735년(영조 11)에 시행된 객사客舍를 수리해준 것 때문에 비용 염출에 난색을 표명하였다. 6, 7년간 유예된 공사는 1738년(영조 14) 9월 새 동래부사의 도임을 계기로 착수 결정이 내려졌다. 대마도 측은 훈도, 별차를 통해서 조정의 의지를 파악하려고 한다든지 동래부사가 출석한 연례송사의 접대연에서 부사와 맞대면하여 확답을 받으려고 시도하였다.

새로 부사가 새로 도임함에 따라 조정의 감동 역관 인선도 뒤따라 이루어져 현덕연은 1739년 12월에 입관하여 대마도 공사 관계자를 대면하고 재목을 검사한 뒤 길일을 잡아 착수일을 잡게 하였다. 감동 역관들은 공사 완료 후에 철물의 가격, 대마도 기술자들의 노임을 예정대로 지급하도록 협조하겠으며 대신 왜관 측에 수리 인원을 줄여줄 것을 요청하였다. 왜관의 총 책임자 관수

館守는 시종 대관代官, 재판裁判, 통사通詞 등 대마도 관리들을 지휘하여 공사를 유리한 방향으로 끝내려 하였지만 자칫 무리한 요구가 양측에 모두 불리한 결과를 낳지 않을까 우려하여 한발 물러서기도 하였다.

공사는 9개월 만에 종료되었다. 대마도 측은 감동 역관들에게 순조로운 수리 공사에 사례하는 뜻을 내비쳤다. 대마도의 역관 사례의 관행은 가끔 『대마도문서對馬島文書』에서 나오는데 뇌물적인 의미만으로 해석하기는 어려운 감이 있다.

현덕연은 형인 현덕윤에 비해『통문관지』인물조에 실릴 역관은 아니었다 하더라도 통신사·문위행의 당상역관에 파견된 이력이 있다. 그는 50년에 걸쳐 당상역관까지 올랐지만 역관 경력은 당대에 그치고 아들 현태순은 화원으로 근무하였다.

──────────── 참고문헌 ────────────

「川寧玄氏碑文」7종, 한국학중앙연구원 고서 B14B-67, MF35M 010337.

『川寧玄氏世譜』, 玄睦씨 소장·연주현씨 종친회 소장, 1867.

「川寧玄氏古文書」, 국사편찬위원회 소장, 한국학중앙연구원 복제음화필름004785, 1988 수집.

김현영, 「조선후기 中人의 家系와 經歷-譯官 川寧玄氏家의 古文書의 分析」『한국문화』제8집, 서울대학교 한국문화연구소, 1987.

김양수, 「조선전환기의 中人집안활동－玄德潤·玄釆·玄楯 등 川寧玄氏 譯官家系를 중심으로－」『동방학지』제102집, 연세대학교 국학연구원, 1998.

이상규, 「조선후기 川寧玄氏家의 譯官活動」『한일관계사연구』20집, 논형, 2004.

稻葉岩吉, 「朝鮮疇人考－中人階級の存在に就いて－」『東亞經濟研究』제17권 2·4호, 山口高等學校 東亞經濟研究所, 有斐閣 발행, 1933.

강항과 근세 일본 유학

하 우 봉(전북대학교)

○ 근세 일본 유학의 비조, 후지와라 세이카

1600년 9월 일본 교토京都의 이조성二條城, 도쿠가와 이에야스德川家康의 앞에서 아주 중요한 논쟁이 벌어지고 있었다. 논쟁의 한 당사자는 이에야스의 측근으로서 당시 외교와 문교의 실권을 쥐고 있었던 불교계의 거장 상국사上國寺의 승려 세이소 쇼타이西笑承兌이고, 또 한사람은 신진 기예의 학승 후지와라 세이카藤原惺窩(1561~1619)였다. 이 해 여름 도요토미 히데요시豊臣秀吉의 세력을 물리치고 일본의 패권을 확립한 이에야스는 새롭게 나라를 다스려나갈 지도이념에 대해 논의하게 한 것이다.

세이카는 본래 상국사의 선승으로서 쇼타이에게는 제자뻘이 되는 사이였다. 그런데 세이카는 승려의 신분이었지만 법복을 벗어버리고 심의도복深衣道服을 입고 있었다. 심의도복은 말할 것도 없이 유학자의 의상이다. 세이카는 자신이 오랜 기간의 사상적 방황을 끝내고 유학자로서 자립한 것을 상징적으로 보여주기 위해서 일부러 이 옷을 입은 것이다. 따라서 그 광경은 논쟁의 내용 못지 않게 희귀하였다. 동시에 일본 사상사에서 매우 의미 있는 한 페이지를 장식하는 장면이기도 하였다.

두 사람 간에는 유교와 불교를 둘러싼 논쟁이 벌어졌는데, 결과적으로 세이카의 승리로 귀결되었다고 볼 수 있다. 즉, 이 논쟁 후 세이카는 이에야스로부터 도와달라는 부탁을 받았으며, 결국 주자학이 도쿠가와 막부의 관학으로 채택되었던 것이다.

그러면 경도오산京都五山 가운데서도 상국사의 수좌首座의 직에 있었던 세이카가 유학자로 변신한 이유와 계기는 무엇이었을까?

여기에는 물론 일본 내의 사회적 상황이 바탕이 있었겠지만 보다 직접적으로는 조선 유학과의 만남이 그 계기가 되었다. 세이카가 유학자로 자립하는 데는 강항의 영향이 가장 컸지만 그 전에도 이미 조선의 유학자들과 접촉이 있었다. 즉, 세이카는 1590년 통신사로 일본에 왔던 황윤길, 김성일, 허성을 만나 조선 유학에 깊은 인상을 받았다. 당시 대덕사大德寺 승려였던 그는 수차례에 걸쳐 통신사의 숙사에 찾아가 필담창화하였으며, 특히 허성의 배불론排佛論과 성리설에 감화를 받았다고 한다. 이 만남은 그의 사상적 전환에 중요한 계기가 되었던 것 같다. 그 후 그는 히데요시가 주최하는 시회詩會에 참가하기를 거부하였고, 반전론자反戰論者가 되었다. 이듬해인 1591년에는 주자학의 본고장인 명明에 건너가려고 시도하기까지 하였다. 중국행이 풍파로 인해 실패로 돌아가자 세이카는 다시 조선에 건너가려고 하였으나 이 또한 임진왜란으로 좌절되고 말았다. 그의 유학에 대한 동경은 이처럼 간절한 것이었다. 그로부터 8년 뒤 세이카는 강항을 만나게 되었다. 비록 임진왜란 때문에 조선에 가지 못했지만 그 전쟁으로 인하여 일본

에 포로로 잡혀온 강항을 일본에서 만나게 된 것이다. 그러면 강
항은 어떤 인물인가?

◦ 임진왜란과 강항

　강항姜沆의 본관은 진주이며 세종조의 명신 강희맹의 5세손으로
호가 수은睡隱이다. 그는 1567년 전라도 영광군 유봉리에서 출생
하였으며, 선조조에 문과에 급제한 후 교서관 박사와 공조, 형조
의 좌랑 등 요직을 역임하였다. 학맥은 성혼成渾의 제자로서 당시
에도 상당한 학자로 평가받았다. 그러나 그의 순탄하였던 전반기
의 인생도 전쟁의 탁류에 휩쓸려 전혀 다른 길로 전개되었다.
　1597년 봄 고향에 잠시 내려와 있는 동안 정유재란이 발발하였
다. 일본군이 1차 침입시와 달리 이번에는 처음부터 곡창지역인
호남에 주력하였고, 조선과 명의 연합군은 남원을 방어거점으로
삼아 주둔하였다. 이에 강항은 명군의 군량미를 조달하는 종사관
을 맡게 되었다. 그런데 원균이 한산도에서 패하고, 이어 남원성
에서의 전투에도 패배하게 되자 강항은 의병을 모집하였다. 그러
나 일본군이 노령을 넘고, 또 조명연합군이 북상하였다는 말을 듣
자 수백 명의 의병은 모두 흩어져버렸다. 적병이 영광군을 침입해
오자 그는 이순신 장군이 이끄는 통제영으로 가고자 배 두 척을
마련하여 가족을 싣고 가던 중 적선을 만나게 되었다. 이 일본해
군의 지휘자는 도도 다카도라藤堂高虎였다. 9월 24일 체포된 강항
일행은 순천－대마도－이키도를 거쳐서 시코쿠四國에 있는 이요伊
豫로 연행되었다. 임진왜란이 끝나고 도도군이 철수하자 강항일행

은 오사카를 거쳐 후시미伏見로 이송되었다. 그가 세이카를 만난 것도 여기에서였다.

체일시 강항은 그의 학문적 명성을 들은 일본의 승려와 의사, 학자들이 모여 와 교류를 하였고 비교적 대우를 받으면서 지낼 수 있었다. 비록 포로 생활이었지만 그는 제한된 자유를 적극 활용하여 일본에 관한 정보를 수집하였고, 세 차례에 걸쳐 조선에 알렸다.

강항은 수차 탈출을 시도하였으나 실패하였고, 결국 1600년 4월 2일 세이카 등의 도움 하에 일행 30여 명과 함께 후시미를 출발, 5월 5일 부산에 도착하였다. 실로 4년만의 귀국이었다.

도착 즉시 강항은 일본에서 견문한 바와 일본의 형세 등을 적어 왕에게 올렸다. 이에 대해 왕의 포상이 내려졌으나 다시 당쟁에 말릴 위험이 있자 강항은 향리에 은거하였다. 1618년 52세의 나이로 돌아가기까지 고향에서 학문 연구와 교육에 몰두한 바 많은 문인들을 배출하였다. 저서도 많이 남겼는데, 후학들에 의해『수은집』으로 편집 간행되었다. 특히『간양록看羊錄』은 일본 체류시의 체험과 견문을 모아 낸 보고서로서 유명하다.『간양록』은 본래 강항이 스스로 죄인으로 자처하는 의미로『건거록巾車錄』이라고 하였는데, 그의 사후 40년만에 제자들이 문집을 편집할 때『간양록』으로 개명하였다. 이는 중국 한나라 때 흉노족에게 잡혀가 포로 생활을 하면서 18년간 절개를 굽히지 않고 돌아온 소무蘇武의 절개에 비유한 것이다.

『간양록』의 내용은 일본의 관료제도, 각 지방에 대한 종합적인 지리지, 임진왜란 시 일본군의 장수와 인원수 등 체일시 수집한 정보를 보아 기록한「적중견문록賊中見聞錄」, 체일 중 올린 상소문인「적중봉소賊中封疏」, 포로들에게 고하는 격문인「고부인격告俘人

橄」, 귀국 후 왕을 면담한 뒤 승정원에 올린 보고서인 「예승정원
계사詣承政院啓辭」, 포로로 잡히면서부터 귀국하기까지의 경과를 기
록한 「섭란사적涉亂事迹」으로 구성되어 있다.

『간양록』은 당시 일본의 현상 및 지리, 역사, 풍속 등 내용이 광
범위하면서도 정확하여 자료적 가치가 아주 높은 책이다. 그래서
조선 후기 일본 관계의 저술에는 반드시 인용되었으며, 신숙주의
『해동제국기』와 함께 통신사들이 일본에 갈 때 반드시 가지고 가
는 일본 안내서가 되었다. 또 에도시대 일본에서도 번역, 간행되
어 널리 읽혀졌다고 한다.

○ 전란 중에서 피어난 교류

강항과 세이카가 만나 교류한 곳은 1598년 가을 후시미성에서
였다. 여기에는 또 한 사람, 아카마츠 히로미츠赤松廣通가 있었다.
이 세 사람이 처음 만난 것은 1598년 가을 후시미성 히로미츠의
저택에서였다. 당시 강항은 도도의 포로로서 후시미로 이송되었
을 때였다.

히로미츠는 인근 지역의 영주로서 무장이었지만 새로운 사상인
주자학을 도입하여 일본을 개혁해보자는 뜻을 지닌 개혁가였다.
세이카는 이 점에서 히로미츠와 의기투합하였으며 그의 영국領國
통치에도 참여하였다. 주자학에 대한 지적 욕구에 갈급하였던 이
들에게 강항은 좋은 스승이 되었다. 그들은 강항의 소문을 듣자마
자 바로 초대하였으며, 그 후 이들의 교류는 강항이 귀국할 때까
지 1년 반 동안 지속되었다.

후시미성에서의 이 세 사람의 만남과 교류는 세이카가 유학자로서 자립하게 되고, 나아가 주자학이 근세 일본의 교학으로 수용되는 계기를 만들었다는 점에서 일본 유학사상 큰 의미를 지니는 것이다. 실로 에도유학의 탄생이 이루어지는 순간이요, 현장이었다.

포로의 신분으로 울분 속에서도 심금을 토로할 수 있는 사람을 만난 강항, 이상을 품고 사상개혁을 지향한 세이카, 주자학의 보급에 앞장서면서 당대 일류학자들인 두 사람을 만나 대화하고 그들의 활동을 기꺼이 뒷받침하였던 히로미츠, 이 세 사람의 만남은 비록 전란 중에 각각 처한 위치는 달랐지만 아름다운 결실을 맺게 되었다.

구체적인 결과물로는 1599년 2월 세이카에 의해 완성된 20여 권의 『사서오경왜훈四書五經倭訓』이 있다. 사서오경에 대한 주자의 집주에 일본식 훈을 단 것으로, 일본에서 주자학의 보급에 결정적 역할을 한 이 책은 세 사람의 합작품이었다. 즉, 강항의 지도 하에 세이카가 주된 작업을 하였고, 재정은 히로미츠가 담당하였던 것이다. 한편, 강항은 이 책을 비롯하여 성리학 서적 등 16종 21책을 직접 필사하여 주자학의 보급에 힘을 기울였는데, 그 원본이 현재 일본의 내각문고에 보존되어 있다.

이들은 또 히로미츠 씨의 저택에서 심의도복을 만들어 입고 유교의례인 석전제釋奠祭와 시과試科를 실행하였다. 히로미츠는 자신의 영지에서도 공자 묘를 설치하여 의례를 행하였으며, 주자학을 교학으로 삼아 개혁을 시도하였다. 강항이 귀국한 후 이에야스 앞에서의 유명한 유불 논쟁시 세이카가 입은 심의도복도 실은 이 때 준비된 것이었다. 그 후 심의도복은 세이카 문하의 상징이 되어 제자인 하야시 라잔林羅山도 이 옷을 입었다고 한다.

이들의 교류는 인간적으로도 우의 깊은 것이었다. 세이카와 히로미츠는 강항의 체일 중에는 물론 귀국 하는 데에도 물심양면으로 적극 도와주었다.

강항의 세이카에 대한 평을 잠시 소개해 보자.

> 조선이 시작된 이래 300여 년이 되었지만 (일본에) 이와 같은 사람이 있다는 것을 들어본 일이 없다. 내가 비록 불행히도 일본에 떨어졌지만 이 사람을 만난 것은 실로 다행이다(『사서오경왜훈』의 발문).

다음으로 히로미츠에 대한 강항의 평을 보면,

> 일본의 장수와 관리는 모두 도적이지만 아카마츠 히로미츠만은 아주 사람의 마음을 지니고 있다. 일본에는 본래 상례가 없는데 히로미츠는 혼자 삼년상을 행하였다. 중국의 제도와 조선의 예를 좋아하고 의복, 음식의 세세한 부분까지 반드시 중국과 조선을 모방하려고 하였다. 일본에 있지만 일본 사람이 아니었다(『간양록』).

라고 하였다.

『간양록』에 나오는 바 그의 일본관에 비해 볼 때 아주 이례적인 평가이다. 참혹한 전쟁 속에서 비록 처한 입장은 극단적으로 달랐으나 학문과 사상을 논하는 개인 간의 교류는 보다 높은 차원에서 이루어질 수 있었던 것 같다. 근세 일본 유학의 맹아가 전란 중에 싹텄다는 점이 역설적이면서도 더욱 가치 있게 느껴진다.

◦ 강항과 근세 일본 유학

임진왜란은 명분 없는 침략 전쟁이었으며 강항의 인생을 망쳐버린 전란이기도 하였다. 그러나 고난의 포로 생활을 통해 굴복하

지 않고 일본 땅에 조선 성리학(주자학)을 전하는 뜻밖의 성과를
남긴 것이다. 그를 통해 전해진 조선 성리학은 후지와라 세이카에
의해 개화되면서 새롭게 시작되는 근세 일본을 주도하는 사상체
계로서 자리잡았다.

세이카 이전까지의 일본에는 주자학에 대한 이해가 거의 없었
다. 13세기 초 송나라에 유학한 승려들에 의해 주자학이 도입되기
는 하였지만 경도오산의 일부 학승들의 호기적인 관심에 머물렀
다. 유학 안에서도 한학漢學 중심이거나 혹시 나아가더라도 한당
학漢唐學과 송학宋學이 절충된 형태로 주자학은 아주 미숙한 단계
에 머물러 있었다. 중세 유학인 주자학이 본격적으로 전개되는 것
은 16세기 말 세이카에 의해서였다. 특히 『사서오경왜훈』은 일본
의 유학에 주자학적 이해가 본격적으로 시작된 출발점이 되는 것
이다. 그를 일본의 주자학, 혹은 근세 유학의 비조라고 부르는 이
유도 여기에 있다.

세이카가 강항과 만나고 있을 당시의 일본은 정치적으로는 물
론 사회경제적으로도 중세사회에서 근세로 넘어가는 대전환기였
다. 당연히 그러한 흐름을 뒷받침하거나 주도해나갈 새로운 사상
이 필요하였다. 그러한 역할을 세이카가 한 것이고, 그 배후에는
주자학으로써 개혁을 먼저 이룩하였던 조선의 유학자 강항이 있
었던 것이다. 강항은 세이카가 사상적 방황과 모색을 하던 시기에
만나 그가 유학자로서 독립하는 데 결정적인 영향을 끼쳤던 것이
다. 세이카란 호도 강항이 권한 것이라 한다. 그래서 근세 일본 유
학사를 논할 때 강항은 결코 빼놓을 수 없는 존재가 되는 것이다.
동시에 강항과 세이카, 히로미츠의 교류는 전란 중에 피어난 미담
으로 조선 후기 한일 문화 교류의 선구적인 사례라고도 할 만하다.

---------------------------- 참고문헌 ----------------------------

김태준 외, 『한일문화교류사』, 민문고, 1991.
김태준, 『임진왜란 조선문화의 동점』, 한국연구원, 1997.
소재영, 『壬辰倭亂과 문화의식』, 한국연구원, 1980.
이상희, 『波臣의 눈물』, 범우사, 1997.
이채연, 『임진왜란 捕虜實記 연구』, 박이정출판사, 1995.
하우봉, 『조선후기 실학자의 일본관 연구』, 일지사, 1989.
中村榮者, 『日韓關係史の硏究』, 古川弘文館, 1969.
內藤雋輔, 『文祿·慶役における被獲人の硏究』, 東京大出版會, 1975.
阿陪古雄, 『日本先子學と朝鮮』, 東京大出版會, 1976.
姜沆先生文化交流碑建立委員會, 『儒者姜沆と藤原惺窩』, 日本, 1984.
二宅英利, 『近世日韓關係史の硏究』, 文獻出版, 1986.
辛基秀·忖上恒夫, 『儒者姜沆と日本－儒敎を日本に伝えた朝鮮人』, 明
    石書店, 1991.
忖上恒夫, 『姜沆－儒敎を日本に伝えた』, 虜囚の足跡』, 明石書店,
    1999.

조선이 그리스도교 표류민을
일본으로 넘긴 이유

신 동 규(강원대학교)

◦광동선의 표착 사건과 조정에의 보고

1644년 여름에 중국 광동성 광주부의 선박이 나가사키長崎로 항해하던 중 전라도 진도군珍島郡 남도포에 표착하는 사건이 발생했다. 그런데 이 사건은 바로 그 광동선에 그리스도교인들이 승선해 있었고, 또 조선은 이 선박을 일본에 인도함으로써 조선과 일본 사이에 그리스도교 금제정책에 대한 양국의 협조관계가 있었다는 유일한 사건으로 발전한다. 일본에서는 이 사건을 부각시켜 일본의 그리스도교 금제정책이 조선에까지 영향을 끼쳤다는 것으로 인식하고, 일본 대외정책의 국제성까지 논하고 있다. 하지만, 과연 조선이 광동선을 일본에 넘긴 것이 일본의 그리스도교 금제에 대한 협조 요청에 부응한 것일까? 당시 조선의 표류민에 대한 처리로 볼 때, 이들은 적절한 구호조치를 취한 뒤, 중국으로 돌려보내는 것이 일반적인 조치였음에도 일본에 인도한 가장 중요한 이유는 과연 무엇일까, 여기에서 재조명해보고자 한다. 우선 사건의 경과부터 보겠다.

이 사건은 전라감사 목성선睦性善에 의해 신속하게 조정에 보고되었는데, 다음과 같은 기록이 남아있다.

[사료1]
전라감사 목성선이 치계하여 말하기를, "한선漢船 1척이 진도군 남도포 앞바다에 와서 정박하였는데, 군수 이각李恪이 배가 정박하고 있는 곳에 이르러 불러 물어보았습니다. 그 가운데 채만관·이국침·임리사·진경 등은 문자를 약간 알았습니다. 이들은 모두 광동성 광주부 남해현의 사람들로 장사를 업으로 삼아 배를 타고 나가사키長崎로 향하던 중 도중에 바람을 만나 표류하여 이곳에 이르렀다고 하였습니다."고 하였다. 비국備局이 회계하기를, "한인漢人이 표류하여 우리나라에 이르게 되면 처리가 매우 어렵습니다. 지난번 왜인이 그리스도교의 일로 우리에게 자못 소망한 것이 있었고, 이 배가 원래 나가사키로 향하던 것이므로 여기에서 전해주는 것이 순편할 듯합니다. 영리한 역관을 별도로 정하여 그들을 풀어서 대마도에 넘겨주고, 또 한선漢船으로 하여금 귀로를 얻게 하소서" 하니, 상이 따랐다(『인조실록』 권45, 인조 21년 8월 계해조).

위에 보이는 광동선의 표착은 전라감사 목성선의 보고로 8월 8일에 조정에 알려지게 되었다. 그 보고는 한선, 즉 중국 광주부 남해현의 선박 1척이 진도군 남도포 앞바다에 표착하였는데, 그 선원 중의 일부는 문자를 알고 있으며, 장사를 위해 나가사키로 향하던 중 강풍에 의해 표착하게 되었다는 것이다.

◦ 일본의 그리스도교 금제 요청

그런데, 여기서 대마도번이 그리스도교 금제에 관한 일로 소망한 바가 있었다는 것은 무엇을 의미할까? 그것은 바로 광동선의 표착이 있기 4개월 전에 "그리스도교 무리가 중국과 조선 사이의 지역에 도착해서 올해 반드시 대마도에 배를 보내려 한다는 소문입니다. 만약 그렇다면, 즉시 그들을 생포해야만 합니다. … 조선 또한 멀리 떨어져 있는 곳과 포구에 명령을 내려 약조한 선박 이외의 의심스러운 것이 있다면 붙잡아 왜관의 관수에게 전달해주시기 바랍니다."(「寬永正保之度耶蘇宗門御嚴禁ニ付朝鮮國御往復御書翰寫」, 동경대학사료편찬소 소장. 이후 「耶蘇宗門嚴禁書翰」으로 약칭)라고 하며 조선의 연안에 이국선이 표착해 올 때에는 즉시 왜관에 압송하여 왜관의 관수에게 알려달라고 요청한 것을 의미한다. 일본은 1637년에 일종의 그리스도교 반란인 '시마바라島原 아마쿠사天草의 난'이 일어나, 당시 선교 활동을 하고 있던 포르투갈과 1639년에는 단교를 하게 되었고, 철저한 그리스도교 금제정책을 취하고 있었다. 더욱이 조선을 통해 그리스도 교도가 일본으로 밀입국한다는 소문이 돌자, 대마도번은 막부의 지시를 받아 즉시 조선에 그리스도교 금제에 대한 협조 요청을 실행한 것이다.

이러한 일본 측의 요청에 대해 조선은 예조참의 이행우의 이름으로 대마도번에 다음과 같은 답변을 보내고 있었다.

[사료2]
… 우리나라와 남만은 바닷길로 서로 떨어져있는 것이 만리 밖을 넘으며, 전대前代로부터 선박이 왕래했다는 것을 들어보질 못했다. 우

리 조정에 이르러 삼가 강계를 지켜 절대로 타국과 물자를 통하지 않는다. 본도本道, 경상도와 서로 마주 접하고 있는 것은 대마도뿐이고, 만약 표박해 오는 자가 있다고 한다면, 한선漢船과 귀국에 지나지 않는다. 따라서 즉시 돌려보내고 있으며, 잠시라도 조선에 정박하는 것을 허용하지 않는다. 이것은 귀주貴州(대마도번)도 잘 알고 있는 바이다. 하물며 우리나라는 예속이 본디 엄하고 이술異術의 현혹을 용서하지 않는다. 근해 및 각 섬들 사이, 그리고 아무도 살지 않는 지역에는 변신邊臣이 매번 수색하여 절도竊盜를 막는 데 힘쓰고 있으며, 법제 또한 엄격하다. 야종耶宗(그리스도교)의 요술은 사람들을 미혹하고 백성을 어지럽히고 있어 마땅히 함께 화를 내어 미워해야 하며, 너그럽게 용서해서는 안 되는 자들이다. 만약, 과연 와서 말해준 바와 같은 일이 일어난다면, 또한 우리의 변방이 침도侵盜될 우려가 없지 않을 것이다. 이미 연해 진포鎭浦의 병영에 지시하였고, 명확히 살펴 엄하게 방비하고 있다. 만약 색목色目을 달리한 약조선 이외의 배가 조선의 섬이나 항구에 난입하는 일이 있다면 즉시 붙잡아 부산 왜관에 압송하여 조금이라도 소홀히 하지 않도록 시키겠다. …(「耶蘇宗門嚴禁書翰」)

즉, 이행우는 경상도와 접하고 있는 것은 대마도뿐으로 중국선과 일본선이 표착해 오더라도 즉시 돌려보내고 있다는 것을 강조하면서, 그리스도교가 백성을 현혹시키고 있으므로 조일 양국이 함께 미워해 용서해서는 안 된다고 하며, 약조선 이외의 선박이 조선의 경계에 난입해 온다면 즉시 붙잡아 왜관에 압송하겠다고 그리스도교 금제에 전면적인 '공조共助'를 표명하고 있다. 광동선이 표착하기 얼마 전 조선과 일본 사이에는 약조선 이외의 이국선이 표착해 온다면 반드시 왜관에 알려주기로 서로 약조가 성립되어 있었다.

◦ 광동선 처리에 보이는 조선의 의도

그러나 광동선의 인도 경위를 상세히 검토해 보면, 이 사료가 말한 대로 사건의 처리가 진행되고 있지 않았음이 밝혀진다. 대마도번의 기록인 『광동선각서廣東船覺書』에는 조선의 사료에 기재되어 있지 않은 사정들이 상세히 기록되어 있다. 이것은 광동선이 대마도번에 인도된 뒤에 대마도번의 심문에 의해 밝혀진 내용을 다루고 있는데, 이를 근거로 표착한 직후부터의 상황을 살펴보자.

[사료3]
一, 위의 선박, 7월 3일 광동 출선.
一, 동 27일 진도에 표착. 이때 번선番船 10척이 나아가 진수鎭守가 물과 쌀을 보내고 재류하는 동안 위의 52명에게 밥과 절인 반찬, 채소 등을 대접했다. 위의 사람들 모두 진도의 수호守護 관청에 남김 없이 가두어두고 서울(한성)에서 보고에 대한 답서가 올 때까지는 문 밖으로 나가지 못하게 하였다. 진도를 출선할 때에 진회전振廻錢, 돌아가기 위한 비용) 등을 주었다.

위의 내용으로부터 광동선은 1644년 7월 3일에 광동을 출발하여 7월 27일에 진도에 표착하였는데, [사료1]에서 이 사건이 조정에 보고되어 올라 온 것이 8월 8일인 점을 생각해 볼 때, 보고하는데 11~12일이 소요되고 있다. 또한, 표착 당시에 파견되었던 진수鎭守로부터 물과 쌀을 제공받았으며, 그 표착 인원 52명은 모두 조정에서의 답서가 올 때까지 진도의 수호守護, 즉 [사료1]에 보이는 진도군수 이각李恪의 관아에 머물고 있었음을 알 수 있다.

한편, [사료1]의 『인조실록』에는 진도군수로부터 사건의 보고를 받자마자 광동선을 일본에 인도할 것을 결정하였는데, 그 배경

에는 일본의 야소종문 금제에 대한 요청도 있었지만, 당시 조선의
국제관계와 관련된 또 하나의 다른 중대한 이유가 있었다. 그것을
암시해주는 것이 [사료1]에 보이는 "한인漢人이 표류하여 우리나
라에 이르게 되면 처리가 매우 어렵습니다"라는 문구이다. 당시는
명청 교체기로 청에 대한 남명 정부의 저항이 계속되고 있었으며,
중국 대륙에서의 전란 상태가 종식된 것은 아니었다. 때문에 한인
(중국인, 특히 남명 정부의 사람)이 조선의 경계 내에 표착해 왔을
경우, 청과 남명 정부 사이에서 과연 어떠한 조치를 취할 것인가
에 대해 일종의 갈등이 발생했다. 다시 말하자면, 청의 제2차 침
략인 병자호란 이후 조선은 청과 책봉관계를 맺기는 했지만, 아직
남명 정부가 존속하고 있어 중국 표류민을 어느 쪽에 송환하더라
도 외교 문제를 발생시킬 위험성이 존재했던 것이다. 거기에 때마
침 일본으로부터도 그리스도교 금제에 대한 협조 요청이 있어 광
동선을 일본으로 인도할 것을 결정한 것이다.

　광동선의 인도를 결정할 당시 조선 정부의 자세를 명확히 보여
주고 있는 것은 『승정원일기承政院日記』와 『접대왜인사례接待倭人事
例』의 기록인데, 두 사료가 비슷한 내용이므로 여기에서는 『접대
왜인사례』(갑신, 인조 22) 8월 24일조의 내용으로 소개해 보겠다.

　　[사료4]
　　비변사가 계하여 말하기를, "홍희남의 말을 접하니 '야소耶蘇의 당黨
은 과연 일본의 큰 걱정이 되고 있는데, 일본 안에는 우리나라 경계 가
까운 곳에 있는 중국 안부安府로부터 그 당이 들어온다는 풍문이 있습
니다. 때문에 도주로 하여금 충분히 경계시키고 있는 것이지, 일본(막
부)이 우리나라로 하여금 조사를 요청한 것은 아닙니다. 지금 이 당선
을 압송시키면, 매우 편리하고 좋습니다. 하지만, 광동선 도착 후에 조
사하여 야소의 당이 아니라면, 혹 받아들이지 않을 폐단이 있을지도
모릅니다. 장將(압송의 담당자)을 정하여 보내는 것은 사태 또한 아직

불안하니, 부산 왜관으로 배를 돌려 머물게 하는 것보다 못합니다. 왜관의 왜인에게 그들을 보내면 스스로 처리할 것입니다'고 합니다. 이 말은 실로 사정에 적합하오니, 감이 이것을 받들어 올립니다"하니 답하여 말하기를 "계에 따르라"고 하였다.

[사료4]는 비변사가 동래부 역관 홍희남의 의견을 조정에서 보고한 내용인데, 이는 어디까지나 홍희남 개인의 사견이지만, 하단부의 내용을 보면, 그 의도가 명확해 진다. 만약에 광동선을 조사한 후에 그리스도교와 무관하다면 왜관에서 받아주지 않을지도 모르고, 또 조정에서의 조사를 위해 광동선을 압송시키기 위한 담당자를 정해 내려 보내는 것보다 직접 왜관으로 보내는 것이 더욱 편리하고 좋다고 했던 것이다. 홍의남의 의도는 광동선에 대해 조사할 필요 없이 표착지에서 왜관으로 직접 보내는 것이 최상의 상책이라는 것이며, 이에 비변사도 일의 사정에 적합하다고 판단하여 진언한 결과 인조의 허락을 얻었다.

조선 정부는 광동선에 그리스도교도가 승선하고 있었지 아닌지에 대해 명확히 파악하고 있지 않았음에도 불구하고, 일본의 그리스도교 금제 요청에 부응하는 형태로 광동선 표착 사건에 대한 해결책을 세웠다. 어떠한 해결책이던 조선에 표착해 온 광동선을 그대로 둘 수는 없는 일이고, 이왕이면 일본의 그리스도교 금제에 협력하는 형태를 취해 일본 측에 '공조共助'를 보여주는 아주 좋은 기회였던 것이다. 게다가 왜관에 인도하는 것으로 귀찮고 번거로웠던 광동선의 표착 처리를 모두 대마도번에 일임시키는 이점도 있었다. 일거양득의 해결책으로 고도의 외교술이었던 것이다.

왜관 인도라는 결정에 따라 조정에서는 예조참의 채유후의 이름으로 광동선 선원을 일본 측에 넘긴다는 취지의 서계를 보내게 되었다. 다만, 그 서계에서 광동선 선원 모두를 확실하게 일본 측에 넘겨주기 위해 그들이 그리스도교도라는 죄목을 부여하지 않으면 안 되었다. 때문에 "… 그 배에는 52명이 승선하고 있었는데, 그들의 거주지와 표류한 연유를 물으니, 모두 말하기를, 남해의 사람들로 매매를 업으로 삼는데, 배를 타고 나가사키로 향하던 중 강풍을 만나 표류하였다고 한다. 스스로 한인漢人이라고는 하지만, 알 수 없는 모양의 선박이며, 지금까지 본 적이 없다. 어쩌면 사邪가 위장하여 서로 섞여 있을 위험성이 있는데, 조선은 그 판별이 불가능하니 변신으로 하여금 부산 바다에 압송시켜 왜관의 관수에 넘기도록 하겠다. 귀국의 처치를 부탁한다. …"라고 하여 광동선의 표착의 경위와 함께 그리스도교가 섞여 있을 가능성이 있다고 과장하여 표현하고 있다. 그것은 그들 중에 그리스도교가 없다면 왜관이 인수를 거부할 가능성이 있었기 때문이다. 게다가 그에 대한 판별이나 처리조차 대마도번 측에 맡기고 있었다.

◦ 표착 광동 선원의 일본 인도와 조사

한편, 왜관으로의 압송이 결정된 광동 선원은 어떻게 되었을까. 『광동선각서』에 의하면, 9월 1일에 진도를 출발하려고 했지만, 역풍 때문에 진도의 항구에 체류하였다가 3일에 출선했다. 4일에는 해군 절도사가 있는 순천에 이르렀고, 진회전振廻錢 등을 지급받아 밤이 되어 출선했다. 10일에, 또 역풍 때문에 남해포南海浦에 체류했지만, 그 뒤 순풍을 기다렸다 출선하여 15일에 부산포에 도착하고 있었다.

조선으로부터 광동선을 인도하겠다는 연락을 받는 대마도번은

9월에 3명의 사신을 보내 광동선 인도에 대한 감사와 더불어 곧 사자를 파견한다는 응답을 하였고, 막부에도 보고하고 감사를 전하겠다는 취지를 조선 측에 전했다. 또, 『광동선각서』에 의하면 막부에 보고한 것은 9월 22일이며, 또 10월 8일에는 나가사키 봉행에게도 광동선에 대한 보고와 함께 대마도에 도착하는 대로 나가사키에게 보낼 것을 지시하고 있었다. 9월 22일자의 대마도번의 보고에 대하여, 막부는 아베 시게츠구阿部重次·아베 타다아키阿部忠秋·마츠다이라 노부츠나松平信綱의 연서連書로 대마도번의 사자에게 인도 되는 대로 대마도에 압송하고, 상세히 그리스도교에 대한 조사를 실시해 다시 보고하도록 지시를 내리고 있었다.

　『접왜사목록초』에 의하면 광동 선원을 압송하기 위한 사자는 같은 해 10월에 부산에 사자 3인과 함께 광동 선원을 나누어 태울 배가 도착했다고 기록되어 있다. 그렇지만, 대마도번의 기록에 의하면, 광동선을 인수하기 위한 3명의 사자는 9월 25일에 대마도의 이즈하라嚴原를 출발하고 있었다. 그 시점에서 광동 선원 52명은 전술한 조정의 지시에 따라서 이미 전원이 왜관에 압송되어 있었고, 9월 17일에 관수館守와 대면하고 있었다. 그들이 부산을 출발한 것은 10월 18일로 그 날에 대마도의 와니우라鰐浦에 도착하였고, 20일에 대마도번의 부내府內에 도착하였다. 그러나 『야소종문 엄금서한』에 의하면, 광동선을 인도받은 대마도번의 조선에 대한 응답은 10월 17일에 도착했다고 기록되어 있다. 하루의 시간차가 있지만, 어느 것이 정확한 시간인지 현재로서 판단하기는 어렵다.

　부산을 출발할 때에는 광동 선원들에게 도해미渡海米 10석과 생닭, 어물 등이 제공되고 있었다. 물론, 부산에 도착한 날부터 동래부사·부산첨사·왜관의 관수館守로부터 음식물이 계속적으로 제공되고 있었다. 이에 소 요시나리宗義成는 즉시 예조 및 부산첨사와 동래부사에게 서계를 보내 광동 선원의 인도에 대한 감사의 뜻과 함께 부산 왜관으로부터 대마도에 이상 없이 도착하였음을 알렸다.

대마도에 압송된 광동 선원에 대해서 막부는 나가사키에서 조사시킬 것을 지시하였고, 이에 따라 전원이 나가사키로 이송되었다. 10월 25일 무렵에 광동 선원을 나가사키에게 이송하는 예정이었지만 역풍으로 인해 출발이 지연되었고, 겨우 11월 5일에 출발하여 동월 9일에 도착하였다. 이들 광동 선원은 나가사키에게 도착하자마자 조사를 받았는데, 52명의 선원 가운데 5명의 그리스도교가 있다는 것이 발각되었다.

막부는 이 그리스도교도의 적발을 보고 받자 즉시 대마도번을 통해 12월 24 일자로 그 사실을 조선 쪽에 전해, 감사의 뜻과 함께 재차 그리스도교 금제에 대한 협조를 재요청하고 있다. 그 내용에는 대명의 오관五官이라는 자를 나가사키에서 조사한 바, 정말로 그리스도교도가 승선하고 있었고, 그리스도교 우두머리 2명이 마카오에 거주하며 중국인에게 돈을 대어 배를 만들고, 가까운 시일에 조선으로 도해하여 일본으로 잠입하려한다는 것이었다.

그러나 여기에서의 정보는 조선에서 압송한 광동선에 대한 조사로 얻어진 결과는 아니었다. 이것은 조선에 광동선이 표착한 시기와 비슷한 1644년 8월(조선 표착 광동선은 7월 23일에 진도에 표착하였고, 압송되어 나가사키에 도착한 것은 11월 9일이다)에 나가사키에 입항한 또 다른 광동선의 조사에 의한 것이다. 이 광동선의 그리스도교 적발 배경에는 그리스도교였던 자들을 스파이로 이용하여 그리스도교를 적발하는 아이러니컬한 상황이 존재하고 있는데, 막부의 철저한 금교정책의 또 다른 수단이라는 측면에서 흥미로움을 느끼게 한다.

아무튼 막부는 조선의 광동선 인도와 여기에서의 그리스도교 적발에 대한 결과를 조선 측에 알림과 동시에 감사의 뜻을 포함해, 앞으로도 그리스도교 금제에 대한 철저한 협조를 재요청하고 있었으며, 조선 측도 1645년 6월에 예조판서의 명의로 예외의 이선異船이 조선에 들어오면 즉시 붙잡아 왜관으로 압송하겠다는 약속을 하여 조일 간에는 그리스도교 금제에 대한 '공조정책'이 성립되었다.

◦ 조일 간 표착 이국선 처리의 의미

지금까지 광동선의 진도 표착으로 인한 조선과 일본의 처리과정이라는 측면에서 살펴보았는데, 그렇다면 조일 간에 과연 이러한 처리는 어떠한 의미를 가지는 것일까에 대해 생각해 보고 싶다. 일본은 국내뿐만 아니라, 조선에도 그리스도교 금제에 관한 요청을 행하였고, 즉시 조선은 그 요청에 공조를 표명했다. 그 공조의 증거가 바로 진도에 표착한 광동선을 일본으로 인도한 것이다. 이 광동선 인도에 관하여, 야마모토 하루분山本博文은 다음과 같은 언급들을 하고 있다.

① 1644년 광동선을 일본에 인도하는 처리 방법으로부터 조일 간에 합동의 연해방비체제가 막부 주도로 형성하였다는 것을 알 수 있다. 즉, 이에미츠家光 정권의 연해방비체제는 외국이었던 조선 정부조차 포괄하는 국제적 체제였다.
② 막부는 1644년 조선 측의 광동선 인도에 따라 귀중한 '관행'을 얻게 되었다. 명청 교체 후의 1653년에 표착한 하멜 일행 중 1666년에 하멜이 일본에 탈출한 후, 조선 정부가 일본의 송환 요청에 따라 잔류하고

있던 네덜란드인의 일본 송환을 결정한 것은 이국인 표착이 발각되면, 일본에 인도한다라고 하는 '관행'이 그 나름대로 살아 있었다는 것을 말해 준다.

그러나 그의 두 가지 견해는 커다란 오류를 범하고 있다. ①의 견해에 대해서 커다란 범주에서는 막부 주도라는 것에 반론이 없는 것은 아니지만, ②는 당시의 시대적 상황에 대한 무지와 사료적 편견에 휘말린 주장으로서 절대 찬성할 수 없다. 조선 정부는 광동선과 같은 이국선의 처리는 조선 국내외 정세 변화에 따라 이용하여 다양한 처리 방법으로 진행시키고 있었으며, 어떤 일정한 관행으로까지 성립되거나 정착되고 있지 않았기 때문이다. 그 것과 관련하여 조선 정부 자체에서 일본 측에 인도된 이국선이 1644년의 광동선 한 사례뿐이 없다는 것도 지적해 두고 싶다. 여기에서 당시 조선의 이국선 처리와 야마모토의 견해에 대한 비판을 아울러 검토해 보겠다.

첫째, 『변례집요』(권17, 잡조)의 1647년의 기록을 보면, 한 해 전 7월에 표류민 1명이 좌수영에 표착하여 이를 왜관에 알리자 왜관의 일본인은 "이 사람은 복주의 사람이기 때문에 조사하지 않는다"라는 내용이 보이고 있다. 즉, 약조 이외의 선박이 표착하여 와서 이를 왜관에 알렸음에도 그리스도와 관계가 없기 때문에 받아주지 않는다는 것이었다. 결국 이 표류민은 서울을 거쳐 북경으로 이송되는 것으로 해결되었으나, 일본 측은 이국선이라 해도 그리스도교와 관련되지 않으면 그 인수를 거부하고 있었다는 것을 의미한다. 이점을 조선은 깊이 인식하고 있었고, 때문에 광동선이 표착했을 때, 그리스도교와의 관련성에 대한 확신이 없었음에도 그리스도교인이 혼재해 있을 우려가 있다고 하여 일본에 넘긴 것이다. 즉, 이국선의 표착 처리로 귀찮은 일거리를 일본을 통해 해소시키고 있었던 것이다.

둘째, 야마모토는 1653년에 제주에 표착한 36명의 네덜란드인들 중에 하멜 탈출 후에 잔류하고 있던 네덜란드인의 일본 송환을 예로 들어 조선의 일본에 대한 이국선 인도가 하나의 관례로 정착되었다고 하나, 사실 그렇지 않다. 즉, 1644년 일본의 그리스도교 금제에 대한 협조 요청이 있고 난 후, 1653년에 하멜 일행이 표착하였음에도 일본에는 전혀 알리고 있지 않았으며, 일본 측에 인도하려는 움직임도 전혀 없었다. 그들 네덜란드인들이 일본으로 인도된 것은 하멜 탈출 후 아직 조선에 네덜란드인들이 잔류하고 있다는 사실을 확인하게 되었고, 그 이후 막부가 잔류 네덜란드인들에 대한 송환을 요청하였기 때문이다. 즉, 일종의 이국선 인도 관행에 의한 처리가 아니었으며, 더욱이 조선이 하멜 일행을 재빨리 일본으로 인도했던 것은 중국과의 대외문제를 종식시키려고 한 능동적인 처리 방법이었다. 왜냐하면, 네덜란드인이 서울에 체재하고 있었을 때, 그들이 탈출 사건을 일으켜 청국과의 외교문제에서 조선의 입장을 곤란하게 만들었고, 이러한 문제점들이 계속 존재하고 있었으며, 또 일본 측으로부터는 하멜 일행의 탈출 이후에 여러 가지 문의와 이와 관련된 각종 요청들이 계속되고 있었기 때문이다.

결과적으로 보면, 조선과 일본 사이에 이국선의 표착을 둘러싼 이국선의 인도 관행이라는 것은 존재하고 있지 않았다. 전술한 바와 같이 일본에 인도된 이국선은 1644년 광동선 단 1척의 사례뿐이며, 이 경우도 일본에 대한 회유책의 일환으로 이용되고 있었다는 점은 당시 조선의 대일본 외교책을 고찰할 때 중요한 의미를 가진다. 이 사건을 조선의 입장에서 다시 고려해 본다면 다음과 같은 의미가 있다.

첫째, 일본의 조선에 대한 그리스도교 금제에 대한 요청이 행해진 후 얼마 지나지 않아 표착해 온 광동선에 관한 전라감사의 보고를 접한 조정에서는 그들 선원에게 귀로를 얻어주기 위한 논의가 행해지고 있었다. 그러나 역관 홍희남의 광동선 처리에 관한 진언에 따라 일본의 그리스도교 금제 요청에 대한 공조를 표명하고, 후의를 보여주는 기회로서 이용했다.

둘째, 공조 자체가 일본 측, 특히 대마도번에 대한 회유책의 일환이었다는 점도 간과해서는 안 된다. 당시 대마도번은 왜관 이전, 무역량의 확대 등을 요청하고 있었지만, 조선은 그 요구를 수용해주지 않았다. 때문에 그리스도교 금제 요청에 대한 공조를 표명함으로써 표착해 온 광동선에 그리스도교인들이 혼재해 있을 가능성이 있다는 것을 이유로 일본에 인도해, 일본 측의 또 다른 제반 요구사항을 무마시킨 것이다. 이것이 바로 일본에 대한 회유책이었다.

셋째, 광동선 인도와 같은 이국선의 표착 처리에 보이는 일련의 과정은 청과 일본 사이에서 능동적인 외교정책을 보여주는 사례라는 점이다. 즉, 국외적으로는 균형잡힌 동아시아 국제관계를 유지하는 동시에, 국내적으로는 조선의 군비 정비에 이용하고 있었다는 것이 그 증거이다. 1650년에 청국의 사신이 청국으로 보낸 조선의 주문奏文 속에 표착 이국선의 처리와 관련해 "표류해 온 중국인을 왜관으로 보내지 않으면, 왜인이 반드시 화를 낸다"라는 문언이 있는 것을 예를 들며, "이후 표류해 온 중국인을 왜관으로 보낼 것인가?"라고 묻자, 당시 경상감사였던 이만李曼이 "이것을 주문에 넣은 것은 그리스도교가 한선漢船에 섞여 들어오는 것을 왜인이 우려하고 있고, 누차 왜관으로의 압송을 요청하고 있었기 때문에, 만약 표류한 중국인을 청국에 압송했다는 사실을 알게 되면, 교활한 왜인이 화를 내어 변을 일으킬지도 모른다. 때문에 상세히 청국에 알리는 것이다"라고 회답하고 있었다(『효종실록』, 효종원년 3월 신유조).

다시 말하자면, 조선 정부는 청국에 남경선과 한선 등의 중국 표착선을 넘겨주면서 관계 개선을 모색함과 동시에 일본에 의한 변의 발생을 핑계로 군비에 대한 정비를 추진하고 있었다. 일본에 대해서는 일본의 그리스도교 금제 요청을 받아들여 표착해 온 광동선을 인도해줌으로써 그리스도교 금제에 대한 공조를 보여주는 한편, 때로는 표착해 온 이국선을 중국 측에 인도하여 중국과 긴밀성을 유지하면서, 동아시아 속에서 조선의 위치를 확고히 하였다. 즉, 조선과 청국과 일본 사이에서 균형 잡힌 외교정책, 탄력성 있는 국제관계를 유지하고 있었던 것이다.

참고문헌

『朝鮮人日本國ㅗ漂流記・日本人朝鮮幷大淸ㅗ漂流記・朝鮮國ヨリ唐人幷南蠻人送來記』, 국사편찬위원회 소장.
『廣東船覺書』, 국사편찬위원회 소장.
『寬永正保之度耶蘇宗門御嚴禁ニ付朝鮮國御往復御書翰寫』, 동경대학사료편찬소 소장. 본서에는 『耶蘇宗門嚴禁書翰』이라고 약칭.
『조선왕조실록』, 『접대왜인사례』 등.

조선시대 사람들은 일본 천황을 어떻게 생각했을까

손 승 철(강원대학교)

∘ 조선인은 막부 장군에게만 관심이 있었다

조선 왕조 건국 후 일본에 대한 최대의 관심사는 고려 말부터 극심했던 왜구를 금압하는 문제였다. 당시 왜구 금압에는 두 가지 방법이 있었는데, 하나는 왜구를 직접 토벌하거나 회유하는 것이었고, 다른 하나는 중앙의 실권자나 지방의 중소 영주에게 외교 교섭을 벌이는 것이었다.

그런데 당시 조선 측에서 외교 교섭의 대상으로 삼았던 중앙의 실권자는 '천황天皇'이 아니라, 남북조 혼란기를 매듭지은 무로마치室町 막부의 장군이었다. 예를 들면 태조 이성계는 즉위 직후 1392년 11월, 승려 각추覺鎚를 아시카카 요시미츠足利義滿 장군에게 보내어 왜구 금지와 함께 왜구에게 끌려간 피로인의 송환을 약속받았다. 그러나 당시 막부 장군으로부터 받은 답서에는 막부 장군

을 스스로 일본 국왕日本國王이라 하지 않고, 일본국 상국日本國相國
이라 했고, 막부 장군이 외국에 통교한 예가 없으므로 장군 명의
로 답하지 않는다고 했다.

　조선에서 막부 장군을 일본 국왕이라 부르기 시작한 것은 일본
이 명으로부터 책봉을 받은 직후인 1404년 7월, 조선에 사신을 파
견하면서이다. 이 사실을 『조선왕조실록』에는 "일본에서 사신을
보내 내빙하면서 토산물을 바쳐왔는데, 일본국왕 겐노토우기源道
義였다"라고 기록하고 있다. 당시 동아시아 국가 간에서 국왕이란
호칭은 그 나라 최고의 정치적 실권자를 의미하는데, 막부 장군을
일본 국왕이라고 호칭했다는 것은 조선에서도 그를 일본의 최고
실권자로 인식하고 있었다는 것을 의미한다.

　이와 같이 건국 직후 조선인들은 막부 장군에게만 관심이 있었
지, 천황에 대해서는 무관심했고, 이러한 무관심은 대마도 정벌
(1419년) 이후 회례사였던 송희경의 『일본행록』을 통해서도 확인
된다. 예를 들면 송희경도 장군을 왕王이라고 호칭하면서 여러가
지 언급을 했지만, 천황에 대해서는 단 한 구절도 기록하고 있지
않다. 결국 이것은 당시 조선인들은 일본의 최고 권력자를 왕으로
인식하였는데, 왕인 장군에게만 관심이 있었을 뿐, 천황에 대해서
는 전혀 관심이 없었다는 말이 된다.

　그렇다면 일본 천황에 대한 이러한 무관심이 어떻게 하여 관심
의 대상이 되었으며, 천황의 어떠한 면에 관심을 갖게 되었고, 또
천황을 어떻게 표현했고, 어떻게 변화되어 갔을까.

◦ 천황은 위황僞皇이요, 관백은 정승이다.

　조선 측의 사료 중 천황에 대한 기록이 처음 나타나는 것은 1471년 신숙주의 『해동제국기』이다. 그러나 여기서도 역대 천황의 세계만을 자세히 언급하였을 뿐, 천황은 국정과 외교에 관여하지 않는다고 하면서 여전히 관심을 두지 않음을 볼 수 있다.

　천황의 지위와 기능에 대해 분명한 언급이 나타나는 것은 1590년 김성일의 『해사록』이다. 그는 장군에게 알현하는 형식이 외교문제가 되자, 일본을 주관하는 것은 천황이며 장군은 국왕이 아니고 신하라는 주장을 하여, 장군에 대한 예를 영외배檻外拜로 관철시켰다. 그리고 김성일은 천황의 허상을 비웃듯이 천황을 거짓 황제인 「위황」이라고 표기했다. 이로 볼 때 당시 조선인의 천황에 대한 관심은 역시 천황 자체에 대한 인식의 변화보다 막부 장군에 대한 외교의례 문제에서 비롯됨을 알 수 있다.

　이후 천황에 대한 관심은 천황의 역할에 집중되었다. 1596년 황신의 『일본왕환일기』, 정희득의 『해상록』, 강항의 『간양록』에서는 천황의 기능을 제사로 보고 관백의 기능을 정사로 양분하여 각기 종교적 기능과 정치적 기능을 담당하는 것으로 인식했다.

　황신의 『일본왕환일기』에는 "나라 안에는 소위 천황이란 자가 있는데, 지극히 높여서 나라 일에는 참견하지 아니하며, 오직 날마다 세 차례씩 목욕하고, 한 차례씩 하늘에 참배할 뿐이다. 그의 장자는 그 족속에게 장가들고, 그 외의 아들은 모두 장가들지 아니하며, 천황의 딸들은 모두 여승이 되고 시집가지 아니하는데, 대체로 그 높음이 상대가 없어서 시집갈만한 사람이 없어서이다. 이른바 관백은 바로 그 권세 부리는 대신으로서 '국왕전'이라고 이름한 것이다"라고 했다.

◦ 실학자의 천황관

그러나 이러한 천황관은 조선 후기에 접어들면서 크게 변화를 하게 되는데, 대체적으로 보아 두 가지 유형을 지니고 있었다. 하나는 천황의 무력함에 대한 비판이며, 또 하나는 천황의 복권 가능성에 대한 시사이다.

먼저, 이경직의 『부상록』에서는 천황과 관백의 이분법적인 인식에 회의를 나타내고, 이어 천황의 서위임관권敍位任官權의 모순을 지적하면서, 현실적으로 천황의 무력함을 비판하기 시작했다. 천황의 무력함에 대한 비판은 조경의 『동사록』에서 천황을 심지어 '우리 안의 돼지'라는 비유로 나타낼 만큼 부정적인 표현을 서슴치 않고 있다. 그러나 그럼에도 불구하고 천황이 존속할 수 있는 이유를 강홍중의 『동사록』에서는 관백이 천황의 후손이고, 천황이 권력이 없기 때문이라고 설명하고 있다.

그러나 1719년 신유한의 『해유록』에서는 천황과 장군의 권력관계를 현실적으로 역전된 관계로 보면서, 천황 복권의 가능성을 시사하기 시작한다. 조명채의 『봉사일본시견문록』에서는 머지않아 다이묘大名들이 반발하여 변이 일어나 천황의 복권이 이루어질 것을 예상하기도 했다.

이러한 천황 복권론은 실학자들에게 이르러 매우 구체적으로 제시된다. 이익은 「일본충의日本忠義」에서 천황의 복권은 반드시 이루어 질 것이며, 그 경우를 대비하여 조선의 외교적 입장을 정리해야 한다고 했다. 또한 안정복은 「왜국지세설」에서 한걸음 더 나아가 조선이 천황의 복권에 직접 개입할 수도 있다는 대단히 적극적인 천황 복권(복위)론을 주장하기도 했다. 그러나 안정복의 천황 복권론은 그 핵심 내용이, 천황이 다시 권력을 장악하는 경우와 관백이 황제가 되는 두 경우를 상정하고 있다는 점에서, 누가 천황이 되는가의 문제보다 누구든 새로 천황이 되어 권력을 잡았을 때, 조선 국왕과의 외교의례를 어떻게 정할 것인가가 관심의 대상이었다.

실학자들의 이러한 천황 복권론이 당시 일본의 실제 정치 상황에 대한 이해를 바탕으로 이루어졌는지는 알 수 없다. 그러나 이들의 천황에 대한 관심도 역시 천황 자체보다 오히려 조선 국왕의 외교 상대가 누구냐는 문제였고, 그것이 곧 천황 복권에 대한 관심으로 이어졌다고 생각한다. 또한 천황 복권에의 관심은 1711년 통신사의례 문제에서 갈등을 일으킨 막부 장군에 대한 불신감과 상하질서를 원칙으로 하는 유교적인 명분론이 바탕이 되었음도 배제할 수 없다.

그런데 실제로 이러한 우려는 이로부터 100년 후 메이지유신에 의하여 현실화되었고, 결국 천황과의 외교의례 문제(서계 거부)로 인하여 양국의 국교가 단절되었다. 이점에서 1876년의 강화도조약은 사실상 천황과 조선국왕의 관계를 재설정하는 것이었다고 말할 수도 있다. 1876년 수신사 김기수는『일동기유』에서 천황 복권와 그의 국정 능력에 대하여 긍정적인 평가를 하고 있다. 이것은 유교적 입장과 근대화의 대명제 앞에서 당연한 인식이라고 생각한다. 그러나 일본 천황의 직위가 중국 황제에 비교될 수 없다는 단서를 달았다는 점에 있어서 천황 복권을 다만 일본 내에서의 집권자의 교체라는 정치적 변화의 차원에서 인식하고 있었음을 알 수 있다.

그러나 개항 초기 개화파 조선 사절의 천황 복권과 천황에 대한 긍정적인 인식도 이후 일본이 군국주의화하여 조선 침략의 마수를 뻗치면서, 점차 부정적인 인식으로 바뀌어갔던 것이며, 이 점은 천황의 호칭이 '황제皇帝'에서 '일주日主'로 바뀌는 현상을 통해서도 시사 하는 바가 크다.

◦ 천황 호칭의 변화

천황의 명칭은 시대와 기록에 따라 매우 다양하게 나타난다. 그러나 왜, 어떠한 이유로 그 명칭이 달라지는가에 대한 특별한 설명은 찾아 볼 수가 없다. 따라서 천황 호칭에 대한 인식을 구체적으로 언급하는 것은 불가능하며, 다만 기록자의 일본에 대한 다른 서술들을 통하여 천황 호칭에 대한 인식을 간접적으로 유추할 수밖에 없다.

조선 전기 천황의 칭호가 처음 나타나는 것은 신숙주의 『해동제국기』이다. 그러나 여기서 신숙주는 천황을 단순히 편년식으로 나열하였을 뿐, 장군을 국왕으로 표기하여 최고의 국정 담당자로 인식하였다. 그후 김성일의 『해사록』에서는 천황을 「위황」이라고 하여 그가 실권이 없는 허상의 천황임을 강조하였고, 장군은 일본 내에서의 칭호인 관백으로 기록하였다.

〈표 1〉 천황·장군의 호칭 일람표

순번	연대	저자	사료	천황	장군
1	1404	·	조선왕조실록	없음	국왕
2	1420	송희경	일본행록	없음	왕
3	1471	신숙주	해동제국기	천황	국왕
4	1590	김성일	해사록	위황	관백
5	1596	황 신	일본왕환일기	천황	관백
6	1599	정희득	해상록	왕	관백
7	1600	강 항	간양록	천황	관백
8	1607	경 섬	해사록	천황	관백
9	1617	이경직	부상록	천황	관백
10	1624	강홍중	동사록	천황	관백
11	1636	김세렴	해사록	천황	관백
12	1636	황 태	동사록	천황	관백
13	1643	조 경	동사록	천황	관백
14	1711	이방언	동사일기(문견록)	왜황	관백
15	1719	신유한	해유록	천황	관백
16	1747	·	조선왕조실록	왜황	관백
17	1748	조명채	봉사일본시문견록	왜황	관백
18	1755	이 익	성호사설	왜황	관백
19	1755	안정복	순암선생문집	왜황	관백
20	1764	조 엄	해사일기	왜황	관백
21	1876	김기수	일동기유	왜(천)황, 황제	관백
22	1881	이헌영	일사집략	국왕	없음
23	1882	박영효	사화기략	일황	없음
24	1884	박재양	동사만록	일주	없음

한편, 조선 후기에는 1599년 정희득의 『해상록』에서 '왕'이라고 표기한 것을 제외하고는 대체로 '천황'이라고 호칭하고 있다. 그러나 17세기 중엽부터 천황의 무력함이 부각되고, 반면 천황 복권의 가능성이 시사되면서부터 천황의 호칭은 '왜황'으로 변화된다. 왜, 어떠한 이유로 이때부터 '왜황'으로 호칭되는지 아직 정확한 이유는 밝힐 수 없다. 다만 현재로서는 병자호란 이후 조선인의

대외관으로 고조되는 조선 중심주의의 「조선중화주의」와 무관하지 않을 것으로 생각된다. 이점은 관찬사료인 『조선왕조실록』에 1747년 11월, 이듬해에 파견되는 '무진통신사'의 국서 문제를 거론하는 가운데 천황을 왜황으로 호칭하였다는 사실과 무관하지 않다. 참고로 실록에 기록된 천황에 관한 호칭을 보면 다음 표와 같다.

<표 2> 『조선왕조실록』의 천황 호칭표

순번	서 기	천황	장 군	기사내용	출 처
1	1479	천황	국왕	일본에 가는 통신사의 사목	성종 10.03.신사
2	1587	천황	관백, 대장군, 대군	일본국사 귤강광의 내빙사실 보고	선수 20.09.정해
3	1591	천황	관백, 대군	통신사 황윤길의 귀국보고	선수 24.03.정유
4	1598	천황	국왕, 관백	정응태가 명에 무고한 주문	선수 31.09.계미
5	1598	천황	국왕	『해동기략』의 내용	선조 31.09.계묘
6	1598	천황	없음	영의정 유성룡의 상언	선조 31.09.을사
7	1629	천황	국왕	예조의 보고문	인조 07.윤04.신사
8	1747	왜황	대군, 관백	통신사행에 관한 논의	영조 23.11.갑진
9	1747	왜황	관백	변방방비와 교린에 대한 논의	영조 23.11.신해
10	1809	왜황	관백	도해역관 현의순의 대마도사 정보고	순조 09.12.정해

한편, 개항 이후 천황에 대한 호칭은 기록에 따라 전부 다르게 나타난다. 메이지유신 후 처음으로 일본에 파견된 김기수의 『일동기유』에서는 그 이전에 사용된 왜황의 호칭 이외에도 천황天皇과 황제皇帝 등을 혼용하여 쓰고 있다. 특히 주목할 것은 중국의 천자에게만 쓰던 황제皇帝라는 호칭을 쓴다는 사실이다. 이점에서 김기수의 천황 호칭은 매우 혼란스럽다. 그후 이헌영의 『일사집략』에서는 국왕이라고 썼다. 그러나 박영효의 『사화기략』에서는

'일황'이라고 하여 다시 황皇자를 썼는데, 황제인지 천황인지는 알수 없다. 그런데 갑신정변 직후에 파견된 박재양의 『동사만록』에서는 단순하게 일주日主라고 호칭하고 있다. 따라서 이러한 맥락에서 볼 때, 개항 직후의 천황관은 긍정적인 인식에서 점차 부정적으로 바뀌어가는 한 단면을 시사하는 것이 아닌가 한다.

참고문헌

손승철, 『근세조선의 한일관계연구』, 국학자료원, 1999.
하우봉, 『조선 후기 실학자의 일본관』, 일지사, 1989.
한림대 아시아문화연구소, 『천황과 일본문화』, 한림대 아시아문화연구소, 2004.

5부
조일 외교와 통신사

무로마치 막부는 왜 조선에
중국 문제의 중재를 갈망했을까

민 덕 기(청주대학교)

○ 세종대 일본의 중국 관계 중재 요청

무로마치 막부室町幕府(1336~1573)의 쇼군이 명나라의 책봉을 받은 것은 1402년 아시카가 요시미츠足利義満때의 일이다. 이리하여 시작된 양국 관계는 그 아들인 요시모치義持의 거부에 의해 1411년 이후 일시 단절되기도 했지만, 1432년 요시노리義教가 조공을 재개한 이후 16세기 중엽까지 일종의 책봉·조공관계가 지속되었다.

그런데 무로마치시대 일본이 처음으로 조선에 대명對明 중재를 요청한 것은 1429년의 일이다. 명나라의 책봉을 거부했던 요시모치가 사망하자 쇼군직을 계승한 그 아우 요시노리는 일본을 방문한 조선의 통신사通信使 박서생朴瑞生에게, 아버지 요시미츠의 뜻을 이어받아 중국을 섬기려하나 요시모치가 조공관계를 단절했었기 때문에 사절을 파견한다 해도 중국에 억류라도 당하지 않을까 염려된다고 하며, 일본의 이러한 조공 재개의 뜻을 조선 측이 중국에 전달해달라고 요청하고 있다.

그러나 조선으로부터 이 요청이 묵살 당하자 요시노리는 1432년 스스로 조공선을 편성해 파견하기에 이른다. 이를 조공 재개기 제1차 조공 사절이라 칭할 수 있겠다(이하 본문 속의 일본 측 조공 사절은 재개기의 그것을 가리킴).

두 번째로 일본의 중재 요청이 전달된 것은 1448년 4월이었다. 일본 사신이 동반해 온 중국인을 통해 전하길, 근간에 왜구가 중국연안을 노략질한 일이 있어 조공선을 파견하려 해도 중국 측에 왜구로 오인되어 저지당할 염려가 있으니, 이러한 일본의 뜻을 미리 중국에 통보해 달라고 하고 있다. 이에 조선은 자문咨文으로 이 사실을 중국에 보고하고는 있으나, 일본의 요청에 대한 수락이라기보다는 대일 정보對日情報의 보고라는 차원에서 행하고 있다.

이러한 두 번째의 중재 요청이 있은 후 파견되는 일본의 제3차 조공 사절은 무로마치시대 최대규모로 9척의 선단에 1,200명의 인원이 편성되어 있었고 탑재 물품도 방대한 수량이었다. 이 대규모 사절을 맞은 중국은 조공 규모를 통제하여, 이후론 인원 300명에 선박 3척으로 제한하는 '선덕요약宣德要約'의 조치를 내리게 된다. 그런데 1475년 조선에 온 일본 사신 세이슌性春이 조선에 조공 중재를 요청하면서, 1448년에도 중재역을 수행해주지 않았느냐고 반문하고 있는 것을 보면(후술), 일본은 조선에 대한 1448년의 중재 요청이 수락되었으리라 확신하고 이처럼 대규모의 조공을 감행한 것으로 여겨진다.

○ 세조대 일본의 중국 관계 중재 요청

세 번째로 일본의 중재 요청이 제기되는 것은 1458년 10월로 특기할 만한 사실은 일본 측이 처음으로 국서를 통해 정식으로 요청했다는 점이다. 즉, 쇼군 요시마사義政가 중국인 사절을 파견해 조선에 제출한 국서는, 전번 중국에 조공하러 간 사절이 소란을 일으켰으나 황제가 특별히 용서했다고 언급하고, 다시 조공하여 황제에게 사죄하고 싶으니 중국과 국토가 인접해 상호 빙문聘問이 빈번하다는 '상국上國' 조선이 이러한 뜻을 전달해달라는 내용이었다.

여기서 사절이 일으킨 소란이란 제3차 조공 사절이 중국 군관을 해치고 베이징의 회동관會同館에서 중국인을 구타한 사건을 가리킨다. 요시마사의 국서 내용으로 볼 때 일본의 요청 배경에는, 사절의 행패로 인해 이후의 조공에 악영향을 주지나 않을까 하는 우려가 작용했던 것 같다. 즉, '선덕요약'보다 더 강화된 통제가 시달되지나 않을까 우려했던 것 같다.

조선은 1459년 1월, 중국에 사신을 파견하면서 일본 정보를 담은 자문을 지참케 하고 있다. 이 자문엔 요시마사의 국서가 옮겨 적혀 있었다.

같은 해 4월, 조선 사신이 황제의 칙서를 가지고 귀국했는데 그 칙서엔, 이후로는 근후한 사신과 예절을 아는 통역관을 파견하여 중국에서 소란을 일으키지 말게 할 것이며, 만약 전처럼 무례함을 범한다면 엄히 대처하겠다고 적혀 있다. 조선이 이 칙서와 국왕 세조의 답서를 일본 사신을 통해 쇼군에게 전달함으로써 일본의 요청은 달성되었다.

그런데 조선 왕조는 건국 이래 일관되게 대일對日 관계를 중국에 은폐하고 있었다. 그럼에도 세조대에 와서 대일 관계가 탄로나는 중재역을 수행한 배경은 무엇이었을까? 쿠데타로 즉위한 세조는 적극적인 대외정책을 전개했다. 그 결과 일본의 지방 세력들이 다투어 사절을 파견하는 현상이 발생하였고, 여진족과도 세종 이후 소원했던 관계가 호전되고 있었다. 그러나 이는 조선과 건주여진의 통교를 금지시키고 있는 명나라의 정책을 위반한 것이기 때문에 조선에서는 이러한 사실이 노출되지 않도록 극도로 조심하고 있었다. 일본의 중재 요청은 바로 이러한 때에 제기되었다. 조선은 여진 문제 때문에 중국의 관심을 일본으로 유도하려 하지 않았을까?

○ 성종대 일본의 중국 관계 중재 요청

일본의 네 번째의 중재 요청은 1474년 윤6월로, 이번에는 대마도주를 통해서였다. 대마도주는 조선에 전달한 서계에서 쇼군이 중국에 조공하려 하니 이를 주선해달라고 요청하고 있다. 그러나 조선은 세조 때에 이미 조공을 주선하여 통하게 해주었으면 된 것이라며 거부하고 있다.

그 다음해인 1475년 8월 일본의 다섯 번째 요청이 있게 된다. 요시마사가 사신 세이슌을 통해 조선에 제출한 국서는 다음과 같은 내용이었다. 일본은 제4차 조공 사절을 1465년 파견하여 성화감합成化勘合의 발급을 중국에 요청했었다. 그러나 그 사이에 일본에서는 내란이 일어나 사절이 일본에 귀국했다는 얘기만 들어서 알고 있을 뿐 중국으로부터 급여 받았을 성화감합은 아직 수령하지 못하고 있다. 하는 수 없이 다음 조공에는 옛 감합인 경태景泰 감합을 지참하려 하나 중국이 과연 이러한 사정을 믿을까 걱정이다. '상국上國' 조선이 중국과 땅이 접하여 있어 왕래가 잦다 하니 이를 주선해달라.

여기서 감합이란 명나라가 책봉국의 '국왕'에게 급여하여(조선·베트남·류쿠琉球는 제외) 조공선 파견시 그 지참을 의무화한 것으로, 황제가 즉위할 때마다 새 감합 100도道가 급여되며 옛 감합은 회수된다. 영락제永樂帝의 영락감합이 일본에 급여된 이후 일본도 이 감합제도에 편입되어 조공시에는 지참하는 감합 1도마다 그 뒷면에 조공선 1척분의 조공 내용을 상세히 기재해야 했다.

그런데 내란 때문에 성화감합을 수령하지 못했다는 것은 무엇을 말하는가 알아보자. 제4차 조공선이 중국으로 향하던 1467년 5월, 일본에서는 쇼군의 후계 문제 등을 둘러싸고 호소카와細川씨 주도의 동군과 야마나山名씨 주도의 서군이 세력 쟁탈전을 벌이니 이를 오닌應仁의 란이라 한다. 같은 해 8월 열세인 서군을 응원하기 위해 오우치大內씨가 대군을 지휘하여 교토로 진입함으로써, 내란은 요시마사를 옹립하여 막부의 편에 선 동군의 호소카와씨와 서군의 오우치씨와의 대립 양상으로 전개되었다. 그 후 1469년 중국에서 귀국하던 조공선은 일본 연해에서 오우치씨에게 나포되어 중국에서 급여 받은 성화감합을 모두 강탈당하게 된다.

당시 막부는 오우치씨가 주도하는 '서西막부'의 성화감합에 의한 조공선 파견을 크게 우려하고 있었던 듯 하다. 만약 '서막부'에 쇼군으로 옹립된 요시미義視의 이름으로 표문을 작성하여 새 감합인 성화감합을 가지고 조공선을 파견한다면 명나라로서도 이를 신임할 것이고, 그리되면 막부는 조공무역의 주도권을 상실할 뿐만 아니라 대외적으로도 요시미가 '일본 국왕'이 되는 결과를 초래하기 때문이다.

여섯 번째의 중재 요청은 조선에 직접 전달되지는 않았으나 1489년에 작성했으리라 추정되는 요시마사의 도케이道慶 명의의 국서에 나타난다. 이 국서 내용은 내년에 중국에 조공하려 하니 사절의 중국 왕래가 순탄하게 이뤄질 수 있게 조선이 이 사실을 중국에 알려달라며, 세조 때의 예를 들고 있는 것이었다.

당시 일본은 차기 조공선을 4척으로 1척 더 늘려 파견하려 하고 있었다. 그러나 이는 '선덕요약'을 위반하는 것이 되므로 일본은 사전에 조선을 통해 중국에 이에 대한 양해를 구하고 싶었던 것이다. 도케이 명의의 국서는 그러한 의도에서 작성되었으리라 여겨진다.

그러나 이 국서를 조선에 전달하지 못한 채 4척의 조공선 파견을 조선 중재로 허락 받자는 논의가 막부에서 한창이던 1491년 4월, 일본의 일곱 번째의 조공 중재 요청이 대마도주에 의해 조선에 전달되고 있다. 즉, 도주가 조선에 보낸 서계에는, 내년에 쇼군이 경태감합을 지참하여 중국에 조공하려 하는데 조선이 이를 미리 명나라에 통지해달라고 요청하고 있다. 그러나 조선은 이에 대해 이미 세조 때 중재하여 조빙朝聘을 허락 받았으므로 스스로 조공을 행하여야 할 것이라고 비난하고 있다.

이로 보아 당시의 막부는 자신의 중재 요청이 조선으로부터 거절당할 것을 우려하여 도케이 명의의 국서 전달을 포기하는 대신, 조선과 특별한 관계에 있는 대마도주를 이용한 것으로 보인다. 조선에 대해 체면은 유지하면서도 4척의 조공선을 파견하려 한 막부의 강한 의욕을 엿볼 수 있다. 이 제7차 조공선은 결국 막부 1척·호소카와씨 2척으로 편성되어 파견되었다.

∘ 중종 · 선조대 일본의 중국 관계 중재 요청

일본의 여덟 번째의 중재 요청은 1525년 4월로 쇼군 요시하루義
晴의 다음과 같은 국서를 통해 알 수 있다. 1523년 봄 일본이 중국
에 조공 사절을 파견했을 때, 국고에 있던 홍치弘治감합을 훔쳐 달
아나 영파로 입항하려던 일당과 만났다. 일본 사절이 이들을 추격
하여 중국 내지로 들어가 보니 이들이 명나라의 무관武官 원진袁璡
등을 길잡이로 삼고 있었으므로 원진 등 3인을 잡아 일본으로 돌
아왔다. "내년에는 이들을 송환하려 하니 '폐하(조선 국왕)'가 미
리 '대명상황大明上皇(明朝 황제)'에게 이를 전달해달라."

이러한 내용의 국서는 다음과 같은 영파의 난을 완전 왜곡한
것이다. 즉, 1506년 일본의 제8차 조공은 오우치씨 2척에 호소카
와씨 1척을 합쳐 도합 3척으로 편성되어 게이고桂悟를 정사正使로
하여 파견된 것이었으나, 조공선 편성에 주도권을 빼앗긴 호소카
와씨 측이 막부에 강요하여 중국 출신의 송소경宋素卿을 정사로 별
도의 1척을 파견하여 게이고에 앞서 조공을 마치고 귀국했다. 그
후 조공을 마치고 귀국하던 게이고는 오우치씨에게 나포되어 새
로 급여 받은 정덕正德감합을 빼앗기게 되었다. 제9차 조공은 오우
치씨의 독점 하에 3척으로 편성되어 겐도謙道를 정사로 파견된다.
그러자 이에 대항하여 호소카와씨도 즈이사瑞佐를 정사, 송소경을
부사로 한 1척의 조공선을 별도로 파견하게 된다. 1523년 4월 겐
도가 영파에 입항한 며칠 뒤 즈이사가 뒤이어 입항했음에도 불구
하고, 즈이사가 시박사市舶司에 뇌물을 주어 입항 수속을 먼저 끝
냈을 뿐만 아니라 입항장의 연회석에서도 겐도의 윗자리에 배치
되기에 이르자, 이에 분개한 겐도 일행은 도처에 방화하고 무기고

를 습격하여 무기를 탈취하고 즈이사를 살해하였다. 이어서 도망가는 송소경을 추격하면서 중국인을 살해하고 원진 등을 납치하여 일본으로 도망치는 이른바 '영파의 난'을 일으키게 된다. 이 시기에 이르러서는 조공무역이 막부의 통제에서 벗어나 오우치씨와 호소카와씨의 경합으로 전개되고 있었다.

그렇다면 전술한 요시하루의 국서에서 말하고 있는 탈취당했다는 홍치감합은 실제로는 정덕감합이라 할 수 있다. 또한 겐도 일행의 중국 무관 원진의 납치 이유도 날조된 것으로 그들이 영파에서 자행한 방화 살해 행위를 철저히 은닉하고 있다. 이는 조선의 중재로 납치한 원진을 송환하여 차기 조공무역을 기대하기 위한 것이었다.

그러나 조선은 영파의 난의 전모를 이미 파악하고 있었고, 명나라의 문책을 두려워해 일본이 원진을 직접 중국에 송환하지 못하고, 조선을 경유해 송환하려는 것이라고 간파하고 있었으므로 일본 측의 요청은 애당초 묵살되었다.

아홉 번째의 중재 요청이 조선에 전달된 것은 1543년 4월로 요시하루의 다음과 같은 내용의 국서를 통해서였다. 일본의 간악한 무리들이 국고에 있던 홍치감합을 훔쳐 달아나 오우치씨로 하여금 대대적으로 연안도서를 수색했지만 잡지 못했다. 이들은 훔친 감합으로 중국에 조공하려 할 것이므로 중국과 인접하여 빙문이 빈번한 조선이 이 사실을 세조 때처럼 중국에 전달하여 중재하여 달라는 내용이다.

일본이 이 시점에서 중재를 요청한 것은 다음과 같은 이유에서 추정할 수 있다. 제10차 조공 때에 새 감합의 급여를 요구하는 일본의 조공 사절에 대해 중국은, 옛 감합의 전액 반환을 선행 조건으로 제시하고 있었다. 그러나 일본이 이 조건에 응할 수가 없었던 것은, 영파의 난 때 호소카와씨 측이 반환하려고 지참해 갔던 홍치 감합을 오우치씨가 탈취하면서 대부분을 분실했기 때문이었다. 그러므로 막부는 홍치감합을 도난당했다고 구실을 만들어 이를 조선을 통해 미리 통보해 차기 조공에 예비하려 한 듯이 보인다.

무로마치 막부의 마지막 열 번째 조공 중재 요청이 있었음은 선조宣祖가 '일본 국왕'에게 답한 1581년의 국서를 통해 알 수 있다. 선조는 거부의 이유로, 명나라의 신하인 조선이 사사로이 다른 나라와 교제할 수 없다는 '의무사교義無私交'의 논리를 내세우고 일본의 요청을 중국에 전달하려 해도 적당한 구실이 없기 때문이라고 하고 있다.

이 국서는 1580년 말에 내항한 '일본 국사日本國使' 겐소玄蘇가 조선에 요청한 조공 의뢰에 대한 답일 것으로 추정된다. 겐소는 당시 대마도주의 외교고문이었다. 그러한 그가 일본의 조공 중재 요청을 하기 위해 조선에 파견되었다는 것은 대마도주와 무로마치 막부의 마지막 쇼군 요시아키義昭와의 밀접한 관계를 시사하는 것으로 평가된다. 대마도주 소 요시토시宗義智가 요시아키로부터 그 이름 글자의 하나를 받아 아키카게昭景라 칭한 것은 1577년 말이었다.

오우치씨의 독점 하에 제11차 조공선이 파견된 것은 1547년이며 오우치씨가 멸망한 것은 그로부터 4년 후이다. 무로마치시대의 조공은 이로써 그 막을 닫게 된다. 무로마치 막부 또한 오닌의 난 이후 쇠락을 거듭하고 있었다. 그러므로 마지막 쇼군 요시아키가 1568년 쇼군직에 오를 수 있었던 것도, 1573년 교토에서 추방당한 것도 당대의 무장 오다 노부나가織田信長에 의해서였다. 그 후 히로시마 지역에 은거하고 있던 요시아키가 대마도주와 협력하여 겐소를 조선에 파견했다는 것은 두 사람의 의도가 합치된 결과로 보인다. 즉, 요시아키는 쇼군의 지위 만회를 위해 조선과 특수한 관계에 있는 대마도주를 이용하여 조선으로부터 '일본 국왕'의 지위를 인정받고, 나아가 중국과 조공관계를 재개하여 중국으로부터도 '일본 국왕'의 지위를 회복하려 한 것이다. 대마도주 또한 을묘왜변(1555년) 이후 제한되었던 조선과 무역관계 확대를 도모하려 한 것이다.

○ 중재 요청의 의미

이상으로 검토한 결과를 <표>를 참고하여 정리하면 다음과 같다.

〈표〉 무로마치 막부의 중재 요청과 조선의 대응 및 해당 시기 일본의 조공 내용

무로마치 막부의 중재 요청과 조선의 대응					조공 재개기 일본의 대명 조공				
요청 순번	요청 년도	요청 방법	요청 배경	조선의 대응	조공 순번	조공 출발년	조공선 내용	조공 선박수	지참 감합
1	1429 (세종 11)	구두	조공 재개	묵살	1	1432	막부 外	5	永樂감합
					2	1434	막부 外	6	宣德감합
2	1448 (세종 30)	구두	왜구 소란	보고	3	1451	寺院 船 大名船	9	宣德감합
3	1458 (세조 4)	국서	사절 소란	중재 수행	4	1465	막부 1 細川氏 1 大內氏 1	3	景泰감합
4	1474 (성종 5)	대마도 대행	감합 문제	거부	5	1476	막부 2 相國寺 1	3	景泰감합
5	1475 (성종 6)	국서	감합 문제	거부	6	1483	막부 2 朝廷 1	3	景泰감합

6	1489 (성종 20)	국서 (未 전달)	조공 확대		7	1493	막부　1 細川氏 2	3	景泰감합
7	1491 (성종 22)	대마도 대행	조공 확대	거부					
					8	1506	大內氏 2 細川氏 1	3	弘治감합
					9	1520	大內氏 3	3	正德감합
8	1525 (중종 20)	국서	중국인 송환	묵살	10	1538	大內氏 3	3	미상
9	1543 (중종 38)	국서	감합 문제	묵살	11	1547	大內氏 4	4	미상
10	1581 (선조 14)	국서	조공 재개	거부					

* 제8·9차 조공 때는 호소카와씨(細川氏)가 각 1척을 별도로 파견했다.

첫째 일본이 조공중재를 요청한 배경을 보면, 단절된 조공관계의 회복을 위해서는 2회에 불과하다(제1·10회). 왜구의 중국 침구로 인한 조공의 곤란이나(제2회) 조공 사절의 중국에서의 소란에 대한 사죄와 납치한 중국인 송환(제3·8회)이라는 명분은 조공관계에 대한 중국의 통제 강화나 단절을 우려하여 내걸어진 것이다. 그 외에 중국에 제출해야 할 감합을 지참할 수 없게 되었다거나(제4·5·9회) 반反막부 세력에 의한 조공을 차단하기 위해서(제4·5회), 또는 중국의 조공 통제 완화에 대한 기대가 작용하고 있었다(제6·7회).

둘째, 일본의 조선 인식이다. 일본이 중국과의 문제 해결을 위해 조선을 중재역으로 설정했다는 그 자체가 일본의 조선관을 반영하는 것이다. 일본은 국서에서 조선이 중국과 인접해 상호 빙문이 빈번하므로 중재를 요청하게 되었다고 하고 있다(제3·5·9회). 국서의 내용에는 또한 명나라를 '대명大明'·조선을 '상국上國'이라

하고(제3·5회), 명 황제를 '대명상황大明上皇' 조선 국왕을 '폐하陛下'라 칭하고 있다(제8회). 이러한 표현을 조선관의 반영이 아닌, 요청자의 입장에 선 아부라고 축소 평가할 수도 있겠다. 그렇다면 조선에 제출할 필요가 없는 외교 관련 일기인『인료겐니치로쿠蔭凉軒日錄』에서 일본이 중국에 보내는 서한과 똑같이 조선에 대해서도 '표表' '소疏'라고 칭하고 있음에 대하여는 어떻게 설명되어야 할 것인가?

셋째, 막부가 대마도를 이미 조선 전기부터 이용하고 있다는 점이다. 기존 연구에서는 대마도가 조선과의 무역관계 독점을 위해 막부의 대조선 관계를 자의적으로 조종했다는 측면이 주로 강조되었으나, 막부 또한 조선과 특별한 관계에 있는 대마도를 이용하여 목적을 달성하려 했음을 알 수 있다(제4·7·10회).

넷째, 조선의 소극적 대응이다. 조선은 세조대 1회를 제외하고는 일본의 중재 요청에 일관되게 소극적이었다. 세조대의 요청 수용도 건주여진을 둘러싼 조명의 마찰이 그 하나의 배경으로 작용했던 것으로 보여진다. 조선의 소극적 대응의 배경에는 일본의 일관성 없는 조공자세에 대한 회의懷疑(제1회), 정치적 외교관계가 아닌 무역 관계만을 추구하는 일본의 조공목적에 대한 반감(제5·9회) 등이 작용했지만, 무엇보다도 중국에 비밀로 하고 있는 대일對日 관계가 중재 수락으로 탄로나는 것을 우려했기 때문이었다(제5·9회). 그러므로 일본의 요청에 대한 조선의 소극적 대응이 결코 대일 관계의 소극화를 의미하는 것은 아니었다. 성종이 일본의 제5회 요청을 거절한 4년 후 통신사 이형원을 일본에 파견하는 것이 그 단적인 예이다.

———————————— 참고문헌 ————————————

閔德基,「明代初期の日本征伐論と朝鮮の對應」『文學硏究科紀要別
　　　　册』第15輯, 哲學・歷史編, 早稻田大學大學院, 1988.
민덕기,「실정막부시대의 대명 책봉관계의 성립과 변화」『청대사림』6,
　　　　청주대학교 사학회, 1994.
민덕기,「실정막부의 대명조공 중재요청과 조선의 대응」『일본역사연구
　　　　회』1, 1995.
민덕기,「영파의 난과 조선・일본・명의 관계」『한국사의 이해(정덕기
　　　　박사 화갑기념 한국사학논총)』, 충남대학교 사학과, 1996.
鄭樑生,『明・日關係史の硏究』, 雄山閣出版, 1985.
柏原昌三,「日明勘合貿易に於ける細川大內二氏の抗爭」『史學雜誌』
　　　　25~26, 1914~1915.
小葉田淳,『中世日支通交貿易史の硏究』, 刀江書院, 1941.
中村榮孝,『日鮮關係史の硏究(中)』, 吉川弘文館, 1969.

왜구는 한국인인가 일본인인가

장 득 진(국사편찬위원회)

◦ 왜구의 한반도 침구

역사상 우리 민족은 일본에 대해 많은 반감을 가지고 있다. 한일간의 역사에서 일본 하면 생각나는 것은 그들의 무력적인 도발인 조선시대의 임진왜란과 일제의 식민정책을 떠올리기 때문이다. 그들은 이 7년과 35년의 두 기간에 우리 영토를 유린하여 우리에게 말할 수 없는 고통을 주었기 때문이다. 그러므로 역사적으로 우리 민족은 일본 하면 우선적으로 그들의 침략성을 강조하고 한일 간의 역사는 그들의 우리에 대한 침략사로 간주하고 있다.

그러나 임진왜란, 일제의 한국 병탄 이외에도 그 이전 시기 즉 13세기부터 16세기에 이르기까지 일본인이 우리의 강토를 유린하였던 사건이 있었으니 이들이 바로 일본의 해적 집단인 왜구였다. 그들은 당시 우리나라의 연안뿐만 아니라 내지 깊숙히 침입하여 수많은 정치·경제적 수탈을 가하였지만 우리 국민 대다수는 이 역사를 잘 기억하지 못한다.

왜구倭寇는 현재 교과서 등에 역사 용어로 쓰고 있으나 확실히 검증된 것은 아니다. 단어의 뜻으로 말하면, '왜倭'는 '일본'을 뜻하고 '구寇'는 '도둑, 또는 떼를 지어 백성의 재물 등을 약탈하는 사람'을 칭하므로 복합어로서 '떼를 지어 백성의 재물 등을 약탈하는 일본인'이라고 규정지을 수 있다. 『고려사』나 『조선왕조실록』 등의 관찬 사서에서도 문장의 한 구절로 '왜구倭寇○○'라는 용어가 자주 나오므로 통상적으로 이들을 왜구라고 부르고 있는 것이다. 물론 이에 대해 "왜구라는 것은 여러 문헌에 왜구 또는 그것과 유사한 문자로 기록된 것"일 뿐이며 "왜구라는 문자는 원래 조선인이나 중국인에 의해 만들어진 단어"라고 주장하는 일본 학자가 있기는 하나 어떻든 그 집단은 자국이 아닌 외국에 침구하여 도둑질한 집단이므로 일본의 도둑 집단을 '왜구'라고 불러 크게 틀리지 않을 것이다.

왜구의 근거지는 대마도·마츠우라松浦·이키壹岐 등의 섬들이었고, 구성원은 일본 국내의 내란으로 몰락한 무사들과 그들의 부하들이었다. 이들은 부족한 물자를 얻기 위하여 이르기까지 우리의 영토를 끊임없이 침구하였다. 왜구가 본격적으로 우리나라에 침구하는 시기는 1350년(충정왕 20)부터이다. 물론 이전에도 그들의 침구가 없었던 것은 아니었으나 이전에는 그들로 인한 피해가 매우 미약하였고, 지역도 연해 지방에 한정되어 있었기 때문에 고려 정부로서는 염두에 두지 않았던 것이다.

그러나 공민왕 이후 그들의 침구는 고려 정부가 염려할 정도로 조직화되고 대규모였으며, 이에 따라 그들의 침구로 인한 피해도 매우 컸다. 특히, 왜구의 침구가 고려 말기에 집중되어 나약하고 부패한 당시의 고려 정부로서는 그들을 막을 길이 없어 속수무책으로 당하기 일쑤였다. 그들은 정예화한 군인들은 아니었고, 무리를 지어 다니는 집단이기 때문에 그 실체를 파악하기가 고려 정부로서는 매우 어려웠다. 또한 그들의 전술이 치고 빠지는 것이었기 때문에 왜구가 침구하여 약탈하는 것이 중앙정부에 알려져 이를 격퇴하기 위해 정예의 군대를 보내면 그들은 이미 없어지곤 했다. 곧, 언제 어디로 침구할 줄 모르는 왜구를 막기란 지방의 군제가 무너진 고려 정부에게 매우 어려운 문제였다. 특히, 그들은 배를 타고 침구하였는데 몽고 간섭기 이후 우리의 수군을 무력화한 몽고의 정책으로 인해 고려 말기의 수군은 매우 미약했기 때문에 그들의 해상으로의 침구에 당황하지 않을 수 없었다.

물론 이들의 침입에 고려 정부가 일방적으로 당한 것은 아니었다. 그들이 조직화하여 대규모로 침구할 때는 고려 정부도 정예의 군대를 보내 그들을 토벌하였다. 1376년 최영崔瑩이 지금의 논산(당시 홍산鴻山)에서 큰 승리를 거두었고, 1380년에는 왜선 500척이 진포鎭浦에 침구하였을 때 나세羅世와 최무선崔茂宣 등이 화포를 이용하여 이를을 모두 섬멸한 진포의 승첩, 그리고 진포 싸움에서 패배한 왜구의 잔당을 물리친 이성계李成桂의 황산荒山대첩, 1383년 남해南海에서 정지鄭地가 소탕한 남해대첩 등의 승첩으로 그들에게 큰 타격을 가하였다. 그러나 보이지 않는 적인 왜구를 소탕하는 데는 한계가 있었다. 그리하여 1389년 2월 경상도원수 박위朴葳가 병선 100여 척을 이끌고 왜구의 소굴인 대마도를 정벌하여 막대한 타격을 가하였다.

왜구는 처음 그들의 목적이 경제적인 데 있었기 때문에 쌀을 약탈하는 것이 주목적이었으므로 당시 고려의 조운선과 조창租倉이 그들의 공격 대상이었다. 그러나 고려의 방어가 허술한 것을 파악한 왜구들은 차차 내륙까지 쳐들어와 방화, 납치 등도 서슴치 않았다. 이들의 침구로 인해 심지어 개경의 천도론까지 나올 정도였다.

왜구의 침구는 그렇지 않아도 정치·경제적 내환에 시달리는 고려 정부에 결정적인 타격을 가하여 고려 왕조를 결국 멸망케 하는 계기를 마련하여 주었다. 고려의 요동 정벌시 이성계가 외친 '4대불가론'의 하나로 남쪽의 왜구를 걱정하였던 것은 바로 이러한 그들의 침구와 피해를 알았기 때문이었다.

이처럼 고려 말의 역사에 한 획을 그을 수 있는 왜구의 침구에 대하여 이들의 구성원이 일본인뿐만 아니라 한국인도 많이 포함되어 있었고, 또한 왜구의 주력은 일본인과 한국인의 연합한 집단이라는, 즉 왜구는 '고려·일본인 연합론'·'고려·조선인 주체론'이라는 충격적인 논리를 1987년 다나카 다케오 교수가 「왜구와 동아시아 통교권」이라는 글에서 주장하였다. 한일 관계사에 있어서는 주도적인 역할을 담당하는 그의 논리는 일본 학계에서 일본의 학자들에게 많은 영향을 주었다.

그러면 과연 그러한가를 검토해 보기로 하자.

◦ 가왜는 왜구가 아니다

왜구는 주로 일본 학자들에 의해 메이지시대 이래로 연구되어 왔다. 일본 학자들은 해양발달사의 일환으로 왜구를 연구하였기 때문에 초기의 연구자들은 그들의 침략상보다 해외로의 진출 등을 강조, 자랑스런 일본인으로서 서술한 듯한 느낌이 든다. 그리하여 왜구의 침략상은 부각하지 않았다.

다나카 교수는 "14세기 후반의 고려 왕조 말기, 조선반도를 진동시킨 대규모 왜구 집단의 주체는 실은 대마 등의 일본인이라기보다 오히려 고려의 제주도인濟州道人 또는 양수척揚水尺·재인才人 등의 천민집단이었다"라고 주장하였다. 이 학설은 왜구 가운데 많은 한국인이 포함되어 있었다고 하는 주장을 더욱 한층 심화시켰다. 이 학설과 발맞추어 요즈음에는 '왜'나 '왜구'가 반드시 일본인이 아닌, 국경이나 민족을 넘어선 개념으로 이 용어들을 이해하려 하고 있다. 이것이 근래 일본 학계의 일반적인 경향이고 대표적인 학자는 무라이 쇼스케이다. 주장의 요점은 당시는 민족이나 국경이라는 개념이 없기 때문에 지역을 중심으로 문화나 교류가 있었고, 그렇기 때문에 한국에서 일본과 가깝고 어업으로 생계를 꾸려가는 남해안 등지 한국인들이 문화나 생활 습관상 큐슈 등지의 일본인과 다름없이 생활하였다는 것이고 그들을 왜라고도 지칭하지 않았냐 하는 것이다.

왜구의 구성원 가운데 한국인이 포함되어 있다고 주장하는 근거는 ① 왜구 침구시 대규모의 인원과 선박 수 ② 왜구 집단이 보유하고 있는 다량의 말의 수 ③ 재인·화척 등의 집단이 가왜로서 활동한 기사 ④ 『조선왕조실록』에 보이는 판중추원사 이순몽李順蒙의 상서 내용으로 요약할 수 있다. 이 가운데 ①, ②는 이를 증명할 정확한 사료를 제시하지 않고 추측에 불과한 것이다.

대규모의 선박과 인원은 당시 일본의 상황으로 보아 결코 불가능한 것이 아니며, 말의 경우 고려가 몽고에 공납하기 위해 연해 도서 등에서 말을 길렀기 때문에 이들이 이곳을 점령하여 말을 이용하면 가능한 것이다. 특히, 당시는 잦은 왜구의 침구로 인해서 해안이나 도서에 사는 백성들을 내지로 이주시켜 텅빈 상태였기 때문에 더욱 그러하다.

문제는 가왜로서 활동한 화척, 재인, 양수척과 이순몽의 상서 내용이다. 이 기사는 공식 기록인 관찬사서에 나타나기 때문이다. 이를 검토해 보자.

우선 가왜와 관련하여 다음의 기록이 보인다.

① 화척禾尺들이 무리 지어 모여 거짓 왜적으로 칭하고 영해군寧海郡에 침구하여 불을 지르고 관청과 민호民戶를 약탈하니 판밀직 임성미林成味, 동지 안소安沼, 밀직부사 황보림皇甫琳, 전밀직 부사 강서姜筮 등을 보내어 추격하여 잡았다. 임성미 등이 포로가 되었던 남녀 50여 명과 말 200여 필을 바쳤다. 그런데 화척이란 양수척楊水尺을 가리킨다.

② 교주交州·강릉도江陵道 화척禾尺·재인才人 등이 왜적으로 가장하여 평창平昌·원주原州·영주榮州·순흥順興·횡천橫川 등지를 약탈하였다. 원수 김립견金立堅과 체찰사 최공철崔公哲이 50여 인을 잡아 죽이고 처자를 주군州郡에 나누어 두었다.

③ 화척禾尺과 재인才人들은 농사를 짓지 않고, 앉아서 민조民租를 먹고 있으면서 항산恒産이 없으므로 항심恒心이 없이 산골짜기에 모여서 왜적倭賊으로 가장하고 있으니, 그 위세는 위구危懼할 바가 있으므로 빨리 그 대책을 강구하지 않으면 안 될 것입니다. 원컨대 지금부터 거주지의 주와 군에서 그 가족을 조사하여 호적을 작성하고 유랑 또는 이주할 수 없게 하며, 또 황무지를 주어서 일반 백성들처럼 농사에 근실하게 하기를 바랍니다. 그리고 위반하는 자는 거주지의 관리들이 법에 의하여 처벌하도록 할 것입니다.

가왜에 대한 기록은 『고려사高麗史』나 『고려사절요高麗史節要』의 경우로 한정할 때 위의 기록이 전부일 뿐만 아니라 우왕 8년과 9년에만 나타난다. 위의 ①과 ②는 화척·재인 등이 직접 가왜로서 집단화하여 관아와 민가를 약탈하여 많은 피해를 주고 있음을 알려 주고, ③은 우왕 14년대의 기록으로 재인과 화척이 왜적으로 가장하고 활동할 것을 염려하여 이에 대한 대책을 제시하고 있다.

　재인 화척 등의 천민층은 고려 말 왜구가 침구하자 그들의 불만을 표출하기 위해, 또는 경제적으로 삶을 유지하기 위해 왜구를 자칭하였던 것이다. 그들은 이른 바 신분은 양민신분이지만 역은 천역에 종사하는 자들이었다. 이들은 지배층의 토지 탈점과 가혹한 봉건적 수탈에 대해 가장 먼저 봉건 정부에 반발한 것이다. 그들의 대두 원인은 정치적 색깔을 띠고 있는 것이 아닌 단지 먹을 것을 해결하기 위한 단순한 의도였다. 그리하여 그들은 왜구의 잦은 출몰로 사회가 혼란해지고 기강이 문란해지자 왜구를 가장하여 도적 행각을 벌인 것이다. 이 가왜 문제를 가지고 연구자들은 그것이 왜구의 주체였다거나, 그렇지 않다거나 하여 많은 논란을 보이고 있다. 특히, 일본인 연구자들 사이에는 왜구의 구성원 가운데 고려인도 많이 포함되었다는 인식이 지배적이다. 그러나 이런 문제보다 왜 가왜가 당시 사회에 대두되었는가에 초점을 맞추어야 하며 위의 기록들은 그러한 사실을 말해 주는 것이라 하겠다.

　그들이 가왜가 된 이유는 직역의 편성과 공납에 불만을 가졌고, 이에 더하여 군역까지도 지게 되었기 때문이 아닌가 한다. 경작지도 없고 국가에 대한 부역도 가해지지 않았던 화척, 재인 등에 대하여 집단의 성년 남자가 군인으로 징집된다고 하는 것은 집단 전체의 사활이 걸린 문제임에 틀림없다. 이에 대항해 생존을 위해 그들이 선택한 길이 바로 가왜 활동이었던 것이다. 그렇지 않아도 천민 집단으로 계급적 모순에 시달리고 있던 화척, 재인들이 이러한 상황에서 가왜로 대두되었음은 자연스러운 현상이라 하겠다. 그들에게서 민족 내지 국가라는 의식을 기대하기란 힘든 일이다. 곧, 그들은 자기들의 이익을 위하여 또한 봉건지배층에 항거하기 위해 가왜로서 활동한 것이 아닌가 한다.

　가왜와 관련된 기사는 『고려사』에 의하면 우왕 8년과 9년에만 나타났을 뿐 다른 시기에는 보이지 않는다. 그리고 가왜집단이라고 하면 천민 집단이었던 화척이나 재인 등으로만 구성되었다는 것이 종래의 학설이다. 그러나 천민 집단 이외에도 가왜로서 활동한 자가 기록에 보이니 고려시대 중랑장 벼슬을 지냈던 방지용方之用이다.

일본에 예물을 가지고 갔던 중랑장 방지용方之用이 일본인 탐제장군探題將軍 오랑병위五郞兵衞 등의 사신과 함께 와서 일본의 토산물을 바쳤다.

호조참판 박습朴習이 말하길, 신이 일찍이 강원도 도관찰사로 있을 적에 들은 바 무릉도의 둘레가 7식(1식은 30리)이고, 곁에 조그마한 섬이 있으며 전지田地가 50여 결이 되는데 들어가는 길이 겨우 한 사람만 통행하고 나란히 가지는 못한다고 합니다. 옛날에 방지용方之用이란 자가 있어 15가家를 거느리고 입거入居하여 혹은 가왜仮倭로서 도둑질을 하였습니다.

앞의 기사는 『고려사高麗史』 우왕 6년 11월 기사이고 뒤의 것은 『태종실록太宗實錄』 태종 16년 9월 경인 기사이다. 위의 기록으로는 방지용이 가왜로서 중랑장이 되었는지, 아니면 중랑장이 된 후 가왜가 되었을지 파악할 수는 없으나, 가왜 활동을 한 층이 화척과 재인 등의 천민층만이 아니었음을 알 수 있다.

그렇다면 가왜를 왜구로 볼 것인가. 위의 기록에 의하면 가왜층에 일본인이 포함되어 있다고 말하는 사실은 전혀 보이지 않는다. 가왜의 구성원은 말 그대로 '거짓 왜구'이기 때문에 사회가 혼란한 틈을 타 자신들의 불만을 표출하고, 경제적 삶을 유지하기 위해 그들은 자신들을 왜구로 칭하였던 것이다. 또한 이러한 가왜층은 앞에서만 언급했듯이 거의 왜구의 침구가 극심하였던 때에만 나타나는 것이 일반적인 예이다. 그러므로 고려 말기 전 시기를 풍미한 것은 아니므로 이러한 사실을 가지고 왜구의 구성원이 한국인이었다는 일본 측의 논리는 억측에 지나지 않는다. 사회가 혼란하면 불순세력이 나타나는 것은 역사상 당연한 현상이다. 가왜층의 대두는 결국 고려 정부의 무능한 통치 능력에 있는 것이고 결국 이 책임은 고려의 무능한 위정자들에 있는 것이다.

　다음으로 왜구의 대부분이 한국인이었다는 논거가 되는 조선시대 기록을 보자.

> 　판중추원사 이순몽李順蒙이 상서上書하기를 … 신이 듣건대 고려 말 왜구가 흥행興行하여 민民들이 살 수가 없게 되었습니다. 그러나 그간 왜인들은 불과 10명에 1, 2명에 지나지 않고 본국의 민民이 (역역役을) 피하여 거짓 왜인의 의복을 입고서 당黨을 만들어 난을 일으켰으니 이것 역시 살펴야 되는 일입니다.

　이 기록은 비록 세종대의 것이지만 일본 학자들이 고려 말 왜구 집단이 일본인이 아닌 고려의 백성들이 대부분이었다고 강력히 주장하는 근거이기도 하다. 근래에 와서 이 학설은 점차 의미를 잃어가고 있지만 아직까지도 일본에서는 많은 영향력을 미치고 있다. 그러나 이 기록은 이순몽이 호패법號牌法을 다시 시행하도록 임금에게 상서한 것이 주 내용이다. 곧, 호패법의 사용에 관하여 주장하면서 위의 기록을 부수적으로 넣은 데 지나지 않는다. 만약 이 기록을 전적으로 믿는다면 왜구의 80% 이상이 고려인이었다는 결과가 되는데 이는 있을 수 없는 것이다. 왜냐하면 왜구의 80% 이상이 고려인이라고 가정하면 이것은 왜구의 침구가 아니고 민들의 내란이며, 이 사실을 『고려사』의 찬자들이 『고려사』에 기록하지 않을 리 만무하기 때문이다. 뿐만 아니라 이 기록을 제외하고는 왜구의 비율이 나타나 있는 사료가 보이지도 않는다. 따라서 이 내용보다는 가왜가 화척이나 재인 등 특수 천민 집단이 아닌 일반 백성이었다는 데 주목을 해야 한다. 곧, 고려의 민들이 왜구의 침구로 살 수 없게 되자 거짓으로 왜복을 입고 당을 만들어 난을 일으켰다는 것이다. 일반 민들이 가왜로서 활동하였다는 내용이 『고려사』 등지에는 나오지 않으므로 위의 기록은 중요한 것이다.

◦ '가왜'와 '부왜인'의 등장은 위정자의 실정 때문

지금까지 왜구 구성원이 가운데 상당수가 한국인이었다는 일본 측의 논리의 근거가 되는 것을 반박해 보았다. 그렇다고 해서 왜구 가운데 한국인이 전혀 없었다는 이야기는 아니다. 그들에게 협조를 했던 고려인들이 보이기 때문이다. 물론 그 숫자는 극히 적었지만 어떻든 그들은 왜구에게 협조하여 왜구의 활동에 도움을 주었던 것만은 사실이다.

고려 말 왜구의 침입으로 인해 대다수의 민들은 그들의 약탈에 시달렸고, 정부의 봉건적 수탈과 아울러 강제로 군대에 편입되어 전쟁에 동원되는 등 말할 수 없는 고통을 당하였다. 더욱이 중앙에서 파견된 장수들의 작폐까지 겹쳐서 그들의 처지는 더욱 몰락하였던 것이다. 이러한 상황에서 대다수의 고려 백성들은 왜구의 침입에 의연히 대처하였으나, 한편으로는 이와 반대로 그들에게 협력하는 자들이 나타났다. 물론 고려의 백성들이 구체적으로 왜구에 협력하였다는 사실을 적은 기록은 없다. 그러나 어떠한 형태로

든 결합하여 있었을 것이니 『고려사』에서 나타나는 '간첩間諜 · 첩자諜者 · 적첩賊諜 · 사왜詐倭' 등이 기록이 그러하다.

그러나 이들은 왜구에 포로로 잡혀 죽음이 두려워 할 수 없이 한 경우가 대부분이다. 여기에서는 적절한 표현인지는 몰라도 이들을 '부왜인附倭人'으로 규정짓고 이들의 실태를 알아보기로 한다. 이들에 대한 정확한 역사상 용어는 보이지 않는다. 다만 이들을 '부왜인'이라고 칭하는 것이 어떨까 한다.

부왜인들은 대부분 적의 포로가 된 후 전향하였다는 사실을 알 수 있다. 또한 죽음을 두려워하여 노예뿐만 아니라 첩자 노릇까지 하였다는 것이다. 이 외에도 왜구가 침략할 때 그들을 도와 간첩 활동을 한 예가 나타나고 있다. 또한 왜구에게 붙잡힌 포로들은 자의든 타의든 그들에게 자주 이용당한 듯하다. 왜구의 침구를 막지 못한 이유 중의 하나로 이러한 부왜인들을 들 수도 있는데 이들은 간첩 행동을 하여 아군의 전세나 지형 등을 적에게 상세히 알려 주었다. 왜구에게 포로가 된 후 그들 편에 서서 부왜인이 된 경우도 있지만, 포로로 된 자들이 일본으로 끌려 간 후 왜구와 함께 그들의 무리가 되어 함께 활동한 예도 보인다.

나라가 혼란에 빠져들면 불순세력과 불순분자가 등장하는 것은 당연한 역사의 현상이다. 성격이 조금 다르기는 하지만 일제시대의 친일파가 등장한 것이 이러한 사실을 전적으로 증명해 준다. 따라서 왜구가 한국인인가 일본인인가 하는 주제는 별반 의미가 없다. 왜구는 말 그대로 일본인 해적 집단 그 자체이기 때문이다. 왜구의 구성원 가운데 한국인이 조금 섞여있었음은 그 당시 사회적 현상과 관련하여 설명되어야 할 것이고 역사적 사실이다. 왜구 층에 한국인이 가담했다고 해서 우리의 역사가 수치스럽다고 치부해서도 안 된다. 당시 그들에게서 애국심이라든지 국가의식을 기대하기란 힘든 것이기 때문이다. 그들은 단지 그들의 삶을 유지하기 위해 어쩔 수 없이 그들의 편에 섰을 가능성이 있기 때문이다. 이들을 탓하기 전에 그럴 수밖에 없는 당시의 부패하고 타락한 정치를 만든 위정자들에게 그 역사의 심판에 대한 화살을 돌려야 한다.

결론적으로 지금까지 한국 사학계에서는 왜구의 대부분이 한국인이었다는 일본인 학자들의 논거에 대해 반론을 제기하는 데 노력을 기울이고 있다. 이것은 일본 국수주의적 식민사관의 비판적인 대응이라는 데에는 수긍이 가나 그들의 논리에 맞설 필요는 없다. 현재 식민사학의 극복이라는 것은 역사적 사실을 규명하는 데에는 별반 의미가 없기 때문이다. 따라서 그들의 입론을 조목조목 비판하는 것은 오히려 그 논리를 부각시키는 의미를 갖게 되므로 무시하는 것이 좋을 듯싶다.

참고문헌

국방군사연구소, 『왜구토벌사』, 국방군사연구소, 1993.
나종우, 『한국중세 대일교섭사 연구』, 단국대 박사학위논문, 1992.
이영, 『儀冠と日麗関係史』, 동경대출판회, 1999.
한일관계사연구논집편찬위, 『왜구・위사문제와 한일관계』, 경인문화사, 2005.
田中健夫, 『倭寇』, 教育社, 1982.

희대의 외교 사기, 국서 개작 사건

유 재 춘(강원대학교)

◦ 국교 재개의 열망에서 비롯된 국서 개작

현대사회에서 한 나라의 국가원수가 다른 나라 국가원수에게 보내는 서신이 외교 실무자에 의해 중도에서 개작改作되는 일이 가능할까. 있을 수는 있겠지만 누구도 그 필요성을 거의 느끼지 못하며, 누구도 감히 그러한 일을 저지를 엄두를 내기 어려울 것이다. 한 나라의 국가원수가 외교 상대국의 통치권자에게 보내는 문서, 즉 국서國書는 사사로운 것이 아니라 그 나라 국민을 대표해서 보내는 것이므로 주체성과 자존, 그리고 수신국에 대한 예의를 지키기 위하여 대단히 신중하게 작성되는 것이 보통이다. 만약 중도에서 실무자가 임의로 고친다면 이는 중대한 범죄이다.

그러나 지금으로부터 수백여 년 전인 17세기에 실제로 우리나라와 일본 사이에 오간 외교문서에서 그러한 일이 일어졌다. 임진왜란 직후 국교가 재개되는 과정에서, 또 그 후 양국 간에 오고 간 국서가 본래의 것과 다르게 중도에서 개작되는 일이 일어난 것이다.

양국의 연구자들은 이 국서 개작을 양국 교섭사상 중요한 사건으로 다루고 있다. 이 부분에 대한 연구가 아직 충분하다고 할 수는 없지만 그간에 알려진 사실을 통하여 17세기 전반 한일 외교사에 있어서 흥미있는 몇 가지 사실을 알 수 있다.

임진왜란 이전에 한일 양국 간에 오고 간 국서의 개작여부는 알 수 없다. 양국에 남아 있는 국서 자료 가운데 전문을 비교해 볼 수 있는 것이 거의 없고, 국서로 인한 논쟁이나 개작에 관한 기록도 없다. 물론 임란 직후 일본에 파견된 사신들의 기록을 볼 때, 임진왜란 이전에 대마도에서 국서를 위조하고 국왕사(일본 막부 장군의 사절)를 사칭詐稱하여 보낸 바가 있다는 것을 알 수 있다. 그러나 이는 조선에서 보다 후한 대우를 받고, 또 부수적인 무역상의 이득을 많이 얻을 수 있는 국왕사를 조작하기 위한 대마도 측의 일종의 사기라고 할 수 있으며, 중도에서 국서의 일부 내용을 바꿔 써서 보내는 것과는 차원이 다른 문제이다.

그렇다면 이러한 국서 개작이라고 하는 희대稀代의 사건이 왜 일어났을까? 문제는 간단치 않지만 대체로 양국의 입장과 인식의 차이, 그리고 그 가운데서 양국 외교의 중개 역할을 하고 있던 대마도 측의 국교 재개에 대한 열망에서 비롯되었다고 말할 수 있다. 양국은 임진왜란 후 국교 재개의 필요성에는 공감하였지만, 그 절차와 그 후 양국 간의 외교 의례나 격식에 있어서는 그렇지 않은 부분이 개재되어 있었던 것이다. 특히 임란 후 국교가 재개되는 과정에서 조선의 요구에 따라 일본 측에서 보내온 도쿠가와 이에야스의 서신에는 임진왜란에 대한 사과와 국교 재개를 요청하는 내용이 들어 있었다는 것을 1607년 선조宣祖가 일본에 보낸 답장을 통해 알 수 있는데, 어찌된 일인지 일본 측에서는 이 서신을 보낸 사실을 감추려 함으로써 국서 개작을 일으키게 하는 또 하나의 요인을 제공하게 된다. 그러나 이 서신은 근자에 진위眞僞에 대한 논쟁을 일으키게 됨으로써 '베일의 서신'이 되기도 하였다.

그렇다면 어떻게 하여 이런 일이 일어나게 되었으며, 도대체 어떤 부분이 어떻게 고쳐 써졌을까, 그리고 누가 이런 일을 꾸몄으며, 발각된 후에는 어떤 조치가 내려졌을까. 그리고 이 사건이 주는 한일 외교사상의 의미는 무엇일까. 우선은 이에야스 국서의 진위 문제부터 살펴보기로 하자.

◦ 도쿠가와 이에야스는 조선에 국서를 보냈다

1606년 이에야스가 보내 온 서신[국서라고 할 수 있으나 당시는 이에야스가 쇼군직에서 물러난 상황이었음]에 대해서는 여러 일본의 학자들이 대부분 대마도에서 위조한 것이라고 하고 있다. 그렇다면 진실로 이에야스는 조선에 서신을 보낸 일이 없는데 대마도에서 임의로 국교를 재개시키기 위하여 국서를 위조한 것일까.

먼저 이에야스가 우리나라에 서신을 보낸 경위를 살펴보도록 하자. 임진왜란 후 한일 양국은 모두 전후 복구와 새로운 변화에 대처해야 하는 상황에 직면해 있었다. 그 상황이란 것이 같지는 않았지만 이제 전쟁 상황에 정식으로 종지부를 찍고 국교를 정상화해야 할 필요성을 느끼게 되었다.

조선은 임란 직후 일본에 대해 매우 강경한 입장이었으나 전쟁 피해를 복구하는 데 온 힘을 쏟아야 할 형편이었고, 북방에서는 여진족의 동향이 심상치 않았기 때문에 내치內治와 북방 방비를 위해서도 남방에서의 안정은 매우 절실한 문제였다. 또 일본에서도 여진족의 움직임이 감지되어 그것이 과거 몽고의 침략처럼 일본에 영향을 미치지 않을까 우려하였고, 또 아직은 불안정한 신생 정권인 도쿠가와 정권은 하루 속히 전후 처리를 매듭지어 정권의 안정을 도모하고자 하였다. 특히 대마도의 입장에서는 예전부터 조선과의 교역과 하사품에 의하여 생활이 유지되어 왔기 때문에 그야말로 조선과의 국교 재개는 사활이 걸린 중대한 문제였다.

일본은 임란 직후부터 대마도를 통하여 조선과의 접촉을 도모하였고, 조선은 1604년 유정惟政(사명대사泗溟大師)과 손문욱孫文彧을 보내 일본의 정세를 탐지하는 등 변화에 능동적으로 대처하였다. 당시 유정 일행은 대마도를 목적지로 떠났으나 일본의 요청으로 교토까지 가서 이에야스를 만났다. 이에야스는 "나는 임진년에 관동關東에 있으면서 일찍이 침략군에 관여하지 않았으므로 조선에 실로 원한이 없으니 더불어 화호하기를 청한다"라고 하였다. 유정 일행은 이 방문에서 일본 신정권의 국교 재개를 위한 성의를 확인하였으며, 피로인을 대동하고 돌아왔다.

그러나 조선 군민君民의 정서를 고려할 때, 명분 없이 일본과 국교를 재개한다는 것은 매우 어려운 일이었기 때문에 일본 측에게 국교 재개 교섭을 위한 전제조건을 제시하게 되었다. 조건은 세 가지였다. 첫째는 임진란 때 왕릉을 도굴한 범인을 잡아 보내라는 것이고, 둘째는 일본 측에서 전쟁에 대해 사죄하고 화호和好를 요청하는 국서를 보내오라는 것이었으며, 셋째는 피로인被虜人(전쟁 중에 납치당한 사람)을 모두 돌려보내라는 것이었다. 이 세 가지 조건 가운데 앞의 두 가지는 즉시 이행되었고, 세 번째 조건은 점차적으로 이행하겠다는 약속을 하였다.

그런데 이때 이에야스가 조선에 보내온 서신이 대마도에서 위조한 것이라고 하는 바, 여기서 '위조'라고 하는 것과 '개서改書'내지는 '개작改作'은 일단 구분해서 보는 것이 진상을 보다 쉽게 이해할 수 있을 것이다. 위조란 이에야스가 국서를 보낸 일이 없는데 처음부터 끝까지 대마도에서 국서를 가짜로 만든 것이고, 개서 내지 개작은 이에야스가 보내온 국서가 조선의 의도에 맞지 않아 대마도에서 이를 조선의 요구대로 고쳐서 보내온 것을 말한다.

따라서 이에야스가 서신을 보내온 일이 있느냐, 없느냐가 무엇보다 중요한 문제이다. 이 당시 이에야스가 조선에 서신을 보내온 사실은 「방책신편方策新編」 등 여러 일본 측 자료를 통해서도 확인할 수 있다. 뿐만 아니라 당시 정황으로 보더라도 대마도에서 완전히 위조한 국서라면 국서 전달 과정에서 조선 측과 마찰이 발생하지 않았을 것인데, 당시 조선 측의 국서 개정 요구가 있었던 것으로 볼 때, 본래부터 대마도에서 위조한 국서는 아니라고 본다. 외교 관례에 능숙하고, 누구보다 조선의 요구가 무엇인지 잘 알고 있는 대마도 스스로 위조한 국서가 내용과 격식이 문제되어 조선 측으로부터 개정을 요구 받았다는 것은 상식적으로 납득이 되지 않기 때문이다.

따라서 1606년 이에야스 측에서 서신을 보내왔던 것은 사실이고, 단지 대마도 측에서는 이를 조선의 요구대로 일부 문구를 고쳐서 보내온 것이라고 생각한다. 이는 이에야스에게 조선과의 국교 재개가 매우 중요한 문제였다는 것을 통하여 충분히 알 수 있다.

이에야스는 1600년에 있었던 세키가하라關ガ原전투에서 승리함으로써 패권을 장악하였지만 도요토미 히데요리豊臣秀賴와 그의 지지자들을 아직 완전히 제거하지 못하였다. 당시로서는 이에야스도 그것이 한계였고, 이는 정권의 안정성과 정통성이 아직 완전히

확보되지 못하였음을 의미한다. 따라서 도쿠가와 정권이 일본을 대표해서 신속히 전후 처리를 완결 짓고, 조선으로부터 일본을 대표하는 정권으로 인정받는다는 것은 여러 측면에서 정권의 안정과 정통성 확보에 도움이 되는 중요한 문제였다. 더구나 1605년 이에야스는 그의 아들 히데타다秀忠에게 쇼군征夷大將軍직을 물려주고, 히데요리에게 상경하여 알현할 것을 요구하였으나 히데요리가 이에 응하지 않아 토쿠가와 측은 일본 전역에 대한 완전한 평정을 위하여 향후 도요토미 측과 일전을 불사해야 할 입장에 있었다.

이에야스는 쇼군직에서 물러나 본격적으로 도요토미가家에 대한 와해공작을 하게 되는데, 이러한 상황 하에서 이에야스가 조선과 국교재개라고 하는 중대한 문제를 대마도주에게 완전 일임하고 있었다고 보는 것이 과연 타당한 것일까. 도쿠가와 정권 수립 후 다이묘에 대한 대대적인 정리와 통제가 이루어지고 있던 살벌한 분위기 속에서 대마도주가 과연 막부 관계자와의 아무런 연계 없이 독단적으로 새 집권자의 인장을 위조하여 국서를 멋대로 만들 수 있었을까. 절대적으로 조선에 대한 경제적 의존도가 높은 대마도의 입장을 고려한다고 하더라도 그렇게 위험천만한 일을 대마도가 독자적으로 벌였다는 것은 아무래도 설명이 부족하다.

결론적으로 1606년 조선에 도착한 이에야스 서신이 원본이 아닌 것은 분명하지만 처음부터 대마도에서 위조하여 보낸 것은 아니었다. 이는 1617년 히데타다가 보내 온 국서도 마찬가지이다. 도쿠가와 측은 국내적으로 막부에서 조선 측에 사절 파견을 요청하였다는 것을 숨긴 채, 조선과 국교를 재개시키고 조선 사절을 맞이하고 싶었던 것은 아닐까. 이에야스는 사과하거나 조선에 대해 아쉬운 국교 재개 요청을 하고 싶은 마음이 전혀 없는 일본 내의 여론을 무시하고 공식적으로 일본을 대표해 임진왜란에 대해 사과한다는 서신을 보낼 수는 없었던 것이다. 이것은 현대사에 있어서 일본 측이 한국에 대한 식민지 지배에 대하여 한국 측에 보여준 태도와도 유사성이 있다.

∘ 국서 개작의 주요 내용과 가담자

그렇다면 당시의 국서에서 어떠한 부분이 고쳐졌으며, 그에 관련된 사람들은 누구였을까. 1606년 조선이 국교 재개를 위한 선행 조건으로 일본에 제시한 조건이 이행되었기 때문에 조선에서는

△ 대마도 종가(宗家)에 소장되어 있던 위조 인장

일단 국교 재개의 명분은 있다는 판단 아래 일본에 사신을 파견
하기로 결정하였다. 사신 명칭에 대해서는 여러 논란이 있었으나
이에야스가 서신을 보내 화호를 요청하였으므로 이에 회답한다는
것과, 임란시 잡혀간 피로인을 쇄환할 목적으로 파견한다는 의미
에서 「회답겸쇄환사回答兼刷還使」로 결정되었다. 이후 1624년 파견
시까지 3차례의 사신은 이 명칭을 갖게 되었으며, 국서 개작은 바
로 이 시기에 일어나게 되었다.

국서 개작은 일본의 막부 측에서 소장하고 있던 자료와 우리나
라 혹은 대마도에서 소장하고 있던 것을 서로 대조해 봄으로써
알 수 있다. 왜냐하면 대체로 조선이나 일본 막부 측이 가지고 있
는 국서 자료는 자국의 것은 원본, 상대국의 것은 개작되었건 아
니건 간에 최종적으로 받은 것이기 때문이며, 대마도의 경우는 개
작을 은폐하기 위해 원본
내용이 아닌 개작된 국서
의 내용을 기록해 놓았기
때문이다.

다음의 표에서 알 수 있
는 바와 같이 국서의 개작
부분은 크게 5개 부분으로
나눌 수 있다.

첫째는 칭호 부분인데,
일본 막부의 쇼군이 조선
측에 보내는 서신에 "일본
국○○○"로 적은 것을 중
도에서 "일본 국왕○○○"
로 고쳐쓴 것이다. 이는 일

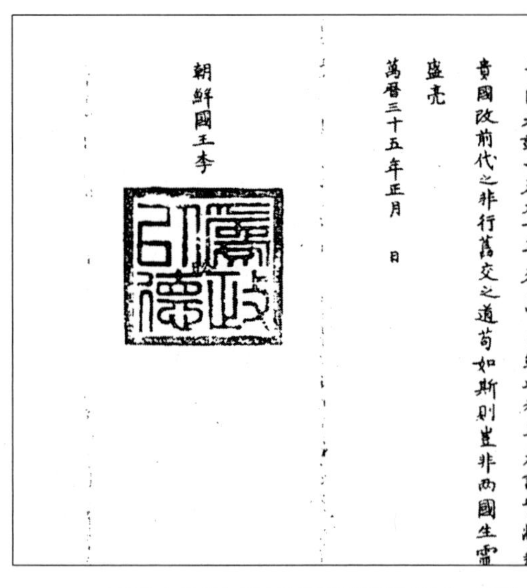

△ 1607년 조선 국서(교토대학박물관 소장)

본의 실질적인 통치자로서 조선 국왕과 외교상 대등한 격이 되기 위해서는 일본 측에서도 반드시 '국왕' 칭호를 사용해야 한다는 조선 측의 요구 때문이었다. 즉, 이는 현대사회에 있어서 한 나라의 대통령이 다른 나라의 장관과 대등한 격으로 외교 행위를 할 수 없는 것과 유사하다. 조선 측에서는 일본 막부의 쇼군이 실질적인 일본의 통치자라고는 하나 '국왕'을 칭하지 않게 되면 조선 국왕과 대등한 격이 되지 않기 때문에 쇼군의 일본 측 대표권을 인정할 수 없다는 것이었는데, 이는 일본에서의 천황과 도요토미가의 존재를 염두에 두어 쇼군이 명실상부한 일본의 통치권자인지를 확인하겠다는 의도도 있었다. 그러나 일본 측의 입장은 조금 달랐다. 우선 천황이 정치적 실권은 없으나 전통적으로 천황과 막부의 관리들은 누구를 막론하고 형식적으로는 '군신君臣'관계 인데다가 중국의 경우처럼 '황제―왕'의 상하관계가 확립되어 있지도 않았다. 또 과거 아시카가 막부시대에 중국 황제의 책봉을 받음으로써 '일본 국왕'을 칭한 적이 있으나 도쿠가와 막부는 중국의 책봉을 받은 바도 없었던 것이다.

둘째는 답장 형식[朝鮮國王○○奉復 日本國王殿下]의 국서를 먼저 보내온 편지 형식[朝鮮國王○○奉書 日本國王殿下]으로 고친 것인데, 이는 일본 측에서 먼저 서신을 보내 사신 파견을 요청한 사실을 은폐하기 위한 것으로, 1606년 이에야스가 서신을 보냈던 것을 은폐하고자 한 것에서부터 비롯되었다. 일본 측에서는 쇼군의 즉위와 같은 경사가 있을 때에 조선에 사신단을 보내 조선 사절의 파견을 요청하고는 국내적으로는 마치 조선에서 자진해서 쇼군의 즉위를 축하하기 위해 보낸 것으로 알려지게 하였던 것이다. 조선 측에서는 일본에서 먼저 사신과 국서를 보내와 그에 답례하고 또 피로인을 데려오고자 하는 사신이라는 의미로 '회답겸쇄환사回答

兼刷還使'라는 명칭을 사용하였음에도 불구하고 일본 측의 외교 관계자들은 일본 측에서 먼저 국서를 보내 사신 파견을 요청한 사실을 숨기기 위해 조선 국왕의 답장 형식의 서신을 먼저 보내는 편지 형식으로 고쳤던 것이다.

국서	개작내용	비고
1606년 이에야스 국서	개작내용은 미상이나 가강이 보낸 서신을 대마도에서 개작한 것으로 보임	
1607년 조선국서	'봉서'를 '봉복'으로 개서하였고, 문구를 첨기하거나 삭제하여 조선 측에서 국교 부활을 요청하는 내용이 되게 함. 별폭의 물품 량과 품목을 고침	
1607년 덕천수충국서	일본년호를 '룡집'으로 고친 것을 비롯하여 내용의 개작이 의심됨	
1617년 덕천수충국서	'일본국왕'이라는 칭호 등이 개작된 것으로 보이나 완전히 대마도에서 위조하였는지는 미상	사신 파견 요청 서신
1617년 조선국서	'봉서'라고 한 부분 등 개작이 의심됨	
1617년 도쿠가와 히데타다 국서	'일본왕원수충'을 '일본국왕원수충', 령남 → 령수, 하폐방 → 원위폐방, 구맹 → 구교로 개작	회답서
1624년 조선국서	상년귀국 → 상년마도, 답례→ 성례 등과 여러 문구를 가감. 별폭의 물품량을 늘림	일본 측에서 사신 파견 요청 서신을 보내왔는지는 미상
1624년 도쿠가와 이에미츠 국서	'일본국원가광'을 '일본국왕원가광', 여 → 과인, 채납 → 내증	

셋째는 내용상 문구를 가감·교체한 것인데, 이는 답장 형식의 서신을 처음 보내는 형식으로 고치면서 이와 문구를 맞추기 위한 것이거나 대등외교상 무례한 문구로 지적되어 조선 측으로부터 개정을 요구 받은 부분이다.

넷째는 연호 부분인데, 이는 일본 측에서 중국 연호를 사용하던 종전의 외교상 관례를 위배하였다는 단순한 이유도 있지만, 조선의 입장에서 보면 당시 연호는 오직 천자의 나라인 중국에서만 제정할 수 있는 것으로 제후국에서는 이를 도입해서 써야 하는 것이었다. 그런데 일본 측에서 독자의 연호를 쓰게 되면 일본은 중국과 격이 대등해지게 되고, 중국의 연호를 쓰는 조선은 일본과 비교해 한 단계 낮은 나라가 되기 때문이다.

다섯째는 별폭別幅의 개작이다. 별폭이란 서신을 보내면서 별도로 작성한 선물 목록을 말하는데, 이는 대마도를 비롯한 외교 관계자들이 조선이 마치 많은 물품을 일본에 바치는 것처럼 꾸며 자신들의 외교적 주선 능력을 과시하고자 한 것에서 비롯되었다.

그렇다면 국서 개작에는 누가 가담하였을까. 우선은 일본 측에서는 야나가와柳川가의 외교 관계자를 포함한 대마도의 외교관계자들이 주도적 역할을 했고, 일부 막부의 관계자도 음양으로 이에 가담하였으리라는 것을 여러 자료를 통하여 알 수 있다. 또 조선 측에서는 우선 역관들의 가담을 추정할 수 있다. 구체적으로 증빙되는 사실은 아니나 이미 사신으로 간 사람들이 이 사실을 감지할 수 있었을 정도라면 일본 측의 실무자를 만나 모든 외교 업무를 처리하고 있던 역관들이 이를 몰랐을 리가 없다. 그렇다면 적극적인 공모는 아니었더라도 묵인(?) 정도는 충분히 예상할 수 있다. 이는 조선에서 건너갔던 사신도 마찬가지이다. 특히 1607년 일본에 건너갔던 여우길, 경섬 등도 국서 개작 사실을 알고도 이

를 적극 규명하려는 의지를 보이지 않았다. 따라서 일부의 주장에
서처럼 국서 개작에 조선 측의 사신이 일본 측의 외교 실무자와
담합·공모하지는 않았다고 하더라도 일부 사신은 이 사실을 알
고도 묵인하였다는 것을 짐작할 수 있다.

△ 통신사행렬도의 국서부분

○ 국서 개작의 발각

이 국서 개작 사건은 엉뚱하게도 1631년부터 본격화하기 시작한 대마도주 소 요시나리宗義成와 그의 가신家臣 야나가와 시게오키柳川調興의 세력 다툼 과정에서 폭로되었다. 시게오키는 본인도 이 일에 관여하였음에도 불구하고, 도주島主의 잘못을 공격하기 위하여 이 사실을 들추어냈다.

도쿠가와 막부에서는 1635년 이 사건을 재판하였는데, 결국은 시게오키측의 패소로 결정되었다. 그러나 소씨 측의 일방적인 승리는 아니었다. 소씨 측에서 매우 중요한 역할을 하고 있던 외교승 겐보玄方가 처벌을 받았기 때문이다. 그런데 판결 결과를 보면 두 가지 의문이 남는다.

첫째는 왜 사건과 관련하여 그야말로 하수인격인 관련자만이 사형에 처해지고 시게오키와 같은 주모자는 의외로 유배형이라는 가벼운 처벌을 받았느냐 하는 것이다. 즉, 종범從犯이 극형에 처해질 정도의 중대한 죄를 저지른 수범首犯에게 오히려 가벼운 처벌을 내린 것은 무슨 이유에서인가 하는 문제이다. 그는 비록 생전에 복권되어 다시 활동하지는 못하였지만 츠가루津輕번에서 죄인의 생활이라고는 볼 수 없는 유유자적한 생활을 하였던 것으로 알려지고 있다. 단순히 시게오키가 상당수의 막료幕僚와 친분이 있었다는 것만으로 설명될 수 있는 일일까.

둘째는 쇼군인 이에미츠家光는 어째서 소씨 편을 들었는가 하는 문제이다. 사실 따지고 보면 요시나리는 그의 주장대로 국서 개작 사건에 대하여 알지 못하였다고 하더라도 그의 측근이 이에 가담하였고, 궁극적인 책임은 도주인 그에게 있었기 때문에 책임을 면할 수 있는 상황이 아니었다. 막부 측에서 소씨 이외에 양국의 외교 업무를 대신할 다른 대안이 없었기 때문이라고 보는 것이 일반적인 견해지만 충분한 설명은 되지 못한다. 시게오키에 대한 가벼운 처벌과 연계하여 볼 때, 국서 개작 사건에는 사실상 이에야스 시대 이래 막부의 쇼군 내지는 막부 관료가 직·간접으로 연계되어 있었기 때문은 아닐까?

일본에서 국서 개작 사건에 대한 재판이 있은 그 이듬해인 1636년 일본에 파견된 조선 사절은 시종 소씨의 편을 들어주었다. 이미 재판은 끝났지만 조선 사절의 말에 따라서 그 결과가 번복될 수도 있는 상황에서 조선 측은 소씨에게 협조적이었던 것이다. 이는 조선 측에서도 소씨가 계속 양국의 사이에서 외교업무를 담당하는 것이 여러 측면에서 유리하다고 판단하였다는 것을 의미한다.

국서 개작은 대마도를 외교 중개자로 하는 양국의 특수한 외교 방식, 그리고 한일 양국간의 상호인식의 미흡에서 비롯된 사건이다. 일본 측은 이 사건을 계기로 대마도의 이정암以酊庵에 윤번輪番으로 막부에서 파견한 외교승을 주재시켜 외교업무를 감독하게 하였고, 문제가 되었던 칭호에 있어서도 '대군大君'이라고 하는 다소 생소한 타칭他稱만의 칭호를 쓰게 되었다. 상호간 진정한 대등국으로서의 교감交感·인식은 보류된 채 외형만 변하게 된 것이다. 이러한 진정한 상호인식의 부족은 근·현대사에 또 다른 형태로 표출되어 양국 관계를 악연惡緣으로 치닫게 하였다.

참고문헌

閔德基, 「朝鮮朝前期の日本國王觀－'敵禮'的觀點より」『朝鮮學報』
132집, 1987.
유재춘, 「임란후 한일국교 재개와 국서개작에 관한 연구」『강원사학』2
집, 1986.
유재춘, 「조선후기 조·일 국서 연구」『한일관계사연구』창간호, 1993.
손승철, 『근세조선의 한일관계연구』, 국학자료원, 1999.
손승철, 『조선시대 한일관계사』, 지성의 샘, 1994.
손승철·유재춘 역, 『근세한일외교비사』, 강원대출판부, 1987.
최영희, 「임진왜란중의 대명사대에 대하여」『사학연구』18, 1964.
田中健夫, 『中世對外關係史』, 東京大學出版會, 1975.
中村榮孝, 「交隣關係の復舊」『日鮮關係史の研究』下, 吉川弘文館,
1969.

평화의 외교승, 사명대사의 탐적사행

손 승 철(강원대학교)

◦ 조선에서는 왜 승려를 파견했나

조선과 일본관계에서 승려들의 외교적인 역할은 이미 조선 건국 초기부터 나타난다. 조선에서는 건국직후인 1392년 11월 승려인 각추覺鎚를 아시카가足利義滿 장군에게 파견하여 왜구금압을 요청하였는데, 일본에서도 장군이 아니라 승려인 쥬카이絶海中津의 명의로 왜구 금지와 함께 피로인 송환을 약속하는 답서를 보내왔다. 양국관계에서 이렇게 외교적인 역할을 한 승려들을 외교승外交僧이라고 부르는데, 조선 전기 70여 회나 파견된 일본 국왕사의 대부분이 외교승이었다.

일본에서 승려를 사절로서 조선에 보낸 이유는 승려들의 종교적인 활동이 목적이 아니라, 한자문화권에서 그들이 가진 어학력·작문력·교양 때문이었다. 즉, 일본에서 정치권력을 장악한 무사들은 한자문화에 약했고, 따라서 막부와 밀접한 관계를 가진 교토京都 임제종臨濟宗의 오산승려五山僧侶들이 외교문서 기초와 외교 사절의 역할을 담당해 왔다.

이 같은 현상은 막부 장군이 아닌 다른 지방 영주들의 경우도 마찬가지였다. 예를 들면 1419년 큐슈절도사가 파견한 외교승 마사스케正祐는 이듬해에 일본 국왕사와 같이 7개월간 한양 부근의 홍천사에 머물렀다. 1424년에 조선에 온 원재源才는 조선에서 발병하여 양주 회암사에서 사망했는데, 조선 정부가 양주고을에 명하여 그 비용을 부담케 하여 후하게 장사 지내주었다는 기록이 남아있다.

이와 같이 조일 간에는 이미 조선 초기부터 외교승들에 의해 양국의 외교 현안을 해결해 가는 전통을 가지고 있었으며, 이들 일본 외교승의 상대 역할로 조선 승려들도 조일 외교에 일정한 역할을 수행했다고 여겨진다. 따라서 사명대사가 탐적사로 선정되었다는 점은 이러한 외교적 관행 속에서 이해해야 할 것이다.

임란 직후, 강화에 대한 조선 측의 입장은 일본에 대한 적대감과 피해의식으로 인하여 처음부터 거부적인 분위기였다. 그래서 한때는 강화보다 오히려 복수심을 갖고 대마도 정벌을 논의하기도 했다. 그러나 일본과의 전쟁 상태를 종결해서 민심을 안정시키고, 일본에 끌려간 피로인을 쇄환시켜야 한다는 요구가 있었고, '일본 재침설'의 유포와 북방 후금세력의 팽창에 대한 새로운 경계의식과 위기의식도 고조되어 있었기 때문에, 가능한 한 남쪽 일본과 관계를 서둘러 안정시킬 필요가 대두되었다. 때문에 전쟁이 종결된 직후부터 일본 국정을 탐색하기 위한 논의가 있었다. 그리고 탐색을 위한 사자를 파견할 경우 처음부터 임란 당시 강화회담의 경험이 있던 사명대사가 거론되고 있었으며, 1601년 12월에는 이미 선조로부터 그의 파견에 대한 윤허가 이루어졌다. 그러나 탐적사의 파견이 시기상조라는 반대도 있었기 때문에 시행되지는 않았다.

그러던 중 1603년 10월 사츠마에 억류되어 있던 김광이 귀국했다. 김광은 귀국 후, 즉시 상소를 올려 일본의 동향을 전하고 있는데, 그는 조선이 화호를 불허하면 일본이 재침할 가능성이 있다고 보고했다. 김광의 상소에 의해 국내의 동요는 적지 않았다. 당시 비변사에서는 김광의 상소를 심각하게 받아들여 일본의 재침설과 화호 요구에 대한 진위를 확인하기 위한 탐적사의 파견이 다시 논의하였다.

1604년 3월, 조정에서는 마침내 전부터 계획하고 있었던 사명대사의 대마도 파견을 결정했다. 비변사에서는 사명대사를 선정한 이유는 다음과 같이 기록하였다. "유정惟政이 왕년에 여러 차례 가토 기요마사加藤淸正의 진을 드나들어 기요마사와 문답할 때에 큰 소리를 치며 굴하지 않았는데, 기요마사가 이를 매우 좋게 여겨 매양 유정의 사람됨을 일본인에게 칭찬했다 하며, 일본에서 탈출해 온 사람들이 많이 말하기를 '왜인들이 유정의 이름을 전해가며 칭찬하였다'고 합니다. … 이번에 유정이 바다를 건너가면 당연히 고승으로 지목되어 왜인들이 존경하게 될 것입니다"라고 했다.

그러나 『조선왕조실록』에는 탐적사로 사명대사를 선정한 것에 대해, "신은 논한다. 불공대천의 원수와 강화하는 것만도 이미 수치스러운 일인데, 또 일개 사문沙門의 힘을 빌려 일을 이루려고 하다니, 육식자肉食者의 꾀가 비루하다 하겠다"라고 하여, 사명대사를 폄하하고 있다.

∘ 탐적사의 파견과 대일 강화 조건

사명대사 일행의 일본 파견이 결정되면서, 사절단의 명칭은 목적에 맞게끔 탐적사探賊使로 했다. 탐적사란 적을 정탐하기 위한 사절을 의미하는데, 이때 적국敵國을 의미하는 것이 아니라, 도적놈을 의미하는 적賊이었다. 당시 조선의 대일감정을 단적으로 드러내는 호칭이다. 물론 일본 측에 이 호칭이 공식적으로 제시된 것은 아니다.

사명대사의 파견이 임박하자 비변사에서는 밀지를 내려 이들이 대마도에 갔을 때, 만약 대마도 측이 막부에 가줄 것을 요구할 때에는 일단은 거부를 하지만, 이번 사행의 목적이 일본 국정을 탐색하는 것이기 때문에 대마도에서 막부에 가주기를 강청해 온다면, 그 때는 못이기는 척하면서 동행하도록 지시하였다.

사명대사 일행은 1604년 6월 22일, 국왕 선조에게 하직인사를 하고, 7월 1일 한양을 떠났다. 8월 20일 부산 다대포를 떠나 대마도에 도착하여 3개월간 대마도에 머물렀다. 그해 11월 일자는 알수 없으나 대마도를 떠나 12월 27일 교토에 도착했다. 그는 교토에서 일본의 고승들과 시문을 주고받으면서 서너 달을 보낸 후, 1605년 3월 5일 손문욱과 더불어 후시미성에 들어가 도쿠가와 이에야스를 만났다. 도쿠가와 이에야스와 사명대사의 구체적인 회견 내용은 자료가 없어 현재로선 알 수 없다. 다만 대다수의 자료에서 "이 회견에서 조일 간의 화의가 정해졌다"라고 기록되어 있다. 이에야스는 사명대사와의 회담에 상당히 만족한 것 같다. 그이유는 이 회담을 주선한 대마도주에게 추가로 2천 석의 봉록을 주었고, 그의 가신에게도 추가로 1천 석을, 그리고 사명대사를 안내했던 승려 겐소에게도 자색 승복을 하사했다고 한다. 그리고 조선인 피로인의 쇄환을 약속받았다. 그 결과 1605년에 1,390명, 2년 후인 1607년에 1,249명, 도합 2,639명으로 대략 3,000명의 피로인을 쇄환시켰다.

사명대사는 귀국 후 선조에게 복명을 하였을 터이지만, 그 내용에 관해서 실록에는 아무런 기록이 없다. 뿐만 아니라 도일 기간의 구체적인 활동에 관해서도 『사명당대사집』 『분충서난록』과 『사명당의 생애와 사상』에 수록된 시문 및 자료 외에는 아직 발견되고 있지 않다. 도일 기간 중 조선 정부에서도 그의 행방을 알 수 없어서 선조도 여러 차례 그의 안부를 물었는데, 그 관련 내용이 『선조실록』에도 5군데나 기록되어 있다. 그러나 사명대사의 귀국 후부터 조선 조정에서는 강화에 관한 구체적인 논의가 이루어졌고, 대마도에서 강화의 조속한 타결을 요청했다.

그리하여 조정에서는 대체적으로 일본의 강화에 대하여 허화를 원칙으로 하되, 신중히 대처할 것과 허화는 기미책으로 할 것을 강조했다. 그리고 우선은 통신사보다 관리를 파견하여 대마도의 요구를 들어주는 체하면서, 막부의 진의를 직접 탐색하기로 하였다.

그리고 조정에서는 막부에 보낼 서계를 작성하였다. 서계의 내용은 히데요시를 '만세불망지수萬歲不忘之讐'로 비난하고, 그에 반해 이에야스는 임란 때 군대를 조선에 파견하지 않았다는 점, 히데요시에 반하는 행동을 취해 왔고 피로인의 쇄환에 협력하고 있다는 점 등을 열거하고, 이에야스가 조선과의 수호를 바라고 있는 것이 사실이라면 강화를 배척하지는 않겠다고 하였다. 그리고는 이에야스가 왜 지금껏 강화를 요청하는 서계를 보내지 않고 대마도를 통하는가를 따지면서, 일본 국왕 명의로 된 강화 요청 서계와 임란 당시 왕릉의 도굴범인 '범릉적犯陵賊'을 보내주면, 새로운 화호를 열어가겠다고 통보했다.

∘ 교린관계의 부활

강화의 두 가지 조건인 일본 국왕 명의의 「국서」와 범릉적의 소환은 한일관계사에 매우 중대한 의미를 갖는다.

즉, 일본 측에서 강화를 요청하는 국서를 먼저 보내라는 「선위치서先爲致書」는 조선에서 일본이 임진왜란의 침략 행위를 사죄하지 않으면 강화 요청에 응할 수 없다는 강한 의지를 나타낸 것이다. 뿐만 아니라 조선에서는 막부가 보내올 서계 양식에 관하여서도 이에야스를 '일본 국왕日本國王'으로 칭하도록 요구하였다.

그 내용이 『조선왕조실록』에는 상세히 기록되어 있다.

> 전년에 천조가 이에야스를 일본 국왕에 봉하였는데, 이는 진실로 너의 나라에 막대한 경사이나 책사를 멸시하여 접대하고 다시 군병을 일으키었으니 그 죄는 용서받기 힘들 것이다. 지금 이에야스가 비록 히데요시에 반하는 행위를 한다고 하나 우리나라가 어찌 감히 천조에 거슬리게 국왕의 호칭을 마음대로 쓰겠는가 … 이에야스가 치서하는 경우, 반드시 일본 국왕이라고 칭한 이후라야, 우리 회답서에서도 일본 국왕의 호를 쓸 것이다.

이 내용은 사료의 문맥으로 보아서 적어도 다음 세 가지의 의미를 생각할 수가 있다. 첫째, 도요토미 히데요시는 조선을 침략하여 명을 중심으로 한 동아시아의 책봉 질서를 파괴했다는 점, 둘째, 도쿠가와 이에야스가 일본의 최고 통치자로 인정받기 위해서는 명으로부터 일본국왕으로 책봉을 받아야 한다는 것, 셋째, 조선은 명의 책봉을 받은 일본 국왕과 대등한 입장에서 강화를 하겠다는 것이다.

다시 말해 당시 조선에서는 일본과 강화를 할 경우, 일본의 최고 통치자와 강화를 하겠다는 것이고, 조선이 인정하는 일본의 최고 통치자란 명의 책봉을 받은 자라야 한다는 것이다. 조선 측의 이러한 요구는 결국 조일 양국의 강화를 통하여 명을 중심으로 한 사대교린事大交隣의 동아시아 외교질서를 재편하겠다는 의도로 이해할 수 있다.

강화의 전제가 된 또 하나의 조건은 '범릉적박송'이었다. 나카무라 에이코中村榮孝는 범인이 불명확함에도 일본군의 소행이라고 하면서 범인을 요구한 것은 조선 측이 내정상의 난문제를 해결하려는 터무니없는 요구라고 하였다. 그러나 당시 조선 측에서 범릉적의 문제를 제기한 것은 범릉의 행위를 결코 개인적인 범죄가 아니라 조선이란 국가를 범한 것에 대한 응징을 의미하는 내용을 가지고 있었던 것이다.

조선 측에서 제시한 두 가지의 강화 조건은 1606년 8월 전계신을 파견하여 대마도에 전달되었는데, 조선에서는 이들을 사전 교섭없이 일방적으로 파견하였다. 대마도에서의 주된 교섭 내용은 앞서 조선에서 논의된 이에야스로부터의 국서와 범릉적의 소환 문제였다. 그런데 이 교섭은 의외로 빨리 이루어져 대마도 도항 후 불과 1개월만인 9월에 장군 국서의 초안이 조선에 보내지고, 전계신은 앞으로 막부에 파견될 사신의 임명, 서계, 예단 등에 대한 요청을 하였으며, 조정에서는 1590년의 예에 따라 10월 15일 경에는 이미 삼사의 선발을 끝내고 있다. 이로 보아 조선 측에서는 이미 제시한 조건이 이행될 것을 예상하고 있었던 것을 알 수 있다.

11월이 되어 대마도에서는 국서와 범릉적으로 대마도인 두 사람을 압송하여 왔다. 조선에서는 예상보다 빠르게 조건이 이행이 되자, 적지 않은 의혹과 함께 국서나 범릉적의 진위 문제 등에 대한 논의가 있었다. 물론 조선에서는 전계신의 치계 등에 의하여 그것들이 위서와 위자임을 알고 있었다. 그러나 명분상 조선의 요구가 관철되었고, 강화 교섭의 주도권을 조선이 갖게 되어 당초의 계획대로 강화를 성립시키기로 하고 사신을 파견하기로 결정하였다.

이렇게 하여 마침내 1607년 1월, 강화를 위한 조선의 사절단이 막부에 파견되었다. 그러나 조선 측은 사절단의 명칭을 신의를 통한다는 의미의 통신사通信使로 하지는 않았다. 당초부터 적중의 형세가 믿을 수 없어 통신이라는 칭호는 사용할 수 없으니, 일부 통유通諭로 하자는 제안도 있었다. 하지만 선조는 인국에 유자를 쓰는 것은 어려움이 있다고 하면서, 일본의 치서에 대하여 회답을 하는 것이니 회답으로 하자고 하였다. 한편, 당시 조선으로서는 국내적으로 임란 때 납치된 피로인의 송환 문제도 중요한 과제였으므로, 사신이 출발하기 앞서 불과 일주일 전에 회답겸쇄환사回答兼刷還使로 결정하였다.

인원의 편성은 비변사로부터 1590년의 예에 따라서 정사에 여우길, 부사에 경섬, 종사관에 정호관을 임명하였다. 일행의 총인원에 관하여는 기록에 따라 차이가 있지만, 실제로 귀국 후 복명을 위해 기록한 부사 경섬의 『해사록』에 의하면 406명으로 되어 있다. 이들은 1607년 1월 12일 한성을 출발하여, 2월 29일에는 부산을 떠나 대마도를 거쳐 오사카까지는 해로를 이용하여 갔고, 4월 12일 교토를 거쳐 5월 24일에 에도에 도착하였다. 이어 6월 6일 선조의 회답 국서를 전달한 후, 도쿠가와 히데타다 명의의 회답서를 받고, 동 14일에 에도를 떠나 귀로에 올라 7월 17일에 피로인 1,240여 명과 함께 한양에 돌아와 선조에게 복명하였다.

이로써 임진왜란에 의하여 단절된 양국의 국교가 정식으로 회복되었다고 할 수 있다.

◦ 탐적사행의 외교사적 의미

　1592년 일본의 조선 침략으로 시작된 7년간의 무모한 전쟁은 동양 삼국에 커다란 정치적인 영향은 물론, 침략을 당한 조선에게는 아물 수 없는 전쟁의 깊은 상흔을 남겨 놓았다. 그 결과 조선은 일본을 불구대천의 원수 나라로 여기게 되었고, 임란전과 같은 교린관계를 회복하는 일이 결코 쉽지 않았다.

　그러나 조일 간의 강화교섭은 의외로 빨리 진척되어 종전 후 불과 5년만인 1604년 6월에 조선에서는 사명대사와 손문욱을 탐적사로 파견하였다. 탐적사 일행은 대마도를 거쳐 교토에 가서 도쿠가와 이에야스와 아들 히데타다를 만났고, 이듬해 5월에 귀국했다. 그후 조선에서 제시한 두 가지의 강화 조건이 이행된 후, 1607년 1월, 회답겸쇄환사가 장군에게 파견되어, 국서를 교환함으로써 양국의 국교가 정식으로 재개되었다. 그리고 1609년에는 기유약조가 맺어지고, 1611년부터는 세견선이 도항해 옴으로써 조선 후기 260년간의 교린관계가 회복되었다. 결국 사명대사의 탐적사행에 의해 양국 간에 강화의 분위기가 조성되었고, 이어 강화사절인 회답겸쇄환사가 파견되어, 마침내 조일 교린관계가 회복되었다고 볼 수 있다.

　그러나 이 논리의 검증을 위해서는 다음과 같은 의문들이 해소되어야 한다. 첫째, 사명대사가 귀국 후에 선조에게 어떠한 사항을 복명했으며, 도쿠가와 이에야스는 왜 서계를 보내지 않았을까. 둘째, 사명대사의 귀국 후 왜 곧바로 강화사가 파견되지 않았으며, 사절 파견을 위한 두 가지 전제조건은 무엇을 의미하는가. 셋째, 이에야스의 국서와 범릉적이 왜 위작되는가 등이다.

이상의 의문들에 대해 현단계에서 충분치는 않지만, 다음과 같은 설명이 가능하다.

첫째, 사명대사의 도일 목적이 처음부터 도쿠가와 장군에게 파견된 사행이 아니었다. 즉, 조선 정부에서도 논의한 것처럼 일본 국정을 탐색하기 위한 개인 자격이었기 때문에 사명대사 자신도 선조의 국서를 휴대하지 않았다. 따라서 막부 장군의 국서를 받아 온다는 것은 외교관례상 불가능한 일이므로, 귀국시 장군의 국서를 휴대하지 않았다는 것은 문제가 될 수 없다. 따라서 선조에게 복명할 때도 도쿠가와 이에야스의 강화 의지를 전달하는 정도였을 것이다. 이점은 귀국 후 대마도주의 서계 등에서도 분명히 언급하고 있다.

둘째, 조선에서의 강화에 대한 논의와 제시된 두 가지 조건은 전쟁 재발을 막기 위한 제도적인 장치로서, 책봉과 교린이라는 동아시아 외교 질서를 재확립할 필요에서 이루어진 것이며, 동시에 조선이 전쟁의 피해국이었기에 전쟁에 대한 사과와 외교 교섭의 주도권을 가지고 강화를 성립시키려는 의도였다고 판단된다.

셋째, 국서 개작과 범릉적 조작은 조선 전기부터 관행처럼 자행된 위사를 이해하지 않으면 안 된다. 즉, 조선 전기 한일관계를 보면 상식적으로는 이해할 수 없는 일이지만, 일본 국왕사부터 중소 영주의 사절小酋使에 이르기까지 일본으로부터 위사의 파견은 이미 관행이 되어왔다. 따라서 이것은 조선 측의 반응에서 볼 수 있는 것처럼 조선의 외교적 명분이 이루어진 이상 더 이상 큰 문제가 아니었다.

이상의 내용을 통하여 볼 때, 사명대사의 탐적사행은 7년간의 불행한 전쟁을 종결시키고 두 나라가 전통적인 교린관계를 회복하는 데 결정적인 계기를 만들었고, 나아가 동아시아 외교질서를

회복한다는 외교사적인 의미를 부여하는 데 더 이상 주저할 이유
가 없다. 그러나 사명대사 일행의 명칭은 탐적사였고, 강화 사절
의 명칭도 회답겸쇄환사였다. 조선과 일본의 전통적인 교린관계
를 상징하는 통신사의 파견은 그로부터 30년이 지난 1636년이 되
어서야 비로소 이루어지고 있다. 이것이 이 시기의 한일관계가 지
닌 특징이자 한계점이다.

참고문헌

손승철, 「송운대사(사명당) 대일사행의 외교사적 의미」『한일관계사연구』
　　　제21집, 2004.
손승철, 『조선시대 한일관계사연구』, 경인문화사, 2006.
中尾宏, 曺永祿, 『朝鮮義僧將 松雲大師と德川家康』, 明石書店, 2002.
貫井正之, 「임진정유왜란 및 전후의 조일교섭에 있어서의 유정(송운대
　　　사)의 활동에 관한 고찰」『朝鮮學報』 제187집, 2001.

신의의 상징인가, 조공의 상징인가
― 조선시대 통신사의 이해 ―

홍 성 덕(전북대학교)

○ 통신사에 대한 평가

통신사는 일본의 최고 통치자인 막부 장군幕府將軍에 대한 경하와 조문을 하거나 두 나라의 긴급 문제를 해결하기 위해, 조선 국왕의 국서國書와 예단을 지참한 중앙 관리 3인을 비롯하여 총 470~500여 명으로 편성된 외교사절이다. 일본은 몇 개월 전부터 통신사 접대를 준비하였고, 수많은 문인들이 통신사의 숙소에 모여들어 이국 선진문화에 대한 동경과 흠모를 아끼지 않았다. 통신사행의 역사적 자취는 아직도 일본 곳곳에 남아 있어, 당시 두 나라의 성숙된 우호관계를 말없이 이야기하고 있다.

그러나 통신사에 대한 역사적 평가는 식민사관植民史觀에 기초한 왜곡된 수준을 벗어나지 못하고 있다. 1970년대 이후 '선린외교善隣外交'와 '문화 교류'의 통신사로 재평가되기 시작하였지만, 통신사에 대한 역사적 평가가 제자리를 찾은 것은 아니다. 1960년대 이후 30여 년 동안 통신사 연구에 몰두해 온 미야케 히데토시三宅英利는 일본의 끊임없는 불법에 대한 속죄의 계기가 되기를 바란다고 했다. 그는 통신사에 대한 여러 의문점을 해결하고 조선의 태도에 대해 많은 지면을 할애하였지만, 일본사적 관점을 벗어나 논쟁점들을 풀어가지는 못하였다. 그의 연구에 의하면 조선 후기 두 나라의 상호이해가 가능했던 것은 동일한 외교이념(화이華夷질서, 자민족自民族중심주의)을 공유하고 도쿠가와의 피전주의避戰主義, 조선의 현실주의가 지켜졌기 때문이라고 한다. 그러나 그의 평가에는 통신사의 보편적인 역사성이 사장되어 있다. 조선의 현실주의란 조선 약체관을 바탕으로 하고 있으며, 피전주의란 도쿠가와 정권의 평화성을 강조하는 논의에 지나지 않고, 자민족중심주의는 본질을 우회하는 편의적 평가 틀을 벗어나지 못한 것이다.

한 세기 동안 지속된 일본의 통신사 연구에 비해, 한국 내의 연구는 거의 없는 상황이다. 또한 정치·외교적 평가와 문화 교류라는 상이한 시각에서의 접근으로 통신사의 실체를 둘러싼 왜곡되고 편의적인 논쟁점은 정리되지 않았다.

◦통신사는 조선 후기에만 파견된 것이 아니다

통신사는 일반적으로 조선 후기 조선 국왕이 일본 막부 장군에게 보낸 외교 사절로 총 12회가 파견되었다고 한다. 대부분의 교과서는 물론이고 한국사 개설서에도 그렇게 쓰여 있다. 통신사는 조선 후기 그러니까 일본의 에도시대에만 12회에 걸쳐 일본에 파견되었다는 것이다. 그러나 통신사가 처음 등장한 것은 고려 우왕 원년(1375) 2월로, 당시 고려 정부는 왜구를 금지하기 위하여 나흥유를 통신사로 일본에 파견하였다. 조선 전기 역시 7차례 걸쳐 통신사 파견 논의가 있었고 그 중 1428년 박서생, 1429년 고득종, 1443년 변효문, 1590년 황윤길, 1596년 황신 등 총 5차례의 통신사가 일본에 왕래하였다.

한편, 조선 후기에 12회의 통신사가 파견되었다는 것도 잘못이다. 12회라는 파견 횟수는 3차례의 회답겸쇄환사와 9차례의 통신사를 일률적으로 합산한 것에 지나지 않는다. 회답겸쇄환사는 임진왜란 직후 3차례(1607, 1617, 1624) 파견된 조선 국왕의 대일본 외교 사절로, 일본 장군의 국서에 회답하며 아울러 왜란 때 잡혀간 포로를 송환하는 임무를 띄고 있었다. 그 파견 과정이나 사행의 명칭을 논의한 자료에 의해서도 분명히 알 수 있듯이 회답겸쇄환사는 신의로 통한다는 '통신사'의 사용이 불가하다는 전제하에 사용된 것이다. 이는 도요토미 히데요시의 조선 침략에 대한 조선 정부의 의지가 반영된 것이다. 따라서 사절단의 편성이나 여정이 1636년 이후 통신사행과 유사하다는 평면적인 사실만을 가지고 '통신사'로 파악하는 기존의 연구는 재고되어야만 한다.

이렇듯 통신사는 조선 후기에만 파견된 것이 아니라, 조선시대 전 기간에 걸쳐 일본에 파견된 조선의 국왕 사절이다. 따라서 통신사를 굳이 조선 후기의 대일사행으로 규정할 필요는 없으며, 파견횟수 역시 14회로 파악해야 한다. 그럼에도 통신사가 조선 후기의 대일본 외교 사절로 인식된 이유는 무엇일까? 조선시대 통신사는 일본의 아시카가足利 정권과 도요토미豊臣 정권 그리고 도쿠가와德川 정권의 최고 통치자에게 보내졌다. 그런데 중세시대에서 근세로의 변화에 주목한 일본의 연구자들이 조선 통교에 있어 도쿠가와 정권의 근세적 특성만을 강조한 결과, 조선 전기와 후기의 차별성이 지나치게 강조되었다. 반면, 조선은 신의信義로써 이웃 나라를 대한다는 '교린정책'을 일관되게 시행하였다. 일본과 달리 동일왕조가 지속되고 대외정책 역시 근본적으로 유지되었기 때문에, 조선시대 한일관계는 전·후기의 차별성을 강조하기 이전에 전기와 후기의 연속선상에서 파악되지 않으면 안 된다.

◦ 통신사는 왜 일본에 갔는가

정사正使(통신사행의 우두머리)를 비롯해 총 470~500여 명 정도로 편성된 통신사가 6~9개월이란 긴 시일을 소요하면서 일본을 왕래한 이유는 무엇일까? 통신사의 기능과 성격에 대하여 두 나라의 연구자들은 상이한 시각은 가지고 있다. 한국은 '교화敎化의 일환으로 파견한 문화 사절'로서의 성격을 강조하고 있으며, 일본은 '장군 즉위 축하'라는 통신사의 외교 의례 행위를 자국의 정치세력과 관련지어 정치 사절로서 이해하고 있다. 즉, 조선은 병자호란(1636년) 이후 재편된 국제질서의 변화에 능동적으로 대처하기 위하여, 남쪽의 평화를 확보하려는 차원에서 '통신사'의 파송을 결정하였다. 그러나 명분상으로는 문화적 우월감에 바탕한 '소중화의식小中華意識, 朝鮮中華主義'과 일본 이적관夷狄觀이 혼재되어 '교화'의 목적이 강하였다. 특히 '한문화韓文化의 일본 전파'라는 문화사절로서의 성격이 통신사 평가의 주류를 이룬다. 한편, 일본은 통신사를 맞이함으로써 일본의 최고 통치자이자 외교권자로서 도쿠가와 막부 장군의 지위를 국제적으로 공인받고, 국내 제후들에게 자신의 정치적 우위를 과시할 수 있었다는 점을 중시한다. 나아가 동북아 국제질서를 바탕으로 통신사를 평가하지 않고 '일본형화이질서日本型華夷秩序' 속에서 조선시대 통신사를 평가하고 있다.

그러나 이러한 평가들은 조선 후기의 통신사(3차례 회답겸쇄환사 포함)만을 대상으로 하고 있다는 점에서 지엽적이다. 통신사가 조선시대 전 기간에 걸쳐서 파견된 사실을 고려한다면, 통신사는 기본적으로 정치 사절이다. 그리고 정치적 목적이 곧 장군의 즉위를 축하는 것은 아니며, 교화를 위한 것도 아니다. 장군의 즉위를 축하하는 것은 외교적 의례행위에 지나지 않는 것으로, 그의 통치력과 자국의 필요에 의해서 이루어졌다. 조선 정부가 아시카가 장군의 즉위를 2차례만 축한 것은 그의 통치력이 약했기 때문이며, 청나라를 중심으로 동북아시아 국제정세가 다시 균형을 이루는 17세기 후반까지, 장군 즉위 축하가 정례화되지 못한 것은 국제질서의 변화에 따른 조선의 대외정책이 표출된 결과이다. 통신사의 이미지가 문화 사절로 변화·강화된 것은, "조선의 사신들이 올 때마다 반드시 필담창화筆談唱和가 있었으며, 1682년과 1711년부터 그런 일이 성행되기 시작했다"라고 한『통항일람』의 기사에서 확인할 수 있듯이, 국내외 정세가 안정되고 조선과 일본의 외교체제가 재확립되는 18세기 이후의 일이다.

◦ 왜곡된 일본의 통신사관

에도 막부의 도쿠가와 장군이 최고 통치자인 장군의 권위를 높이기 위하여 조선에 통신사 파견을 요청하고, 대등한 국가 사이에 이루어지는 성신誠信의 상징으로 조선이 통신사를 파견했음에도, 통신사는 에도시대 초기부터 '조공 사절朝貢使節'로 둔갑하기도 하였다. 조선에 대한 멸시감과 대립감으로 위장된 이 편견은 일본의 율령시대 이래 형성된 조선관에 기초한 것으로, 조공 사절관은 일본 내에서 국학이 발전하게 되는 18세기 중반 이후 대두되었다. 이것이 해방론자海防論者와 침한론자侵韓論者들에게 계승되어 식민사관의 일환으로 자리를 잡아갔다. 2차 대전 후 이 논의는 주춤하였으나 최근 일부 연구자에 의해 다시 제기되고 있다.

통신사를 조공 사절로 보는 주된 이유는, 일본의 막부 장군이 바뀔 때 조선 국왕이 국서를 바치기 위해 통신사를 보냈다는 것과 통신사와 비견되는 일본의 사절日本國王使이 파견되지 않았다는 것이다. 그러나 조선 후기 통신사의 파견 과정과 일본의 접대 방식 및 외교의례 등에 대한 언급 없이, 그리고 조선이 파견한 총 65회 사절(국왕사절 10회)과 일본이 보낸 총 5,000여 회(일본국왕사 61회)의 조선 전기 사절왕래를 도외시하고, 아울러 조선 후기의 통신사를 비롯한 모든 사행의 왕래 및 성격에 대한 검토 없이, 통신사를 '조공 사절'로 결론지어 말할 수는 없다.

조선은 일본의 파견 요청에 따라, 이웃나라와의 예적禮的 관계와 평화를 유지하기 위해 통신사를 파견했다. 일본은 1,000여 명이 넘는 인원을 동원 통신사를 안내하였고, 매일 3,000명을 동원하여 접대를 준비하는 등, '장군 일대의 성대한 의식'으로 통신사를 맞이하였다. 통신사의 왕래를 더욱 더 필요로 한 것은 조선이 아닌 일본이었던 것이다. 또한 조선 후기에 일본 국왕사가 오지 않은 것은 조선 측이 상경을 거부하였기 때문이다. 도요토미 히데요시가 일본 사절의 상경로를 통해 침략하였기 때문에 취해진, 전쟁도발에 대한 응징책의 일환이었다.

상경금지로 인해 조선 국왕을 알현할 수 없게 되자 일본은 대마도로 하여금 대차왜大差倭를 보내어 조선 국왕의 즉위를 축하하도록 하였다. 1636년 이후 외교사행에 관한 제도가 개편된 뒤, 일본의 외교사행은 대마도에서 전담하여 파견하였고 그 횟수는 총 696회에 달한다. 이를 별차왜別差倭라 하며, 그중 통신사와 장군의 경조사를 담당했던 대차왜는 102회 도항하였다. 반면 조선이 일본에 파견한 외교사행은 통신사 9회, 문위행問慰行(일본어 통역관이 우두머리인 사행으로 대마도주에게 파견되었다) 54회에 불과하다. 따라서 일본의 최고 통치자인 장군의 즉위를 축하였다는 표면적인 사명에 집착해서, 통신사가 '조공'했다고 평가해서는 안 된다.

◦ 과제와 전망

평화적인 나라와 나라 사이에는 수많은 사람들과 물자가 이동하게 되는데, 평화의 균형을 유지하기 위해서는 상호 합의에 의해 체결된 조약의 준수가 무엇보다 중요하다. 그리고 한 나라의 일방적 노력에 의해 국가 간의 평화가 이루어지지는 않는다. 상호 보완적이고 상대적인 제반 요소들이 고려되지 않을 경우, 외교관계에 대한 평가는 천박하고 편향적일 수밖에 없다.

'선린우호'의 상징이었던 통신사의 역사성이 이제껏 일본인의 손에 의해서만 평가되었다는 것 자체가 왜곡과 편향의 우려를 낳고 있다. 평가의 불균형은 곧 연구의 불균형에 기인한다. 따라서 통신사에 대한 역사적 평가를 바로잡기 위해서는 무엇보다 연구자의 저변을 확대하는 것이 선행되어야 한다. 지금까지 일본 내에서 단일 주제로 발표된 통신사 논문은 100편이 넘고, 연구자는 전국에 걸쳐 분포되어 있다. 이에 비해 국내에는 통신사 전문 연구자가 없다. 연구성과 역시 지극히 미미한 실정이고, 그나마 체면을 유지하고 있는 것은 재일 사학자들의 정력적인 연구뿐이다. 연구자의 증대를 통해 해결해야 할 과제는 많다. 국내 정세와 통신사 파견의 관계, 정치세력과의 연관성, 경제적 부담과 파급효과, 대중국 외교정책과의 관련성, 선린우호의 이면에 놓인 외교적 충돌, 식민지 지배로의 이행에 관한 원인규명 등 … 또한 일본과의 관계를 한국사 내에서 적극적으로 규명하려는 연구 풍토가 조성되어야 한다. 일본에 대한 이적관과 문화우월주의는 한국사의 발전 과정을 설명하는 데 결코 바람직하지 않을 뿐더러, 21세기 한일관계의 재정립을 저해할 뿐이다.

참고문헌

손승철, 『조선시대 한일관계사 연구』, 경인문화사, 2006.
손승철, 「조선시대 통신사 개념의 재검토」 『조선시대사학보』 27, 2003.
나카오 히로시 저·유종현 역, 『조선 통신사 이야기』, 한울, 2005.
한일관계사연구논집편찬위, 『통신사·왜관과 한일관계』, 경인문화사, 2005.
한일역사공동연구위원회 편, 『한일역사공동연구보고서』 제2권, 제3권, 2005.

통신사의 식탁에 개고기가 올랐다

정 성 일(광주여자대학교)

◦ 전통은 새로운 전통으로

흔히 우리는 전통음식이라는 말을 곧잘 쓴다. 오래 전부터 즐겨 먹어 온 고유음식이라는 의미로 말이다. 지금도 즐겨 먹는 김치가 그 대표적인 예이다.

그런데 김치의 원래 모습은 지금 우리가 먹는 김치와 매우 다르다. 예를 들어 김치 하면 빼놓을 수 없는 것이 고추인데, 우리 민족이 고추를 먹기 시작한 것은 그다지 오래 되지 않았다. 원래 우리 땅에는 고추가 없었다. 지금 우리가 먹고 있는 고추의 원산지는 칠레에서 멕시코에 이르는 지역이다. 15세기 말 콜럼버스의 '신대륙 발견' 이후 그것이 유럽에 전해졌다. 그 뒤 유럽 상인들에 의해 고추가 일본에 전해졌고, 그것이 다시 우리 땅으로 들어왔으니 16세기 말 임진왜란 이후의 일이다. 더구나 고추와 젓갈이 들어간 양념을 김치에 넣어 먹게 된 것은 그로부터도 백 년이 훨씬 더 지난 18세기의 일이다. 『산림경제山林經濟』라고 하는 책에서 김치 담그는 5가지 방법이 소개되고 있다. 『증보산림경제增補山林經濟』, 1766년에 이르러 비로소 김치에 고추가 첨가되기 시작하고 김치의 종류도 41종으로 늘어나게 된다. 지금으로부터 불과 3백 년 전의 일일 뿐이니, 매운 맛의 붉은 색 고추가 들어간 김치의 역사는 의외로 길지 않다. 이렇게 본다면 몇 백 년 세월이 더 지난 뒤에는 김치의 모습이 지금과 사뭇 달라질지도 모른다.

이제는 김치가 미국이나 일본 그리고 중국 등지에서 인기 식품으로 애용되고 있다. 유럽의 전문 요리사들이 그들의 취향에 맞는 김치를 연구 중에 있다는 소식도 들린다. 인천 국제공항 면세점의 판매 코너를 당당하게 지키면서 해외 여행객의 눈길을 사로잡고 있는 것이 바로 김치이다. 이렇듯 전통음식도 시간이 흐르면서 내용이나 형태가 바뀌기도 한다. 더욱이 음식문화는 어느 한 지역에만 머물러 있지 않고 지역의 경계를 넘나들면서 늘 새롭게 변화하고 있다. 조선시대 통신사의 왕래를 통한 음식문화의 교류도 그러했다.

◦ 통신사 기록은 문화 교류사 연구를 위한 보물창고

통신사란 조선 왕조가 일본 정부에 파견한 외교 사신을 말한다. 사행의 궁극적 목표는 일본과의 평화 관계 구축이다. 그렇게 함으로써 조선의 국내 정치를 안정시키려 했던 것이다. 이 점에서 일본 정부도 크게 다르지 않았다. 조선과 외교관계 구축을 통해 일본 국내의 통치 기반을 공고히 하려 했던 것이 일본 정부가 조선

<그림 1> 1711년 통신사 행렬도 등성 행렬(부분)

출전: 국사편찬위원회 소장본,『조선후기 통신사와 한·일교류사료전—대마도종가사료』, 한국사
학회, 1991, 33쪽.
통신사 일행이 조선 국왕의 국서를 일본의 쇼군에게 전달하기 위하여 에도성으로 들어가는
행렬을 그린 그림. 정사는 일본인들이 끄는 가마를 타고 있고, 말을 탄 군관이 그 뒤에서 호
행하고 있으며, 말을 끌거나 짐을 들고 걸어가는 일본인들의 모습이 보인다.

의 통신사를 초빙하여 접대한 이유 중 하나였다.

　그런데 통신사들이 일본을 왕래할 때는 지금처럼 비행기나 고
속열차로 이동하는 것이 아니라 배를 타거나 가마나 말을 이용하
였다. 바닷길로 이동할 때에는 배가 이용되었는데, 당시의 배는
동력선이 아닌 돛을 단 범선이었다. 그래서 먼바다를 항해하는 것
은 처음부터 쉽지 않았기에 뭍과 가까운 연안 항로가 선택되었다.
바다를 건너 대마도에 도착한 통신사 일행은 다시 육로로 해로로
에도까지 왕복하였다. 많을 때는 5백 명, 적을 때도 3백 명이 넘는
대규모 사절단이 육로나 해로를 이용하여 움직이는 일은 결코 간
단하지 않았다. 일본 국내에서 이동할 때는 일본이 모든 교통수단
을 제공하게 되어 있었다. 그래서 통신사 접대를 위하여 일본은
새로 다리를 놓기도 하고 새 길을 닦기도 했다. 육로로 지나갈 때
는 그들에게 말이 제공되었다. 사신 일행을 태울 말과 그들의 짐

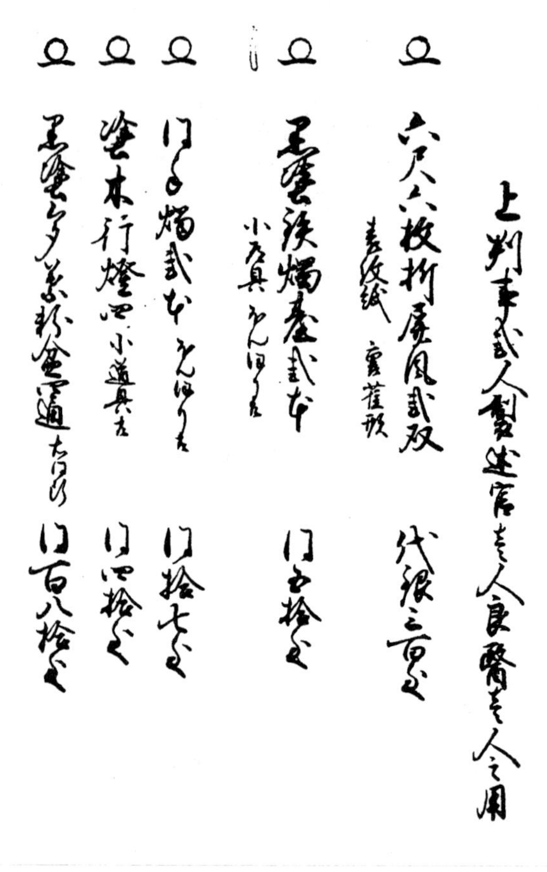

<그림 2> 통신사 숙소용 기물 비치

출전: 일본 게이오대학 도서관 소장본, 『문화신사기록·신사 일행여관제기물』

1811년 신미통신사행 때 대마도가 통신사 숙소에 제공했던 여러 도구와 기물의 조달 가격을 적은 기록. 상판사 2명과 제술관 1명 그리고 양의 1명이 사용하는 데 필요한 물품과 그것의 조달 가격을 적은 것인데, 맨 첫 부분에 등장하는 6자 6폭 짜리 병풍 2쌍의 조달 가격이 은으로 300돈이었다고 적고 있다. 이런 비용은 모두 통신사를 초청한 일본이 부담하였다.

을 운반할 사람이 필요했기에, 막부는 일본 각지의 영주에게 명령을 내려서 통신사 일행의 이동에 필요한 인부와 말을 동원하도록 했다.

그것만이 아니었다. 보통 6개월 동안 일본에 머물러야 했던 통신사 일행에게 일본은 숙식을 제공했다. 이것도 모든 비용을 일본이 부담하도록 되어 있었다. 요즘 같은 대형 호텔이 있을 리 없었던 당시로서는 수백 명에서 수천 명에 이르는 사람들의 잠자리를 마련하고 먹을 거리를 준비하는 것이 보통 어려운 일이 아니었다. 신분의 높고 낮음에 따라 잠자는 장소와 식사 메뉴에도 차이가 있었기에 접대를 하는 쪽에서는 더욱 세심한 주의가 필요했다. 그래서 통신사의 정사·부사 등이 묵을 시설이 신축되기도 했다. 중·하급 사신들에게는 일본의 민가를 빌려서 이용하게 했다. 잔치가 있을 때에는 향응 요리를 준비하기 위하여 일본은 여러 명의 전문 요리사를 각지에서 동원하였다. 술과 안주도 통신사의 신분과 직급에 따라서 차등을 두고 제공되었다. 그런데 매번 잔치가 열리는 것은 아니었다. 더군다나 통신사들이 타고 있던 배에서 내리지 않고 그 안에서 숙식을 해결할 때도 있었다. 그래서 통신사 일행이 자체적으로 식사 준비를 하지 않으면 안 되는 경우도 발생한다. 이럴 때에는 식사 준비에 필요한 재료와 도구를 일본이 제공하였다.

통신사의 왕래는 대체로 이와 같은 절차와 구조로 이루어지고 있었다. 그래서 통신사 일행이 일본에 체재하는 동안 두 나라 사람들 사이의 접촉은 불가피했다. 물론 양국 정부는 정해진 일정과 의식 외에는 그들이 서로 접촉하는 것을 철저하게 제한하였다. 무엇보다 국가기밀의 누설이 두 나라 정부의 경계 대상이었다. 두 나라 사람들의 서로 다른 습관과 관습, 그리고 문화 차이에서 오는 오해와 갈등, 그로 인해 발생하는 충돌을 피하고자 했던 것이다. 그러나 정부의 의도대로 통제가 실행되기는 어려웠다. 수많은 사람들이 하루 이틀도 아닌 몇 달 동안이나 한쪽은 접대를 하고 다른 한쪽에서는 접대를 받는 상황 속에서, 두 나라 사람들의 접촉이 되풀이되고 있었던 것이다. 그러한 과정에서 의도했건 의도하지 않았건 오감을 통하여 상대방에 대하여 보고 듣고 말할 수

밖에 없었다. 생김새, 옷차림, 말씨, 몸짓, 즐겨먹는 음식, 심지어는 잠버릇에 이르기까지 모든 것이 처음에는 신기하기도 했을 터이다. 이런 것들이 당시의 기록물인 그림이나 책 속에 잘 나타나 있다. 이런 자료들을 이용한다면 조선시대(에도시대)의 음악사·미술사·복식사·건축사·교통사 등을 복원할 수 있으니, 통신사 기록을 문화 교류사 연구를 위한 보물창고라 부르지 않을 수 없다.

○ 통신사에게 어떤 음식이 제공되었을까

민주 시민사회인 오늘날에도 사회 계층에 따라 일상적으로 먹는 음식 메뉴가 조금씩 다르다. 똑같이 하루 세끼를 먹는다 하더라도 부유층과 서민층의 식사 내용이 같을 수는 없는 노릇이다. 직장인들이 출장을 떠날 때 지급 받는 여비만 놓고 보더라도 직급과 직책에 따라 차등이 있음은 물론이다. 요즘도 이러할진대 하물며 신분사회였던 당시에는 더 말할 나위가 없다. 5백 명에 이르는 통신사 일행 중에서도 신분과 직급의 높낮이에 따라 그들에게 제공된 요리의 내용이 달랐다.

1655년 기록된 일본쪽 기록 『明曆信使來聘記於所々御賄下行帳』을 보면 당시 상황을 살필 수 있다. 즉, 오사카에서 통신사 한 사람에게 지급된 하루 분 백미白米의 경우 3사에게는 각각 7되였다. 그런데 그것이 상상관에게는 5되, 독설관讀說官·판사관判事官에게는 3되 5홉이 지급되는 등 직급이 낮아질수록 쌀 지급량도 점점 줄어든다. 이 밖에 술·된장·간장·식초·소금 등에도 차등이 있었음은 물론이다. 그런가 하면 하관에게는 기름油·차茶·납촉 등이, 그리고 중관에게는 차와 납촉이 아예 지급되지 않고 있었다.

통신사에게 제공된 요리는 그들의 직급과 직책에 따라 차이가 있었을 뿐만 아니라, 접대 임무를 맡은 일본의 지역에 따라서도 요리의 종류와 내용이 달랐다. 예를 들면 1711년 사행의 경우 오사카·교토·나고야에서는 3사와 상상관에게 7·5·3요리 히키가에젠引替膳을 내놓았다. 그런데 지세地勢를 반영하기라도 한 듯 아카마가세키赤間關(지금의 시모노세키下關)와 슨푸駿府(지금의 시즈오카靜岡)에서는 5·5·3요리 히키가에젠으로 한 단계 낮은 수준의 요리가 대접되었다. 1655년의 경우에도 마찬가지였다. 3사에게 제공된 한 사람당 하루 분 백미 지급량을 보면, 세토나이瀨戶內에서는 5되씩이었는데 에도에서는 그것이 2말 6되씩으로 5배 이상 차이가 났다. 에도의 뒤를 이어 교토(9되)와 오사카(7되)의 순으로 백미의 지급량이 많았다.

이처럼 통신사 일행이 부산을 건너 대마도에 닿으면 에도까지 왕복하는 동안 일본의 각지를 지나가게 된다. 그때마다 그들이 잠시 쉬어가는 곳이 있게 마련이고, 해가 저물면 그곳에서 묵었다. 날씨가 궂어 행로에 지장이 있으면 상황이 나아질 때까지 그곳에서 머물기도 했다. 그럴 때마다 통신사에게 그 지역의 요리가 제공되었다. 일본 각지의 음식이 시차를 두고 통신사들 앞에 전시되어 평가를 받는 '일본 요리 축제'가 열린 셈이다. 그러면서 그들은 자연스럽게 일본 각지의 음식을 비교하게 되었을 것이다. 통신사 일행에게 비친 당시 일본 요리의 지역적 차이는 어떤 모습이었을까?

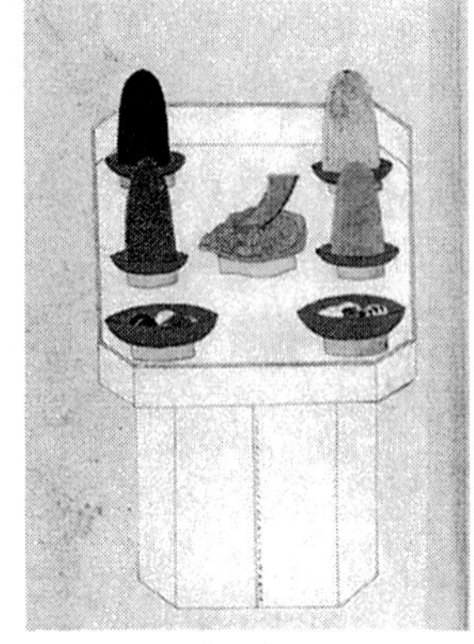
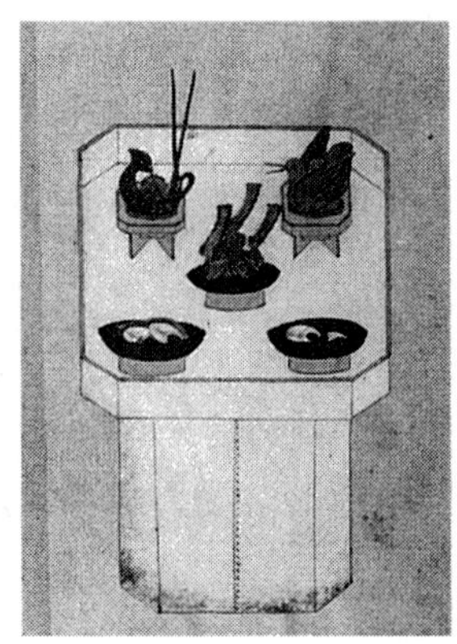

〈그림 3〉 통신사에게 제공된 향응 요리 「朝鮮人御饗應七五三膳部圖」

출전: 나고야시 호사문고 소장본 『朝鮮通信使の饗應』, 明石書店, 2001, 내지 그림. 통신사 접대를 위한 향응요리. 내놓는 요리의 가지 수가 7가지, 5가지, 3가지 등으로 이어진다 하여 7·5·3요리라고 불림. 즉, 본선 혼젠本膳·니노젠二之膳·산노젠三之膳 등의 코스 요리. 처음에는 이것 외에도 요츠메라든가 과자류가 중심을 이루는 이츠츠메 등이 나왔는데, 경비 절감을 이유로 요리의 내용이 점차 간소화되어 간다.

○ 통신사 접대를 위하여 개 사육까지

당시는 요즘처럼 해외여행이 쉽지 않았다. 더군다나 '음식의 글로벌화'가 진행되지도 않았기에, 통신사행에 참가했던 조선인들에게는 일본 음식이 생소했을 것이다. 그러다 보니 그들의 입맛에 맞지 않은 음식들이 더러 있었을지도 모른다. 반면에 입에 맞아 통신사들이 좋아하는 음식도 없지 않았을 터이다. 이 점을 막부의 쇼군이 직접 확인한 적이 있는데, 『통항일람』에는 다음과 같이 전한다.

1711년에 일본을 방문한 통신사 일행이 에도에 도착했을 때의 일이다. 쇼군이 통신사 일행에게 일본 각지에서 접대가 어떠했느냐고 물었다. 그들과 동행했던 대마도의 번주藩主는 "텐나 연간(1682년 — 인용자주)의 아키가마가리의 요리가 가장 좋았다"天和度 安芸蒲刈御馳走一番고 답했다. 가마가리蒲刈란 지금의 시모가마가리下 蒲刈를 말한다. 음식을 포함하여 통신사 접대가 전체적으로 가장 융숭했다는 뜻이다. 이것은 곧 가마가리 지역이 일본 정부로부터 최고로 평가받는 공식적인 언급이었다. 그곳 주민들로서는 커다란 영예를 안은 셈이다.

세상 일이 모두 그렇듯이 '베스트 넘버 원' 평가는 그냥 얻어진 것이 아니다. 가마가리 지역 주민의 지극 정성과 눈물어린 노력이 함께 어우러졌기에 그것이 가능했다. 당시의 상황을 전하는『히로시마번廣島藩 · 조선통신사래빙기朝鮮通信使來聘記』등에 따르면, 통신사 일행의 방문이 이루어지기 몇 개월 전부터 미리 접대 준비가 시작된다. 예를 들면 통신사 일행이 가마가리에 도착한 것은 9월이었다. 그런데 미리 정보를 수집하기 위하여 이미 그해 정월에는 대마도로, 그리고 3월과 6월에는 아이노시마相島(藍島)와 아카마가세키赤間關 · 시모노세키 · 가미노세키上關 등에 가마가리의 관계자가 급파되고 있었다. 다른 지역에서는 어떻게 통신사를 접대하고 있는지, 통신사들이 좋아하는 것과 싫어하는 것이 무엇인지, 술은 어떤 것을 좋아하고 안주로는 어느 것이 적당한 것인지 …. 가마가리에서는 이런 것들을 미리 파악하고 싶었던 것이다.

사전 정보수집이 완료되자 가마가리에서는 통신사 접대 준비에 착수했다. 통신사 일행만 해서 약 5백 명, 여기에 그들을 안내하는 대마도 사람들까지 하면 약 2천 명, 게다가 관할 지역인 히로시마번의 관계자까지 더하면 대략 4천 명에 이르는 사람들이 이 섬을 찾았다. 이토록 많은 외지인을 한꺼번에 수용할 공간과 그들이 먹을 음식을 준비하는 일이 조그마한 섬 가마가리의 주민들에게는 결코 만만치 않았을 것임은 쉽게 짐작할 수 있다. 결국 모자라는 일손은 다른 지역에서 지원받지 않으면 안 되었다. 인근 37개 정町과 촌村에서 190명, 이웃 마을인 가미가마가리上蒲刈 섬에서 6명, 시모가마가리 섬 현지에서 13명, 이렇게 해서 총 39개 정·촌에서 209명이 소집되었다.

이 사람들에게 맡겨진 임무도 매우 다양했다. 요즘 같은 전화기나 휴대전화가 있을 리 없었으니 서로 업무 연락을 심부름 해 줄 사람이 필요했다. 청소하고 물 나르고 불 땔 때는 일을 도울 사람, 밤에 등불을 켤 사람도 있어야 했다. 낮에는 연기를 피우고 밤에는 불을 피워서 서로 신호를 주고받는 통신 업무 담당자도 정해져 있었다. 꿩과 닭을 키우는 움막을 지키는 사람, 돼지와 개를 기르는 사육장 관리자, 소나 그 밖의 물품 조달을 책임진 사람, 그리고 히로시마로 나가서 이런저런 물건을 사오는 일을 맡은 사람 등등 여기에 하나하나 열거할 수 없을 정도로 많은 인원이 곳곳에 배치되었다.

여기에서 주목을 끄는 것이 바로 '개 사육장犬小屋'이다. 꿩과 닭 그리고 돼지나 소까지는 그렇다고 치자. 그런데 특이하게도 가마가리 지역에서는 개를 기르는 우리가 있었고 그곳을 지키는 사람이 정해져 있었다는 것인데 이 무슨 말인가? 개가 인간에 의해 길들여져 가축이 된 역사는 매우 길기 때문에, 가마가리 지역에서 개의 존재는 새삼스러울 것은 없다. 다만 왜 개를 꿩·닭·돼지·소와 같은 선상에서 놓고 길렀는가 하는 점이 관심을 끈다. 왜 개를 키웠을까? 놀랍게도 가마가리 주민들이 길렀던 개는 통신사들에

게 제공될 요리에 쓰일 식용견이었다. 육식을 즐기는 조선의 통신
사들에게 내놓기 위하여 일본의 가마가리 주민들은 소·돼지·
닭·꿩과 함께 개까지도 미리 사육을 하고 있었던 것이다.

통신사들이 직접 적은 기행문이자 귀국보고서라 말할 수 있는
사행록에도 일본에 개가 있다는 기술은 보인다. 그렇지만 그들이
일본에서 개고기를 접대 받았다는 기록은 발견되지 않는다. 더구
나 조선인들이 좋아하는 것이라 하여 대마도가 작성한 것으로 알
려진 『조선인호물지각』(1748)에도 개고기는 순위에 들어 있지 않
다. 통신사들이 좋아하는 것이라 하여 '소·멧돼지·사슴·돼
지·닭·꿩·오리·달걀·도미·전복·대구어 …' 등이 열거되
어 있다. 이것을 보면 역시 쇠고기가 으뜸이다. 통신사들이 바다
에서 나는 어물魚物보다 육식肉食을 더 선호한다는 것을 일본인들
도 알고 있었던 것이다. 통신사 일행이 오사카에 머물고 있던 정
월 어느 날 소금에 절인 고래고기 30포와 사슴고기 20포가 정사
인 조엄趙曮에게 선물로 전달되고 있는 것을 『해사일기』(1764)에
서도 읽을 수 있다.

그런데 한 가지 주의할 것은 '개고기 접대'에 관한 기록의 비대
칭성이다. 즉, 같은 시대를 적고 있는 것임에도 불구하고, 어떤 기
록에서는 이에 관한 언급이 전혀 보이지 않는데, 다른 기록에서는
이 '사실'이 분명하게 적혀 있다는 점이다. 아마도 이것은 음식에
대한 문화나 관념의 차이에서 비롯되었을 지도 모른다. 통신사들
이 일본을 방문했을 당시에는 '육식 금지'가 일본의 기본 정책이
었다. 그럼에도 통신사에게 접대할 목적으로 소·돼지·닭·꿩과
함께, 심지어 개까지 미리 사육을 하고 있었던 가마가리 같은 지
역이 있었던 것이다.

◦ 겉으로는 육식 금지, 속으로는 육식 애용

일본 사회에서 '육식금지'라고 하는 국가 정책이 견지되는 속에서도, 무사들을 비롯한 지배층은 쇠고기는 물론 개고기까지도 식용으로 즐기고 있었다. 그들은 '약용'이라는 이유를 내세워 쇠고기를 즐기면서도, 일반인들에게는 그것을 먹지 못하도록 금지하였다. 심지어 쇠고기를 먹거나 소를 도축하는 사람들을 천시하는 사상을 퍼트리는 사회적 장치를 만들어 놓고 있었다.

에도시대를 통하여 통신사들에게 제공된 쇠고기·돼지고기·개고기 등이 당시 일본이 정책으로 유지하고 있었던 '육식 금지'의 대상이었던 것은 분명하다. 그렇지만 같은 시대에 무사계급을 비롯한 지배층들도 육식을 하고 있었다. 또 특정 계층이나 지역에 국한된 것이기는 하지만, 일반 서민들도 쇠고기 등을 식용으로 즐기고 있었던 것이다. '육식 금지'는 겉으로 내세우는 명분(다테마에)일 뿐, '육식 애용'이 진심(혼네)이었던 셈이다.

이것은 마치 통신사의 사행록이나 일본의 정부 문서에는 '일본의 가마가리에서 개고기 접대가 있었다'는 기록이 보이지 않지만, 그들을 접대했던 현지 일본에는 '(통신사에게 제공될) 개 사육 시설의 책임자가 실존'했던 사실을 보여주는 증거물이 남아 있는 것과 비슷한 이치이다. 하여튼 두 나라의 육식 문화가 분명한 차이를 보이고는 있었지만, 통신사의 왕래를 통해 서로 육식문화가 더 가까워질 수 있는 계기가 되었음은 더 말할 나위가 없다.

────────────── 참고문헌 ──────────────

다시로 가즈이 지음·정성일 옮김,『왜관─조선은 왜 일본사람들을 가두
        었을까』, 논형, 2005.
조엄,『해사일기』(『국역 해행총재』Ⅶ, 민족문화추진회, 1975).
『朝鮮後期 通信使와 韓·日交流史料展─對馬島宗家史料』, 한국사학
        회, 1991.
高正晴子,『朝鮮通信使の饗應』, 明石書店, 2001.
近江八幡市立資料館,『近江八幡と朝鮮通信使·八幡山の宴』, 近江八
        幡市, 2002.
辛基秀,『朝鮮通信使の旅日記：ソウルから江戸─「誠信の道」を訪ね
        て』, PHP新書228, PHP新書研究所, 2001.
櫻井厚·岸衛,『屠場文化』, 創土社, 2002.
永山久夫,『日本人は何を食べてきたのか』, 靑春出版社, 2003.
原田信男,『江戸の料理史·料理本と料理文化』, 中公新書 929, 1993.

조일간의 의사소통은 어떻게 이루어졌나
-통역 문서를 중심으로-

이 훈(국사편찬위원회)

◦ 왜관속의 일본인 · 조선인들

1592년 임진왜란 이후 부산에 왜관倭館이 설치된 이래, 왜관에서는 거의 매일이라 해도 좋을 만큼 동래부 측과 접촉이 있었다. 부산 왜관에 연중 파견되어 몇 개월 이상씩 체재하고 있는 대마번의 각종 사자에 대한 조선 측의 접대 일정과 절차, 격식 등을 둘러싼 외교 교섭, 공사 무역, 그리고 왜관의 대마도인들과 주변 조선인들 간에 일어난 각종 사건이나 마찰 등을 해결하기 위해 조선 측과 수시로 접촉하였다.

그런데 부산에 설치된 근세 왜관은 공간적으로 동래부와 멀리 떨어져 있었다. 임진왜란 직후 두모포豆毛浦에 설치된 왜관에는 경계를 정하여 왜관의 대마도인이 마음대로 넘어오지 못하도록 하였다. 그리고 1678년 초량草梁으로 옮겨진 왜관은 걸어서 반나절

이상 걸렸는데, 이관移館 직후인 1679년에는 왜관의 동서남북에 금표禁標를 설정하여 대마도인들이 통행증 없이 무단으로 경계를 넘어오지 않도록 하였다. 여기서 말하는 대마도인 가운데 왜관 책임자인 관수를 비롯하여 각종 역인이 포함된 것은 물론이다. 이렇게 격리된 공간배치 하에서는 동래부와 왜관이 각각 상대방에 대한 최일선의 교섭창구라 하더라도 동래부사東萊府使와 관수館守가 자유롭게 수시로 만나 서로 얼굴을 맞대고 교섭하는 것은 처음부터 불가능하였다. 동래부사와 왜관 관수는 대마번 사자에 대해 조선 측이 베푸는 연회 때가 아니면 직접 만나는 기회란 없었다.

따라서 근세 왜관에 가해진 물리적·법제적 제약 속에서 동래부와 왜관의 의사소통은 어떻게 이루어졌는지 궁금하지 않을 수 없다. 여기서는 조일 양쪽의 의사를 전달하는 역할을 하였던 교섭 실무자, 즉 동래부의 '양역兩譯'[1]과 그들 명의로 발급되었던 문서 '전령傳令' 또는 각覺에 주목해 보고자 한다. 왜냐하면 앞에서 언급한 각종의 현안과 마찰이 마무리될 때까지 교섭 상대의 의견을 확인하고 조율하기 위한 의사소통은 양역에 의해 이루어졌으며, 이들이 왜관에 가지고 들어오는 문서들을 통해 그 과정을 알 수 있기 때문이다.

왜관의 대마도인들과 주변 조선인들 간의 접촉은 때때로 사건·사고로 이어지기도 하였다. 여기에서는 왜관에서의 마찰 사례를 소재로 조일간의 의사소통이 어떻게 이루어지는지를 보기로 한다.

---

1) '양역'이란 조선시대 사역원 소속의 일본어 통역으로 훈도訓導와 별차別差의 두 사람을 일컬으며, 일정 기간 동래부에 내려와서 근무하였다.

◦ **왜관에서의 각종 사고**

왜관에 물리적·법제적인 통제가 가해지면서 조선인들이 허가 없이 왜관에 무단으로 들어가는 행위는 소위 '난입闌入' 또는 '투입投入'·'잠입潛入'이라 하였다. 왜관에서 일어난 각종 사고 가운데는 이와 관련된 것들이 많았다.

아래 <표 1>은 왜관에 무단으로 들어갔다가 사건·사고로까지 확대된 것들이다. 1667년부터 1836년까지 왜관 난입은 절도를 비롯하여 방화, 밀무역潛商, 매매춘交奸, 고용살이, 정치적 망명 등의 각종 사건 등, 50여 건을 헤아린다.

왜관 난입자는 단연 왜관 주변의 주민이 많았다. 동래부多太浦·古館·坂之下·新草梁을 비롯하여, 양산梁山·밀양密陽·함양咸陽·영일迎日·경주慶州 등 동래부와 비교적 가까운 지역의 경상도 주민, 심지어는 연고가 없을 것 같은 강원도 사람들까지도 왜관에 난입하였다.

왜관에 난입하게 된 이유로는 잠상 및 교간을 제외한다면 절도와 관련된 사건이 가장 많았다. 왜관에는 각종 창고가 즐비하였으므로 왜관 주변의 빈민이 쌀과 같은 식량이나 은화銀貨, 또는 조리용 식기나 무기 등, 돈이 될 만한 것을 훔치기 위해서였다. 조선인의 절도 행각이 드러나는 경우에는 1667년처럼 화재사고도 동시에 일어나는 경우가 많았는데, 일부러 방화하여 왜관 사람들의 관심이 화재로 몰려 있는 틈을 타서 목적을 달성하기 위함이었다. 절도 관련 난입은 경상도에 흉년이 들어 기근이 심해지게 되면 빈발하는 경향이 있었다.

<표 1> 부산 왜관에서의 조선인 범죄

서력	도인 (성명, 거주지, 신분)	죄상	처벌	관련문서
1667.6	조선인	은화 절도	미상	
1672.8	조선인	칼(刀) 절도	사형	
1680.8	조선인	칼(脇指) 절도	미상	
1681.8	조선인의 혐의	총(鐵砲) 절도		
1682.5	조선인의 혐의	칼(脇指) 절도	미상	
1686.윤3	조선인	분실물 없음 왜관출입 빈번		
1687.3	조선인	창고 파손 미곡 절도	유배형	구상각 (口上覺)
1690.12	박다쿠도키 부산포 출신 경상도(양산)거주	문방구(掛硯) 절도		
1692.5	조선인(동석)	옷감(縮綿) 절도 및 밀무역	참죄	
1694.8	조선인	칼(刀) 절도	미상	
1696.2	김택선 외 4인 고관 거주	미곡 절도	참죄 (일부)	
1696.10	*대마도 문위역관 일행	칼(脇指) 매매		
1697.12 ~ 1698.1	조선인 김씨부자	못(釘) 절도		
1706.7	조선인	칼 및 의류 절도	미상	
1713.10	조선인 혐의	수우각(水牛角) 절도	미상	
1716.正	조선인 (2인)	품목 미상 일본인에게 상처를 입힘	구타	
1716.潤2	조자봉(12세) 외 2인	미곡 절도	용서	
1716 .12	* 학선 외 공범 3인 * 부산 거주	* 일본인에게 상처 입힘 * 의류, 된장, 통, 남비 절도	유배형	전령(傳令)· 각(覺)

1717.4	* 주범 도주 * 고관 거주 (공범-양산, 영일)	닻(碇) 절도	미상	
1724.11	조선인 강원도	미수	미상	
1726.3	조선인	곡물·어(魚)·효(肴) 절도	곤장 유배형	
1727.4	* 짝지(チヤクチ) 거억돌 박통사	화폐·의류 절도	참죄	각(覺)
1729.12	박태중 경상도(경주)	남비 절도	사형	
1731.3	조선(산적 등)	은화 절도	미상	각(覺)
1740.9	조선인 (훈도 부하)	칼(脇指) 절도	미상	
1763.1	도타쿠이		미상	
1798.1	* 부산인(2인) 메구사우 치에구나미	방화 숯 절도	하옥 (종신)	각(覺)
1798.2	조선인(1인)	황련, 적동 등 절도		
1799.4	하구니요카	절도 미수		
1814.11	이오돌 경상도(함양)	방화 및 절도	사형 약속	각(覺)
1815.1	조선인 아동 2인 신초량 거주	방화 및 미곡 등 절도	죄	각(覺)
1815.7	조선인 아동(도성), 판지하 거주	미곡 절도	수감중 사망	
1820.12	조선인(3인) 경상도(밀양)	총(鐵砲) 절도	곤장	각(覺)
1836.11 ~ 1838.8	남응중	왜관 난입 일본망명 시도	사형	전령(傳令)· 각(覺)·수지 (手紙)·서계 (書契)

* 『분류기사대강』(한국국사편찬위원회, 일본국회도서관)
　『변례집요』『조선왕조실록』

◦ 1716년의 왜관 절도와 역관의 문서

그러면 구체적인 사례를 들어 조일간의 의사소통이 이루어지는 과정을 보기로 하자. 우선 1716년 12월에 있었던 왜관 절도 사건부터 소개해 보면, 부산 다태포多太浦의 주민 학선鶴先·말똥馬乙同 등 3명은 절도가 드러나기 이전부터 왜관을 감시하기 위한 복병소伏兵所 말단 관리들의 협력을 얻어 왜관에 상습적으로 들어가 된장과 입을 옷, 남비 등을 훔쳤다. 주범인 학선은 6번이나 왜관에 들어가 물건을 훔쳤으며, 대마도 사람에게 상처까지 입혔다. 말똥은 왜관에 5번이나 들어간 적이 있으며 범행이 드러나자 도망가 버렸다.

이 사건은 어떻게 처리되었을까? 왜관에 난입했다가 붙잡히게 된 조선인들은 범죄자에 대한 처벌권이 조선에 있었으므로 그 신병은 조선 측에 인계되었다. 그런데 앞서 언급했듯이 임진왜란 이후에는 대마번 사자에 대한 연회가 아니면 동래부사와 왜관 관수가 직접 만날 수 있는 기회란 없었다. 의사소통을 위해서는 통역을 왜관으로 들여보내 동래부 내지는 중앙정부의 의사나 지침을 전달하고, 또 왜관 측의 의사를 역관이 동래부에 전달하는 형태가 자연히 정착되게 되었다. 1716년 사건에서도 왜관 측은 난입자의 신병이 확보되자 양역을 불러 동래부사에게 조선인의 절도행각과 도망을 알리도록 하였다. 그러자 동래부사는 12월 27일자로 되어 있는 '전령傳令'을 양역 편에 왜관으로 보내 조선인 죄인의 신병을 넘겨주면 중앙정부에 계문啓聞하여 처벌하겠다고 연락하여 왔다.

전령이란 원래 동래부사가 자신의 의사나 중앙에서 내려온 관문關文의 취지를 양역에게 주지시키기 위해 발급한 각서로서 이두

가 섞인 조선식 한문으로 작성되었다. 따라서 왜관에 제출되어야
할 외교문서는 아니었다.[2] 그러나 왜관이 참고로 하기 위해 제출
을 요구하는 경우 양역 명의로 사본을 작성해 주었다. 이 때문에
왜관에 전달된 전령은 보통 발신인이 양역, 수신인은 왜관 관수로
되어 있었다.

그런데 범인을 처벌하기 위해서는 중앙정부에 대한 보고가 선
행되어야만 했다. 보고란 '계문'이라 하여, 왜관 측이 제시한 현안
을 동래부사가 중앙정부에 보고하는 공적인 교섭 절차를 일컬으
며, 이 계문이 이루어진 후에라야 죄인에 대한 처벌 등, 비로소 조
선 측의 조치가 뒤따랐다. 계문까지는 무슨 이유로든 시간이 많이
걸렸기 때문에 그간의 동래부와 왜관의 연락은 역관의 전령에 의
해 이루어졌다.

왜관 절도 직후 발급된 위의 전령은 1717년 대마번의 요구에
따라 대마도로 보내졌다. 대마번은 역관의 전령을 통해 조선의 분
위기를 파악하는 한편, 조선에 대한 교섭 전략이나 방침을 구상할
수 있었기 때문에 때때로 왜관에 전령을 제출할 것을 요구하였던
것이다.

1716년의 왜관 절도사건은 처음 조선 측에 사건을 알린 때부터
종료될 때까지 햇수로 4년이 걸렸다. 그간 대마번은 왜관을 통해
절도범의 사형을 조선 측에 지속적으로 요구하였는데, 이에 대한
조선 측의 답변이나 연락이 역관에 의해 이루어진 것은 말할 것
도 없으며 왜관에 전달된 전령은 3통을 확인할 수 있다. 좀 더 구

---

2) 이두란 한국식 어순에 맞추어 조사와 술어에 해당하는 부분에 음과 훈
   이 비슷한 한자를 사용한 것으로 왜관과의 의사소통 시 사용되었던 언
   어가 기본적으로 조선어였음을 말해주는 것이다. 전령의 사본을 대마도
   로 보낼 것을 요구하는 경우에는 일본어로 번역되었다.

체적으로 보면, 위 사건은 왜관 측의 절도 주범 학선鶴先의 사형 및 공범의 처벌에 대한 재촉에도 불구하고 동래부사의 중앙정부에 대한 보고는 1717년 6월에야 있었다. 그리고 12월에는 주범 2인을 유배형에 처한다는 조치가 있었다. 대마번은 절도 주범에 대한 사형 요구가 관철되지 않은 이유를, 양역이 중간에서 대마번의 요구를 동래부에 알리지 않는 등, 정보를 은닉한 결과라고 판단하였다. 그리하여 신임 동래부사의 부임을 계기로 다시 재계문해주도록 요청하였다. 날짜가 불명확한 것 및 2월 18일자의 역관 전령에는, 절도범 가운데 한 번 도망갔다가 왜관 측의 수색으로 붙잡혀 왜관에 억류되어 있는 범인 말똥을 넘겨준다면 재계문할 의사가 있음을 알려왔다. 신임 동래부사의 재계문은 1718년 3월에야 겨우 이루어졌다. 그러나 같은 해 5월 동래부사가 역관을 통해 연락해온 것을 보면, 이번에도 주범 및 종범에 대한 조선 측의 결정은 역시 유배형에 처한다는 것이었으며, 왜관 절도란 빈곤 때문으로 극형에 처할 수 없다는 것이었다. 대마번은 관수로 하여금 계속해서 조선 측에 사형을 요구하도록 하였지만, 1719년에는 조선 측의 조치를 수용함으로써 이 사건은 결국 종결되게 된다. 왜냐하면 이때 도쿠가와 막부에서는 마침 제8대 장군인 요시무네德川吉宗가 습직이 끝나, 조선통신사의 초빙 문제가 양국간에 있어서 가장 긴요한 현안이 되었기 때문이다. 대마번으로서는 조선 측과 강정講定 서계書契의 교섭 등, 초빙 준비가 절도를 둘러싼 사소한 마찰의 해결보다 중요한 문제였다.

이상에서 동래부사의 의사나 조선 측의 결정을 왜관에 통보하는데 역관의 전령이 중요한 전달수단이었음은 충분히 알 수 있다. 그러나 역관의 전령만으로 동래부와 왜관 및 대마번간의 의사소통이 원활하게 이루어지지는 않았다. 전령은 어디까지나 조선 측

문서로서 왜관 및 대마번에 있어서는 참고문서에 불과하였다. 때문에 전령을 증거로 제시하여 조선 측에 왜관 및 대마번의 요구를 관철시키기는 어려운 측면이 있었다. 보다 효과적인 방법은 대일본 교섭창구의 최일선 책임자인 동래부사의 서장書狀을 확보하는 것이었다. 그러나 이는 결코 쉽지 않은 일이었으므로 왜관에서는 동래부사 대신 양역의 단간短簡이라도 받아두어 교섭상의 근거로 삼으려 하였다. 1716년 절도 사건의 경우, 대마번은 처음에 절도범의 사형 계문을 약속한다는 동래부사의 서장을 받아내려 하였지만, 결국은 비슷한 내용이 적힌 양역의 수형手形으로 만족하는 수밖에 없었다.

대마번의 노력에도 불구하고 위 사건은 대마번이 조선의 조치를 수용하는 선에서 해결되었기 때문에 양국의 외교문제로 확대되지는 않았다. 그 결과 조선 정부와 대마번이 정식으로 외교문서書契를 주고받는 단계까지는 이르지 않았다.

따라서 위와 같이 외교문제로 확대되지 않은 일상적 접촉에 관한 사안의 경우에는, 전령과 각서 등, 역관 명의로 왜관에 전달된 문서가 양측의 의사소통을 확인할 수 있는 유일한 실마리라고 할 수 있다. 특히 양역 명의의 문서는 조선 측 기록에는 거의 남아 있지 않기 때문에 조선 측의 동향을 파악하는 데 아주 중요한 자료가 된다.

◦ 1836년 조선인의 왜관 난입과 역관의 문서

다음은 1836년 일본 망명을 시도했던 남응중南膺中 사건을 둘러싼 의사소통이다.

남응중은 1836년 충청도에서 반역모의를 일으킨 사람 가운데 한 사람으로 일당의 밀고로 모의가 드러나게 되자, 남필선南必善(나중에 남응중南膺中으로 확인됨) 이라는 가명으로 왜관에 난입하여 일본으로 망명하려 하였다. 그는 왜관에 접근할 때 서면을 건네주었는데 거기에는 놀랄만한 정보가 기재되어 있었다. 서면에 따르면, "그의 선조는 1592년 임진왜란 때 일본에 잡혀가서 포로로 지냈다. 일본에 체재하는 동안에는 일본인들로부터 많은 은혜를 입어 무사히 송환될 수 있었다. 그리하여 선조가 일본에서 입은 은혜에 대한 보은으로서 굉장히 중요한 정보를 왜관에 알리고자 한다. 그 내용이란, 조선은 임진왜란에 대한 보복을 하고자 많은 수의 병사를 일으켜 일본을 침략하려는 계획을 세우고 있으며, 그 정보가 거병하기 전에 새어 나가는 것을 피하기 위해 왜관의 대마도 사람들을 하룻밤 사이에 몰살하려 한다"라는 것이었다. 그리하여 남응중은 이 정보를 목숨을 걸고 왜관에 알리고자 하는 것이며, 왜관 측의 도움을 받는다면 일본으로 망명하고 싶다는 것이었다. 그러나 서간의 내용을 의심했던 왜관 측은 그를 신속하게 동래부로 넘겨버렸다. 그 결과 결국 망명이 좌절된 사건이다.

남응중의 왜관 난입과 관련된 일본 망명 시도는 전대미문의 사건이었으므로 대마번은 이를 막부에 보고하기로 하였다. 그 결과 대마번은 조선에 사자를 보내 조선(예조)과 외교문서書契를 주고받기에 이르며, 외교적으로 종료될 때까지 4년 남짓 걸렸다. 그러나 '남응중 사건'은 사건이 발생하자마자 왜관 측에서 조사를 마친 후 워낙 신속하게 그의 신병을 조선 측에 넘겨버렸기 때문에, 동래부가 중앙정부에 알려야 할 보고 '계문'을 비롯하여, 처형處刑, 검시檢屍 등이 불과 2달 만에 신속하게 이루어져 버렸다. 사건 자

체가 워낙 신속하게 처리되었기 때문에 동래부와 왜관측이 의사
소통하는 과정에서 주고받은 문서는 거의 초반부에 집중해 있다.
<표 2>는 왜관측에 전달된 양역 명의의 문서를 정리한 것이다.
1836년 11월 남응중의 왜관 난입부터 조선 측의 서계가 작성되는
1837년 1월까지 2개월 동안 모두 16통의 문서가 확인된다. 이중
전령은 6통, 각·서부는 9통, 편지가 1통이었다.

<표 2> 역관 명의의 문서

서력	종류	발급인	수취인	언어	내용	기타
1836.11.15	각(화해)	훈도(성오 이동지) 별차(자술 현첨지)	관사	이두	왜관 난입 조선인은 충청도에서 모반을 일으킨 적도의 일부가 도망친 것일 것이다.	
1836.11.15	각	훈도(성오 이동지) 별차(자술 현첨지)	관사	한글	왜관 난입하여 흉설을 말하는 자는 충청도에서 모반 일으킨 적당의 일부가 도망친 것이다.	
불명	수지(화해)	훈도의 실형	훈도	한글	일전에 왜관에서 일으킨 소동은 충청도에서 모반을 일으킨 도적의 일부가 잠입해 들어간 것이라고 밀고한 자가 있었다.	왜관에 전달
1836.11.15 (신시)	전령(화해)			이두	왜관에 난입한 신병의 신속한 인도를 요구	
불명	전령(화해)			이두	남응중이 왜관에 제시한 서한을 넘겨주도록 요청함.	
1836.11.19	전령(화해)			이두	남응중의 왜관 난입을 신속히 고지해 준것에 대한 사의를 표함.	
1836.12.3	전령	*		이두	왜관 난입 죄인은 김덕성이라는 정보 및 왜관 난입자에 대한 신병 인도 요구	
☆ 1836.11	유지	봉행(정사당)	관수	한문	범인에 대한 사형 요구	
1836.11.15	각(화해)	훈도(성오 이동지) 별차(자술 현첨지)	관사	이두	왜관에 난입한 남필선(남응중)의 신병을 넘겨주면 조사 후 필요하면 언제라도 다시 넘겨주겠음	
1836.12.24	(각)(화해)	훈도(성오 이동지) 별차(자술 현첨지)	관사	이두	지난번 유지에 적힌 취지를 동래부사에게 전달했으며 중앙에 계문한다고 하였음	
1837.1.5	(각)(화해)	훈도(성오 이동지) 별차(자술 현첨지)	관사	이두	대마번에서 보내온 유지의 취지를 동래부사가 중앙에 보고하였음.	
1837.1.7	각	훈도(성오 이동지) 별차(자술 현첨지)	관사	이두	이미 남응중에 대한 참수가 집행되었기에 그의 수급을 동래부로 하송함.	

날짜	종류	담당자	수신	문체	내용	비고
1837.1	각	훈도(성오 이동지) 별차(자술 현첨지)	관사	이두	남응중 건에 대한 왜관 관수의 신속한 대응에 대하여 조선정부에서 사자를 보내 감사의 뜻을 전할 것임.	
1837.1	(각의 화해)	훈도(성오 이동지) 별차(원백 정주부)	관사	일본어	남응중이 조사중 식음을 전폐하고 죽으려 하기에 조선법에 따라 처형함.	
불명	(각의 화해)			이두	남응중에 대해 군기사에서 처형	
1837.2.6	전령 (화해)			이두	왜관에 조선정부로부터 은자 1000량을 포상한다는 취지	
1837.2	전령(화해)	훈도(성오 이동지) 별차(자술 현첨지)	관사	이두		대마도 입송
★1837.1	서계	예조참의(이돈영)	대마번주	한문	남응중의 왜관 난입 및 처형에 이르기까지의 조선 측의 경위	

*『분류기사대강』(국사편찬위원회, 4585)

☆ 對馬藩 문서

★ 예조참의 서계

　우선 사건이 발생하자 왜관 측은 언제나처럼 양역을 불러 남응중 사건을 곧바로 동래부에 알리도록 하였다. 이에 대해 전령은 아니었지만 동래부에서 즉각 답이 있었다. 왜관 측에 가정 먼저 전달된 문서는 1836년 11월 12월자로 작성되었는데, 죄인의 신병을 넘겨준다면 처벌을 하도록 약속하겠다는 동래부사의 답변을 바탕으로 양역이 작성한 것이었다. 전령으로는 11월 15일의 것이 처음으로 보이며, 왜관 난입자에 대한 신병인수를 촉구한다는 내용이었다. 두 번째 전령은 발급 날짜는 불분명하지만, 동래부사가 중앙정부에 계문을 하기 위해서는 남응중이 왜관에 제출했다는 서면이 필요하므로 이를 빌려줄 것을 요청하는 내용이 적혀 있었다. 세 번째 전령은 11월 19일자로 작성되었는데, 동래부에 사건을 신속하게 고지해준 관수의 배려에 대해 동래부사가 감사의 뜻을 전한다는 것이었다. 그리고 12월 2일자로 작성된 네 번째 전령에는, 남응중의 인적 사항에 대해 확인을 요구하는 왜관측의 요구에 대해 그의 이름이 김덕성일 것이라는 연락이었다. 1837년 1월 자로 작성된 다섯 번째 전령은 관수를 비롯한 왜관 측의 신속한 대응에 대해 조선정부로부터 포상이 있을 것이라는 내용이었다. 전령은 모두 양역의 명의로 작성된 것이었지만, 내용상으로는 왜관 측의 사건 고지 및 사실 확인의 요구에 대하여 동래부사의 의견 및 조선 측의 조치를 전달한 것이었다.

그러나 전령을 통해 조선 측의 분위기를 파악하는 것만으로 왜관 및 대마번의 요구를 관철시킬 수는 없었다. 이 때문에 왜관 측은 부득이 동래부 역관들에 협조를 구하였으며, 역관들도 이에 응하여 수시로 '각·서부'를 작성해주었다. 각은 동래부의 전령을 기다릴 때까지 간단한 확인이나 연락을 위해서였다. 예를 들면 11월 15일자의 각 2통은, 왜관에 난입하여 일본 망명도주를 도모한 남응중이 충청도에서 모반을 일으킨 적도賊徒의 잔당일 가능성이 있다는 내용이 적혀 있었다. 그런데 이것은 2통 모두 한글로 작성되었다. 이 중 훈도의 친형 명의로 되어 있는 한글 편지는 아마도 역관이 정보 확인을 위해 중앙에 있는 친척과 주고받은 서장으로 보인다. 아주 개인적인 서장이라도 긴급을 요하는 경우에는 정보 차원에서 한글 편지가 그대로 왜관 측에 전달되었음을 엿볼 수 있다. 그리고 1836년 12월 24일자 및 1837년 1월 5일자 각은 동래부의 보고(계문)와 관련된 연락이었으며, 1837년 1월 4일자 각에는 남응중에 대한 조선 측의 조사가 끝나 그를 동래부로 이송하고 있는 중인데, 그가 부산 하송 도중에 사망하였으므로 부득이 참수하였다는 연락이었다.

한편, 이 사건도 앞서 1716년의 왜관 절도사건에서와 마찬가지로 동래부사의 서장을 받아내기 힘들었기 때문에 조선에 항의하거나 교섭시 근거 자료로 삼기 위해 양역의 각을 필요로 하였다.

예를 들면, 대마번은 남응중을 조일 양국의 우호에 상처를 입힌 중죄인으로 파악하고 있었다. 따라서 죄인 남응중의 형량이 결정되면 그의 신병이 동래부로 내려오는 대로 동래부와 왜관 역인이 입회한 가운데 처형하자는 입장이었다. 그리하여 1837년 1월 5일에는 동래부사를 대신하여 양측의 입회를 약속한다는 양역의 각을 받아 내었다. 그러나 조선 측에서는 남응중이 단식으로 자살을 기도했기 때문에 살아있는 동안에 처형함으로써 조선법을 지킨다는 이유로, 일방적으로 처형한 후, 머리만을 동래부로 내려 보냈다. 조선의 이 조치로 대마번은 그들의 요구를 결국 관철시킬 수가 없게 되었다.

결국, 1836년의 왜관 난입과 관련된 일본 망명사건은 대마번이 이를 막부에 보고하기로 결정함에 따라 조일 간에 외교문서書契가 교환됨으로써 외교적으로 일단락되기는 하였다. 그러나 이것은 바꾸어 말하면 대마번이 막부에 보고할 용도로 조선으로부터 단 1통의 서계를 받아낼 때까지, 왜관에서는 얼마나 많은 양역의 문서를 필요로 했는가를 의미하는 것이다. 역관 명의로 작성된 문서[傳令, 覺]야말로 바로 조일 간 의사소통의 바탕이라고 할 수 있을 것이다.

∘ 의사소통은 이두가 섞인 한문으로

지금까지 조선과 일본(대마번)의 의사소통 과정에서는 조선정부(예조)와 대마번 사이에서 주고받은 외교문서(서계)가 주목을 받아왔다. 왜냐하면 각종 현안들 가운데 외교적으로 마무리가 된 경우에는 이 서계를 통해서 상대방의 의사나 결정을 확인할 수 있기 때문이다.

그러나 왜관에서 매일 일어나는 일상적인 조일 접촉 과정에서 발생한 문제들 가운데는 외교 현안으로 확대되기 이전에 해결된 문제들이 아주 많았다. 앞의 <표 1>에서 보았듯이 왜관에서 일어난 각종 트러블 가운데 외교문서(서계)를 주고받음으로써 종결된 사건은 2건에 불과하였다. 대부분의 사건은 그것보다 더 중요한 외교적 현안이 눈앞에 있다든가, 또는 대마번의 이해관계에 따라 동래부에 보고도 되지 않은 채 양역 선에서 합의하에 왜관 교섭으로 종결된 경우가 많았다. 이런 경우 왜관을 통한 조일간의 의사소통 과정은 양역 명의로 작성된 문서들에 의해서만 확인할 수 있다. 게다가 현재 양역 명의로 작성된 이러한 문서들은 일본 측 기록에만 남아있다. 조선 측 기록은 18세기 중반 이후의 것이 별로 남아 있지 않기 때문에 자세한 교섭 경위나 소통 과정은 알 수 없다. 양역의 전령은 동래부의 견해나 입장 전달은 말할 것도 없이, 대마번의 대조선 전략을 구상하는 데도 영향을 미쳤다. 따라서 근세 왜관에서의 조일 접촉을 생각할 때 이제 양역과 같은 실무자선에서 주고받은 전령에도 주목해야 할 단계라고 생각한다.

마지막으로 왜관에서의 의사소통 시 언어에 대해 언급해 보고자 한다. 왜관에서는 역관 명의의 문서가 의사소통의 기본이었으므로 일상적인 왜관 교섭에서는 이두가 섞인 조선식 한문이 통용되었다. 또 긴급을 요하는 경우에는 때때로 한글도 통용되었으므로 한마디로 조선어가 통용된 것이다. 그러나 대마번의 입장에서 조선 측에 정확한 의사전달이 안되었다고 판단될 경우에는 한문으로 된 문서가 작성되기도 하였다. 1836년의 남응중 사건을 예로 들면, 대마번의 의도와 달리 조선 정부가 일방적으로 남응중을 처형해 버린 것은 대마번의 의사가 양역을 통해 동래부사에게 제대로 전달이 되지 않았기 때문이라고 판단하였다. 즉, 대마번에서 일본어로 작성된 구상서口上書를 왜관에 보내 이를 바탕으로 관수가 양역에게 취지만 구두로 전달해서는 누락되는 부분이 생길 수 있다고 판단하였다. 역관을 통한 이러한 전달 방법으로는 대마번의 의사가 정확히 전달될 수 없다고 판단하여 대마번은 한문문서를 직접 동래부사에 보여주기로 결정하였다. 그리하여 1836년 11월, 동래부사에게 읽힐 작정으로 대마번 가로奉行가 작성한 유지諭知는 한문으로 작성되었다. 즉, 왜관 교섭 시 효율을 높이기 위해서는 이두가 섞인 한문이 주로 통용되었지만, 보다 정확한 의사소통을 위해서는 한문이 사용되었음을 알 수 있다. 동아시아 세계에서 외교문서에 한문이 사용되었던 것은 아마도 정확성의 문제와도 관련이 있지 않을까 생각된다.

참고문헌

對馬宗家文書(『分類紀事大綱』『館守日記』).
『朝鮮王朝實錄』『備辺司謄錄』『承政院日記』『變例集要』 등.

근세 일본 외교의 두 얼굴,
호슈와 하쿠세키

민 덕 기(청주대학교)

조선시대 일본사람으로서 조선을 가장 잘 이해했던 사람은 누구였을까? 노태우 씨는 대통령 자격으로 일본을 방문했을 때 그러한 인물로 아메노모리 호슈雨森芳洲(1668~1755)를 들었다. 그 호슈란 어떤 사람인가. 20대의 젊은 나이로 대마번藩의 외교관에 임용되어 거의 30년 동안 조선과의 외교 업무를 담당했고 부산의 왜관에도 오랫동안 체류하며 많은 조선인과 직접 교류했던 사람이다. 그러므로 조선의 문화와 관습에도 밝았고 이를 바탕으로 조선 소개서인 『교린제성交隣提醒』을 펴냈다. 일본 최초의 조선어 학습서였던 『교린수지交隣須知』도 조선어에 능통했던 그가 만든 것으로 메이지시대에 이르기까지 조선어 교재로 사용되었다. 이처럼 조선에 대한 깊은 이해를 가진 '조선통朝鮮通' 호슈였기 때문에 대통령이었던 노태우 씨는 양국 우호의 대표적인 일본 측 인물로 그를 내세웠던 듯하다.

호슈는 『교린제성』에서 조선과의 외교에 '성신誠信'을 강조하고 있다. 성심誠心과 신의信義로 외교에 임하라는 것이다. 또한 그는 당시 보통의 일본인과 다르게 임진왜란을 명분 없는 전쟁이라고 비난을 서슴치 않았고, 임진왜란 이후 일본인의 조선에 대한 태도가 오만해졌다고 비판하고 있다. 그리고 조선의 풍습과 문화를 잘 파악하고 존중해야 양국의 평화관계가 지속될 수 있다고 역설하고 있다. 그는 한 예로, 조선 국왕이 궁궐 안에 보리를 심어 가꾸고 있는데 이를 들은 일본인들은 왜 아름다운 꽃나무 대신 보리를 가꾸느냐고 흉보고 있으나, 조선 국왕이 농민의 심정을 몸소 체험하기 위해 보리를 가꾸는 참뜻을 이해하지 않으면 안 된다고 지적하고 있다. 이러한 호슈의 주장은, 마치 15세기 후반의 신숙주가 『해동제국기海東諸國紀』에서 일본과의 외교는 그들의 사정을 잘 이해하여 마음을 다해야 한다고 강조한 것과 똑같은 자세이다.

그러나 호슈만을 조선통으로 볼 수 없다. 호슈와 같은 시대의 유학자로 또 한 사람 있었다. 아라이 하쿠세키新井白石(1657~1725년)란 사람이 그렇다. 하쿠세키는 호슈보다 11년 연상으로 당시 에도 막부의 쇼군인 이에노부家宣의 정책고문으로서 일본 정치를 좌우한 사람이다. 그는 1711년 쇼군의 취임을 축하하기 위해 조선에서 통신사가 파견되는 것을 기회로 조선과의 외교의례를 대폭적으로 개혁한다. 그 대표적인 것이 국왕 칭호이다. 이전까지 일본은 통신사가 가지고 오는 조선 국왕의 국서에 쇼군을 '일본국 대군日本國大君'이라 칭하게 했고, 쇼군의 답서에서는 '대군大君'을 자칭하지 않고 그냥 일본국 아무개라고 쓰고 있었다. 그러던 것을 하쿠세키는 조선의 국서나 쇼군의 답서에서도 '일본 국왕日本國王'이라 쓰도록 했다. 그는 그 이유로, 대군이란 호칭이 유교경전에서는 천자天子를 의미하므로 천황의 권위를 손상할 우려가 있고, 조선에서는 국왕의 아들에게 사용되는 칭호이기 때문이라고 주장하고 있다.

하쿠세키는 또 통신사가 지참한 국서 내용에 '광光'자字가 들어 있는 것에 대하여 이를 제3대 쇼군 가광家光의 휘諱를 범한 것이라고 주장하고, 조선에의 답서에도 조선 중종中宗의 휘인 '역懌'자字를 집어넣어 국휘國諱문제를 일으켰다. 국휘란 임금의 이름을 가리키며 조선이나 중국에서는 이 이름자字의 사용이 엄격히 금지되어 왔다. 중종의 휘를 범한 답서를 통신사가 받지 않고 거부하자, 하쿠세키는 조선이 국서를 먼저 고쳐 보내오면 일본 측도 답서의 글자를 고쳐주겠다고 대응했다. 이 소식을 접한 조선 정부는 일본이 쇼군의 이름을 국휘로 적용하지 않았던 관행을 들어 비난도 했지만, 결국 국서를 고쳐 다시 보내게 되었다. 이에 일본도 답서를 수정하여 대마도에서 서로 교환을 하게 된다. 이 때의 통신사는 귀국하여 나라를 욕되게 했다는 죄목으로 정부로부터 처벌을 받게 된다.

이렇듯 하쿠세키가 의례 개혁에 나타낸 자세는 일방적이고 고압적인 것이었다. 이는 호슈가 주장하는 성심과 신의를 바탕으로 하는 외교 자세와 대조적인 것이었다. 그렇지만 개혁한 의례들의 내용은 조선 국왕과 쇼군과의 대등관계를 전제로 한 것이었다. 예를 들어 하쿠세키는, 일본에 도착하여 객사客舍에 머물고 있는 통신사에게 쇼군의 사자가 찾아가면 관례대로 대청마루에서 맞이하지 말고 이번부터는 마당까지 내려와 맞아줄 것을 요청했다. 이 요청의 배경은 임진왜란 이전에 조선에 파견되었던 무로마치 막부의 쇼군의 사신이 조선 국왕의 사자를 지방의 객사에서 맞이할 때 마당에서 맞이했던 전례에 의거한 것이었다. 이외에도 쇼군의 통신사 접견의례를 1회에서 3회로 증가시켰다거나, 조선의 국서

를 받을 때 그 내용을 소리 내어 읽게 한다거나, 쇼군이 조선 국
왕의 안부를 묻는 등의 의례 개혁은 조선 측에 대한 정중함이 엿
보이는 것이었다.

젊은 시절 하쿠세키는 당시 일본의 보통 지식인처럼 조선을 문
화적 선진국으로 인식하고 있었고, 일본에 오는 통신사에게 문학
적 재능을 평가받기를 소망하고 있었다. 1682년의 통신사에게 당
시 20대였던 하쿠세키가 그 동안 써놓았던 시 100편을 인편의 주
선으로 찾아가 그 비평을 요청한 것도 그 때문이었다. 이에 대해
통신사측의 제술관製述官 성완은 하쿠세키 시집의 서문을 써주어
높이 평가해 주었다. 이 소식을 들은 당대의 유명한 유학자 키노
시타 준안은 하쿠세키를 불러 선뜻 제자로 맞아들인다. 조선인 학
자에게서 시집의 서문을 받았을 정도라면 그 이상의 어떤 테스트
도 필요 없었던 것이다. 하쿠세키가 뒷날 쇼군이 되는 이에노부의
학술고문이 된 것은 오로지 스승의 추천에 의한 것이다. 이로 볼
때 하쿠세키의 출세는 통신사에 의한 평가가 중요한 동기가 되었
다고 할 수 있다.

하쿠세키는 호슈처럼 조선의 땅을 밟아보지도 못했고 현지의
조선인과 직접 교류하지도 못했지만 조선의 서적을 다수 탐독하
여 조선의 사정에도 밝았다. 그의 저서에 인용된 조선 서적만도
13가지가 넘는다. 신숙주가 지은 『해동제국기』의 「조빙응접기朝聘
應接紀」를 주석을 달아 번역한 것도 그였다. 또 『동아東雅』란 책에
서는 일본어의 어원을 밝히는 과정에서 조선어에 대해서도 깊은
관심을 나타내고 있다. 임진왜란에 대해서도 무고한 조선 민중을
괴롭힌 의미 없는 전쟁으로 비난하고 있다.

그는 또 당대 일본에서 시문詩文에 가장 뛰어난 자로 조선에 널
리 알려진 인물이다. 1711년의 통신사의 정사正使 조태억은 하쿠

세키와 국휘 문제로 첨예하게 대립하는 중에서도 그와 주고받은 시문을 소중히 정리하고 있을 정도이다. 1719년 통신사의 제술관이었던 신유한도 조선을 떠나기 전에 이미 하쿠세키의 시집인『백석시초白石詩草』를 탐독하고 있었고 일본에 가서는 그를 만나고자 주선을 청하기도 했다. 이렇게 보면 하쿠세키도 호슈에 버금가는 조선통이라 할 수 있다. 조선으로부터 정치인으로서는 비난은 받았지만 문인으로서는 사랑을 받은 인물이라 할 수 있다.

이제까지 학계에서는 하쿠세키의 외교개혁에 대하여 평화와 대등관계의 구축, 접대의 간소화 등을 의도한 것으로 평가하고 있다. 그러나 당시 양국관계에는 특별한 외교 현안이 존재하지 않았고 대등한 관계의 외교가 지속되고 있었다. 평화스런 양국관계에 긴장을 조성한 것은 오히려 하쿠세키이었다. 접대의례도 간소화되기는커녕 하쿠세키의 개혁에 의해 오히려 복잡해졌다. 그러므로 그의 개혁 의도는 다른 곳에 있었다고 하지 않을 수 없다. 그 의도는 외교에서가 아니라 일본 내정에서 찾을 수밖에 없게 된다.

에도 막부의 쇼군은 엄연히 일본 전국의 통치자였다. 그러나 '쇼군'이란 천황의 신하로서의 관직 이름이었다. 쇼군이 실제로는 천황까지도 통제하고 있었지만 '쇼군'이란 관직으로부터 해방되지 않는 한 형식상으로는 천황의 신하가 된다. 쇼군에게 지배당하고 있는 전국의 영주들도 천황의 관직을 받고 있었다. 그러므로 실제 권력상으로는 쇼군과 영주 사이가 군신관계이면서 형식적인 관직상으로는 '쇼군'과 영주가 모두 천황의 신하가 된다. 하쿠세키는 이 실제와 형식을 쇼군 중심으로 하나로 합쳐야만 에도 막부가 안정적으로 지속될 것으로 믿어마지 않았다. 그러기 위해서는 '쇼군'이란 칭호를 벗어던지는 것이 급선무였다.

'국왕'이란 칭호는 일본의 관직명에는 없다. 그러므로 쇼군의 명칭을 '쇼군'에서 '국왕'으로 바꾸고 '국왕'을 정점으로 한 새로운 관직체계를 만들면 명실공히 쇼군은 천황으로부터 해방되어 일본의 지배자가 된다. 하쿠세키가 '국왕' 칭호를 주장한 것은 그 때문이다. 그러나 일본은 전통적으로 '국왕' 칭호를 천황에 준하는 것으로 인식하여 쇼군이 이를 칭하는 것을 삼가하여 왔으므로, 내정상으로는 자신의 주장이 관철될 수 없음을 하쿠세키는 익히 알고 있었다. 이에 조선과의 외교에서 '국왕' 칭호를 관철하려 하게 된다. 내정용의 난문제를 외교용으로 변화시켜 이를 토대로 내정에 대입하려는 것이었다.

하쿠세키는 '국왕＝천황'이란 대내적 논리에 대항하기 위해 대외적 논리를 제기한다. 즉, 주변 국가들이 일본과의 외교에서 쇼군을 '일본 국왕'으로 칭하여 왔다는 역사적 선례들을 강조하여, 일본이 외교상에 이 칭호를 사용해도 천황의 권위에 아무런 영향을 주지 않는다는 논리였다.

하쿠세키가 이에 더하여 '국왕' 호 사용에 정당성을 부여하기 위해 주목한 것은 1606년 일본이 조선에 보낸 국서였다. 당시 조선은 임진왜란 직후부터 대마도 측의 집요한 강화講和요청에 대해, 도쿠가와 이에야스德川家康가 국서로써 강화를 요청하여 오면 이에 응하겠다는 조건을 제시했다. 이에 대해 이에야스의 명의로 된 국서가 조선에 보내졌고 조선에서는 다음해 회답의 국서를 사절을 통해 일본에 전달하여 강화가 성립되었다. 하쿠세키는 이 국서에서 이에야스가 '일본 국왕'을 자칭했다고 주장하여 '국왕' 호에 대한 반대의견을 봉쇄했다. 에도시대에 이에야스가 만든 규범은 변화시킬 수 없는 법으로 자리매김 되어 있었다. 하쿠세키는 그러한 이에야스의 권위를 빌어 '국왕' 호에 정통성을 부여하려 하였던 것이다.

한편, 조선 전기에 일본에 보내진 국서들은 한결같이 '일본 국왕 전하'라고 쇼군을 칭하고 있었다. 그러나 당시 무로마치 막부의 쇼군들은 답서에서 일본국 아무개라고 자칭하고 있었다. 이에 대해 하쿠세키는, 당시 쇼군들이 천황을 생각하여 '일본 국왕'이 되는 것을 꺼렸으면 조선의 국서를 거부해야 했지 않은가? 그러지 않고 국서를 수리했으면 이미 '일본 국왕'이 된 것과 다름없지 않은가? 일단 수리했다면 답서에서는 '일본 국왕'이라고 자칭해야 당연하지 않는가? 라고 당시의 조선에 대한 외교자세를 비판하고 있다. 이러한 외교자세는 에도시대에도 계승되어, 조선의 '일본국 대군 전하'라는 국서를 받으면서도 답서에서는 일본국 아무개라고 칭하고 있었다. 그러므로 하쿠세키의 이러한 비판은 에도 막부의 외교에 대한 우회적 비판이라고도 볼 수 있다.

이에 대해 호슈는, 역대 막부 정권이 외교상으로 국왕을 칭하지 않은 것은 천황에 대한 공순함을 표하기 위해서였다. 국왕이라고 칭한 조선의 국서를 '국왕'이 아닌 쇼군이 사양하지 않고 받아왔던 것은 일본적인 특별한 관례이며, 답서에서 국서의 양식을 갖추면서도 '국왕'을 자칭하지 않는 양식도 일본만이 가지는 특별한 양식이라고 비호하고 있다. 그는 나아가 '국왕'이 아닌 쇼군에게 '국왕' 호칭을 한 조선이나 중국 측에도 잘못이 있다고 말하고 있다.

하쿠세키는 쇼군이 일본을 지배하는 실권자이므로 외국이 쇼군 앞으로 국서를 보내는 것이며, 그럴 경우 '일본 국왕' 칭호는 당연한 것이라고 동아시아 세계의 국제 관례를 들어 주장한 것이다. 이는 대외적 논리 즉 '밖의 논리'이다. 그러나 호슈는 천황과 쇼군의 군신관계를 염두에 두어 외국도 쇼군에 대한 칭호를 고려해야 한다고 주장하고 있는 것이다. 즉 이는 '안의 논리'이다.

전통적으로 한반도의 왕조는 일본을 대등한 국가로 간주하고 있었다. 그러므로 조선 초 이래 조선 국왕도 역대 바쿠후의 쇼군을 '일본 국왕'으로 보고 대등한 격식의 국서를 보냈던 것이다. 만약 호슈의 주장대로 조선이 쇼군을 천황의 신하로 인정한다면 일본과의 외교는 성립될 수 없는 것이다. 에도 막부가 조선과 외교를 유지할 수 있었던 것은 천황과의 내정상의 관계를 대조선 외교에 전혀 연관시키지 않고 있었기 때문이었다.

하쿠세키는 궁극적으로 쇼군을 조선 국왕이나 중국 황제와 같은 임금으로 만들려 했다. 그러기 위해서 그는 천황의 신격화나 천황제의 영속론을 타파하려 했고, 이에 '밖의 논리'로 무장하게 된 것이다. 이에 대해 호슈는 역사 이래 천황만이 진정한 임금이며 쇼군은 천황으로부터 정권을 일시 위임받아 대행하는 것이라 주장하여 '안의 논리'로 하쿠세키에게 대항하고 있다. 결국 1719년의 통신사의 도일을 계기로 하쿠세키가 개혁했던 의례들은 모두 폐지되어 이전의 의례로 복구되었다. 하쿠세키의 의도는 좌절된 것이다.

호슈는 그 뒤 "역사 이래 천황제를 지켜온 나라, 왕조를 뒤엎는 쿠데타 한 번 없는 나라, 이런 일본이야말로 우수한 민족"이라는 논리로 자신의 '안의 논리'를 발전시킨다. 그는 외교관으로서는 조선과의 친선우호를 강조하였지만, 사상가로서는 천황 중심의 일본우월주의를 계승하고 있었던 것이다.

하쿠세키의 '밖의 논리'는 천황제의 타도로 발전하는 논리로 주목된다. 근대 이전 외세의 영향을 거의 받지 않아 외교마저도 '안의 논리'로 지향하여 왔던 것이 일본 역사였다고 한다면, 하쿠세키의 '밖의 논리'와 천황제 타도 의도는 더욱 적극 평가되어야 할 것으로 여겨진다.

그런데 호슈와 같은 일본적 '안의 논리'는 21세기 일본 정치가에게서도 흔히 발견된다. 고이즈미 일본 총리가 야스쿠니 신사 참배를 전몰자에 대한 추도라고 단순화시켜 강행하고, 참배에 반대하는 주변국들의 시각에는 전혀 귀를 기울이려고 하지 않고 있는 것이 그 한 예이다.

참고문헌

閔德基, 『前近代東アジアのなかの韓日關係』, 일본 와세다대학 출판부, 1994.

민덕기, 「新井白石·雨森芳洲의 對朝鮮外交와 관련한 텐노(天皇)觀」 『사학연구』 48, 1994.

민덕기, 「日本史上의 '國王'칭호-일본 중·근세를 중심으로-」 『한일관계사연구』 13, 2000.

栗田元次, 『新井白石の文治政治』, 일본 石崎書店, 1952.

宮崎道生, 『新井白石の時代と世界』, 일본 吉川弘文館, 1975.

　지금부터 8년 전인 1998년 2월,『한국과 일본, 왜곡과 콤플렉스』라는 제목으로 이 책의 초판본을 발간했다. 초판본은 2권으로 총 54개의 주제를 36명의 회원들이 공동집필했다. 당시 우리들은 학회의 역할을 한일관계사에 대한 전문성의 심화와 일반인을 위한 한일관계사의 이해를 넓히는 것이라고 생각했다. 그리고 집필된 주제들이 다가오는 21세기 한일관계의 새로운 정립에 도움이 되기를 바랐다.

　그러나 최근의 한일관계는 최악의 상황이다. 2005년부터 비롯된 독도와 역사교과서 왜곡문제는 한일 간의 갈등을 첨예화시켰고, 급기야는 양국정상이 서로 등을 돌리는 심각한 상태에 이르렀다. 참으로 한심한 상황이다. 21세기 문명의 시대에 역사를 거꾸로 가는 느낌이다. 지난 2천년 간, 한일관계의 역사를 직시한다면, 이러한 일들이 일어날 수 없을 터인데, 모두 역사에 대한 무지와 무관심에서 비롯된 상황이다. 그 많은 한일관계의 역사적 경험을 헛되이 무의미하게 생각하는 바보 같은 짓이다.

　이러한 상황 속에서 현 회장단은 초판본을 재기획하여 98개의 주제에 54명의 집필자가 참여한 3권의『한일관계 2천년』을 출간하게 되었다. 연구자의 숫자가 늘었고, 관심분야도 확대되었다는 긍정적인 면도 있지만, 반면 갈등의 요소가 그만큼 다양화되었다는 부정적인 면도 있을 것이다.

책을 세권으로 편집하면서, 아쉬운 점도 많았다. 우선 당초 기획만큼 사진자료를 넣지 못해 아쉽다. 또 체제 통일에도 문제가 있었고, 윤문에도 심혈을 기울였지만 만족스럽지 못하다. 모두 다음 기회에는 반드시 보완해야 할 것이다.

또한 이 책에서 한일관계사의 모든 쟁점을 다루었다고 생각하지 않는다. 그러나 이 책들이 한일관계의 역사적 진실을 이해하고, 한국과 일본이 우호교린을 해야 하는 이유와 당위성을 밝히며, 문제의식을 공유하는 데 일조가 되기를 기원한다.

2006년 5월

편집위원 손승철 · 남상호 · 이상배